הספירות

הרב עדין אבן־ישראל (שטיינזלץ)

הספירות

בעולמה של החסידות

המכון הישראלי לפרסומים תלמודיים ירושלים
מגיד
מרכז שטיינזלץ

Rabbi Adin Even-Israel (Steinsaltz)
The Sefirot
In the World of Hasidism

הרב עדין אבן־ישראל (שטיינזלץ)
הספירות
בעולמה של החסידות

עורך: הרב מאיר הנגבי
עורך משנה: ר׳ דוד פיאלקוף
הגהה: ר׳ אברהם ונגרובר
הבאה לדפוס: אפרת גרוס
עימוד: רינה בן גל
עיצוב העטיפה והאיורים: שמואל לעסרי

הספר יוצא לאור בשיתוף עם מרכז שטיינזלץ.

דוא״ל לשליחת תיקונים: tikunim@steinsaltz-center.org

ספרי מגיד, הוצאת קורן
ת״ד 4044 ירושלים 9104001
טל׳: 02-6330530 פקס: 02-6330534

office@korenpub.com
www.korenpub.co.il

כריכה קשה, מסת״ב 978-965-526-396-1 ISBN
כריכה רכה, מסת״ב 978-965-526-403-6 ISBN

נדפס בישראל Printed in Israel 2025

אנחנו מודים לחברנו
הרב ד״ר יוסף ווסק
על תרומתו להוצאה של ספר זה לאור.

תוכן העניינים

פרק אחד עשר: נצח והוד

פרק שנים עשר: יסוד

פרק שלושה עשר: מלכות

שער העולמות הקדומים

פרק ארבעה עשר: הצמצום

פרק חמישה עשר: אורות וכלים

פרק שישה עשר: העולמות הקדומים

פרק שבעה עשר: עולם התיקון

הקדמת העורך

הולדתו של הספר

הספר הזה עלה במחשבתו של הרב עדין אבן־ישראל כבר לפני שנים רבות. רצונו של הרב, כפי שהתבטא בפירושו לתלמוד ולכל ספרי היסוד, היה לפתוח את העולם היהודי לעוד ועוד יהודים ובעוד ועוד תחומים. והתחום המפתה ביותר, שהיה בתחילת מחשבתו ואותו דחה תמיד לסוף מעשהו, היה התחום של פנימיות התורה. במשך השנים נתן הרב שיעורים רבים בחסידות שגלשו מהרב כמו מכלי מלא על גדותיו, ומהם אף יצאו כמה ספרי פירושים לחסידות. אבל ספר משלו בתחום שעל גבול החסידות והקבלה יצא רק אחד - הספר 'שלושה עשר עלי השושנה' שהיה פתיחה ראשונית לתורת הסוד ביהדות לאלפים רבים של אנשים בכל רחבי העולם. מאז עברו יותר מארבעים שנה, ובכל הזמן הזה תכנן הרב ספר המשך בתחום זה, שיעזור לאלה הרוצים להיכנס פנימה יותר, לגעת בפרטים ולהתחבר לספרי המקור של החסידות והקבלה. במשך השנים העביר הרב כמה סדרות של שיעורים בפני קהלים שונים בנושא זה, ובאופן זה התגבשו רעיונותיו באותיות של מחשבה ודיבור. היו סדרות על הפיוט 'א־ל מסתתר',[1]

1 פיוט קבלי מאת הרב אברהם מימין, מתלמידי הרמ"ק. הפיוט בנוי על עשר הספירות וכל בית שבו עוסק בספירה אחרת.

על מאמר הזוהר הנקרא 'פתח אליהו',[2] על עשר הספירות ועל לימוד פנימיות התורה בכלל. חומר רב הצטבר, אורות, רעיונות וחלקי רעיונות שחיכו שנים רבות - עד שהגיע הזמן.

באותו זמן סיימתי עבודה אחרת והרב הציע לי לאסוף את החומרים האלו ולערוך על פיהם את הספר שרצה. בדחילו ורחימו ניגשתי לעבודה, יצרתי דוגמה ראשונית לפרק אחד והגשתי לו לחוות דעתו. הרב אישר את המבנה שהצעתי, העיר כמה הערות ושלח אותי להמשך עבודה. אך לפני שחזרתי אליו בעניין זה הסתלק הרב לבית עולמו. למרות שניסוחו הראשוני של הפרק הראשון ותבניתו הבסיסית של הספר היו לעיניו, את המשך גיבושו וניסוחו הסופי של הספר לא יכול היה הרב לראות ולהעיר הערותיו, וחבל.

על הספר

מתחילה כיוון הרב את דבריו לספר אחד בנושא של עשר הספירות. המחשבה הייתה שעשר הספירות הן הגדרות פנימיות־אלוקיות שמתקשרות גם עם החיצוניות. לא רק האלוקות מתגלה בעשר ספירות אלא גם העולמות הרוחניים והגשמיים עשויים בתבנית עשר הספירות. וכן באדם, לא רק פנימיות הנפש הקדושה בנויה בתבנית עשר ספירות, אלא גם הנפש הבהמית והגוף הגשמי בנויים בתבנית זו. הרב חשב שהבנה טובה של עשר הספירות היא הכלי הנכון להיכנס באמצעותו אל עולם הנסתר בתורה, ובאופן שקושר אותו עם הנגלה שבתורה, עם העולם והחיים ועם עבודת ה' שלנו.

את כל חייו הבוגרים בתחום האמונה עשה הרב בעולמה של חסידות. הוא למד חסידות, חשב במושגים של חסידות והרגיש את האהבות והיראות המתוארות בחסידות. הרב הכיר את ספרי הקבלה הידועים, אבל חי את החסידות ואת הספירות כפי שהן חיות בחסידות.[3] הספירות הן מושג קבלי,

2 קטע מהקדמת תיקוני זוהר העוסק במרוכז בעשר הספירות. 'פתח אליהו' שולב בסידורים רבים כקטע הנאמר לפני התפילה.

3 בעיקר חסידות חב"ד. הן משום שהרב התחנך בבגרותו בחסידות חב"ד, למד ולימד

אלא שבספרי חסידות וכן בספר זה, הרעיונות אינם משוחחים עם מה שכתוב בספרי קבלה מסוימים ועם שיטות ומחלוקות שאי אפשר שלא להתייחס אליהם בתחום הקבלה. הם כן משוחחים ונסמכים על הכתוב בספרי חסידות ועל דרכי עבודת ה׳ בדרך החסידות. אין בדברים כדי לשפוט ולהעדיף, אלא אך כדי לציין את מקומו של הספר, מהיכן נולד ולאיזה עולם הוא שייך.

עיקרו של הספר הוא הפרקים העוסקים בעשר הספירות, ונוספו עליהם כמה פרקי הקדמות. כל אחד מהפרקים, בכללו ובסעיפיו, בנוי בשלושה רבדים שעניינם מבואר במבוא להלן: לימוד עיוני של הנושא; לימוד בדרך של משל מנפש האדם; והלימוד דרך עבודת ה׳. שני הרבדים הראשונים העיקריים שזורים זה בזה לאורך סעיפי הספר. הרובד השלישי, המוכר פחות והמובחן יותר, הוכנס בספר לתבנית גרפית שונה. התוכן בחלק זה אינו המשך ישיר לתכנים בשני הרבדים האחרים והוא דורש קריאה אחרת. דרושה הפסקה ויציאה מדרך המחשבה הקודמת, כדי לאפשר כניסה בדרך מחשבה אחרת.

בסופו של הספר נוספו כמה פרקים בנושאים בסיסיים בקבלה ובחסידות, על ההוויות והעולמות הקודמים לעולם הספירות. הנושאים אינם קשורים ישירות בספירות אבל נמצאים ברקע שלהן, והרב הרבה לעסוק בהם בשיעוריו לספר זה.

בשיעורים הנזכרים הרבה הרב לעסוק גם בהשתלשלות דרכי לימוד הקבלה והחסידות, וסיכום הדברים הובא במבוא להלן. הדברים חשובים לא רק כהקדמה כללית ללימוד פנימיות התורה, אלא כהדרכה לדרך כתיבתו של ספר זה. הבנתה של הדרך וההתייחסות המתאימה לרבדיה בזמן הקריאה בספר, יסייעו להבנתו.

מאיר הנגבי

את ספריה, וכל ימיו ראה עצמו כחסיד של הרבי מליובאוויטש, והן משום שתורת חסידות חב״ד היא תורה סדורה, בנויה בתבנית שכלית משוכללת ועקבית, שאפשר לפתח בה תפיסות והגדרות כוללות, כמו שניסה הרב לעשות בשיעוריו וספריו וגם בספר זה.

מבוא

על פנימיות התורה, הקבלה והחסידות

פנימיות התורה והקבלה

פנימיות התורה היא הצד הפנימי של התורה שאינו עוסק בעולמות החיצוניים הגשמיים הגלויים לנו, אלא בעולמות הפנימיים הרוחניים הנסתרים מהעין הגשמית. כמו בעולמות כך בתורה, הפנימיות והחיצוניות לעולם אינן נפרדות ממש. הפנימיות הרוחנית היא המקור למה שקורה בעולם הגשמי, ומה שקורה בעולם הגשמי משפיע בעולמות הרוחניים. אף על פי כן, כל אחד מהם הוא עולם בפני עצמו. כך פנימיות התורה היא תורה שלמה לעצמה, המאירה לתורה הנגלית ומוארת ממנה.

מהותה של פנימיות התורה שהיא נסתרת ואינה גלויה בעולם שלנו. גלוי הוא מה שמלובש בתוך הכלים וההיגיון של העולם הגשמי המוכר לנו. וכזו היא התורה הנגלית, שהיא החוכמה האלוקית המופיעה בלבושי העולם הזה. הסיפורים שמופיעים בה מתרחשים בעולם הזה ואף את המצוות שנזכרים בה יש לקיים בעולם הזה. לעומת זאת, פנימיות התורה היא חלק התורה שאינו מלובש בעולם הגשמי שלנו, במושגיו והגיונו, ולכן היא נסתרת.[1] בכך חסרונה של פנימיות התורה, שאין לנו

1 ההגדרה המובאת לזה בספרים היא: "מקרא מלובש בעולם העשיה, משנה ביצירה,

מילים ולא היגיון מוכר כדי להבינה; אך גם יתרונה, שכן דווקא משום שאין היא מלובשת בכלים של העולם הזה היא מחייבת התייחסות מתמדת לאלוקות, ועל כל פנים לעולמות העליונים הרוחניים המגלים אלוקות. הרי שתורת הנסתר, עם שהיא נסתרת כלפי העולם הזה, היא מגלה ללומדיה אלוקות בכל עולם ואפילו בעולם הזה! ובגילוי האור האלוקי על ידי תורת הנסתר, מתגלים גם המשמעות והעונג שיש בתורה הנגלית ובמצוותיה.[2]

פנימיות התורה הייתה קיימת תמיד ביהדות, אלא שבתקופות קדומות היא הייתה נסתרת יותר. הגדרותיה היו פנימיות ומופשטות כל כך מעולמנו הגשמי, עד שרק מעטים יכלו לחשוב בה ולעסוק בה וכל שכן להעביר אותה לאחרים, ולכן היא עברה בין יחידים מפה לאוזן ומנפש לנפש. במקרא נזכרים 'בני הנביאים', חניכים שהוכשרו לנבואה ולהתקשרות בנסתר שלמעלה מהעולם הזה, ובמשנה והתלמוד מצויים סיפורים על אנשים בודדים שעסקו בלימוד חוכמת הנסתר המכונה 'מעשה מרכבה' ו'מעשה בראשית' שאין מלמדים אותה אלא רק ליחידים המוכשרים לכך ומבינים מדעתם את החלק שאינו נאמר.[3]

במשך מאות השנים שאחר תקופת התלמוד התפשטה תורת הנסתר יותר ויותר. נכתבו והתפרסמו ספרים ובראשם ספר הזוהר, ועסקו בה רבים מגדולי ישראל. ועם זאת, עדיין נשארה תורת הנסתר נחלתם של

תלמוד בבריאה, וקבלה באצילות". ומבאר אדמו"ר הזקן שהכוונה היא שהתורה עצמה היא למעלה מעלה מכל העולמות (קדמה לעולם) והיא יורדת ומתלבשת בעולמות: המקרא מתלבש בכל העולמות עד לעולם העשייה באותיות הכתובות על הקלף; המשנה מלובשת בכל העולמות עד עולם היצירה; התלמוד עד עולם הבריאה; והקבלה אינה מלובשת בעולמות כלל, והיא כביכול נשארת באצילות שלמעלה מהעולמות הנבראים (ראו פרי עץ חיים שער הנהגת הלימוד, שער המצוות פרשת ואתחנן; תניא פרק מ בהגהה; לקוטי תורה ויקרא ה,א ועוד).

2 במאמר יסודי על חלקי התורה ממשיל אדמו"ר הזקן את התורה הנגלית ללחם ובשר, שבמקדש הם הזבחים והמנחות, ואת פנימיות התורה למלח שחייבים לתת על כל הקרבנות. המלח איננו אוכל בעצמו, אבל הוא הנותן טעם וחיות בכל המאכלים (ראו לקוטי תורה ויקרא ד,ב בביאור על ד"ה לא תשבית מלח וגו').

3 ראו משנה חגיגה ג,א; בבלי שם יג,א והלאה; ירושלמי שם ג,א; בבלי סוכה כח,א; רמב"ם הלכות יסודי התורה ב,יא; ד,יג.

יחידים. המהפך המשמעותי התחיל עם התפשטות קבלת האר"י ז"ל. קבלת האר"י ז"ל יצרה מפתח שעל פיו ניתן לפרש את ספר הזוהר ושאר הכתבים הקדומים, ואף לקשר את פנימיות התורה אל היהדות בכללה: אל התורה הנגלית, אל המצוות ואל התפילה. מעתה, גם אם לא למדו בה הרבים, היא הייתה לנחלת הרבים בעצם הידיעה על מציאותה, בהערכה שניתנה ללומדיה, ובהליכה על פי מנהגיה. למערכת המושגים והסמלים הזו ששימשה ללימוד פנימיות התורה החלו לקרוא 'קבלה', על שום שהיא איננה מיוסדת על שכל וסברה אנושיים אלא על קבלת דברים מפי חכמים קדומים שבעצמם חיו בדרגות עליונות וסתומות אלו. ככל שהמבנים התרחבו והשתכללו, וככל שהם התפשטו ברבים, נעשה אלמנט הקבלה בהם ניכר יותר, עד שכל התחום של לימוד פנימיות התורה נקרא על שמו - קבלה.

הקושי בלימוד הקבלה הוא בכך שהיא אינה מלובשת בעניינו והגיונו של העולם שלנו. ואם כן במה היא כן מלובשת? שהרי אי אפשר לחשוב ובוודאי לא לדבר בלי כלים, מילים ומושגים כלל. ניתן להסביר זאת בכך שהקבלה משתמשת באותן המילים של העולם הזה, אבל לא במשמעותן הארצית, אלא כמערכת סמלים לדברים אחרים שלא מהעולם הגשמי שלנו. לשם דוגמה, השור בתורה הנגלית הוא השור המוכר לנו, שאוכל עשב וחורש בשדה וכן הלאה, ולעומת זאת השור שבקבלה יכול להיות מלאך מחיות המרכבה או ספירה וכיוצא בזה. תורת הקבלה נותנת לו שם, במילים ובצורות שקיימות בעולמנו, אך לא במשמעות שיש בעולמנו. פעמים שהמילה בקבלה מורה על המקור העליון לאותה מילה שבארץ, ופעמים שהקשרים מתגלים רק בתוך מערכת של מילים, של מבנה, המבטא בפעולתו וביחסים שבין חלקיו, את ההתרחשות העליונה. לדוגמה, נאמר ב'פתח אליהו': "חסד דרועא ימינא גבורה דרועא שמאלא" (חסד יד ימין, גבורה יד שמאל).[4] החסד העליון של הקב"ה נקרא יד ימין, ומובן לכול שמידת החסד אינה דומה

4 הקדמת תיקוני זוהר י,א. וכן בהמשך שם שכל הספירות מזוהות עם איברים בגוף, שיש לראות את המערכת כולה, של גוף האדם, כמבטאת בקשרים שבין האיברים את מערכת הספירות.

כלל ליד ימין ולא הגבורה ליד שמאל. ואף על פי כן, יש משהו ביחס שבין החסד והגבורה שעובר גם ליחס שבין יד ימין יד שמאל.

לשון הקבלה דומה יותר ללשון שירה מאשר ללשון של מדע. המשמעות שרוצים להביע בשירה היא כל כך דקה ופנימית, אישית ורגעית - ששום מילה הלקוחה מהמילון לא יכולה לבטא אותה בדיוק. ועם זאת, צירופי מילים ודימויים בשיר יכולים ליצור משמעות פנימית שנדמה היה שאין לה מילים. באופן אחר אפשר לראות את ניסוחי הקבלה כסוג של דיאגרמה לעולם העליון. דיאגרמה מציגה תמונה חזותית למציאות שאין לה הופעה חזותית. יש דיאגרמות המציגות קו עולה ויורד, שיכול להציג את שער הדולר או תנודות הלב וכל משתנה אחר. בדומה לזה יש בקבלה 'דיאגרמות' של מילים שמייצגות מציאות שאין לה מילים. כאלו הם ניסוחי הקבלה, המאפשרים לחשוב ולדבר על הוויות ועולמות עליונים שאין לנו מושג ולא יכול להיות לנו מושג אמיתי על מהותם.

תורת החסידות

המעבר מהקבלה לחסידות אינו מעבר של המשך, כמו ענף מהגזע. יש אומנם הרבה קשרים - של מושגים ושל סוגיות משותפות - אבל הצמיחה היא חדשה מאותה תשתית עמוקה שממנה צמחה הקבלה.

תורת החסידות אינה עוסקת בכל התחומים והמושגים שעוסקת בהם הקבלה, אבל את אלו שהיא עוסקת בהם היא מפתחת מאוד. הן בהפשטת התכנים הקבליים מהסמלים והמבנים שבהם מדברת הקבלה, באופן שאפשר להבין ולהרגיש אותם; והן בהורדתם אל הצורות של עבודת ה', אל היכולת של כל אדם לקחת את הדברים אל נפשו וליישם אותם - בתפילה, בתיקון המידות, בתורה ובשמחה של מצווה.

את לימוד תורת החסידות אפשר לחלק לשלושה רבדים: הרובד הראשון הוא לימוד עיוני של הנושא כפי שהוא באלוקות; הרובד השני הוא לימוד בדרך של משל מנפש האדם; הרובד השלישי הוא הלימוד דרך עבודת ה' בפועל, בעיקר בתפילה.

הרובד הראשון: רובד זה דומה ללימוד העיוני של הקבלה אלא

שבתורת החסידות מנסים להבין את הדברים גם בשכל האנושי. מה שמאפשר זאת היא הקביעה שהאלוקי נמצא בכל מקום ובכל דבר, ושיש תמיד קשר בין המעלה והמטה. גם הדרגות הגבוהות ביותר באלוקות, יש להן הד למטה בעולם ובפרט באדם.[5] הקב"ה מגלה לנו באהבתנו את אהבתו, בשכלנו את שכלו ובדיבורנו את דיבורו. כמובן יש רמות למעלה שנפשו של אדם אינה משיגה אפילו את מציאותם, אבל כיוון שבאופן ובדרגה כלשהי שכלו נמצא גם בנו, הוא גם יגיע לביטוי. בעצם העמקת המחשבה והדיבור של האדם בנושאים אלה הוא בונה את ההתגלות האלוקית במילים ובמושגים שהוא חושב בהם.

הרובד השני: כדי לעבור מהבנת המושגים כפי שהם למעלה להבנתם למטה כפי שהם אצלנו צריך סולם להיאחז בו, ובמילים אחרות צריכים משל טוב. והמשל הטוב שלקחה החסידות הוא נפש האדם.

המשל לאדם מבוסס על דמיון מהותי המפורש בתורה: "ויברא אלקים את האדם בצלמו, בצלם אלקים ברא אֹתו".[6] באופן זה פירשו גם את הפסוק באיוב "ומבשרי אחזה אלו-ה" - מתוך עצמי אני יכול להתבונן ולהשיג באלוקות.[7] אכן כבר מראשית הקבלה השתמשו באדם להמשלת נושאים באלוקות. הדוגמה המוכרת ביותר לשימוש במשל כזה היא מהקדמת תיקוני הזוהר בקטע המכונה 'פתח אליהו' ששם מקבילים בין איברי הגוף לספירות השונות.[8] אלא ששם המשל הוא בעיקר מגוף האדם,[9] ואילו החידוש של החסידות הוא בהרחבת המשל לנפש האדם.

הרחבת המשל לנפש האדם מאפשרת להעמיק את המשל הרבה יותר מכפי שהוא בגוף האדם. זאת ועוד, הנפש שלנו היא הכרתנו והרגשתנו,

5 וכמאמר החסידי הידוע (על פי אבות ב,א): "דע מה למעלה ממך" – דע שכל מה שקורה למעלה הכול הוא ממך שלמטה. (מגיד דבריו ליעקב אות קצח; אור תורה קיב,ב ועוד. וכן גם במובן ההפוך – שכל מה שבך ומה שקורה לך הכול הוא ממה שקורה ונפעל למעלה (כתר שם טוב אות קמה).

6 בראשית א,כז.

7 איוב יט,כו. ראו איגרת הקודש טו בתחילת האיגרת.

8 הקדמת תיקוני זוהר יז,א.

9 כגון: "חסד דרועא ימינא, גבורה דרועא שמאלא, תפארת גופא" (חסד יד ימין, גבורה יד שמאל, תפארת הגוף), וכן הלאה.

ובעצם - היא אנחנו. ואם כן, המשל איננו מחוץ לנו אלא הוא אנחנו בעצמנו, מה שמעמיק את המשל ונוגע בכל דקויות הנפש שרק אנחנו יכולים לדעת. ועוד ועיקר, המשל של הנפש כולל גם את הנפש האלוקית שבאדם,[10] והנפש האלוקית עולה עד שורשה שהוא חלק אלוקי ממעל ממש.[11] הדמיון איננו אפוא חיצוני בלבד, והמשל איננו רק משל, אלא בשורשו הוא זהות אמיתית.

במשל לאדם יש שלושה שלבים: הגוף, הנפש הבהמית והנפש האלוקית. הגוף הוא משל מתחום החומר, הנפש הבהמית היא משל מחיי הרוח של העולם הזה והנפש האלוקית היא משל הנוגע באלוקי עצמו.[12]

הרובד השלישי: רובד זה נקרא בחסידות 'עבודת ה'' או בקיצור 'עבודה'. העבודה שמדברים עליה במאמרי החסידות היא ההוראה למעשה שצריך לקחת מהלימוד של התורה החסידית אל התפילה, כמו מסקנת ההלכה למעשה בלימוד הנגלה. זהו לימוד חווייתי, שהלומד שותף לו, לא צריך ללמד ולפרש לו כי זה קורה לו, הוא רואה ומרגיש בעצמו, הוא חלק מזה.

כיצד זה עובד? יש דרכים רבות בחסידות בכלל ואצל כל אדם בפרט. אבל כדי להבין את הדברים אי אפשר בלי לתת דוגמה, למשל מהנהוג בחסידות חב"ד.

לפני התפילה לומדים מאמר חסידות. מתחילים בלימוד עיוני להבין את המושגים של המאמר ומהלך החשיבה שלו. לאחר שהאדם רכש הבנה טובה במאמר הוא לוקח את הרעיונות המופשטים להתבוננות שנכנסת לתפילה, כזו שקושרת את הרעיונות אליו בעצמו - אל מה שנוגע לו כעת ואל התפילה שהוא עומד להתפלל. ככל שיתבונן יותר הוא יזדהה יותר עם הנושאים שבמאמר ויחוש אותם בשכלו ובהרגשתו. וכשיגיע לתפילה עצמה, בעת אמירת המילים של התפילה הוא יחיה ממש את הדברים שלמד והתבונן בהם. לשם דוגמה, יחשוב שהדיבור שלו מייצג את השכינה המדברת בפיו, ויחשוב שהתכוונות הדיבור היא

10 תניא פרקים א-ב.

11 תניא פרק ב.

12 על שלבים אלה בכוחות הנפש ובספירות ראו איגרת הקודש טו.

אל הקב"ה בעצמו. ואם יתרכז בזה ויתרגל את המחשבה הזו עוד ועוד, הוא יתחיל לחוש את מהות השכינה המדברת בפיו, ואת הקב"ה, הנבדל שמעבר - המקשיב, המבין הכול והנותן הכול. ובעיקר הוא יחוש בייחוד בין הקב"ה והשכינה שחל ממש עם הדיבור שבפיו. וכיצד עובר הייחוד מברכה לברכה, מנושא לנושא ומאחד את הכול למטה ולמעלה.

מתוך כך, ובעיקר לאחר התפילה, הוא יחזור אל המאמר בידיעה והרגשה מחודשות של המושגים שלמד, ומתוך חוויה עצמית של מי שחי את הדברים בעצמו. דרך זו מייצרת אפוא מערכת שמזינה את עצמה - השכל המופרה מן העבודה מייצר עבודה פנימית יותר שמייצרת שכל פנימי יותר וכן הלאה.

על דרך לימוד זו בנוי הספר הזה שכולל בסעיפיו את העיון בהוויה העליונה האלוקית, את המשל שמראה זאת בתוכנו ואת דלת הכניסה לעולם של עבודת ה' והתפילה.

שער הספירות

פרק ראשון

האין סוף

ההתחלה

היכן מתחילים? לכאורה צריך להתחיל מההתחלה.

אבל הספרות היהודית לדורותיה, מלבד יוצאים מן הכלל בודדים,[1] אינה מתחילה מההתחלה אלא מנקודה כלשהי באמצע. אין זה משום שמחברי הספרים לא היו מסודרים, אלא נראה שיש כאן דרך מחשבה והתייחסות אחרת כלפי התורה והמציאות בכלל. אפילו התורה עצמה, שמתחילה ב"בראשית", אינה מתחילה בעצם מההתחלה. לפי הסדר היה צריך להתחיל בכך שיש אלוקים ואז מסיבה כלשהי הוא בורא עולם. אבל ספר בראשית לא מתחיל שם. מציאותו של אלוקים נזכרת כדבר נתון וידוע שאין צורך לומר אותו. גם התיאור של בריאת העולם אינו מתחיל מההתחלה, שכן לאחר שהסיפור מתחיל "בראשית ברא אלקים את השמים ואת הארץ", מתברר שכבר היה קיום של עולם לפני כן - "תהו ובהו וחשך על פני תהום".

1 הבולט ביותר 'משנה תורה' של הרמב"ם.

אפשר להסביר זאת בכך שהמציאות בעצמה אינה מתחילה אף פעם מההתחלה. התפיסה היהודית היא שהעולם בכללו ובפרטיו נכנס אל המציאות, עולם שלם כפי שהוא עתה.[2] רק ההבנה האנושית את הדברים יוצרת בהם סדר של מוקדם ומאוחר, של תהליכים מורכבים מסיבה ומסובב. זו דרך המחשבה המקובלת בדרך כלל היום, שבה לומדים אנשים בוגרים על העולם שסביבם, אבל אין זה אומר שכך באמת אירע ואין זה אומר שזו הדרך היחידה ללמוד את הדברים. לשם דוגמה, אפשר לראות מעין זה אצל ילד קטן שלא לימדו אותו עדיין כיצד לחשוב וללמוד בדרך מסודרת. הילד נולד לתוך העולם הקיים, שלא מתחיל מההתחלה עבורו, והוא לומד את המושגים הראשונים - אבא, אימא, שפה, התנהגות - ממקום כלשהו באמצע, כל אחד מהיכן שהוא פוגש את הדברים, ואין זה אומר דבר על סדר הדברים במציאות.

הצורך האנושי לסמן התחלה, כדי להבין, כדי להתחבר לסיפור ולהרגיש משמעות, נכון ביתר שאת בלימוד הנסתר. בלימוד זה נכנסים לתחומים העלומים שקודם היות העולם, המקום והזמן, ובהם לא ניתן באמת לדבר על מוקדם ומאוחר, מעלה ומטה. לכן מתגבר הצורך לאחוז במסגרת של סדר כלשהו, של מוקדם ומאוחר בתהליכי המחשבה, גם אם אין לזה בסיס במציאות.

אך האמת הפנימית יותר מיסודות היהדות בכלל ושל תורת הנסתר בפרט, היא האמונה במשמעות ובתכלית שיש לכל פרט במציאות, ובכך שכל הדרגות וצדדי המציאות קשורים זה לזה ומשלימים אחדות אחת מופלאה. מה שאומר, שמשמעות וסדר הדברים המתקבלים בדעתנו אינם מנותקים ממהות הדברים עצמם. למהות יש צדדים שונים, ואחד מהם הוא זה המתקבל בדעתנו. ואם כן, לדרך ההשגה שלנו, לסדר שאנו מצליחים לעשות בדעתנו, יש קשר אמיתי למהות הדברים, ואין הוא צורך שלנו בלבד. עד כדי כך, שהסדר שבדעתנו יכול לפעול גם על מציאות הדברים שמחוץ לנו; להשלים ולארגן את הדברים עצמם במעין אותו סדר שבדעתנו.

2 כמאמר רז"ל "עולם על מילואו נברא" (בראשית רבה יב,ו; יג,ג; יד,ז).

היכן מתחילים היא שאלה של כל אדם בכל יום. היכן מתחילים את מסע הנפש היומי, את עבודת התפילה שבלב - מההתחלה, מהסוף או מהאמצע? אפשר להתחיל מלמעלה, מההתבוננות באין סוף שלמעלה מכל ההגדרות ומעבר לכל הגילויים. אפשר מלמטה, מאפסות המציאות שלנו, הארעית והבלתי נחשבת כלפיו. ואפשר להתחיל מהאמצע, ממשהו שקורה לי בהווה, שמטריד או משמח או מרגש. ההתחלה מלמעלה פותחת מסלול של אהבה. ההתחלה מלמטה פותחת מסלול של יראה. ההתחלה מהאמצע לא מתחילה, היא רק ממשיכה את תנועת הנפש הקיימת.

אין סוף

קשה להתחיל מההתחלה, כי ההתחלה האמיתית היא עוד קודם לכל דבר שניתן לדבר עליו ואפילו לחשוב אודותיו. ההתחלה איננה בבריאת העולם או האדם, אלא חוזרת אחורה אל האלוקי בעצמו שקודם לבריאה, אל האין סוף שקודם לכל הגדרה.

כל דיבור על האלוקי בעצמו - האין סוף, הכול והלא כלום - כבר פוגם בתפיסת מהותו העצמית. אין דבר שניתן להגיד עליו. לא דברי שבח כגון שהוא גדול או חכם או טוב; ואפילו לא שהוא קיים, שהרי גם התואר קיים מתייחס למושג הקיום השייך לעולם שלנו. אפילו אמירות של שלילה - שאיננו מוגבל, שאיננו מושג, שאיננו גשמי או שאיננו רוחני - אי אפשר לומר עליו, שכן גם אמירות אלו מתייחסות לתכונות ולהגדרות ששייכות אלינו, והרי הוא קיים מעבר לכל הממדים שאנו חיים בהם. משום כך, כל הגדרה שננסה לתאר בה את האלוקי, הרי שבעצם יכולתה לעלות בדעתנו, כבר איננה מתייחסת אליו. כפי שאומרים בנוסח התפילה "אתה הוא קודם שנברא העולם ואתה אחר שנברא העולם" - כפי שהיה לפני שנברא העולם כך הוא בדיוק לאחר שנברא העולם בלי שום שינוי כלל, ואין מציאות העולם כולו משנה לגביו. בלשון המתמטיקה, בריאת העולם ומציאותו ביחס לאין סוף ברוך הוא היא כמו שמוסיפים כל מספר לאין סוף, שאינו משתנה בשל כך.

לדרגה הזו שאיננה דרגה, שמעבר לכל הגדרה, קוראים חכמי הסוד 'אין סוף'. לכאורה גם כינוי זה, שעל דרך השלילה, מעמיד אותו בהתייחסות מסוימת אל ההגדרות שלנו, של שלילת כל התייחסות אליהן. ואולם בכמה מקומות בקבלה ובחסידות מבואר שבכינוי זה 'אין סוף' מתכוונים חכמי הסוד למעלה גם מהגדרות השלילה. כלומר, ששלילת הסוף והגבול אינה מגבילה אותו מלהיות גם בתוך הגבול.[3] כשם שהוא נמצא באין סוף הרחוק מכל רחוק, כך הוא גם נמצא בגבול הקרוב מכל קרוב. כשם שהוא נמצא מעבר לגבולות, כך הוא נמצא בתוך הגבולות; וכשם שאין אנו רשאים להגבילו בגדרי ההשגה שלנו, כך אין אנו רשאים להוציאו מהן. אל המהות הזו שמעבר לכל הגדרה והשגה, אנו מתכוונים כשאנו חושבים על הקדוש ברוך הוא בעצמו, וההתכוונות אל העצמות האלוקית דווקא היא מיסודות עבודת ה' ביהדות ובחסידות בפרט.[4]

למרות שזה נשמע כפרדוכס, להתייחס אל מה שהגדרנו כבלתי ניתן להתייחסות, הרי זה בדיוק מה שנדרש מאיתנו - למתוח מעבר ליכולת, לנסות ולגעת במה שלכאורה אינו ניתן להשגה. זו דרך שאין לה סוף, מאמץ שלעולם לא יספיק, רצון שלעולם לא יסופק. אבל זו בדיוק הדרך שלנו ושל הבריאה כולה להגיע לקשר עם מי שברא - הקשר שנוגע ואינו נוגע. אם ניגע הוא כבר לא זה שמעבר, אם לא ניגע כאילו איננו; אז נוגעים ולא נוגעים, ובין לבין נמצאים בהתייחסות אליו.[5]

בעבודת ה', ההתייחסות לאין סוף היא היראה העליונה מפני הנבדל לגמרי, והיא גם האהבה הרבה לזה שהוא הכול, נוגע בכול ומהווה

3 בספרי חסידות מובא המקור לרעיון זה מספר עבודת הקדש שער ח פרק ח: "שאין סוף הוא שלמות מבלי חסרון חס ושלום ואם תאמר שיש לו כח בלי גבול ואין לו כח בגבול אתה מחסר שלימותו".

4 ראו רמב"ם בפתיחה להלכות עבודה זרה.

5 בלשון הקבלה נקרא הקשר הזה "מטי ולא מטי" (נוגע ולא נוגע). בשם המגיד ממעזריטש מובא ביאור למושג זה: כאשר המרחק בין המשפיע למקבל הוא באין ערוך, כל כך גדול שאין אפשרות להביט מצד לצד, צריך המשפיע לרדת ממדרגתו כדי שהשפעתו תתקבל, וזהו 'מטי'. אבל כאשר השפעתו יורדת אלינו היא כבר לא הוא בעצמו ולכן הוא 'לא מטי' (ראו לקוטים יקרים סימן קכט).

את הכול.[6] בתפילה, בתורה ובמצוות זו תנועת הנפש של 'רצוא ושוב',[7] ריצה מגופנו ומעולמנו אל האין סוף שמעבר לכול, ושיבה מהאין סוף לגופנו ועולמנו. משום שהוא נמצא גם כאן כמו שם. באופן זה האין סוף ממש 'מטי ולא מטי' (נוגע ואינו נוגע) בהשגתנו ובהרגשתנו.

על האדמו"ר הזקן מסופר שבעת דבקותו בתפילה, הוא נשמע אומר: "אינני רוצה את הגן עדן שלך, אינני רוצה את העולם הבא שלך, אני רוצה רק אותך לבדך!".[8] לכאורה מי שרוצה "אותך לבדך" עולה ולא חוזר, אבל אצל אדמו"ר הזקן זו לא הייתה תפילה אחת מיוחדת, כך היה נשמע בכל תפילה. כי דרכו להתפלל אל מהותו ועצמותו בלבד, היא בהכרח ברצוא וגם בשוב, באהבה וגם ביראה כי האין סוף בעצמו, כשם שהוא למעלה ומעבר, כך הוא למטה ובכול.

אור אין סוף

מה שהופך את האין סוף המופשט מכול והפילוסופי, לאלוקים של אמונה דתית - שרוצה ואוהב, מדבר ושומע - הוא האור. אור אין סוף, שהוא כמו יד שמושיט לנו האין סוף שמעל ומעבר כדי שנוכל להתייחס אליו, לקבל ולתת.

אור אין סוף הוא גילוי של האין סוף. אך לא גילוי בהגדרה כלשהי, שהרי אין שום הגדרה לאין סוף. להתגלות שאין לה הגדרה וכלי, אפשר לקרוא נכונות להתגלות. נכונות שקיימת כל הזמן מהעבר השני, מוכנה

6 על המושגים 'אהבה רבה' ו'יראה עילאה', ראו לקמן בפרקים 'חסד' ו'גבורה'.

7 ראו לקוטי תורה פרשת חוקת נו,א.

8 הוא כמובן אמר זאת ביידיש: "איך וויל זע גאָר ניסט, איך וויל ניט דיין גן עדן, איך וויל ניט דיין עולם הבא כו', איך וויל מער ניט אַז דיך אַליין" (דרך מצוותיך, שורש מצוות התפילה, פרק מ; מובא בלוח היום יום י"ח כסלו). ואמר על זה הרבי מליובאוויטש שמעת שגילה הצמח צדק את הדבר וכתבו בספרו כבר אין זה רק עניינו הפרטי של הצדיק אלא עניינו של כל אחד, וכל חסיד יכול וצריך להשתדל להתפלל כך.

להתגלות אך יכולה להתגלות בפועל רק למי שמכין לה את הכלי המתאים.[9] מצד האין סוף, אור אין סוף מאוחד ובטל לחלוטין לאין סוף עצמו. וגם כשהוא מתגלה אין הוא מגלה אלא את האין סוף לבדו (שהרי אין עוד מלבדו). ואולם מצד שני, מצידנו, אין האין סוף מתגלה אלא באור אין סוף, מה שאומר שעבורנו אור אין סוף הוא הכול.

עם זאת, אור אין סוף איננו האין סוף עצמו. באין סוף, האלוקי עצמו, אין אנו רשאים לדבר ולחשוב כלל. הרבה הוזהרנו על כך: "לא תעשה לך פסל וכל תמונה",[10] "ונשמרתם מאד לנפשתיכם כי לא ראיתם כל תמונה",[11] וכך גם בדברי חכמים בכל הדורות. אכן גם אם נרצה בכך, אין אנו באמת יכולים שהרי כל מחשבה היא במה שגלוי, והאין סוף עצמו, הנבדל לגמרי במהותו, אינו גלוי לעולם. אבל יכול להיות שאנשים יחשבו כך, שידמה להם שהם חושבים ורואים ומבינים דבר באין סוף. ועל כך באה האזהרה הגדולה, כי בנפשנו הדבר לשמור תמיד על תפיסת האין סוף עצמו שיהיה נבדל מכל גילוייו בכל הדרגות.

אכן, אור אין סוף איננו מתגלה כשלעצמו, ואולם כמהות הראשונית של כוח הגילוי הוא נמצא בשכבה פנימית של כל הגילויים שבכל העולמות. בכל מה שאנו יודעים, בכל מה שאנו יכולים לדעת ולהכיר ולהתייחס אליו, נמצא בתוכם גילוי של אור אין סוף.

שמו הגדול

בתורת הסוד ישנם דימויים נוספים למהות זו של אור אין סוף, המבטאים צדדים ושלבים נוספים בגילוי האין סוף האלוקי: 'דיבור', 'מלכות', והדימוי הדק יותר הוא מושג ה'שֵם'.

שֵם כמו שם שיש לאדם, למלאך ולכל הוויה במציאות, הוא צירוף

9 שהוא כלי החוכמה, וכלשון אדמו"ר הזקן בתניא בשם רבו המגיד ממעזריטש בשם ספר עץ חיים "שאור אין סוף ברוך הוא אינו מתייחד אפילו בעולם האצילות אלא על ידי התלבשותו תחלה בספירת חוכמה (תניא פרק לה בהגהה).

10 שמות כ,ד.

11 דברים ד,טו.

אותיות שבו קוראים לו ומתייחסים אליו האחרים. ה׳שם׳, במובנו העמוק, איננו רק ׳שם הסכמי׳, שמסכימים בני אדם אחד עם השני לכנות דבר בשם זה, אלא כעין הגדרה המבטאת את מהותו. מעין שמות כאלה משמשים בזמננו בתחומים שונים: כמו בשמות של תרופות ובנוסחאות של חומרים כימיים וכיוצא בזה, שבהם השם מורכב מצירוף של אותיות ומספרים המתארים את מהות החומר והפעולה שלו. יש תרבויות ויש אנשים בכל מקום שקיבלו את שמם רק לאחר שהצליחו לבטא משהו משמעותי מאופיים וכוחם, ועל זה נקרא שמם. השמות של הברואים השונים בלשון הקודש הם למעשה צירוף מסוים מהאותיות של עשרת המאמרות שבהם נברא העולם.[12] אותיות עשרת המאמרות הן היסודות שמהן מורכב העולם, ובהן הוא מתקיים וחי בכל עת. הצירוף הבסיסי של האותיות, כפי שהן כתובות בעשרת המאמרות שבתורה, הוא הבורא את הכללים הגדולים - כגון השמיים והארץ, כלל הצומח וכלל החי - וכל אין ספור הצירופים האחרים הם המחיים את אין ספור פרטי הבריאה. לכל דבר שקיים יש צירוף מיוחד לו, הבורא ומחיה אותו, והוא שמו.

אלו שמות הנבראים, אך מה הם שמותיו של הקב״ה? שהרי הוא הבורא ולא הנברא, הוא המדבר ולא זה שמדברים אותו! ואכן, הוא עצמו אינו נברא ואינו מתקיים בשום שם וצירוף של אותיות. ואולם האופנים שבהם הוא מגלה את עצמו ואת כוחותיו ומידותיו כלפינו - יש להם שם וצירופי אותיות. הצירופים האלה אינם רק בוראים את העולם, הם הצירופים שמגלים את בורא העולם, את הרוצה והחושב על העולם, ולכן אף הם מורכבים מאותן האותיות שבוראות את העולם. ועם זאת הם מכוונים אל האלוקי, אל בורא העולם, ומי שאומר את השמות הללו וקורא בהם הוא האדם שקורא אל האלוקי: ׳אנא בוא והתגלה אלינו אתה בעצמך - בבריאת עולמך ובהשפעה בו ברצונך ובחוכמתך, בחסדך ובגבורתך ובכל ספירותיך׳.

12 הם הנזכרים בפרק א בספר בראשית, כגון "ויאמר אלקים יהי אור", שבהן נברא העולם כולו. וכמבואר כל זה בשער היחוד והאמונה שבספר התניא פרק א על פי האר"י ז"ל והבעש"ט.

למעלה מכל השמות המבטאים את הנהגת העולם על ידי הספירות האלוקיות ישנו 'שמו הגדול', השם האחד הקורא לכל השמות, הכולל את כל הגילויים. השם הקורא לאין סוף בעצמו שאין לו שום גילוי, אבל יש לו אור ויש לו שם שמגלים את סודו הגדול: שהוא עצמו שאין עוד מלבדו - נגלה באור הזה, ונקרא בשם הזה.

האור והשם עניינם אחד, אלא שהאור מדגיש את הגילוי, והשם את המתגלה; האור את ה'מה' והשם את ה'מי'. בניגוד ל'מה' שיש לו תוכן, ל'מי' יש רק שם. ודווקא משום שלשם אין תוכן בעצמו הוא יכול להצביע אל העצמות הבלתי מושגת, שאין שום אור וגילוי מתייחסים אליה אלא רק שֵׁם.

הדברים אמורים לא רק בשמו הגדול. כל שם, גם שמות הקשורים לגילויים מסוימים, לספירות מסוימות (כמו שם א־ל בחסד, שם אלוקים בגבורה וכו') מתייחסים לא לגילוי המסוים שבחסד או בגבורה וכו', אלא לעצמות האלוקית הפועלת בכוחות אלו.[13] על דרך משל, כמו שמו של אדם שאינו מתייחס לגילוייו ופעולותיו אלא אל האדם עצמו. כשאנו קוראים לאדם משום שאנו רוצים אותו כנהג אנו קוראים לו "נהג", כשאנו רוצים אותו כאבא קוראים לו "אבא", אבל כשאנו רוצים אותו בעצמו אנו קוראים לו בשמו: אברהם, משה וכו'.

בתפילה אנו קוראים לקב"ה בשמותיו. לא בהגדרותיו המופשטות, לא מתפללים ל'אין סוף', לא ל'כל יכול', וגם לא ל'חכם' ול'רחום' וכו', אלא קוראים אליו בשמותיו: שם א־ל, שם אדנות, שם הוי"ה. הטעם הוא שהתפילה לעולם מכוונת "אליו ולא למידותיו", אליו עצמו ולא לשום מידה וגילוי שבה הוא מתגלה ופועל בעולמנו. זו מהות התפילה, שלא נועדה רק למילוי הצרכים שלנו – לחוכמה, לרפואה, לפרנסה, ואפילו לא ליראת שמיים שלנו – אלא היא נועדה בעיקרה להתקשרות שלמה ואמתית עם הקב"ה עצמו. דרך התפילה היא ארוכה, דרך ההתבוננות, השבחים והבקשות, ביראה ובאהבה, אך

13 ראו הסבר ליחס שבין השמות לספירות בפרק הבא על עשר הספירות.

מהותה הפנימית מכוונת הכי גבוה - לחבר את עצמות הנשמה עם עצמות אין סוף[14] - לא פחות.

השגתנו באור אין סוף

מהות האין סוף היא כאמור מעבר לכל השגה, ורק דרך אור אין סוף יכולה להיות השגה כלשהי באין סוף. בספרים מוגדרת השגה זו כ'ידיעת המציאות'.[15] כלומר, אין זו השגה במהות הדבר אלא רק במציאותו, בכך שהוא קיים.

ידיעה זו במציאות האין סוף היא לא רק אפשרית לכל אדם, היא גם חובתו וייעודו של כל אדם. ביטוי לכך נמצא בתפילה ובהלכה. פעמיים בכל יום קורא יהודי קריאת שמע ואומר "שמע ישראל ה' אלקינו ה' אחד". בכך הוא מכריז שאלוקים הוא האחד המוחלט, שאין עוד מציאות מלבדו, שכל הנמצא, השמיים והארץ וכל מה שבהם, בטלים בו מהיות מציאות לעצמה.[16] כך פותח הרמב"ם את ספר ההלכה הגדול משנה תורה: "יסוד היסודות ועמוד החכמות לידע שיש שם מצוי ראשון, והוא ממציא כל נמצא, וכל הנמצאים מן שמים וארץ ומה ביניהם לא נמצאו אלא מאמתת המצאו...".[17] ובתיקוני זוהר פותח הקטע הידוע בשם 'פתח אליהו' במילים: "רבון עלמין דאנת הוא חד ולא בחושבן", ריבון העולמים שאתה הוא אחד ולא בחשבון.[18]

כל אלה וביטויים רבים נוספים בתורה ובנביאים ובדברי חכמים בכל הדורות, מתארים את אור האין סוף באופנים ובצדדים שונים היכולים

14 ראו לוח היום יום י"א תשרי.

15 ידיעת המציאות לעומת 'השגת המהות'. מקור המושגים קדום אך בהקשר זה הם נמצאים בספרי חסידות. ראו איגרת הקודש יט; דרך מצוותיך מצוות האמנת אלוקות אות ב; לקוטי תורה ויקרא ה,ג ועוד.

16 בספרים מבואר שהכוונה הפשוטה של אותיות 'אחד' היא: שהחי"ת – שבעה הרקיעים והארץ; והדל"ת – ארבע רוחות העולם, בטלים באל"ף – אלופו של עולם, הקב"ה בעצמו (ראו בית יוסף או"ח סי' סא בשם הסמ"ק; שו"ע שם סעי' ו).

17 רמב"ם הלכות יסודי התורה א,א.

18 הקדמת תיקוני זוהר יז,א.

להתקבל בדעתנו. עם זאת, השגות אלו כולן אינן תלושות מן האמת העצמית שלהן. שהרי זו עצמה היא דרך התפשטותו של האור - בדעתנו ובעולמנו, במילים ובמושגים שקיימים בנו.

ידיעה זו היא תכליתו של האדם ותכלית בריאת כל העולמות. עניינו של האור הוא להתגלות, עניינו של השם הוא שיקראו בו, ועניינו של האדם וייעודו הוא שיגלה את האור אין סוף ויקרא לו בשמו. כשאדם ממלא את ייעודו זה הוא מגלה את נקודתו הפנימית הפרטית שסביבה נרקמו אישיותו וכל מאורעות חייו ושדרכה ובכוחה הוא הגיע לאותה ידיעה במציאות האין סוף. ידיעה זו אפשרית כאמור לכל אדם, אך אין היא שווה בכל אדם. בגלל שהיא פנימית כל כך היא אישית וסובייקטיבית ונכנסת לנפש רק בהתאמה אישית לו בלבד.

טבעו של אור אין סוף שהוא מתפשט והולך ממקורו הרחק יותר ויותר. אך בכל מרחק ובכל אין ספור חילופי הצורות שהוא עובר הוא שומר את מהותו שהיא אור אין סוף הנושא את סוד מציאותו של האין סוף, ששום דבר אינו נבדל ממנו ושום דבר אינו מצוי ואינו מושג באמת בנפרד ממנו.

באין סוף עצמו אין השגה ואין עבודה, רק באור אין סוף, והעבודה בכל מקום היא לחברו לאין סוף עצמו.

יש עבודה שמתחילה מלמטה, היכן שמרגישים נפרדים מהאין סוף, עצמאיים מסתדרים בלעדיו. והעבודה אז היא להתבונן ולהרגיש שאין זה כך, להתבונן בשפלות האדם, בכלל ובפרט. ומהרגשת המרחק תבוא התשוקה כאש לעלות אל ה'. ויש עבודה שמתחילה מלמעלה באור אין סוף. זו לא חייבת להיות דבקות באור אין סוף המופשט מכול, לא כל אחד יכול ולא בכל עת. אבל כאשר מתבוננים ומרגישים שכל מצווה, מילה של תורה או תפילה, נוגעת באין סוף, ושהיא בעצמה אור אין סוף הקשור ובטל לאין סוף עצמו – הרי שבמעשה זה ובמילה זו גם האדם שאומר ועושה מתקשר ובטל לאין סוף, כמו אור אין סוף בעצמו.

זה קורה מעצמו, בעצם עשיית המצווה ואמירת המילה

שהקב"ה הכניס עצמו בהן. אבל כאשר אדם רוצה להיות בדבקות הזו גם בנפשו, בהכרתו ובהרגשתו, הוא צריך לשתף את כוחות נפשו באמירת המילה הזו - בהתבוננות ובהרגשת האהבה באופן שאי אפשר אחרת.

בסיכומו של פרק זה מתברר שכל מה שאפשר לומר על האין סוף הוא שאי אפשר לומר דבר. ואם מדברים, בהכרח מדברים על אור האין סוף, ואם מדברים על אור אין סוף בהכרח מדברים על האור המשתקף במציאויות שהוא מאיר אותן, בכוחות ובכלים שהוא פועל בהם. כוחות וכלים אלה הן עשר הספירות שבהן יעסוק הספר בכל הפרקים הבאים.

פרק שני

עשר הספירות

בפרק הקודם דובר על אור אין סוף המתגלה דרך המציאויות שהוא מאיר,[1] בדומה לאור הגשמי שמתגלה לעינינו רק כאשר הוא מאיר גוף כלשהו בחלל. מציאויות אלו הן כל המציאויות שקיימות בכל העולמות, הרוחניים והגשמיים. עם זאת, העולמות בכלל והעולם התחתון שלנו בפרט, יורדים באין ספור דרגות מאור אין סוף בעצמו, כך שהאור המשתקף בהן הוא רק תולדה רחוקה של אור אין סוף, ואור אין סוף האלוקי עצמו הוא נסתר. כדי שאור זה יתגלה לעיניו צריך האדם לעלות במחשבתו מעולם לעולם, ממציאותו הגשמית למציאות גבוהה יותר, רוחנית ושקופה יותר. לעלות עד למציאות הראשונית, הדקה והאצילית ביותר, זו שהאור המאיר ומתגלה בה הוא אור אין סוף בעצמו. מציאות זו הן הספירות.[2]

1 שכן אור אין סוף אינו יכול להתגלות בשל אין סופיותו, והמציאויות שבהן הוא מאיר (שאינן אין סופיות), מסתירות את אין סופיותו, ובכך הן מגלות אותו לעינינו ושכלנו המוגבלים. אכן, לא ברור כיצד תיתכן מציאות שתסתיר את אור אין סוף, שהרי באמת אין שום דבר מלבדו. על עניין זה וסביבו מדובר הרבה בקבלה ובחסידות, מקצת מכל זה יוסבר בפרקים שבסוף הספר העוסקים בצמצום ובאורות והכלים

2 ראו ביאורי הזוהר לצמח צדק חלק א עמ' ע.

מציאות ראשונית זו אינה אחד אלא עשר. שכן בהיותה ראשונית לגבי העולמות המורכבים היא חייבת בעצמה להיות מורכבת, אבל בהרכבה מינימלית שלא יכולה להיות פחות, שאי אפשר לחלק יותר. "עשר ולא תשע, עשר ולא אחד עשרה",[3] שאם יחסר בה אפילו מרכיב אחד כבר לא יצמח ממנה העולם הזה שאנו מכירים, ואם יתווסף לה אפילו מרכיב אחד שאינו חיוני - היא כבר לא תהיה המציאות הנקייה לגמרי המשקפת ומגלה את האור האלוקי עצמו.

עשר הספירות הן מושג יסודי בקבלה, ונזכרות כבר בספר הקבלה הקדום, ספר יצירה, "עשר ספירות בלימה".[4] למשמעות השם 'ספירות' ניתנו כמה הסברים, וכולם מבארים במידת מה את מהותן.[5] יש מסבירים שהוא מלשון אבן ספיר,[6] אבן מאירה, כי הספירות מאירות את האור האלוקי בעולמות. יש שהסבירו שהוא מלשון סְפָר (גבול)[7] לומר שהספירות הן המעבר בין מה שמעבר לגבולות לבין מה שבתוך הגבולות, ויש שהסבירו שהוא מלשון מִספר,[8] שהן מוגדרות במספר מסוים לעומת האין סוף ושהן מתייחסות זו לזו בסדר ובחוקיות כדרך המספרים. ויש שהסבירו שהוא מלשון סיפור, לפי שהן מספרות את סיפור כל הברואים ותולדתם, ולפי שהן מספרות את הקב"ה לברואיו.[9]

3 על פי ספר יצירה א,ד. אכן כאשר סופרים את כל הספירות, כפי שמצויר בתרשים בהמשך הפרק, וכפי שנמצא בפרקי הספר הזה, יש אחת עשרה ספירות. וההסבר הוא שספירות הכתר והדעת מתחלפות, כאשר מונים את הכתר לא מונים את הדעת וכאשר מונים את הדעת לא מונים את הכתר. כך שתמיד מונים עשר ולא אחת עשרה. והדברים יוסברו לקמן בפרק 'דעת'. מעין זה אפשר לראות במניין שנים עשר השבטים. כאשר מונים את לוי מונים את יוסף, וכאשר לא מונים את לוי מונים במקום יוסף את אפרים ומנשה.

4 ספר יצירה א,ב.

5 ראו כל זה בביאורי הזוהר לצמח צדק חלק א עמ' ע ואילך.

6 פרדס שער ח פרק ב, הובא בלקוטי תורה ויקרא לה,ב. וראו גם אור התורה פרשת תשא עמ' א'תתכג ואילך; המשך תער"ב חלק א עמ' ר ואילך.

7 פרדס שער ח פרק ב.

8 פרדס שער א פרק א.

9 פרדס שער ח פרק ב, וכן בספר הבהיר על פי לשון הכתוב "השמים מספרים כבוד א־ל" (תהלים יט,ב).

הספירות הגנוזות

הספירות אינן סוג של בריאה שהופיעה בשלב מסוים של ההשתלשלות. הן היו קיימות כבר מתחילת ההתחלות שמדברים עליהן,[10] אלא ששם הן היו נעלמות וגנוזות באור האין סוף עצמו.[11] ככל דבר המכיל את העתיד להיות ממנו, כגרעין שיש בו בכוח את כל העץ ופירותיו. אלו הן 'הספירות הגנוזות'.

ההבדל הבולט בין הספירות הגלויות לספירות הגנוזות הוא בכך שהספירות הגנוזות מצויות כאורות בלבד באור אין סוף בלי הפרדה ביניהם המייחדת כל אחת בכלי לעצמו,[12] ולעומת זאת בספירות הגלויות כל ספירה היא אור בכלי בפני עצמו.[13]

משל עמוק המובא בספרים להבחנה בין הספירות הגנוזות לספירות הגלויות, הוא ההבחנה בין אותיות הכתובות בדיו על קלף לאותיות החקוקות באבן.[14] האותיות בכלל, הן הכלים המגלים לחוץ את המהות הפנימית (בדומה לאותיות הדיבור המגלות כלפי חוץ את המחשבות והרגשות שבנפש). יש שני אופנים של רישום האותיות: האחד הוא כתיבה והשני הוא חקיקה. האותיות הכתובות, הן על דרך משל כמו האותיות

10 אפילו קודם הצמצום. ראו לקמן בפרקים על הצמצום והעולמות הקדומים. וראו עוד מאמרי אדמו"ר הזקן, עניינים עמ' פט; ספר המאמרים תרנ"ג עמ' רנג; שם תרס"ו עמ' ז ובמקורות המצוינים שם.

11 בלשון המצויה בספרי החסידות: "כשעלה ברצונו להאציל עשר ספירות שיער בעצמו (באור אין סוף) בכח כל מה שעתיד להיות בפועל" (ראו מאמרים מלוקטים חלק ב עמ' רפה. ספר המאמרים תש"ח עמ' 243).

12 עם זאת בעצם היותן כלולות בהגדרה כלשהי, של 'עשר ספירות הגנוזות', הן מובחנות מאור אין סוף בכלי אחד לכולן. ראו לקמן בפרק על העולמות הקדומים על 'עולם העקודים'.

13 עוד על הספירות הגנוזות ראו לקמן בפרק על העולמות הקדומים על 'עולם העקודים'. על מושגי האורות והכלים ראו לקמן בפרקים על אורות וכלים.

14 ראו המשך תרס"ו עמ' תרלט (מהדורה ישנה תפה) על פי מה שכתוב בהקדמת הזוהר: "בריש הורמנותא דמלכא גליף גליפו בטהירו עילאה...". המושג של אותיות החקיקה מופיע בחסידות כביטוי לגילוי פנימי יותר של התורה, כמו הגילוי שהיה בלוחות הברית שבהן היה הכתב חקוק בלוחות האבן וכמו הגילוי הפנימי של התורה במצוות פרה אדומה הנקראת 'חוקת התורה' ובאופן מסוים בכל המצוות הנקראות חוק וחוקה (ראו לקוטי תורה פרשת בחוקותי ופרשת חוקת ועוד).

הכתובות בדיו על הקלף, המלבישות ומגלות את המהות הנעלמה שבקלף. בגילוי זה מתגלה המהות בדבר אחר, מהות הקלף מתגלה בדיו, אך בהיות הדיו אחר לקלף הוא בהכרח מסתיר באותה שעה את הקלף בעצמו. אותיות אלו הן המשל לספירות הגלויות שבעולם האצילות ובעולמות הנבראים המשתלשלים משם. ספירות אלו מגלות את ההארה האלוקית המחיה את העולמות בשפה ובחומר של העולמות, בשפה שגלויה ומובנת לנו, אך משום כך הן מסתירות את המהות האלוקית בעצמה. לעומתן, הספירות הגנוזות שבעולמות הנעלמים ובאור האין סוף עצמו נמשלו לאותיות החקוקות באבן שאינן נבדלות מהאבן.[15] הן אינן מסתירות את האבן, שהרי הן עצמן האבן, אבל כיוון שהגילוי איננו בדבר אחר, כיון שהוא ממהות הנעלם עצמו, הוא כמעט ואינו מגלה דבר כלפי חוץ. יש גילוי אחד בלבד, שהוא עצם היות גילוי, אבל בלי הפרטים המגלים בפועל את מהותו של הדבר. כמו אמירה של צליל אחד או גוון אחד, שאומר שיש כאן אמירה, אבל האמירה נשארת נעלמה, לא יודעים מהי האמירה, יש קול אבל אין ניגון או ציור בפועל. כך אותיות החקיקה מגלות את האבן עצמה, שהיא ישנה, שהכול הוא האבן עצמה ואין בלתה, מגלות את מציאות הנעלם, שהוא ישנו ומתגלה, אבל נעלם. בנמשל הן הספירות הגנוזות, עשר אורות בכלי אחד, אשר מלבד הגילוי שישנן ספירות גנוזות שם, אין שום הבחנה ומשמעות שיוצאת משם אל תוך עולמנו.

על הספירות הגנוזות כמעט שאין מדברים בספרים, כי אין מילים לדבר בהן. עם זאת, בהיותן שורש לכל מה שנאמר, הן מופיעות מפעם לפעם ברקע לדברים הנאמרים, כביטוי לנעלם שקודם לגלוי.

מן הספירות הגנוזות לספירות הגלויות יורדות הספירות דרגה אחר דרגה, ובכל דרגה הן בעצם אותן עשר הספירות באותם השמות. לשם המחשה, התבנית של מספרי היחידות 1 עד 10 חוזרת גם בסדרות של העשרות, המאות, האלפים וכן הלאה. לכל סדרה יש ערכים שונים, אבל התבנית נשארת והיחס בין המספרים נשמר בכל הדרגות.[16] בדומה

15 ראו תורה אור י,ג; לקוטי תורה ויקרא מו,ד ובאריכות בספר הערכים כרך ג עמ' רכו והלאה.

16 כעין זה מדובר בספרים שעולם העשייה הוא יחידות, עולם היצירה עשרות, עולם

לזה, בספר הזוהר נמשלה ספירת החסד ליד ימין וספירת הגבורה ליד שמאל.[17] מובן שספירות החסד והגבורה העליונות אינן דומות כלל ליד גשמית, אבל היחס בין יד ימין ליד שמאל הוא מעין היחס בין ספירת החסד לספירת הגבורה.

בעבודת ה' לכל דבר יש מקום ומשמעות, גם אם הוא מופשט לגמרי, כמו הספירות הגנוזות. כי בידיעה שהן קיימות באור אין סוף, ושהן השורש הנעלם לעשר הספירות וכוחות הנפש שלנו – הן מאפשרות את הקשר שלנו אל האין סוף. הקשר שהוא יסוד כל עבודת ה'.

עבודת ה' בכלל, כמו התפילה בפרט, חייבת להתייחס אל הקב"ה בעצמו, שמעבר לכל מה שאנו יכולים להשיג ולהרגיש.[18] והיכולת להתקשר אליו ממש, בכל הפרטים של העבודה – המילים, והרגשות וההשגות – הוא המקום של עשר הספירות הגנוזות. כל אלה עולים בעשר הספירות שבנפש, המתקשרות בשורשן שבעשר הספירות הגנוזות ומאוחדות בקב"ה בעצמו ומהותו. יש אפוא משמעות לכל פרטי עבודתנו – לכל כוחות נפשנו, לכל מחשבה דיבור ומעשה – גם למעלה מעלה אצל הקב"ה בעצמו. יש שם מי ששומע ומתייחס לבקשות ולהרגשות שלנו; כל אות חשובה, כל מעשה פרטי מגיע ומשפיע עד למעלה מעלה. כשם שהוא יורד אלינו בעשר הספירות הגלויות לנו, כך אנו עולים ומעלים אליו בעשר הספירות הגנוזות אצלו.

הבריאה מאות (ראו לקוטי תורה במדבר עד,ב-ג).

17 ראו הקדמה לתיקוני זוהר יז,א (הקטע הנקרא 'פתח אליהו' הנמצא בסידורים רבים) ובכמה במקומות בזוהר.

18 כפי שנאמר על התפלה שצריכה להיות מכוונת "אליו ולא למידותיו". וכמסופר בקיצוניות יותר על אדמו"ר הזקן שהיה נשמע בתפילתו: 'אינני רוצה את גן העדן שלך, אינני רוצה את העולם הבא שלך, אני רוצה רק אותך בעצמך'. ועוד יוסבר בפרקים הבאים.

תבניות היסוד

את עשר הספירות אפשר להגדיר כתבניות היסוד שבהן ברא הקב"ה את העולם ובהן הוא מקיים ומנהיג אותו. תבניות היסוד שבלעדי אחת מהן אין העולם מה שהוא. על דרך משל, לבית יש גג וקירות ודלת, ואם אין לו אחד מהם הוא איננו בית. כך במכלול הבסיסי של עשר הספירות מתקיימים כל העולמות בכלל וכל הנפשות וכל הפרטים שנמצאים בהם. אכן לא כל העשר ניכרות בכל פרט ופרט, תמיד יש כאלה שעומדות לפנים וכאלה שמאחור, אך הן כולן נחוצות לקיומו של כל דבר.

הדוגמה המוחשית ביותר עבורנו, היא הגוף והנפש שלנו. הן הגוף והן הנפש המחיה את הגוף בנויים באותן עשר תבניות. הנפש בנויה מעשרת כוחות הנפש המשתלשלים מעשר הספירות העליונות: חוכמה, בינה, דעת, חסד, גבורה וכו'.[19] וכך גם הגוף החי מהנפש מתקיים באותן עשר תבניות: הראש כמקום החוכמה הבינה והדעת, היד הימנית הנותנת היא בחסד, היד השמאלית העוצרת בגבורה, הגוף שביניהן בתפארת, וכן כל שאר האיברים המזוהים כל אחד עם תבנית אחת הספירות.[20] אף שבכל נפש פרטית יש מינון שונה בין הספירות - פעמים זה גלוי וזה נסתר, פעמים זה פעיל וזה ברקע - תמיד נמצאות שם כולן ואי אפשר שתחסר אחת מהן.

ולא רק באדם. בכל דבר במציאות, גשמי או רוחני, יש תמיד הרכבה של עשר התבניות האלה. לשם דוגמה, אפשר להסתכל על עץ ולראות את החוכמה שהוא עשוי בה, איך כל הפרטים מתאימים בו, השורשים, הענפים והעלים, כדי שיקלוט את האנרגיה והחומרים הצריכים לו ויצמח וייתן פירות. ואפשר לראות ולהרגיש את האהבה שהוא עשוי בה, את ההשפעה של חסד שנותנת ומגדלת ומבריאה אותו; ומהצד השני את הגבורה שמגבילה את הגדילה לפי הצורך ולא יותר. אפשר לראות את הניצוח שמנצחים השורשים את הסלעים, וגם את מידת

19 ראו תניא פרק ג.

20 במפורט בתיקוני הזוהר, בקטע 'פתח אליהו'. וראו ביתר פירוט בהמשך הפרקים, על חלק הנפש וחלק הגוף השייך לכל ספירה.

היסוד שבה מתקשרים העצים זה בזה דרך האבקנים והדבורים וכו'. כך בעולם הגשמי, וכך גם בעולמות הרוחניים העוטפים וממלאים אותו. הכול בכלליו ובפרטיו הוא אותו מכלול של עשר המשתלשל מעשר הספירות העליונות.

בעולם המעשה שלנו זה אינו מובן מאליו. אדם רגיל אינו קם בבוקר פותח את החלון ורואה אלוקות וספירות קדושות. הוא רואה את העולם בחיצוניותו, הרים ועצים ובתים וחוקי טבע, את תבניתו הפנימית, את הספירות ואת האלוקי שבכל דבר, אין רואים בעין אלא רק ב'עבודה'. העבודה היא בעיקר עבודת התפילה שבכל יום, שבה מְעַבְּדִים את תמונת העולם שרואים – בהתבוננות, בהתבטלות ובדיבור – עד שמתחילים לראות את עשר הספירות שבפנימיותו. העבודה הנפשית בתפילה היא בכוחות הנפש: בחוכמה רואים את החוכמה שיש בכל דבר; במידת בחסד שבנפש רואים את הנתינה וההשפעה שמקיימת את העולם, וכן בכל עשר כוחות הנפש מגלים את עשר הספירות האלוקיות הנוכחות ופועלות בכל דבר ודבר.

גילוי אלוקי

עוד לפני שהספירות היו יסוד העולם הן היו גילוי אלוקי. אכן גם העולם עצמו הוא ביטוי אלוקי, הא נברא על ידו מאפס גמור, וחי ומתקיים מכוחו בלבד. ואולם העולם אינו גילוי אלוקי, העולם הזה מגלה קודם כול את עצמו, את קיומו שלו הנבדל כביכול מהאלוקי, ובכך הוא מסתיר את הקיום האלוקי האין סופי שמהווה אותו.[21] הספירות לעומת זאת, בהיותן יסוד פנימי לעולמות, אינן מסתירות אלא מגלות אלוקות.

הספירות אינן רק גילוי של הכוחות הרוחניים שבעולם ובכל דבר, הספירות הן הגילוי של האלוקי שבתוך הכוח הרוחני ובתוך כל דבר. זה ייחודן של הספירות על פני כל העולמות והכוחות הרוחניים שבכל

21 עולם מלשון העלם, שמעלים את האלוקי המהווה אותו.

הדרגות, שבהיותן הכלים הראשונים והפנימיים ביותר, הנפעל בהן אינו נפרד מהפועל בהן. על דרך משל: כאשר אדם מבטא את עצמו בכלי חיצוני, כמו מעשה, הקשר בין האדם ובין המעשה שלו נעלם, כמעט שאינו ניכר לאדם אחר. לעומת זאת, כאשר הוא מבטא את עצמו בדיבור (שהוא פנימי למעשה) הקשר ניכר יותר, ובמחשבה עוד יותר, ובכוחות נפשו עצמם, בשכלו והרגשתו, הקשר הוא בלתי ניתן להפרדה. בנמשל: המעשה והדיבור של אדם הם העולמות התחתונים, המחשבה הם העולמות הרוחניים הגבוהים, כוחות הנפש הן הספירות, והאדם עצמו שבמשל הוא בחינת האלוקי.[22] ופירוש הדברים: העולם הגשמי נראה כנפרד מהאלוקי הבורא אותו, העולמות הרוחניים העליונים נראים קשורים אבל לא זהים, והספירות זהות ומאוחדות לגמרי באלוקי. ולפיכך, כל גילוי של הספירה איננו רק של הספירה אלא גם של האלוקי הפועל בספירה.

את הספירות אפשר לראות כלבושים,[23] כמו הלבושים הגשמיים והנפשיים שלובש אדם כאשר הוא יוצא מעצמיותו ומתגלה ופועל בעולם שמחוץ לו. לכל אדם יש לבושים רבים שהוא מתגלה בהם: עם ילדיו הוא לבוש כאבא, עם אביו הוא כבן, כלפי אשתו הוא בעל, בעבודתו הוא שוטר או מורה וכן הלאה. אכן, האדם בעצמו איננו מתגלה באף אחד מלבושיו, ואולם באופן מסוים הוא מתגלה בעצמו במכלול כל לבושיו. אלא שכאן שונה הנמשל מהמשל, והגילוי האלוקי מגילוי האדם. שכן בניגוד לאדם שמלובש בעצמו בלבושיו, האלוקי אינו מלובש בעצמו בלבושיו, בכל העולמות שברא ויצר ועשה, אלא רק הארה של הארה ממנו, שאינה נחשבת כלל לגבי עצמותו. ולכן, גם אם אוספים את גילויי העולמות כולם אין בהם גילוי שלו בעצמו.

מה שאין כן בספירות, שהגילוי האלוקי שבהן אינו רק גילוי של הפעולה הנפעלת על ידו, אלא גילוי שלו בעצמו. ספירת החוכמה, עם

22 ראו תניא פרקים ג–ד.

23 הגם שבתניא (פרקים ג–ד) נמשלות הספירות לכוחות הנפש (השכל והמידות) ולא ללבושיה (מחשבה, דיבור ומעשה), מדייק אדמו"ר הזקן במקומות אחרים (תורה אור וירא יג,ג) שגם כוחות הנפש נקראים לבושים לגבי עצמיות הנפש.

היותה רחוקה באין ערוך מעצמותו,[24] היא חוכמתו שלו; ספירת החסד, גם בגילויה בעלם הזה, היא החסד שלו ולא של מהות אחרת מלבדו. זו אפוא מהות וסוד הספירות שהן מאוחדות בו; לא רק כלבוש או ככלי עבודה חיצוני, כפטיש וגרזן על דרך משל, שנוטל אדם ומשתמש בו, אלא כיד האדם עצמו, ככוח נפשו שלו, שהוא עצמו עושה בו ומתגלה בו. הספירות מספרות אפוא לא רק את סיפור הבריאה אלא בעיקר את סיפור הבורא: על מי שבורא, מי שחושב ומבין ומרגיש בספירות. הסיפור האמיתי אינו החוכמה והאהבה שמגיעה אל האדם, אלא האלוקי שמגיע אליו באהבתו שהוא אוהב אותו, בחוכמתו ובכל ספירותיו.

ההתבוננות בקריאת שמע – "שמע ישראל ה' אלקינו ה' אחד" – היא העבודה של גילוי האלוקי שבעשר הספירות, באופן שאין רואים עוד את העולמות והספירות הפועלות בהם אלא את האלוקי האחד שבתוכם. במקומות רבים מוסבר שההתבוננות במילה "אחד" היא באותיותיה. דהיינו: האל"ף רומזת לאלופו של עולם, האלוקי עצמו, החי"ת (שמונה) רומזת לשבעה רקיעים והארץ, והדל"ת לארבע רוחות העולם.[25] הממדים הללו של מעלה ומטה ורוחות העולם מכוונים כנגד שש המידות שהן תבניות היסוד של העולם,[26] והאל"ף מגלה את האחד האלוקי שמאחד את כולם וכולם מתבטלים מישותם ופירודם בהיגלות האחד האלוקי שבהם. משל לדבר הוא כאשר מקבלים מכתב מאדם שלא יודעים אם הוא חי. במצב כזה כל הפרטים בטלים לגמרי בחשיבותם כלפי העובדה הכללית שהם מגלים – שהוא חי!

24 כמבואר בתניא (שער היחוד והאמונה פרק ט) על הכתוב "כולם בחכמה עשית", שהחוכמה עם היותה באדם כוח הנפש הגבוה ביותר, אצל הקב"ה היא רק כדרגת העשייה הרחוקה והנמוכה ביותר מהמהות העצמית.

25 על פי ברכות יג,ב.

26 לאופן שבו מתייחסות הספירות לרוחות העולם ראו כוונות הלולב בפרי עץ חיים ובמשנת חסידים; בסידור עם דא"ח רסד,ב.

מהות אלוקית

הגילוי שבספירות הוא פנימי כל כך שהוא מגלה לא רק את מציאות האלוקי בעולם אלא גם ממהותו העצמית ממש. ההבדל בין השגת המציאות והשגת המהות בולט במיוחד בהשגת האלוקי, שכן המהות האלוקית בהגדרתה אינה ניתנת להשגה בשום שכל או רגש.[27] כפי שהוסבר, ניתן להגיע להשגה כלשהי של מציאותו דרך פעולותיו וכוחותיו המתגלים בעולמות, אבל להשיג את מהותו העצמית שמעבר לכל גילוייו בעולמות הנבראים, אין שום נברא יכול להשיג. ואף על פי כן, מהותן וייחודן המופלא של הספירות הוא שיש בהן אף גילוי ממהות האלוקי ממש.[28]

לכאורה זה לא ייתכן, שהרי המרחק בין כלי הספירות ובין המהות האלוקית הוא עצום. שום מידה מקצה העולם ועד קצהו אינה מתקרבת למרחק האין סופי שבין האלוקי עצמו ובין הספירות. ואולם דווקא משום שאין בכלי הספירה יכולת להגיע אל האלוקי מגיע האלוקי אל הספירה, בכוח יכולתו האין סופית לבחור לגלות את עצמו בספירות. הבחירה האלוקית (כמו גם הבחירה החופשית האנושית) מבטאת את הפנימיות שבפנימיות, זו שאינה כפופה ומותנית בשום מציאות ואירוע חיצוני. הספירה היא לפיכך יותר מגילוי המציאות האלוקית, היא שלוחה של פנימיות מהותו ממש. בספירות פונה הקב"ה אל העולם ודרכן הוא מבטא את מה שבפנימיותו ובעצמו, מה שאכפת ונוגע לו, כמו היה זה נוגע בעצם קיומו כביכול. מעין זה מוסבר בספר התניא בנוגע לנקודת פנימיות הלב שבאדם שבה מתגלה ומורגשת עצם עצמותו ממש.[29] כדי

27 הבחנה זו נמצאת כבר בספרי הפילוסופים ובכתבי הרמב"ם אם כי לא בדיוק בלשון זו. וראו בספר החקירה לאדמו"ר הצמח צדק עמ' 126 והלאה על 'עדות'. ראו גם דרך מצוותיך מצוות האמנת אלוקות אות ב; לקוטי תורה שמות ו,ד ובמקומות רבים בחסידות.

28 ויש להדגיש, שאין הכוונה רק לספירות של עולם האצילות אלא גם למושג הספירות שבעולמות הנבראים, ואפילו בהשתלשלותן בכוחות הנפש שבאדם. בכל אלה מסתתר, אבל נמצא, קשר פנימי יותר, למהות האלוקית.

29 איגרת הקודש ד.

להמחיש זאת מביא לכך האדמו"ר הזקן משל מאדם שיש לפניו עניין גדול מאוד שעצם חייו תלויים בו, שאז אפשר לומר שאותו עניין נוגע בנקודת פנימיות ליבו. כך למעלה, באלוקות, התגלותו של הקב"ה בספירות מבטאת כביכול את נקודת פנימיות ליבו של הקב"ה. דרגה שאינה רק מלבישה את האלוקי אלא מזדהה איתו לחלוטין, שהיא מעבר לכל כוחותיו המהווים ופועלים בעולמות, שהיא מעבר לגילוי מציאותו, שמגלה גם את מהותו ממש.

לפיכך נתפסת מערכת הספירות בעיני העולמות כמהות אלוקית, שבה מגלה הקב"ה לא רק את השפעתו בכלי העולמות, אלא כביכול את עצמו ממש אל הנפשות.[30] מעביר מסרים אישיים או כלליים לבני אדם מסוימים, ופעמים פשוט מתגלה בהן - חיפשת אותי? הנה אני!

אכן מהות זו של הספירות, כפי שאינה יכולה להתגלות בכלי בעולמות כך היא אינה יכולה להתגלות בכוחות הנפש הגלויים, בשכל וברגש. אבל היא יכולה להתגלות בכוחות הנפש הנעלמים, הקודמים והפנימיים לכוחות הנפש הגלויים; בכוחות של אמונה ומסירות נפש שאין להן שום הסבר מלבד שככה זה ולא יכול להיות אחרת.[31]

מעין הבחנה זו מצויה בחסידות בין השגת הנביא והשגת החכם.[32] השגת הנביא היא השגה של כעין ראייה (ולכן נקרא הנביא 'הרואה'), לעומת זאת, השגת החכם היא השגת השכל. הנביא לא משיג בשכלו ואפילו לא בהרגשתו, הוא פשוט רואה את מהות הדבר בעצמו! לא דרך חושיו הרגילים, לא בעולמו הגשמי, אלא כביכול בהקרנה ישירה לעצם נפשו. לכן, כמתואר בכמה מקומות בכתובים ובדברי הנביאים, זו יכולה להיות חוויה מטלטלת ומהפכת את כל מבנה נפשו.[33] רק בחוסן

30 והדבר הוא הן בנוגע לעולם האצילות בכללו, והן למערכת הספירות הפרטית שבכל עולם.

31 כמאמר המובא בכמה מקומות ש"לית מחשבה תפיסא בה כלל, אבל נתפס איהו ברעותא דלבא (ברצון הלב)". ראו תיקוני זוהר בהקדמה יז,א; זוהר חלק ג באדרא זוטא רפט,ב. וראו תורה אור כז,א ועוד.

32 ראו איגרת הקודש יט.

33 עד שבכמה מקומות נקראים הנביאים בפשטות "משוגעים". ראו מלכים ב ט,יא; ירמיהו כט,כו.

נפשו וגדלות רוחו האישית יכול הנביא לעכל את הדברים ואף לתרגמם לאחרים.

אך גם בכל אדם מישראל יש כוח של אמונה שלמעלה מהכוחות הגלויים, וכדברי חז"ל שכל ישראל "מאמינים בני מאמינים".[34] ההבדל בין בני אדם הוא בתחום כוחות הנפש הגלויים, השכל והמידות, אבל בכוחות ובסגולות שבעצם הנפש הנעלם, בכוחות להתקשר בקשר אישי ונעלם במהות האלוקית ממש, במסירות נפש ובמעשה בפועל, כולם שווים.

למהות האלוקית אין אותיות ולבושים של העולם הזה וגם לא של כוחות הנפש, ובלי לבושים אין רואים דבר. לכן צריך לעשות לה לבושים אחרים, והח לבושי אותיות התורה והמצוות. כי מלבד לבוש האותיות שבורא את העולמות, ישנו לבוש אלוקי באותיות התורה, המגלה את פנימיות רצונו העצמי, את מהותו שלו הנכנסת ומתגלה בעולמות, עד למטה מטה. עבודת ה' היום יומית של האדם היא להלביש את נפשו בלבושים אלו: באמירת אותיות התורה והתפילה, בלימודה, ובקיום רצונו הפנימי שאי אפשר להבין אבל אפשר לעשות.[35]

הספירות והשמות

הנושא של שמות הקודש, שמותיו של הקב"ה, הוא נושא נעלה ורב חשיבות לעצמו, לא פחות מנושא הספירות בכללו. משום כך לא ניכנס בספר זה, שעוסק בספירות, לנושא השמות בכל כובד הראש הראוי לו, רק נזכיר בקצרה אודות מציאותו, ומעט על הקשר בין שמות הקודש והספירות.

על 'שמו הגדול' של הקב"ה כבר דובר בפרק הראשון, שהוא מקביל למושג של אור אין סוף הכולל הכול. ואולם מלבד השם האחד הזה ישנם

34 ראו שבת צז,א, ומבואר במקומות רבים בחסידות.

35 ראו לקוטי תורה דברים כה,ב והלאה.

שמות רבים לקב"ה שכל אחד מהם מבטא כוח או ביטוי מסוים שלו. על שמות אלו, על התייחסותם אל הספירות ועל משמעותם המיוחדת אלינו ואל עבודת ה' שלנו, ידובר להלן.

שמותיו של הקב"ה הם על דרך משל כמו שם של אדם. השם הוא מילה, סמל או קוד, שבו פונים וקוראים לאותו אדם. האדם כשלעצמו אינו זקוק לשמו, אבל לגבי אדם אחר השם הוא כמו הידית שבאמצעותה אפשר לאחוז באותו אדם ולהתייחס אליו. שלא כמו תארים שנותנים לאדם, שיש להם אחיזה ממשית בתכונותיו ותוארו, השם איננו מבטא שום דבר מסוים באותו אדם, ודווקא משום כך השם מייצג את האדם בכללו ובעצמו יותר מכל כוח וגילוי פרטי שלו. כך גם שמותיו של הקב"ה מאפשרים לאדם להתייחס אליו בעצמו ויחד עם זה דרך גילוי מסוים ממשי שבו: לחשוב עליו, לפנות אליו, לשבח אותו ולבקש ממנו, וסתם לקרוא לו שיפנה אלינו ויתייחס אלינו.

היות וכל אחד משמותיו של הקב"ה מתייחס לצד ואופן מסוים של התגלותו בעולם, ישנה הקבלה בין השמות לספירות, שאף הן כאמור מערכת שלמה של גילוי אלוקי בעולם. ואכן, למרות שמערכת השמות שונה באופייה, מורכבת ומסועפת יותר, יש מבנה בסיסי שבו יש לכל ספירה שם מסוים המתייחס אליה, כגון: שם 'א-ל' בחסד, שם 'אלוקים' בגבורה, שם הוי"ה בתפארת, שם אדנ"י במלכות, וכן הלאה.

השם והספירה אינם שמות נרדפים לאותו הדבר. בחסידות מוסבר שהיחס בין הספירות לשמות הוא באופן כללי כמו בין הכלי והאור שבו. כגון, בספירת החסד הספירה מתייחסת לכלי והשם 'א-ל' מתייחס לאור שבספירה.[36] השם המתייחס לספירה הוא כמו השם של כל דבר בעולם, מדומם ועד מדבר. וכמוסבר בתניא[37] בשם האר"י ז"ל שלכל נברא יש

36 ראו תורה אור י,ב; ס,א; קב,א והלאה. ומבואר שם ביתר פירוט שיש חילוק בין שם הוי"ה לשאר השמות. ששאר השמות הם האורות הפרטיים שבתוך הכלים – שם א-ל בחסד, שם אלוקים בגבורה וכו'. מה שאין כן שם הוי"ה הוא המכוון לאור האחד הכולל שבכל הכלים. וראו בעניין זה לקמן בפרק 'תפארת', שבה גם האור שבכלי הפרטי של התפארת הוא שם הוי"ה.

37 שער היחוד והאמונה פרק א. וראו גם באור התורה להמגיד ממעזריטש פרשת בראשית על הפסוק "וכל אשר יקרא לו האדם נפש חיה הוא שמו".

צירוף פרטי אל אותיות שהוא שמו בלשון הקודש, המחיה ומהווה אותו בפרט, כמו הנפש של אותו דבר.

ואולם השמות אינם אור מופשט לחלוטין, הם מהווים מעמד ביניים בין האור והכלי. הם אינם אור מופשט לגמרי, אלא אור שמתייחס לכלי מסוים דווקא; והם אינם כלי בלבד, שכן הם מתייחסים תמיד אל האלוקי עצמו (שמעבר לכל הכלים), הם כעין מעמד ביניים בין האור והכלי המחבר את האור והכלי. כמו שמו של אדם, שאינו גוף ואינו נפש אלא הוא מקשר את הנפש אל הגוף. לראיה, מובא בספרים, שכאשר אדם מתעלף קוראים אותו בשמו כדי לעוררו. הקריאה בשם מעוררת את עצם הנפש ששבה לחיות בגוף.

העיסוק בשמות הקודש הוא בעיקר בתחום של עבודת ה׳, בתפילה ובכוונות הברכות והמצוות. שכן כלל הוא בתפילה שמתפללים ״אליו ולא למידותיו״.[38] שאין מתפללים אל מידת החסד או הרחמים וכן הלאה, אלא אל השם השייך לאותה מידה ובקשה, כלומר אל הקב״ה בעצמו שיתגלה במידה זו. בתפילה או בברכה על פי הקבלה, המתפלל מכוון עצמו לשמות ולצירופי שמות מסוימים, המבטאים לא רק את הקב״ה בעצמו שהוא מכוון אליו, אלא גם מתווים את הדרך והאופן המדויק שבה תעלה תפילתו ואת הדרך והאופן שבה היא תענה מלמעלה.[39] ככל שהשמות מפורטים יותר, ככל שהמתפלל מתכוון בנפשו ומבטא בפיו את הפירוט הזה הוא פועל במובן מסוים את תפילתו בעצם אמירתה.

38 כדרשה הידועה: ״בכל קראנו אליו״ (דברים ד,ז) – אליו ולא למידותיו (מובא בפרדס שער לב, פרק ב). וראו לוח היום יום י״א תשרי.

39 לשם דוגמה, בסידורים מכוונים על פי הקבלה משתנה הניקוד של שם הוי״ה בכל אחת מהברכות בשמונה עשרה לפי עניינה של הברכה. למשל בברכת ׳חונן הדעת׳ מנוקד שם הוי״ה בפתח המכוון לחוכמה, בברכת ׳השיבנו׳ הוא מנוקד בצירה המכוון לבינה ובברכת ׳סלח לנו׳ הוא מנוקד בסגול המכוון לחסד וכן הלאה.

קדושת הספירות

ככל שמהות היא פנימית יותר כוחה והשפעתה רבים יותר. מעגל הקדושה הוא תמיד הפנימי, ומשום כך כל עיסוק שלנו בקדושה צריך להיות במידה של זהירות. אין אנו עוסקים רק במה שנראה כלפי חוץ אלא גם בשכבות עמוקות ונעלמות שאין אנו יכולים לשער את מלוא השפעתן. מכל שכן אמורים הדברים בעיסוק בספירות ובשמות הקודש, שהם כאמור קדושה צרופה ופנימית לכל גילויי הקדושה שבעולמות.

זהירות זו משמעה שכאשר אדם מזכיר בדיבור ספירה או שם משמותיו של הקב"ה, עליו להתכוון לכך גם בפנימיותו. אין אלו מילים ומושגים שאפשר לאומרם ולהשתמש בהם באווירה של חולין וקלות הדעת. אלו מילים שנושאות משא פנימי, יקר ורגיש, וחייבת להיות התאמה בין המילים למצב הנפש של אומרן. אדם אומר את שמו של הקב"ה - הוא צריך לצפות לכך שהקב"ה יופיע; הוא מדבר על הספירות, על חיבורי הספירות - הוא צריך לצפות לכך שהצירוף הזה קורה עכשיו, עם כל ההשפעות העצומות שיש לו למטה. הוא צריך להיות מוכן בתוכו לקבל את הקדושה הזו, לכבד ולנקות את מקומו הפנימי, להתאים אותו למילה שהוא אומר. שאם לא כן תאבד מהות הקודש הזו את מקומה והקשרה הפנימיים, ועלולה לתת את כוחה בחיצוניות שהיא נמצאת בה עכשיו. דוגמה לכך היא מה שקורה לחסד הגדול של אברהם כאשר הוא מגיע לשני נכדיו. יעקב מקבל את פנימיות החסד שהיא הקִרבה לאלוקי, הוא מרגיש ביטול כלפי האלוקי ובכך הוא מתקרב אליו. לעומת זאת עשו שקשור אל החיצוניות מתייחס אל חיצוניות החסד, אל מה שהוא מקבל מהחסד, אל ההטבה והגדולה ולא אל עצם החסד האלוקי. ולכן הוא מרגיש גדול וחשוב יותר, ישותו גדלה ובכך הוא מתרחק מהאלוקי.[40]

בלשון המקובלים קוראים לזה 'יניקת החיצונים'. לחיצוניות אין מקור של חיות משל עצמה, כל מה שיש לה - בחיות, ביופי, במשמעות - היא יונקת וגונבת לעצמה מהקדושה ובכך היא מבדילה

40 ראו איגרת הקודש ב.

את עצמה מהקדושה והופכת לקליפה ולרע. התהליך של 'יניקת החיצונים' הוא לפיכך תהליך הרסני שמגביר את כוח הקליפה ומסתיר עוד יותר את הקדושה. תהליך שמקובלים בכל הדורות היו מודעים לסכנתו ולכן שמרו על פנימיות התורה שלא יעסוק בה מי שאינו מוכשר ומוכן לכך.

אכן בדורות האחרונים הקלו בשמירה הזו. התפיסה היא שבמשך הדורות חלה ירידה ברגישות לפנימיות התורה. מה שפעם היה מזעזע אדם עד היסוד, בזמנים מאוחרים יותר כמעט איננו נוגע בו. משום כך גם הרבו יותר ויותר לעסוק בפנימיות התורה. הן משום שהנגלה בלבד כבר לא מספיק לפרנס את הנפש, באהבה וביראה שבכוחם עובדים את ה', והן משום שאם אין רגישות גם הסיכון קטן. הגדילו לעשות בחסידות (בעיקר על פי תורת חב"ד), שהסירו את המחסומים כמעט לגמרי.[41] והטעם הוא, שבתורת החסידות מוסברים המושגים של פנימיות התורה בשכל ובחוויה אנושית, ולכן אין הם מאבדים את הקשר הפנימי שלהם והחשש ליניקת החיצוניים כמעט ואינו קיים.

שמירת הקדושה אינה רק במצבי איום, היא חלק מהותי מעבודת ה', כצד הכרחי בכל עבודת ה' שאי אפשר בלעדיו. בדומה לזה ישנה מצוות עשה של מורא מקדש ושל שמירת המקדש.[42] ומבואר בחסידות שהמצוה אינה מתייחסת רק לבית המקדש הפיזי, אלא לקודש בכלל, והיא מתקיימת תמיד גם כאשר אין איום מסוים על הקודש.[43] חז"ל אומרים ש"תפילות כנגד הקרבנות תִקנום",[44] וההבנה הפנימית היא שעבודת התפילה היא עבודת המקדש - בקרבנות, בקטורת וכן הלאה - הכול נמצא בנפש ובעבודת התפילה, ובכלל זה גם מורא מקדש ושמירתו.

41 ראו בהקדמת האר"י ז"ל לשער ההקדמות (שנדפסה גם כהקדמה לעץ חיים) שבה אומר שבדורות אלה מותר ומצווה ללמוד זאת החוכמה. וראו איגרת הקודש כו. קונטרס עץ חיים לאדמו"ר הרש"ב. וראו שיחת הרבי מליובאוויטש שבת פרשת תולדות מברכים חודש וערב ראש חדש כסלו התשד"מ.

42 רמב"ם הלכות בית הבחירה פרק ז-ח.

43 שם ח,א.

44 ברכות כו,ב.

התפילה בעיקרה היא התקרבות והדבקות,[45] אך כדי שההתקרבות תהיה אמתית ומתקיימת ולא דמיון, כדי שאת קדושת המילים לא ינקו המחשבות הזרות - צריך שיהיה מורא מקדש בהרגשתו, ושמירת הקדש באופן תפילתו.

בחסידות מבוארות דרכים לקיים את השמירה הזו. האופן הפשוט והראשוני ביותר, הנמצא בדברי הבעש"ט, הוא לדאוג לכל אורך התפילה לחבר את המחשבה לדיבור, לחשוב אל מה שאומרים, שלא להפריד, שלא יהיה דיבור של תפילה בלא מחשבה.[46]

וההתבוננות בנוכחות האלוקית לפני התפילה, על פי תורת החסידות, הופכת את הקדושה המופשטת לממשית כל כך שכבר אי אפשר שלא להתייחס בפנימיות הנפש למילה שנאמרת בפה.

אחדות הספירות

עוד יש להיזהר בשמירה על אחדות הספירות, שלא להפריד אותן זו מזו. מאחר והספירות כולן יחד הן גילוי של ה' האחד, אי אפשר לחלק ביניהן. כי רק יחד, בהשלמת כולן, הן מבטאות את האלוקי האחד שבורא הכול ושאין עוד מלבדו. ואם מפרידים אותן זו מזו או מתייחסים אל אחת מהן או לחלקן כמהות העומדת בפני עצמה - לא רק שמחללים את קדושתן, אף יוצרים מהן עבודה זרה ממש.

רוב המחלוקות הגדולות ביהדות, גם בימינו, אינן על דברים שאינם נכונים או שאינם חשובים, אלא על הנקודה הזו - על שלוקחים דבר אחד, צד אחד, שהוא בוודאי נכון וחשוב, ובונים סביבו ורק סביבו את העולם היהודי כולו. אם זה לימוד תורה, אם זה ארץ ישראל, אם אלו המצוות שבין אדם לחברו. כל אחד מאלה חשוב וקדוש, אבל כל אחד מאלה יכול להפוך לעיוות ואפילו לעבודה זרה, אם מוציאים אותו מהכלל. לא

45 בחסידות מוסבר שהמילה 'תפילה' היא כמו מה שמופיע במשנה (כלים ג,ה): "הטופל (ויש גרסות 'התופל') כלי חרס", שפירושו מחבר, מחזק.

46 ראו בעש"ט על התורה עמוד התפילה אות מד: "המדבר בלא מחשבה הוא כמו מוציא זרע לבטלה רחמנא ליצלן".

משום שיש בו פגם כשלעצמו, אלא משום שהוא מופרד מהמערך הכולל השלם של היהדות: כמו כלל עשר הספירות, כמו כלל התורה שבכתב ובעל פה, כמו תרי"ג מצוות, כמו כלל ישראל ועוד. אין מצווה חשובה יותר או חשובה פחות, אין יהודי חשוב יותר ואין יהודי מיותר, כך אין ספירה שהיא חשובה יותר או חשובה פחות שאפשר לוותר עליה.

אפשר לראות בדתות אליליות, גם בזמננו, כיצד צומחת עבודה זרה ומתפצלת לעוד ועוד אלים. לוקחים תופעות וכוחות שבהם פועל הקב"ה בעולם, ויוצרים להם דמות בפני עצמה. בשלב נוסף נותנים לדמות הזו עצמאות וקושרים לה מערכת יחסים מסועפת עם דמויות נוספות, וכך נוצרות מערכות ענק מורכבות של מיני אלילים ודרכי עבודה שונים ומשונים. כולם הבל ותוהו גמור, אבל הם יוצרים מבנים שנדמים ממשיים מאוד, שמספקים לאנשים צרכים וממלאים את עולמם באותו הבל.

המעניין הוא שאצל יהודים, יהיו אשר יהיו, אפשר לראות כעין קוד נסתר בנפשם שמתנגד למערכות מורכבות ומחפש תמיד את האחדות הפשוטה הנסתרת שבתוכן. כמין צורך לא רציונלי להעמיד השקפת עולם על גרעין אחד ועיקרון אחד שיסביר את הכול, שיבטל את עצמאותם של המקרים הפרטיים ויעמיד כלל אחד שיכניס תחתיו את כולם. באופנים שונים זה נכון גם אצל יהודים שהתרחקו לגמרי מדרך החיים היהודית. אפשר לראות זאת אצל מרקס, אצל איינשטיין ואצל פרויד, כיצד כל אחד יוצר מהפכה שלמה בתחומו שמנסה להקיף ולקשור את כל המקרים בהסבר אחד.

איננו אמורים להכחיש את קיום הצורות השונות, את הריבוי והשוני שיש בעולמנו, אבל חייבים לזכור תמיד שכולן יוצאות וחוזרות לאותו מקום, שכולן נושמות את אותה נשימה אחת שמהווה ומחיה את הכול, שאסור לנו להפריד ביניהן, ואם מפרידים - כופרים לא רק באחדות האלוקית אלא בעצם המציאות האלוקית שמהותה היא האחדות.

ברגע השיא של השנה היהודית, בסיום תפילת נעילה של יום הכיפורים ועשרת ימי תשובה, מכריזים: "שמע ישראל ה' אלקינו ה' אחד", "ברוך שם כבוד מלכותו לעולם ועד" ו"ה' הוא האלקים".

> מובנן של הצהרות אלו הוא: ה' אחד, העולם אחד, ואפילו מהות הדין והחילוק - הכול אחד. בלשון חכמי הקבלה והחסידות, עבודת התפילה וכל עבודת הנפש של האדם היא 'ייחודים'. ייחודים הם איחודים, לחבר ולאחד כל מה שרואים ומבינים וחושבים עליו. לייחד את שמות הקדש, לחבר אותיות, לחבר את כל גילויי האלוקות, עד שרואים ומרגישים ומגלים לכול - שהכול אחד ואין עוד.

מבשרי אחזה

הכתוב "ומבשרי אחזה א-לוה"[47] מבטא את אחד מיסודות תורת החסידות, את הרעיון שבהתבוננות בעצמנו, "מבשרי", אנו יכולים לראות ולהבין את האלוקי. בייחוד אמורים הדברים בספירות העליונות, שכל ראייתן והבנתן היא דרך כוחות הנפש שבאדם, שבנו. אכן, בכל דבר בעולם מתגלה הקב"ה וספירותיו, אבל הגילוי שבאדם הוא מיוחד.

ייחודו של האדם היא נפשו הפנימית, האלוקית, שאינה רק מעשה של האלוקי אלא היא מהות אלוקית ממש.[48] קשה להבין את המושג הזה, כי שורשו הוא באמת מעבר ליכולת ההבנה האנושית, אבל יש לו ביטוי תבניתי ברור מאוד בנפש האדם ואפילו בגופו. כפי שהמהות האלוקית מתגלה בתבנית השלמה של עשר הספירות, כך מהות האדם נבנית ומתגלה רק בהעתקה מדויקת של התבנית הזו בכללה ובפרטיה.

הכתוב "ויברא אלקים את האדם בצלמו"[49] מתפרש בספרי הקבלה בכמה אופנים, אבל המשמעות הפשוטה היא שהקב"ה ברא את האדם בתבנית שבה הוא מתגלה אל העולם - הן עשר הספירות. הספירות העליונות ירדו ממעלה מעלה והוטבעו בעשר כוחות הנפש שבאדם, בתבניתן במהותן וביחסים ביניהן, כפי שהן למעלה. במשמעות פנימית יותר, "בצלם אלקים" אינה רק הקבלה מבנית, היא נוגעת גם בנקודה

47 איוב יט,כו.
48 ראו תניא פרק ב.
49 בראשית א,כז.

הפנימית של נפש האדם שהיא כאמור ניצוץ ומהות אלוקית ממש.[50] המשמעות היא שפנימיות נפש האדם אינה רק משל לספירות, אלא עד כמה שאפשר לומר - כמהות אחת ממש.[51] ומכל מקום, בוודאי היות האדם עשוי בתבנית האלוקית השלמה של עשר הספירות, לא פחות ולא יותר, התבנית הכוללת המיועדת לאלוקי בלבד, מעידה שמהות האדם מיוחדת מכל הבריאה, קשורה ומכוונת אל המהות האלוקית עצמה.

אכן, כפי שהוסבר, העולם כולו בנוי בתבנית עשר הספירות, אבל תמיד בחלקים ממנה. יש ברואים של חסד ויש של גבורה, יש של חסד שבגבורה ועוד צירופי צירופים פרטיים לאין ספור. רק האדם לבדו עשוי בתבנית השלמה הכוללת, הגלויה והנסתרת, עם כל הפרטים, של עשר הספירות. לכן נקרא האדם בספרים 'עולם קטן'[52] משום שכל מה שיש בעולמות כולם נמצא בכל אדם! אכן, קשה לתפוס כיצד כל זה נמצא ביצור קטן ושפל כאדם הגשמי. ואולם ככל שמעמיקים בחקרו של האדם, מבינים עוד ועוד כמה רב הנסתר, גבוה גבוה בנפש כל אדם.

אף בתהליך הבריאה יש ביטוי לרעיון זה. מהות פנימית זו של האדם מיוצגת על ידי נשמות ישראל, וישנו הביטוי ש"ישראל עלו במחשבה".[53] ה'מחשבה' היא המחשבה האלוקית שהיא השורש הקודם לדיבור האלוקי שבו נברא העולם. המחשבה שבה נמצא הרצון והסיבה שעל פיהם נברא העולם. המחשבה הזו ביחס לעולם היא האדם, המכיל בתוכו את כל התוכנית והרצון והכוח שיצא אל הפועל בעולם כולו.

50 בספרי הקבלה והחסידות ישנה חלוקה בין צלם ודמות על פי הכתוב "נעשה אדם בצלמנו כדמותנו" (בראשית א,כו). ה'דמות' מתייחסת יותר אל הדמיון התבניתי, ואילו ה'צלם' מתייחס גם אל הנקודה והקשר הפנימי־מהותי.

51 אדמו"ר הזקן, בסוף איגרת הקודש טו שבתניא, עושה הבחנה זו בדיוק בין הנפש הבהמית ובין הנפש האלוקית באדם. כוחות הנפש הבהמית הן משל לספירות. אהבתה של הנפש חבהמית, שהיא אהבת העולם לצורותיה, היא משל לאהבה האלוקית, לספירת החסד. לעומתה בנפש האלוקית, כיוון שכל אהבתה היא אהבת ה', ויראתה היא יראת ה' ולא דבר זולתה, הריהי יותר ממשל, אלא כביכול מהות אחת ממש עם הספירה האלוקית.

52 ראו ספר יצירה טו,א; אבות דרבי נתן פרק לא; כוזרי מאמר ד אות ג; מורה נבוכים חלק א פרק עב ובמקומות רבים בספרי הראשונים וספרי חסידות.

53 על פי בראשית רבה א,ד ובמקומות רבים בזוהר ובספרי חסידות.

ולא רק התוכנית, גם הטעם; מה הסיבה, התכלית, העונג שיגיע לבורא מכלל הבריאה המופלאה. התשובות לכל אלה נמצאות אפוא בנו, בעשר כוחות הנפש שבנו ובחיים שנחיה אותם.

אם היינו צריכים למצוא 'ספר' שמתאר ומסביר את עשר הספירות בלשון שמובנת לנו, אין לנו טוב מאשר הווייתנו שלנו, הנפשית והגופנית. אין אנו יכולים לומר שהיא אינה מוכרת לנו, שהיא אינה לרמה שלנו, שהיא אינה זמינה לנו. כל מה שצריכים לעשות זה להתבונן בעצמנו ובתוכנו, שוב ושוב, בחילופי הזמנים והמקומות והמצבים, ולהבין בהם את מושגי הספירות של מעלה.

אך יש גם אזהרה חמורה שמסורה לנו עם ה'ספר' הזה. דווקא משום שהוא לכאורה פשוט וזמין כל כך, יש פיתוי לעשות קיצורי דרך. לדמות צורה לצורה וצורה ליוצרה, להחשיב הרגשה אישית רגעית לגילוי של ספירה עליונה, להשוות צורה ומקרה של גוף ונפש לצורה שאיננה גוף ואיננה נפש. צריך לזכור, שגם את 'הספר' הזה צריך לקרוא ולהבין את הכתוב בו. יכול להיות שהספר מצוין והמשל שבו מופלא ממש, אבל כל הקורא בספר קורא תמיד לפי דעתו ומצב רוחו היכן שהוא נמצא כעת, בגוף ובעולם הזה שלו. ולכן, במיוחד ב'ספר' זה שהנושא בו הוא מופשט ורחוק כל כך מהווייתנו הגשמית, אי אפשר לסמוך על קריאתנו והבנתנו בו בלבד. זאת ועוד, ה'ספר' הזה הוא הרי אנחנו, ולכן הוא איננו יכול להיות אובייקטיבי. הוא תמיד מראה לאדם את מה שהוא מבקש לראות. אין בעייה עם ה'ספר', עם מהות נפשנו העליונה ומבנה הנפש והגוף המשוכללים שלנו, הם אכן מתאימים באמת למהויות העליונות, אבל יש בעיה עם הקריאה שלנו את עצמנו. ולכן, למרות עומקו של הספר הזה וזמינותו, יש להשתמש גם בספרים אחרים, ספרים רגילים, שקיבלנו מהחכמים הקדמונים ובמה שלמדנו מרבותינו, ולהשתמש בעצמנו רק כדי להבין ולחוש בתוכנו את הדברים ההם שכתובים בספרים שכתבו אחרים.

התפיסה של "מבשרי אחזה" היא גם היסוד לעבודת ה' שלנו; לאופן העבודה, למשמעותה ולעצם היכולת שלנו לעבוד את ה'. עבודת

ה' איננה משחק ואיננה רק תרגילים אנושיים. היא מבוססת על הביטחון שיש משמעות למעלה למה שאנחנו עושים וחושבים למטה, והיא מגיעה לתפיסה שכל מה שקורה למעלה תלוי בנו, לטוב ולמוטב.[54] בלשון הזוהר "אתערותא דלעילא באתערותא דלתתא" (התעוררות והשפעה מלמעלה, תלויה בהתעוררות והשפעה למטה, באדם). הקשר הזה הוא כמובן דו־צדדי. כל מה שקורה לנו - ברוחניות ובגשמיות - הוא השתקפות למה שקורה למעלה, וכל מה שקורה למעלה הוא השתקפות למה שקורה בנו. כמו בחוט, מושכות ונמשכות ה'ספירות' שבנו את הספירות העליונות, למטה ולמעלה שמאלה וימינה.

המסר שאנו צריכים לקחת מכל זה הוא שהאחריות היא עלינו. וכדי לתקן את השפעת החסד העליון בעולם, אנו צריכים לכוון ולתקן את החסד שבנו וכן על זו הדרך בכל המידות. כל אחד במה שהוא יכול, כי מה שהוא יכול - זו אחריותו לעבוד ולתקן.

סדר הספירות

לפני שנכנס לפירוטן של הספירות בפרקים הבאים, יש מקום לסקור בקצרה את מפת הספירות כולה.

עשר הספירות אינן רק עשר נקודות בפני עצמן, הן מתייחסות זו לזו בסדר ובמבנה מסוים, מאורגן ומדויק. כפי שיתואר בפירוט בפרקים שבסוף הספר, המבנה הזה התגבש בתהליך מורכב, משלבי הראשית שבו כל הספירות מצויות יחד, במקום אחד, בכלי אחד, כמהות אחת (עולם העקודים); דרך סידורן בכלים, כל אחת בפני עצמה, כמעט ללא

54 כתורתו הידועה של המגיד ממעזריטש (ונמצא גם בשם הבעש"ט ואדמו"ר הזקן) בפירוש המשנה באבות (ב,א): "דע מה למעלה ממך" – שכל העניינים שלמעלה הם "ממך". ובדומה דורש הבעל שם טוב (בעש"ט על התורה פרשת ראה; דגל מחנה אפרים פרשת בהר ועוד. וראו גם אור תורה להמגיד ממעזריטש סימן רסד). את הפסוק "ה' צלך" (תהלים קכא,ה). דרש הבעש"ט: כמו צל האדם שמתנועע כפי תנועות האדם, כך ה' כביכול מתגלה ומתייחס אל האדם כפי האופן שבו נוהג האדם.

קשר ביניהן (עולם התוהו);[55] ועד סידורן כאורות בכלים הקשורים זה בזה בתבנית מאורגנת אחת, כפי שהן בעולם האצילות וכפי שהן באדם. המבנה הזה הוא כעין יחידה אורגנית שבה לכל מרכיב יש מקום ותפקיד לעצמו, ורק כולם יחד מקבלים את שם היחידה, ומקיימים אותה. את המבנה הזה ציירו, כבר מראשית הקבלה, בתרשים סמלי כעין זה:

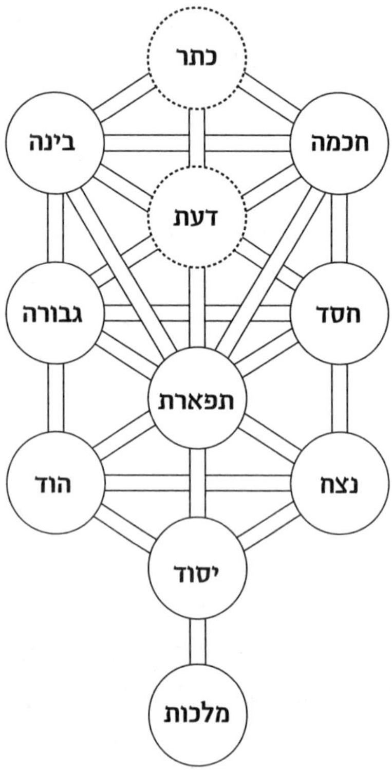

55 באופן אחר מוסבר שבעולם התוהו היו הספירות מסודרות בקו אחר או בשני קווים שאינם קשורים זה בזה. ראו תורה אור כד,ד; לקוטי תורה ויקרא לז,ג; ספר המאמרים תקס"ח בתחילתו ועוד.

כל עיגול בתרשים מסמל ספירה והשבילים ביניהן מסמנים את הקשרים ביניהן. למעלה בתרשים הוא השורש והפנים והכיוון כלפי מטה הוא ההשתלשלות והיציאה (וגם הצמיחה) החוצה. גם לצדדים ימין ושמאל יש משמעות רחבה, של שמאל וימין ברוחניות, של צד הנותן וצד המקבל, צד המגלה וצד המסתיר.

כפי שניתן לראות בתרשים, הספירות כולן קשורות זו בזו, אך יש בקשרים אלו גם חלוקות לתת־קבוצות בכמה מישורים. החלוקה הכוללת ביותר היא החלוקה לשתי קבוצות מלמעלה למטה: שכל ומידות.[56] ספירות השכל העליונות הן חוכמה, בינה ודעת, וספירות המידות התחתונות הן שבע הספירות מהחסד ועד המלכות. ההבחנה ביניהן היא משמעותית ביותר בעבודת ה׳ של האדם בהיותה מורה על דרך ומהות העבודה. דהיינו, תיקון והעלאת המידות על ידי המוח השליט על הלב.

חלוקה מפורטת יותר, מלמעלה למטה, מחלקת את הספירות לשלוש שלישיות: חוכמה, בינה ודעת; חסד, גבורה ותפארת; נצח, הוד ויסוד. בהסבר לפי נפש האדם זו החלוקה בין: השכל, הרגש, והאינסטינקטים שהם כוחות הנפש המוטבעים שהם כמו טבע בנפש. ובאופן אחר: השכל כולל את הכוחות הגבוהים מהמציאות המכוונים אותה; המידות חסד, גבורה ותפארת, הן גוף המציאות (של הנפש ושל המציאות בכלל); הספירות נצח, הוד ויסוד הן המידות המכוונות להשפעת המערכת החוצה לה, בדיבור ובמעשה, אל עולם אחר או אדם אחר.

ויש גם חלוקה אורכית של הספירות לשלושה קווים: ימין, שמאל ואמצע. קו הימין, הכולל את הספירות חוכמה, חסד ונצח (בראשי התיבות חח״ן) מאופיין במידת החסד, בגילוי ונתינה והתפשטות. קו השמאל הכולל את הספירות בינה, גבורה והוד (בראשי תיבות בג״ה) מאופיין במידת הגבורה, החיתוך והמיון, הצמצום וההתגברות. והקו האמצעי כולל את הספירות דעת, תפארת ויסוד (בראשי תיבות דת״י). הקו האמצעי הוא הקו הממזג את שני הקצוות מהימין והשמאל ויוצר שילוב ביניהם

56 על פי ספר יצירה (ב,א): ״שלש אמות ושבע כפולות״. וראו תניא פרק ג ובמקומות רבים נוספים.

שאינו רק ממוצע והרכבה של שני הצדדים, אלא מהות לעצמה, מהות שלישית שבמובן מסוים היא למעלה משני הקצוות שאותה היא מחברת. הקו האמצעי מגיע לפיכך למעלה עד הכתר שלמעלה מכל הספירות, ולמטה עד המלכות שלמטה מכל הספירות.[57]

פרצופים

בכתבי האר"י ז"ל נמצאת הגדרה משוכללת יותר של ארגון מערכת הספירות ב'פרצופים'. הפרצוף הוא בניין־על של מושג הספירה, לא ספירה לעצמה אלא ספירה שבעצמה כבר כוללת את כל הספירות. הרעיון הוא לראות את הספירות כמבנה מורכב אבל אחדותי. כמו מערכת אורגנית שיש בה חלקים ופרטים, אבל כולם יחד מהווים מהות אחת שאי אפשר לגרוע ממנה ואי אפשר להוסיף עליה.

בקבלה מדובר על עשר ספירות וחמישה (או שישה) פרצופים. יש ספירות שהן בעצמן גם פרצוף, כמו חוכמה ובינה שהן פרצוף 'אבא' ופרצוף 'אימא'. יש קבוצה של ספירות שמהוות פרצוף אחד, הן הספירות מחסד ועד יסוד שמהוות את פרצוף 'זעיר אנפין' (הפנים הקטנות). ויש את ספירת הכתר, שהיא פרצוף לעצמו, המתחלק לשני פרצופים הנקראים 'אריך אנפין' ו'עתיק יומין'. וישנה הספירה האחרונה, המלכות, שהיא פרצוף ה'נוקבא' (הנקבה), המורכב והמפתיע מכולם. כל אחד מאלה, הספירות והפרצופים, יוסבר בהמשך, בפרקים על הספירות.

פרצוף הוא כמו פרצוף אדם שרואים בו את כל החושים והפרטים שבו - עיניים, אוזניים, אף ופה; שרואים בו את פנימיות האדם, מה הוא חושב ומה הוא מרגיש. כך תפיסת הספירות כפרצופים מחיה אותן, הופכת אותן למהויות רב ממדיות, בעלות עומק ועניין, וסיפור. משהו קורה להן, בחיים ובהיסטוריה, שינויים ומהפכים לא צפויים. את ההבדל בין ספירה לפרצוף אפשר לתאר כהבדל בין כוח רוחני כמו חוכמה, ובין

57 בספרי הסוד קושרים את שלושת הקווים לשלושת הבריחים של המשכן שבהם הבריח התיכון (האמצעי) הוא: "בתוך הקרשים מברח מן הקצה אל הקצה" (שמות כו,כח).

אדם חכם. האדם הוא חכם אבל הוא גם אוהב וירא, וגם מדבר ואוכל ומגדל ילדים. לחוכמה אין סיפור, לאדם החכם יש סיפור.

הסיפור הוא סיפור העולם וסיפור האדם. וכמו בכל סיפור טוב, הוא גם הסיפור של זה שמספר אותו, הסיפור האלוקי כביכול. הסיפור של העולם הוא סיפור הגילוי האלוקי, מאור אין סוף המופשט והנעלם מכול, דרך אורות וכלים, שבירה ותיקון,[58] אל הייעוד של קיום המציאות הבלתי אפשרית לכאורה - של גילוי האין סוף בכלים.[59]

ראיית הספירות כפרצופים מתחילה את הפרק האחרון בסיפור, הפרק על התיקון, שבו כל הכלים, ניצוצות האור והנשמות המפוזרים, מתחילים להתקבץ ולהתחבר יחד. כי רק באחדות ובחיבור הנפרדים וההפכים יכולה להתגלות האחדות האלוקית. החיבור בין הספירות, ובכלל בין דבר לדבר, אפשרי רק כאשר בכל אחד נמצא משהו מהשני. הגבורה תתחבר אל החסד רק אם בחסד יהיה משהו של גבורה, והחסד יתחבר לגבורה רק כאשר בגבורה יהיה משהו של חסד. מציאות שלמה של מורכבות משוכללת זו המאפשרת אחדות, מתקיימת רק בראיית הספירה כפרצוף שיש בה עצמה מכל הספירות כולן. בפרצוף משתלב הפרט בתוך הכלל, בשילוב שהולך ומתפשט במהלך התיקון, הולך ונשלם ומשלים את המציאות כולה באחדות אחת.

לא רק מספר ומגוון הספירות אחיד בכל פרצוף, גם מבנה הספירות בכל פרצוף הוא זהה: ראש, גוף, ידיים, רגליים וכן הלאה. כי המבנה הוא בעצמו חלק ממהות כל ספירה, בהיותו מורה את מקומה ותפקידה. כמו גוף האדם שבו יש מקום ותפקיד מיוחד לכל אחד מאיבריו. לא רק כצורך הכלל, אלא כהגדרת מהותו הפרטית. אין שום ויתור בתפקיד הכללי, כי זה עצמו התכלית ומהות עצמו הפרטי.

כפי שהובא לעיל, ההבדל בין הספירות כשהן לבדן לספירות בפרצופים הוא כמו ההבדל שבין חוכמה לבין אדם חכם. החוכמה היא

58 כל זה יבואר בפרקים שבסוף הספר על העולמות הקדומים ועולם התיקון.

59 כהגדרת הייעוד המובאת הרבה בחסידות ש"נתאוה הקב"ה להיות לו דירה בתחתונים" (תנחומא נשא טז; במדבר רבה פרשה יג,ו ועוד. וראו תניא פרק לו ובמקומות רבים בחסידות).

חוכמה לבד. היא מופשטת ואינה מוגבלת באורה ובכוחה. אבל החוכמה לבד אינה מובנת ואינה מורגשת ואינה מדוברת ומיושמת בשום מציאות. לעומתה, החוכמה של אדם חכם היא בהכרח מוגבלת ליכולותיו, אבל היא על כל פנים מובנת ומורגשת, והיא מתקיימת משום שהיא נרשמת בהבנתו ובהרגשתו ובמחשבתו וגם בדיבורו לאנשים אחרים. כך בנמשל, החוכמה בפרצוף היא אומנם מוגבלת אבל היא הופכת לכוח ממשי ולמציאות שמתקיימת. מעין זה אפשר לראות אפילו בעולם שלנו. כל ביטויי הספירות בעולם, כמו גם כוחות הנפש של האדם, הם תמיד בפרצופים, תמיד בהרכבה מסוימת של הספירות יחד. לבד הן אינן גדלות, אינן חיות ואינן מתקיימות.

למרות הדברים הללו, בכל הפרקים הבאים שבהם נדון בהרחבה בכל אחת מהספירות, נדון בכל אחת לעצמה. אבל נזכור שהמציאות היא תמיד מורכבת; שום חוכמה לא מסתובבת לבד בעולם אלא בתוך אנשים חכמים; שום אהבה לא מתקיימת כשלעצמה, אלא בתוך המבנה המורכב של כלל כוחות הנפש, של אדם ובין בני אדם. ונזכור שבכל ההגבלות והאילוצים של המציאות - כמו הספירות האלוקיות כך גם כוחות הנפש והעולם המשתלשלים מהן הם אין סופיים, והם טובים ואלוקיים. וכדי לראות זאת צריכים לראות תמיד את הפרצופים, את הקשרים בין כוחות הנפש, בין אנשים ובין מרכיבי העולם, שאחרי הכול כולנו פרצוף אלוקי אחד.

פרק שלישי

כתר

כפי שהוסבר בפרק הקודם, אין ראשונה ואחרונה בין הספירות ואין חשובה יותר וחשובה פחות. כולן כאחת קיימות, שותפות זו עם זו, כלולות זו בזו. אף על פי כן, בתוך עולם הספירות כשלעצמו, ישנה הדרגה מסוימת, לא בספירות עצמן אבל באור העובר דרכן, בחיות האלוקית הנכנסת ועוברת מספירה לספירה. כמו בנפש האדם, האור הנכנס אל הנפש עובר דרך עשר בחינותיה: מהבזק ראשוני של רעיון חדש בחוכמה דרך ההשכלה בבינה וההרגשה במידות ועד ליישומו בתוך העולם הזה במלכות. בסדר זה יסודרו להלן הפרקים על הספירות, והפרק הראשון על הספירה שלמעלה מכל הספירות, היא ספירת הכתר.

הספירה שאינה ספירה

אחד ומיוחד הוא הכתר מכל הספירות. בתיקוני הזוהר נאמר עליו: "אנת הוא חד ולא בחשבן" (אתה הוא אחד ולא בחשבון).[1] כלומר, שהוא אחד,

1 הקדמת תיקוני זוהר (יז,א) "פתח אליהו". אף שבכמה מקומות משמע שהכוונה ב"חד ולא בחשבן" היא לעצמותו ממש, יש מקומות שהכוונה היא לכתר. ראו תורה אור יד,א; ביאורי הזוהר לצמח צדק עמ' סד ועוד.

שהוא מציאות, אבל אינו נחשב, איננו נספר עם הספירות באותה סדרה. ואכן בין המקובלים מצויות תפיסות שונות בהגדרתו של הכתר, אם הוא ספירה ראשונה בין הספירות, או שהוא למעלה מהספירות, בחינה אחרונה שבאור האין סוף.[2] ההכרעה היא שהדעות אינן סותרות זו את זו, אלא מבטאות את היות הכתר מהות ממוצעת בין הספירות ובין האין סוף שמעבר להן, בין המאציל ובין הנאצלים,[3] אשר ככל ממוצע כולל את שתי הדרגות שהוא ממוצע ביניהן.

בראייה שלנו, שהיא מתוך מערכת הספירות, הכתר הוא מה שאינו מושג ואינו מורגש בשום כוח בנפש. כשם שאי אפשר למשש אותו בידיים כך אי אפשר להרגיש בו בשום מידה שבלב, וכך אי אפשר להבין ולדעת אותו בשום דרגה שבשכל. בלשון הפיוט 'אל מסתתר'[4] הוא נקרא "השכל הנעלם מכל רעיון", ה'השכלה' שאין שום שכל שיכול להשיגה. הוא קיים ויש לו אפילו הד בנפשנו, אבל אין אנו יודעים מה זה, יראים להסתכל בזה, וכלשון הפיוט 'בר יוחאי':[5] "אור מופלא רום מעלה, יראת מלהביט כי רב לה, תעלומה ואין קורא לה" - זהו הכתר.

מעמד עליון זה של הכתר הביא לכך שבניסוחים רבים בקבלה כולל המושג 'כתר' גם את כל הדרגות שמעל הכתר.[6] יש כמובן מקומות בקבלה שעוסקים בדרגות אלה, ונמצא שם גם פירוט מסוים של אותן דרגות, אך במקומות שאין עוסקים בהן מייצג מושג הכתר את כל מה שלמעלה מהספירות עד למהות האין סוף בעצמו.[7]

2 ראו לקוטי תורה ויקרא מו,ג, וכמובא שם מהפרדס שער פח ועץ חיים שער כב פ"א. וראו המשך תרס"ו עמ' צה.

3 ראו עץ חיים שער דרושי אבי"ע (שער מב) פרק א; תורה אור י,ב; קה,א; לקוטי תורה דברים יג,א ועוד.

4 פיוט קבלי על עשר הספירות, חיברו אברהם מימין מתלמידי רבי משה קורדובירו בצפת במאה ה־16.

5 פיוט קבלי לכבודו של רבי שמעון בר יוחאי, המתאר את כל עשר הספירות מלמטה למעלה.

6 ראו תורה אור יד,ב; המשך תער"ב חלק ב עמ' תתקסג.

7 אדמו"ר הזקן מרחיב תפיסה זו אף לעולם האצילות בכללו, ומסביר שבמקומות שמזהה הרמב"ם את מושגי החוכמה והדעת עם הקב"ה בעצמו כוונתו היא לתחום שעל פי הקבלה נקרא 'עולם האצילות', העולם הגבוה ביותר בין ארבע העולמות

ביחס לשאר הספירות, המבטאות את הגילוי האלוקי שבכוחות הפועלים בבריאת העולמות והנהגתם, הכתר מבטא את האלוקי בעצמו. מהות זו היא כמובן מעבר להשגתנו ולהרגשתנו ומעבר ליכולתנו לחשוב עליה. ואם כן, איזה גילוי יש לכתר בעולמנו? האם יש לנו בכלל קשר אל דרגת הכתר? התשובה היא - כן. שהרי כמו הכתר בספירות כך גם בנפשנו יש דרגות עליונות נעלמות שאינן מוגדרות לא כשכל ולא כרגש, ואל דרגות אלו בנפשנו מתקשר הכתר והגילוי האלוקי העצמי שבו.

אופן אחד של גילוי זה הוא דרך הספירות האחרות. כבר הוסבר[8] שכל ספירה כוללת בתוכה את כל הספירות וגם את הכתר. וכפי שהכתר הכללי מקשר את כלל הספירות באין סוף, כך הכתר שבכל ספירה הוא המקשר את אותה הספירה אל האין סוף, הוא מה שהופך אותה מהגדרה השייכת לעולם להגדרה עם שיוך אלוקי. כגון, מחסד גשמי בעולם הזה לחסד עם ממד אלוקי שנוגע באין סוף. בדרך משל, אפשר לראות מעין זה אצל בני אדם. כל אדם שקוע בעולמו, בחייו ובמשפחתו, אבל יש אנשים שאפשר לראות אצלם כעין קישור נוסף אל משהו שמעבר להם - בין שזה עניין חברתי מוסרי ובין שזה עניין אלוקי בגלוי. זה לא מושכל ולא מובן גם לאותו אדם עצמו, אבל זה ניכר במחשבתו ובמעשיו. לפעמים רק כהארה עמומה שגורמת לו לחשוב אחרת, שלא לעשות דברים מסוימים ולעשות דברים אחרים. ולפעמים כקו המשמעותי ביותר בחייו שלוקח את כל חייו אל מעבר לשיקולים ארציים אישיים.

לדרגת הכתר שבכל ספירה (הקשורה לדרגת הכתר עצמו) יש לפעמים גם כינוי מיוחד שמבטא דרגה לעצמה, כעין גרסה עליונה של אותה ספירה. לשם דוגמה, לספירת החסד יש גרסה עליונה הנקראת 'רב חסד' (חסד גדול).[9] רב חסד מתגלה גם הוא כחסד בעולם, אבל

הכולל בהסתכלות זו כל מה שיש למעלה ממנו (ראו תניא פרק ב בהגהה; שער היחוד והאמונה פרק ט בהגהה).

8 בפרק 'עשר הספירות' סעיף 'פרצופים', ובפרק 'עולם התיקון' סעיף 'התכללות הכלים (הספירות)'.

9 וכך גם בספירות נוספות, כמו 'חכמה סתימאה' לחוכמה, 'יראה עילאה' ליראה, 'רחמים רבים' (ושלוש עשרה מידות הרחמים) לרחמים. כל אחד מאלה יבואר לקמן בפרק על אותה ספירה.

כחסד הנושא את תכונות הכתר שלמעלה מהספירות. על דרגות אלו שבספירות, המגלות את כוח הכתר שבכל אחת מהן, ידובר בהמשך בפרקים על אותן הספירות.

ביטוי נוסף של הכתר בספירות, בנקודת ההתחלה שלהן, הוא בכוח הרצון. כפי שיבואר בהמשך הפרק, כוח הרצון הוא כוח הנפש המזוהה עם ספירת הכתר. הרצון אינו כוח לעצמו בנפש, כמו כוחות השכל או המידות, אלא ביטוי פנימי וכולל של הנפש הנלווה לגילוי הכוחות האחרים: כרצון לחוכמה, רצון לאהבה, רצון שיהיה כך ולא יהיה כך וכן הלאה. הרצון הזה שמתחיל את גילוי כוחות הנפש והספירות, אף הוא גילוי של הכתר עליון, שמעבר לכל הספירות, בספירות ובכוחות הנפש.

הספירה שאינה ספירה, לא נשארת אפוא מעבר לפרגוד. היא מופיעה בעולמות ובנפשות ככוח שקודם לספירות, שמניע אותן תחילה מן מהאין, כשאין עדיין שום דבר, והיא הכוח שמוביל אותן, כל אחת וכולן יחד, אל מעבר לעצמן.

> גם בעבודת ה' יש ביטוי ומימוש לדרגת הכתר. כל אחד יכול לראות זאת, הן בתחילת העבודה והן בשיאה. כך מייד בתחילת היום, כשאדם קם משנתו, עוד לפני שהוא יכול להגיד דבר של קדושה, הוא יכול להגיד את התפילה: "מודה אני לפניך". וכך גם בנקודת השיא של העבודה, כמו בתקיעת שופר בראש השנה, כאשר מעבר לכל המילים והמעשים הנשמה צועקת מתוך תוך תוכה את קול השופר הראשוני, הפשוט מכל צורה, ומעוררת את האין סוף לרצות בה ובעולמה ובעשר הספירות הקדושות.[10]

המקיף

מעבר לגילויי הכתר שקיימים בספירות האחרות, יש לכתר נוכחות

10 ראו בכל מאמרי השופר וראש השנה, בלקוטי תורה ואצל כל גדולי החסידות ובכלל.

לעצמה. נוכחות זו שאינה נמצאת בשום גילוי פנימי, של אור הנכנס לתוך כלים (כמו בשאר הספירות), מתקיימת באור המקיף עליהם.[11]

הכתר המקיף דומה לכתר המונח על ראשי המלכים. הכתר איננו חלק מגוף המלך, אלא מהות אחרת נבדלת ממנו. ועם זאת, הכתר מונח על ראש המלך ומתייחס אליו. התייחסות מיוחדת זו, נקראת 'מקיף'. את המקיף נוהגים לצייר כעיגול סביב המערכת שהוא מקיף לה, אך אין זה אומר שהוא נמצא רק מבחוץ ולא בפנים אלא שבפנים השפעתו היא נסתרת.[12] אדרבה, נוכחותו והשפעתו בפנים משמעותית יותר מכל השפעה פנימית, שכן ההשפעה הפנימית רק מחיה את המצויים אבל את עצם קיומם הם מקבלים מהמקיף. אם המקיף איננו מקיף אותם - הם אינם קיימים.

את המקיף אפשר לתאר בדרך משל כמקום הגשמי או כאווירה הרוחנית שבהם נמצאים הדברים. טבעו של המקום, האווירה והמצב שבהם מתקיימים הדברים, נמצאים בתוך כל פרט ופרט שבתוכם; שהרי אין דבר יכול להתקיים ללא מעטפת המקום והסיטואציה שבהם הוא נמצא. המקום אינו משתנה בשל מחשבותיו ורגשותיו של הנמצא בו, ואף לא מעצם היותו או חסרונו של המצוי בו.[13] הוא נשאר אותו המקום כשם שהוא היה לפני מה שקרה בו. ועם זאת, יש לעצם המקום השפעה עצומה על הנמצאים בו. אווירה אחרת, ריח אחר, כללי התנהגות, דרכי חשיבה - שבלי דעת אדם מסגל לעצמו כאשר הוא נמצא באותו מקום. לשם דוגמה, אדם נכנס למקום כלשהו - בית חולים, מוזיאון, מחנה צבא - והוא מתחיל להתנהג אחרת: להתלבש אחרת, ללכת אחרת, לחשוב ולהרגיש אחרת. ככל שהוא ישהה שם יותר, השינויים יהיו משמעותיים יותר. זו אינה השפעה מדידה, של ידע, הבנה, אהבה וכל הגדרה, אלא כעין הטיה מסוימת של מכלול אותו אדם או מערכת לכיוון מסוים.

11 אודות שתי השפעות אלה של הכתר, במקיף ובפנימי, ראו המשך תער"ב חלק א אות קכו והלאה.

12 ראו תניא פרק מח.

13 הוא יכול להשתנות בדעתו והרגשתו של המצוי בו, אבל אין הוא משתנה בעצמו.

לכאורה אין עבודה במקיף. כשם שאין לאדם השגה בו, כך אין לו יכולת לשנות ולעבוד בו. ואולם אין זה לגמרי נכון. שכן מלבד המקיף הגדול שעולם כולו קיים בו, ישנם בחיי כל אדם מקיפים פרטיים אישיים משלו – מקום מגורים, חברה אנושית או דיגיטלית וכדומה, ואפילו מצב רוח – שאדם נתון בו.

ובאלה ישנה עבודה שכל אדם יכול לעשות, של הרחבת המקיף האישי. אדם חי בתוך מערכת (שבדרך כלל הוא יצר לעצמו) שבה עד כאן זה אפשר ומכאן זה לא אפשר. של השגות והרגשות שהוא נמצא בהן, ומה שמעבר להן לא שייך אליו. הוא איננו יכול לבטל את הגבולות המקיפים הללו, אבל הוא יכול, בהרבה עבודה, להזיז אותם קצת. ההגדרה של עבודת ה' המצויה בספר התניא (פרק טו), היא בדיוק כזו – של הרחבת הגבולות יותר ממה שהם. זה לא קל, זה אפילו קשה מאוד, אבל אותה תוספת, אפילו מזערית, היא מה שהופך כל מעשה טוב של אדם ל'עבודה'.

נר החושך

מהו אותו הכתר, שרק חיצוניותו מקיפה את הספירות ופנימיותו נבלעת באין סוף?

אין לנו את המילים אפילו לחשוב על כך, אך גם בנפש האדם ישנו מושג קרוב לזה. גם הוא בלתי נתפס, אך מוחשי יותר עבורנו, שיכול להיות כעין משל לזה. מהו ה'עצמי' שלנו? זה לא הגוף שלנו ולא הנשמה שלנו, לא הרגשה שמרגישים וגם לא השכל שמבינים, ואף על פי כן ישנה מהות גרעינית, שמעבר לכל מה שמתגלה. אנו יודעים זאת בוודאות, לא משום שמישהו הסביר לנו, אלא מתוך עצמנו.

בזוהר ישנו ביטוי מיוחד ביופיו להארת הכתר, הנקרא שם "בוצינא דקרדוניתא",[14] שפירושו 'נר החושך', כלומר הנר ש'מאיר' חושך. בדרך

14 בזוהר ובכתבי האר"י ז"ל בכמה מקומות ובכמה מובנים (כגון זוהר חלק א סו,א; יח,ב; חלק ב מח,ב ועוד). וראו פרדס לרמ"ק (שער עצמות וכלים פרק ז) מובא בקהלת יעקב; שער היחוד והאמונה פרק ד; לקוטי תורה ויקרא ד,א ובכמה מקומות בחסידות.

כלל נר הוא מקור של אור, אור שמאיר ומגלה דברים מתוך החשכה. כזה הוא האור המאיר בכלים, באותיות ובספירות, כל ספירה לפי עניינה. האור הזה מתגלה אצל כל מקבל לפי הכלים שלו, ולא יותר. לעומת זאת, הארת הכתר שמעבר לכלים היא 'נר של חושך', המאיר ומגלה את החושך שלכאורה איננו ניתן לגילוי, את כל המרחב שמעבר לספירות. הארה כזו כבר איננה מוגבלת בכלי המקבל, לטווח כישרונותיו וידיעותיו, והיא יכולה להגיע לכל אחד ובכל זמן, וכשלעצמה היא אכן מגיעה. החושך שמבטא הכתר הוא לפיכך לא היעדר אור אלא יותר אור, הביטוי של כל הטוב והאלוקי והקדוש שמרוב טובו וקדושתו איננו יכולים להשיגו בכלי נפשנו.[15]

אכן, הביטוי הנגלה בספירות ובעולמנו לרוב האור של 'נר החושך' הוא דווקא בהגבלה של האור. וכפי שהוא נקרא אז "קו המידה", המשמש כעין 'מבוגר אחראי' שבהסתכלות הרחבה הכוללת של כל האורות ומה שמעבר להן הוא נותן מידה ופרופורציה נכונה לכל דבר בעולמות.

עם זאת בהבנה עמוקה של הגדרות אלה, בהתבוננות טובה במציאות לאור הבנה זו, ניתן מפעם לפעם לקלוט את 'אורו' של נר החושך דווקא. להיחשף בדרגה כזו או אחרת אל המהות האלוקית שמעבר להגדרות המציאות המוכרת, מעבר לגילויים שבשאר הספירות - אל גילוי אורו העצמי של הכתר.

איך לומדים ואיך מתפללים את ה'קללות' הכתובות בתורה, את תיאורי העונש במקומות רבים כמו בפרשה השנייה של קריאת שמע? אכן ישנה ההבנה הרגילה של עונשי התורה כחסר וצער הבאים לחנך ולתקן. אבל יש גם הסתכלות אחרת שכל הקללות הן בעצם ברכות. ברכות פנימיות ועמוקות כל כך שאי אפשר לנסח

15 ראו תורה אור ט,ג בביאור על ד"ה מים רבים, מעין דברים אלה גם על מידת הגבורה שבאצילות, המבטאת באופן חלקי את הרעיון הזה: שההסתר איננו ביטוי של חסרון אור אלא של תגבורת ורוב אור כל כך שאיננו יכולים לשאתו.

אותן ולהמשיך אותן למטה בלשון של ברכה וגילוי אלא דווקא בלשון של שלילה והסתרה.[16]

באופן כללי אפשר לומר שהעבודה של 'נר החושך' היא במצוות 'לא תעשה'. בחסידות מבואר שמצוות לא תעשה הן גבוהות ממצוות עשה,[17] ולכן אין להן ביטוי בעשייה חיובית מסוימת אלא רק באופן של שלילה.[18] וכך גם השכר על מצוות לא תעשה הוא גבוה יותר ואינו מוגבל על ידי שום הגדרות חיוביות.

אותיות החקיקה

איננו יכולים להסביר זאת במילים ובאותיות הרגילות. ואולם כבר נזכרו בפרק הקודם אותיות מסוג אחר, הן 'אותיות החקיקה', שיכולות ליצור ולהעביר ידע ושכל מסוג אחר.[19] אכן לא באופן שנוכל לחשוב ולהבין זאת בשכלנו, אבל באופן שניתן יהיה להתייחס למציאותם של מסרים כאלה ולהתחשב בהם.

16 מובא בחסידות שהם כעין המסופר בגמרא מועד קטן ט,א ומבואר בלקוטי שיחות חלק א עמ' 283 ואילך. תפיסה זו מצויה בהדגשה במאמרי אדמו"ר הזקן (ראו לקוטי תורה ויקרא מח,א ואילך ועוד), וגם הייתה ניכרת באישיותו ובחייו. מסופר על אדמו"ר האמצעי בנו של אדמו"ר הזקן, שבהיותו ילד היה שומע את קריאת התורה מפי אביו אדמו"ר הזקן. פעם אחת קרה ששמע את קריאת הקללות מבעל קורא אחר, וחלה ממש מחמת עוגמת הנפש. כששאלו אותו, והרי זו לא הפעם הראשונה ששמע את הקללות, ענה: 'כשאבא קורא אין הן נשמעות קללות' (לוח היום יום י"ז אלול). ומבארים חסידים: 'אבא' הוא אבינו שבשמיים, כלומר שלמעלה אין הן קללות כלל. ועוד מבואר במקומות אחרים (כגון מאמרי אדמו"ר הזקן על פרשיות תורה ומועדים חלק ב עמ' תרב) שאין זו הסתכלות אחרת, כי למעלה הכול ברכות, ולמטה יכול להראות כצער וייסורים, אלא שהם רק כדי להסיר את הקליפות (הרע שבנוגה) כדי להשפיע אור וטוב ביתר שאת, כיתרון האור מהחושך.

17 ראו לקוטי תורה פקודי ג,ב–ג.

18 על דרך תוארי השלילה. לדוגמה: כשאומרים שאדם הוא חכם זו הגבלה בהגדרת החוכמה הידועה, אבל שאומרים שהוא לא בלתי חכם זו הגדרה שמדלגת על מגבלות החוכמה המוגדרת.

19 ראו גם לקוטי תורה פרשת בחוקותי ופרשת חוקת; המשך תער"ב חלק א אות קכא ועוד. ומוסבר שם שאותיות הכתב הן אותיות הספירות לעומת אותיות החקיקה שהן אותיות הכתר.

כפי שהוסבר, הגילוי של אותיות הכתב, מגלה את הפנימיות בלבוש ומשל חיצוניים השייכים לעולם ולמקבל בדרגה אחרת, נמוכה יותר. למשל, הרב המסביר דבר לתלמיד איננו יכול להסביר לו בשכלו שלו, הוא חייב להלביש את ההשכלה במשל שלקוח מעולמו ושכלו של המקבל.[20] מעלתן של אותיות הכתב הוא שהן מגלות למקבל משהו שהוא בערכו ובשכלו, אך חסרונן הגדול הוא שבאותו הלבוש הן מסתירות את המהות העליונה עצמה. אותיות החקיקה לעומתן, אינן מגלות דבר בשכלו של המקבל, אבל בדרך שלהן הן מגלות ואינן מסתירות את המהות עצמה שמעבר.

אותיות החקיקה הן אותיות הכתר, שרק בהן מתגלה הכתר והמהות העצמית שבתוך ומעבר לכל גילוייה שבספירות. אפשר לומר שכשם שאותיות הכתב הן המגלות החוצה את האור, כך אותיות החקיקה הן האותיות המגלות את 'נר החושך'.

כמו בספירות של מעלה כך גם בנפש שלנו. נקודת העצמי שבנפשנו, הנקראת 'נקודת פנימיות הלב',[21] מתגלה רק באותם מושגים של נר החושך ואותיות החקיקה. כאשר קורה לעיתים ומאירה באדם נקודת פנימיות הלב שלו, היא לא מאירה בשום כוח ידוע בנפשו אלא רק ב'כתר' שבו המאיר באור שאיננו אור ובאותן אותיות שאינן אותיות. היתכנותו של גילוי זה בתוכנו, מורה על מציאותה של דרגה זו בתוכנו, מה שאיננו מובן מאליו. כל שאר כוחות הנפש שבנו, הנמשכים מעשר הספירות, קיימים ומתגלים גם בעולמות. רק כוח הכתר אינו גלוי בעולמות, הוא מעבר לכל עולם והגדרה, ביטוי של האלוקי לבדו. גילויו של כוח זה בתוכנו מורה על מעלתה המיוחדת של נפשנו שהיא למעלה מכל העולמות, על היותה חצובה מעצמותו ומגלה את עצמותו בלי שום אמצעי אחר.

עבודת ה' של האדם בכל צורותיה – בתורה, במצוות ובתפילה – היא להחדיר באדם ובעולם מאור האין סוף האלוקי שמעבר לעולמות.

20 תורה אור יא,ג.

21 ראו איגרת הקודש ד ובמקומות רבים בספרי חסידות שהיא נקודת עצמיות האדם, היחידה שבנפש (תרס"ח יד), שבה גם מתגלה הניצוץ האלוקי שבאדם.

אך מעבר להארה הפרטית המיוחדת שיש בכל מצווה ודיבור שבתורה ובתפילה, רוחשת תשוקה פנימית יותר להידבק בעצמות האלוקית שבפנימיות כל הכוחות והספירות, באור הכתר כפי שהוא למעלה וקודם לכל דבר.

אין מדובר על עבודה מיוחדת לעצמה, אלא שבכל עבודה שעובד האדם תהיה מונחת גם הדרגה הפנימית הזו של העבודה באותיות החקיקה, שהיא העבודה החקוקה בעצמות הנפש ובעצמות האלוקית. וחקיקה זו צריכה להיות בכל אחד מהתחומים של עבודת ה': בתורה ובמצוות ובתפילה.

על זה באה ההוראה בתורה "בחֻקֹּתי תלכו". שהליכתכם בתורה ובמצוות ובתפילה תהיה גם באופן של אותיות החקיקה. דהיינו, שבלימוד התורה תהיה מציאותו של האדם ומציאות התורה לדבר אחד ממש, כמו אותיות החקיקה שהן מעצמותה ומהותה של האבן עד שאין כאן אלא מציאות אחת. וכן קיום כל מצוות התורה צריך שיהיה באופן של חקיקה בעצם הנפש.[22] לא מעשה לחוד ונפש לחוד, אלא מעשה חקוק ומאוחד בעצם הנפש. ובתפילה, בחקיקה מבחוץ בקיצוץ הקוצים בפסוקי דזמרה, הם כל המחשבות וההרגשות הזרות בעניינים אחרים, ובחקיקה מבפנים בברכות קריאת שמע וקריאת שמע, בהתבוננות באלוקי עצמו שמעבר לעולמות, הנוגעת עד פנימיות נקודת הלב שלו.[23]

חיצוניות ופנימיות הכתר

כבר נאמר שהכתר הוא מהות ממוצעת, בין האין סוף והספירות, בין המאציל לנאצלים. ככל מהות ממוצעת, כולל הכתר בתוכו את שתי הדרגות שהוא ממוצע ביניהן: חיצוניות הכתר מתייחסת אל הספירות ואל הנבראים, ופנימיות הכתר מתייחסת אל העצמות האלוקית הנבדלת

22 משיחת הרבי מליובאוויטש פסח שני תשד"מ.

23 ראו ספר השיחות תורת שלום עמ' 32 ובמקומות רבים במאמרי אדמו"ר הרש"ב ובמאמרי הרבי מליובאוויטש.

ונעלמה מכל העולמות. אכן, חיצוניות הכתר אף היא כתר ואף היא נבדלת מכל הספירות ומהשגתנו, אבל כיוון שבמהותה היא מתייחסת אל הספירות, יכולה להיות לנו איזו השגה בנקודת ההתייחסות הזו. מה שאין כן בפנימיות הכתר המתייחסת אל האין סוף ממש, אין לנו שום השגה, מלבד היותה הפנימיות לחיצוניות.

חיצוניות הכתר היא הפרצוף הנקרא בספרי הקבלה 'אריך אנפין' (הפנים הארוכות) או בקיצור 'אריך'. אריך, הארוך, במובן זה שהוא ארוך מלמעלה מעלה עד למטה מטה, שהוא מקיף וכולל את כל הספירות וכל העולמות.[24] פנימיות הכתר היא הפרצוף הנקרא בספרי הקבלה 'עתיק יומין' או בקיצור 'עתיק'. עתיק מלשון העתקה, ניתוק והיבדלות הפנימיות מכל העולמות והספירות החיצוניים לו.[25]

כפי שהוסבר בפרק הקודם, את המושג הממשי שיש לנו בספירות העליונות אנו מקבלים בחסידות מכוחות הנפש שבנו המשתלשלים מהן. ואולם לכתר אין לכאורה מקבילה בכוחות הנפש. כשם שהוא למעלה ממערכת הספירות כך הוא למעלה מכל ההגדרות והדימויים המקבילים להן בנפש. עם זאת, היות שגם שורש הנפש הוא גבוה מאוד, למעלה מכל ההגדרות והדימויים, צריכה להיות מקבילה בנפש גם לדרגות הכתר, החיצונית והפנימית. ואכן כבר נזכר בתחילת הפרק שישנם כוחות נפש בסיסיים כל כך שאינם נספרים עם כוחות הנפש הידועים והמוגדרים (המקבילים לספירות), אלא נמצאים באותו מעמד ביניים של הכתר עצמו - בין עצמות הנפש וכוחותיה הידועים. בחסידות פותחה תפיסה זו בדקות ופירוט רב, והשמות שניתנו לכוחות אלו הם כוח הרצון וכוח העונג שבפנימיות הנפש.[26]

24 ראו תורה אור יח,ד. עוד מבואר בחסידות, שארוך הוא לעומת הקיצור, דהיינו שהכול נמצא בו באריכות דברים לעומת הפרצוף 'זעיר אנפין' שבאצילות שבו נמצאים אותם הדברים אבל בקיצור (ראו מאמרי אדמו"ר הזקן תקס"ח עמ' תקסח; תורת חיים שמות נג,ד).

25 ראו עץ חיים ואוצרות חיים שער עתיק ושער אריך.

26 יש לדברים שורש בספרי הקבלה ובזוהר (ראו זוהר חלק א פו,ב), ואולם בחסידות פותחה התפיסה ביותר וגם הושלכה לתחום של עבודת ה'.

הרצון

בחסידות מבחינים בין שתי דרגות של רצון שקיימות בנפש: הרצון התחתון והרצון העליון.[27] הרצון התחתון הוא הרצון שאנו בדרך כלל חושבים עליו, זה שלמטה מהשכל, שרוצה את מה שאנו מבינים שטוב לנו או שאהוב עלינו. הרצון העליון הוא הרצון שבכתר עצמו, הרצון הראשוני שלמעלה מהשכל; לא זה שרוצה מה שאנו חושבים, אלא זה שאנו חושבים מה שהוא רוצה, מבינים כפי שהוא רוצה, אוהבים מה שהוא רוצה וכן הלאה. כמו לספירת הכתר, גם לרצון העליון אין ביטוי מוגדר לעצמו בנפש, כמו החוכמה או הבינה או החסד, כי הוא למעלה מכולם ומצטרף עם כולם.

השפעת הרצון העליון על כוחות הנפש היא כהשפעת הכתר בספירות. כלומר, השפעה נעלמה המבטאת את השפעת עצם הנפש בכוחותיה. זו אינה השפעה שאפשר לראותה ולהגדירה, כמו השפעת השכל במידות, שכן לעצם הנפש המשפיעה ברצון זה אין שום גדר ותפיסה. ועם זאת ישנו ביטוי עדין המופיע בספרי חסידות המתאר זאת כ'הטיה' של הנפש, של עצם הנפש וכולה בכיוון מסוים.[28] אין כאן כפייה או שבירה של רצון אחר (כמו שיש ברצון התחתון) אלא הטיה שקטה, בלתי מורגשת, של הנפש בכללה, באותו כיוון.

אפשר לראות, גם בעולם שלנו, כיצד שני אנשים שונים שיקבלו לידם את אותן העובדות יגיעו למסקנות הפוכות לחלוטין מפני שהרצון הלא מודע מטה את נפשם לכיוון אחר.[29] בין ימין ושמאל פוליטיים, בין

27 ראו לקוטי תורה במדבר א,א, ובמקומות רבים.

28 מצוי הרבה במאמרי אדמו"ר הרש"ב, כגון: המשך תרס"ו עמ' נה (לט מהדורה ישנה); המשך תער"ב חלק א עמ' ב; ספר המאמרים תשנ"ה עמ' ריב ועוד הרבה. גם במאמרי אדמו"ר הזקן יש מעין זה, כגון לקוטי תורה במדבר סז,ב: "וזהו ענין שהתפלה נק' צלותא לשון הטיה שממשיכים ומטים כביכול הארת אור א"ס ב"ה שיהיה נמשך להיות בבחי' כתר לאצילות". ויש מקומות שהניסוח הוא 'המשכה' של הנפש כגון מאמרי אדמו"ר הזקן נביאים עמ' ריז; ספר המאמרים תש"ג עמ' 126 ועוד.

29 בכך מוסבר הטעם לאיסור החמור על מתן שוחד, שכן השוחד יוצר הטיה בלתי מודעת אצל הדיין שמטה את השכל לכיוון מסוים דווקא (ראו מאמרי אדמו"ר האמצעי בראשית א עמ' קצ, רא, רה).

אנשים מרקע שונה, ובין מהויות נפש שונות, יהיו הבדלים מקצה לקצה בהשקפת עולמם והתייחסותם הרגשית כלפי אותם הדברים עצמם.

בדברי חז"ל ישנו סיפור שמביא לביטוי את הדרגה הזו. מסופר שהקב"ה הראה למשה רבנו את רבי עקיבא שדורש על כל קוץ בתורה. משה רבנו התפעל מאוד ואמר לקב"ה: "יש לך אדם כזה ואתה נותן תורה על ידי?" השיב לו הקב"ה: "שתוק". אחר כך ביקש משה: "הראיתני תורתו הראני את שכרו". והקב"ה הראה לו כיצד נהרג בייסורים על ידי הרומאים והיו שוקלים את בשרו במקולין. התרעם משה: "זו תורה וזו שכרה!?" אמר לו הקב"ה: "שתוק כך עלה במחשבה".[30] ומבואר בחסידות שהלשון "עלה במחשבה" משמעה שטעם הדברים האלו הוא למעלה מהעולם ושכלו שנברא בדיבור, ואף למעלה מהמחשבה שקדמה לו, אלא מהרצון העליון קודם שהתלבש בשכל העולם.[31] רצון זה אינו מבטא הכרה או הרגשה אלוקית כלשהי אלא כביכול הטיה של הקב"ה בעצמו: "זה **אני** רוצה" - לא חושב או מבין או אוהב, אלא "זה אני רוצה".

בספרים מופיע תיאור של מלאך שקושר כתרים לקב"ה מתפילותיהם של ישראל.[32] כדרכם של מלאכים, אין הוא יוצר תפילות חדשות, הוא רק מעלה את תפילותיהם של ישראל למעלה מעלה עד למעלת הכתר העליון. יהודי למטה מתפלל על מה שהוא מבין ומרגיש שהוא צריך כאן: על הפרה שתיתן חלב, על בטנו שתתרפא וכדומה. המלאך הרוחני, שיכול לדלג על הפרה הגשמית, מעלה את התפילה למעלה יותר. מדרגה לדרגה התפילה מזדככת, משילה את הקשרים הפרטיים ומשאירה לבסוף רק נקודה אחת של רצון פנימי - להידבק בה'. אין לזה הסבר שכלי, כי זהו ביטוי לרצון העליון שבנפש שלמעלה מהשכל; ביטוי שנובע מהכתר

30 מנחות כט,ב.

31 ראו מגיד דבריו ליעקב סימן סח. וראו מאמר הרבי מליובאוויטש תשמ"ה ליל ערב ראש השנה, תורת מנחם תשמ"ה חלק ה עמ' 3047 על 'עלה במחשבה' שהוא הרצון העליון שבעצמות הנפש.

32 מובא בספרי חסידות לרוב. ראו לקוטי תורה בשלח ב,ב ועוד. לגבי מקורו ראו ספר המאמרים תש"ד עמ' 213 בהערה.

שבנפש ושהמלאך מעלה אותו למעלה מהשכלים והמידות האלוקיות אל הכתר העליון, שהוא כביכול העצמי של הקב"ה.

ה'עבודה' של האדם היא ליצור תפילות חדשות. כי התפילה מכוונת תמיד "אליו ולא למידותיו", אל הקב"ה בעצמו ולא אל שום כוח ומידה ממידותיו. שום מלאך אינו מגיע פנימה כל כך, כי המלאך הוא רק שליח להעביר את התפילות, אבל ליצור תפילה חדשה באמת, לבטא רצון חדש מעצמות הנפש – אין הוא יכול.

רק האדם שבגוף הגשמי יכול ליצור תפילה חדשה, להתפלל מעצם עצמו אל הקב"ה בעצם עצמו. כי רק האדם שבגוף הגשמי, הנפרד כביכול מכוחות נפשו האלוקיים, יכול לרצות מה שלהרגשתו אין בו, לרצות מלמטה מה שלמעלה ממנו עצמו, ליצור התייחסות "אליו ולא למידותיו".

את הכתוב "כל הבא לִצְבֹא צָבָא לַעֲבֹד עבֹדה"[33] פירשו בחסידות באופן הבא: בארמית 'צבא' הוא רצון, ו"לצבא צבא" הוא לרצות לרצות. וכך היא דרך עבודת ה' שצריך לרצות כדי לעשות את הצעד שמעבר למה שמרגישים, וכשאין רצון צריך לרצות לרצות זאת, ואם לא רוצים לרצות אפשר לרצות לרצות לרצות, וכן הלאה.[34] הרצון שבכל דרגה הוא המפתח שפותח אותה עד המפתח הראשון שהוא הרצון העליון שבעצם הנפש, הרצון הכללי שפותח את כל השערים.

העונג

כפי שנמצאה נקודת ייחוס בנפש לחיצוניות הכתר, כך נמצאת גם לפנימיות הכתר. כוח נפש שהוא פנימי לרצון, שדרכו יכולים אנו להתייחס אל פנימיות זו באלוקי, לחוש בה ולעבוד אותה.

33 במדבר ד,כג.

34 ראו עטרה לראש צדיק עמ' קלא-קלב. על דרך זו מובא שם בשם היהודי הקדוש שאפילו עשרים פעמים רצון נקרא רצון, ויש שכתבו שאף למעלה מזה.

מהי מהות פנימית זו? סימנה של הפנימיות, בכל דרגה, שהיא נותנת טעם בחיצוניות, בין טעם של סיבה ובין טעם של הרגשה.[35] כשיודעים מהי הסיבה למעשה שעושים הדבר נותן טעם בעשייה. אך לכאורה איזה טעם יש לרצון העליון, והרי כבר הוגדר הרצון העליון כרצון שלמעלה מכל סיבה וטעם? אכן לרצון העליון אין טעם של שכל ורגש כמו שיש לרצון התחתון, אבל יש לו טעם אחר, פנימי, וקוראים לו 'עונג'. כפי שהרצון העליון הוא הרצון של עצם הנפש שלמעלה מהשכל, כך גם העונג העליון הוא למעלה מהטעם השכלי או הרגשי והוא העונג שבעצם הנפש.

העונג איננו למעלה מהרצון ואיננו למטה ממנו. העונג הוא הפנימיות של הרצון כפי שהרצון הוא החיצוניות של העונג. החיצוניות והפנימיות של המהות האחת של הכתר שלמעלה מכל הדרגות, שאין בה דרגות כי היא מעבר לכל התחלקות ודירוג. בכתר הכול באחדות אחת שאינה מתחלקת רק מטה עצמה בהטיה של רצון ובהטיה של עונג. הטיה שמושכת את כל כוחות הנפש כאחד, לְרצון או לְעונג בלתי מוגבל.

עם זאת, מהיות הרצון חיצוניות הכתר הוא זה היוצא החוצה בביטויים וכיווני פעולה, והעונג לעומתו הוא הנוכח והמורגש בהוויה הפנימית העצמית של הכתר.[36] אכן פנימיות זו של העונג מלווה תמיד גם את יציאותיו של הרצון, כביטוי של עונג השייך למילוי אותו הרצון; במחשבה ובהבנה, באהבה וביראה, בעשייה ובחוסר עשייה. אך לעולם בלי לעזוב את פנימיות הנפש. כשם שהרצון החיצוני שואף תמיד לצאת ולפעול, כך העונג הפנימי שואף פנימה - להרגיש את העונג האין סופי המתפשט בכול, מעבר לכל הגבלה והגדרה.

למרות שהעונג נעלם בפנימיות ועצמות הנפש, אפשר לראות גם

35 המילה 'טעם' בעברית משמשת הן במשמעות השכלית של נימוק והסבר, והן במשמעות חושית כמו טעם של אוכל.

36 ולכן משמע במקומות רבים שהעונג למעלה מהרצון, קרוב יותר לעצם הנפש. אך כאן העדפנו להשתמש במושגים של פנימיות וחיצוניות, ולא מעלה ומטה, להדגיש שאין אחד מהם מוליד את השני, או סיבה לשני. פעמים העונג סיבה לרצון, שרוצה מה שמתענג בו, ופעמים דווקא הרצון סיבה לעונג, שמתענג ממילוי הרצון (ראו המשך תרס"ו פה-צ עיון עמוק בשאלה מה גבוה יותר).

בגילויי הנפש מעין משל לזה: בעונג המתגלה לפעמים בעצם החיים. בדרך כלל איננו מרגישים בעצם החיים שלנו אלא רק את הדברים המשתנים בתוך החיים. אנו נולדים עם החיים וחיים איתם כל חיינו, ולכן איננו מרגישים בעונג שיש בהם בעצמם. ואולם, בפעמים הנדירות שאדם נוגע בקיצם של החיים - למשל כאשר הוא ניצל מסכנה גדולה - הוא יכול להרגיש לזמן מה משהו מהעונג העצמי הזה של עצם החיים, עונג נפלא שאין שום עונג מגיע לקצהו, ושאינו נזקק לשום דבר אחר מלבד להיותו חי.

שביבי העונג הזה, שאינם מתגלים כאמור בשום ספירה וכוח נפש, מאירים בצירופי הספירות, הנקראים בתורת הסוד - 'זיווגים'. כפי שבזיווג הגשמי מתגלה עונג עצום, כך גם בכל זיווג רוחני. בטעם הדבר מוסבר שבכל זיווג וחיבור בין שנים מתגלה ההיקף שלמעלה משניהם, המקור האחד שכולל את שניהם. ומקור זה שואב משורשי העצמי הנעלם את העונג העצמי, הפנימי.

בספרי חסידות נמצא רעיון כזה: כשראה הקב"ה את מעשי הצדיקים שיהיו והעונג שיהיה לו מתורתם ומעשיהם - ברא את העולם.[37] העונג האלוקי מונח אפוא בתשתית הראשונה של בריאת כל העולמות. מהו אותו עונג אלוקי? ואיך אפשר לדבר על עונג שקיים עוד לפני בריאת העולמות? אין תשובה שכלית לשאלות עמוקות אלו, אבל מתוך עונג רוחני שנשמתנו יכולה לחוות, אנחנו יכולים לשער את העונג העמוק יותר שבעצם הנשמה שלנו ולהאמין שהעונג הזה משקף את העונג האלוקי שעומד בתשתית בריאת כל העולמות. ולא רק שהעונג שבנו משקף ומקבל מהעונג האלוקי, אלא שהעונג האלוקי אף מקבל מהעונג שבנו. כמשל המובא הרבה בספרי המגיד על אב המתענג בעונג שמרגיש בנו האהוב, עד שאפשר לומר שהוא עצמו עונג האב.

המצוות הן הביטוי הישיר לרצון העליון, והברכה על המצוות

37 מגיד דבריו ליעקב סימן א ובמקומות רבים בכתבי המגיד. וראו גם ביאורי הזוהר לצ"צ חלק א עמ' יד,א ועוד.

היא "אשר קדשנו במצוותיו". ומפורש בחסידות: "קדשנו במצוותיו" - כמו המקדש את האישה, שהבדילנו מהעולמות להיות בצוותא עם האלוקי לבדו; "אשר" - מלשון אושר[38] שהוא התענוג העליון המתגלה למצַווה ולמצוּוה, בקיום המִצווה.

כתר מלכות

על ספירת המלכות עוד ידובר באריכות בפרק המיועד לכך, אבל אי אפשר לפטור את הפרק על הכתר, בלי להזכיר את הקשר המופלא שלו אל המלכות.[39]

כאמור, מהיות הכתר ביטוי לאלוקי בעצמו, שלמעלה מכל גילוי, אין הוא יכול להתגלות בשום גילוי פרטי של אחת מהספירות. זאת מלבד בספירה אחת שנמצאת בקצה השני, בתחתית מערכת הספירות, היא ספירות המלכות. כמו הכתר גם המלכות היא 'ספירה שאיננה ספירה', ספירה שאין בה שום מסר ומשמעות לעצמה,[40] שכולה רק גילוי והוצאה לפועל של הספירות האחרות. מהות זו של ספירת המלכות, שאין בה כלום והיא מקבלת את כולם, היא העושה אותה לכלי שיכול לקבל ולגלות גם את ספירת הכתר. על דרך משל באדם, את הרצון העליון שבאדם אי אפשר להבין בכוחות השכל ואי אפשר להרגיש בכוחות הרגש, אבל אפשר לעשות אותו בכוח המעשה (המלכות) שבאדם. הכוח הזה, לעשות את הרצון, הוא הכוח של קבלת עול המלכות, שיכול לדלג על כל כוחות הנפש ולעשות גם את מה שאינו מבין ואינו מרגיש.

קשר זה בין הכתר למלכות הוא הקשר המופלא של "נעוץ תחילתן בסופן", של "סוף מעשה במחשבה תחילה". בפנימיותו הוא אף יותר מקשר, הוא כשני קצוות של מהות אחת: הכתר הוא המלכות והמלכות היא הכתר. אין כאן באמת עליון ותחתון, משפיע ומקבל, אלא מהות

38 ככתוב: "ותאמר לאה באשרי כי אשרוני בנות ותקרא את שמו אשר" (בראשית ל,יג).

39 וראו להלן פרק 'מלכות' סעיף 'כתר מלכות' הרחבה בנושא זה.

40 בלשון הזוהר "לית לה מגרמה כלום", אין לה מעצמה כלום (זוהר חלק א קפא,א; עץ חיים שער מב,יג, ובמקומות רבים).

אחת, שפעם מתגלה בכתר ופעם במלכות. אין מלך בלא כתר, ואין כתר בלא מלכות.

בקבלה מוסבר הדבר במושגים של אור ישר ואור חוזר. האור הישר יורד מלמעלה למטה, מהאלוקי אל העולמות, מן האור אל הכלי, מהכתר אל המלכות. האור החוזר הוא האור שעושה את התנועה ההפוכה מלמטה למעלה, מהמלכות אל הכתר. בהסתכלות פשוטה באור הגשמי, האור החוזר הוא רק השתקפות חלשה של האור המקורי (כמו אור הירח החוזר מהשמש), אבל בהסתכלות רוחנית עמוקה יותר יש באור החוזר תוספת וחידוש על האור הישר שהיה בתחילה, שאותה הוא משפיע כלפי מעלה. נמצא שהמלכות של האור הישר הופכת להיות הכתר של האור החוזר.

במושגים שהוזכרו בפרק זה, הרצון שהוא חיצוניות הכתר ממשיך את האור הישר מהכתר עד המלכות, אבל באור החוזר כשהאור עולה חזרה מהמלכות אל הכתר הוא מגיע אף למעלה מהרצון, עד לעונג הפנימי שבכתר.

אפשר לראות ביטוי לזה בנפש האדם. כשאדם מדבר או כותב את הרגשתו והבנתו, המילים שלו יכולות להשפיע חזרה על הנפש ולגלות אצלו רעיונות שלא חשב עליהן והרגשות מעבר למה שהיו. הדבר בולט יותר ביצירות אמנות, אבל לא רק בהן: המעשה שנשלם הוא פעמים רבות גדול ומופלא יותר מכל המחשבות שקדמו לו. מאחר שהרצון נעשה בפועל, הוא מתחיל לדבר חזרה אל האדם שעשה אותו דברים שהוא לא שיער בעצמו, והוא מגלה בו את העונג שמופיע רק בהשלמת הרצון.

בעבודת ה׳ יש לתפיסה של ׳כתר מלכות׳ חשיבות ראשונה במעלה. הכתר הוא, מעבר לכל הנאמר – הקב"ה בעצמו. המלכות היא מעבר לכל הנאמר – אנחנו; המציאות שאנחנו יודעים ומרגישים ובעיקר מה שאנחנו עושים. האם יש קשר ביניהם? האם מה שאנו עושים ואומרים למטה משנה משהו למעלה, אצל הקב"ה בעצמו? האם ישנה באמת עבודת ה׳ בעולם? התשובה לשאלות אלו, העולה על כל הציפיות, נמצאת בקשר שבין הכתר מלכות.

פרק רביעי

חוכמה

בלילה בלי ירח, קר וחשוך לגמרי, מבזיק לפתע ברק ומאיר לרגע את כל המציאות. מה למעלה ומה למטה, מה קדימה ומה אחורה? זוהי החוכמה.

ראשית חוכמה

את המילה הראשונה בתורה, "בראשית", מתרגם התרגום הירושלמי 'בחכמתא'. לומר: בחוכמה התחילה בריאת העולם. ומשמעות הדבר, שראשית התגלות האור האלוקי מתוך העלם האין סוף היא בחוכמה. בחוכמה מתלבש אור אין סוף ודרכה הוא משתלשל לכול שאר הספירות.

התגלות החוכמה אינה ראשית חד־פעמית שהייתה פעם קודם ששת ימי בראשית, אלא היא מתרחשת בכל יום, וכפי שאומרים בתפילה בברכת 'יוצר אור': "המחדש בטובו בכל יום תמיד מעשה בראשית".[1] התחדשות זו היא נביעה של אור אין סוף הנכנס שוב ושוב אל תוך הכלים והנשמות

1 הרעיון מוסבר באריכות בתניא שער היחוד והאמונה פרק א והלאה בשם הבעש"ט.

שבעולמות. כמו הבנה חדשה המתפשטת בכלי הנפש, בהכרה ובהרגשה, ומאתחלת את כולם מחדש, כך ספירת החוכמה בעולמות מכניסה בהם אור חדש שלא היה כמותו מעולם ומחדשת בכך את פנימיותם ואת חיצוניותם ממש בכל יום ובכל עת.

הרעיון מופיע כאמור במילים פשוטות בסידור התפילה, כהתבוננות הצריכה בכל יום לפני קריאת שמע. המתבונן בהתחדשותה של המציאות בכל יום מאין ליש, מפתח את היכולת להרגיש את אפסותה ואת אפסות עצמו, לבטל את ישותו כלפי האחדות האלוקית ולקבל אותה מחדש בכל אין סופיותה בקריאת שמע.

ראשית האור הפנימי

ספירת החוכמה נקראת אומנם 'ראשית', אך לא משום שהיא הראשונה לכל מציאות נבראת. כבר נזכרו בפרק הקודם מהויות גבוהות יותר, אור אין סוף והכתר, הקודמות לחוכמה. אלא שכל אלה הם רק מקיפים שלא נכנסים לעולמות. רק בחוכמה מתחיל להופיע האור הפנימי, האור שנכנס אל תוך הכלים והמילים, האור המובן והמורגש בפועל.

משל הדבר לסופר הפותח את סיפורו בתיאור המקום שבו מתרחש סיפורו. הוא מצייר תמונת נוף דוממת שבה מתוארים העצים, הבתים ובני אדם שמצויים שם. בשלב נוסף בסיפורו נעשה הסופר מעורב רגשית בדמויות ובאירועים ואף חושב ומרגיש מתוך הדמויות שיצר. בנקודה זו הופכות הדמויות המתוארות בתמונת הפתיחה הדוממת לדמויות חיות, התמונה כולה מתחילה להתנועע והסיפור מתחיל.

כך בנמשל, את הארת המקיף אין רואים משום שהיא אינה מתלבשת בכלים אלא רק מרחפת עליהם מלמעלה. היא מאפשרת את קיום כל הדברים ומכילה את כל המבנים והמקרים שיכולים להיות, אבל כמציאות שבכוח בלבד. במציאות כזו, האור העצום אינו נכנס לכלים והכלים אינם מקבלים את האור. הראש ישנו ואינו מבין, הלב נמצא ואינו מרגיש והפה אינו מדבר. הכול מחכה ללידה, לאור הפנימי, לנשמה שתיכנס אל הכלים

כדי שיתחילו לזוז, להכיר, להרגיש ולחיות.[2] החוכמה היא אפוא נקודת הראשית של כניסת האור הפנימי ובה מתחיל החיבור של האור והכלי.

האור הפנימי אינו רק פנימי לגבי הכלים, הוא פנימי במהותו העצמית, הוא 'אור פנימי' גם קודם כניסתו לכלי. ביטויה של מהותו הפנימית היא ביכולתו להיכנס לכלים. ובמהות זו הוא גבוה במעלתו מהאור המקיף. יכולת מופלאה זו היא הפלא של ספירת החוכמה: הספירה שהיא בעצמה אור לגבי כל הספירות האחרות, והכלי לגבי האור המקיף. הספירה שקושרת את אור האין סוף אל הכלים, שמתחילה את כל חיי העולמות.

מתי מתחילים החיים? של אדם, של היום, של התפילה? ברגע הלידה הריאות מתחילות לנשום, הפה להוציא קול צווחה - אז מתחילים החיים. הסידור קיים, כל מילה כתובה במקומה, גם המתפלל כבר מכיר כל מילה שכתובה בו, אבל התפילה מתחילה רק כשהמתפלל מרגיש את המילים הנאמרות; מרגיש מאושר באומרו "אשרי", אוהב ב"ואהבת", ובטל ב"ברוך אתה" בתפילת העמידה.

החכמה מאין תמצא

בחסידות מוסבר משפט זה שבספר איוב[3] לא כלשון שאלה אלא כמשפט חיווי: החוכמה באה מן ה'אין', מן האין סוף. ועדיין זו גם שאלה, כי האין סוף הוא הרי הבלתי ידוע, ולכן הופעת החוכמה מן האין תישאר לעולם תעלומה.

ה'אין' הזה איננו כלום ואפס, הוא רק מעֵבר לכל מה שאנו יודעים ויכולים לדעת. אכן, לעיל בפרק על הכתר דובר על אור האין הזה כפי שהוא מתבטא בכתר, כאורות מקיפים וכאורות של 'חושך', שנמצאים מעבר לנו אבל לא בתוכנו, בתוך השכל ובתוך הרגש שלנו.[4] תפקידה של

2 כלשון הכתוב "והחכמה תחיה" (קהלת ז,יב).

3 איוב כח,יב.

4 ראו לעיל פרק 'כתר' סעיף 'נר החושך'.

החוכמה בצומת הזה הוא ליצור את המעבר מהאור המקיף לאור הפנימי. המַעֲבר הזה מֵעֵבר לכל העולמות אל תוך העולמות הוא המשמעותי ביותר בכל סדר ההשתלשלות, יותר מכל מעבר בין עולם לעולם. מעבר כזה דורש יותר מאשר תרגום המושגים, הוא דורש היפוך ממש במושגי היסוד - מחושך לאור ומאור לחושך.

כיצד קורה הדבר, מה עובר? ואיזה כלי יכול לקחת אותו? התשובה נמצאת במהותה של החוכמה. את החוכמה מסמלת האות יו"ד שצִיורה הוא כנקודה.[5] הנקודה כמושג מופשט היא סימן ללא ממדים, ללא קצוות וללא מרחב. כך החוכמה היא מציאות, אבל ללא שום מרחב ומידה בעצמה. היא איננה מרגישה את עצמה ואיננה דורשת דבר לעצמה. משום כך היא אינה מוגבלת ביכולת שלה לקבל והיא יכולה לקבל מהות מֵעֵבר לה שהיא חדשה לגמרי לגבי כל מה שיש בעולם שלה. עם זאת, כיוון שהיא עצמה אַיִן היא אינה מקבלת את הדברים לעצמה אלא רק מעבירה אותם הלאה אל תוך שרשרת המציאות שהיא ראשיתה. אצלה, האור שהיא מקבלת הוא עדיין אור של 'חושך' (כמו בכתר), והחוכמה שלה היא להפוך אותו למהות של אור.

החוכמה היא הסוד. הסוד שעובר ומעביר מעולם לעולם, מיש ליש דרך האין.[6] כאשר היש הופך לאין רק הישות שלו מתכלה, ומה שנשאר מעבר לישות הוא רק 'נקודה', כעין קוד בלבד של מציאות שאיננו תופס מקום ומידה כלל. הקוד הזה הוא שיכול לעבור, מבלי להיות ישות לעצמו ומבלי להיות אין בעצמו, ולשנות את כל הישויות שהוא נוגע בהן.

כפי שהוסבר בפרק על הכתר, האותיות של הכתר הן אותיות החקיקה, החקוקות בעצמות האלוקית ומבטאות עצמות אלוקית. את האותיות האלו אין אנו יכולים לקלוט במציאותנו כפי שהיא.[7] לכך

5 כל גילוי הוא באותיות, כמו שהמחשבה והדיבור הן באותיות המגלות את פנימיות הנפש. יש גילויים בצירופי אותיות – במילים ומשפטים, ויש גילויים גם באותיות עצמן – בצורתן ובהגייתן.

6 ראו מגיד דבריו ליעקב אות ז. וראו באריכות תורת חיים שמות פרשת בשלח קפז,ד אות ד והלאה.

7 כפי שאומר הקב"ה למשה "כי לא יראני האדם וחי". וכמתואר במעמד מתן תורה על הר סיני שבני ישראל שמעו את הדיבור של עשרת הדיברות החקוקות בלוחות

נצרכה נקודת החוכמה שהיא אין, שבכוחה לקלוט את האותיות החקוקות ולהפוך אותן לאותיות הכתובות. האותיות הכתובות, כמו בדיו על הקלף, הן הפוכות לאותיות החקוקות. אין הן מגלות את המהות שהן כתובות עליה, אלא להפך מסתירות אותה, כמו הדיו שמסתיר את הנייר שהוא כתוב עליו. וכאן חל ההיפוך, כאשר דווקא אותה נקודה שהכתב מסתיר, אותה בדיוק הוא מגלה אל הקורא. זה שמסונוור מן האור מחכה שיסתירו אותו, כי רק את ההסתרה הוא יכול לקרוא. הגילוי שבהסתרה הוא המעבר מאותיות החקיקה לאותיות הכתב.

כך מבטא זאת אדמו"ר הזקן בתניא בשם רבו המגיד ממעזריטש בשם ספר עץ חיים: "שאור אין סוף ברוך הוא אינו מתייחד אפילו בעולם האצילות אלא על ידי התלבשותו תחילה בספירת החכמה".[8] אור אין סוף אינו יכול להתלבש בשום כלי ומידה, שהרי הוא מעבר לכל הגדרה ומידה. אפילו בכלים של עולם האצילות (הספירות) שאין בהן שום ישות מלבד עצם היותן כלי, אין הוא יכול להתלבש אלא רק דרך כלי החוכמה שאיננו אפילו כלי.

האם יש איזו ממשות לכלי החוכמה, משהו שנתקלים בו ויודעים שזהו? נראה שלמעלה באמת אין כלום. אבל בנפש האדם, כיון שאין היא יכולה להתקיים בעולם הזה ללא משהו של ישות, אפשר אולי להצביע על סימן לזה. אפשר לקרוא לזה - הנקודה של עצם התאמתות הדבר, כשאדם יודע שזה אמת. הוא אינו מבין ואינו יכול להגדיר מה ולמה, אבל ישנה ודאות שזה אמת.[9] מכאן, בהשתלשלות האור בכלי החוכמה בתוך כל הספירות, הוא יובן ויוגדר ויורגש מכל הצדדים והדרגות - עד להתהוות של ממשות בתוך העולמות.

בחסידות מובא לזה משל מתחום הצומח. הגרעין שנזרע באדמה

"ועל כל דיבור פרחה נשמתם", שכן לא היה זה רק גילוי של מסר אלוקי אלא גילוי האלוקי בעצמו כביכול.

8 תניא פרק לה.

9 באופן אחר וקשור לזה, הוסבר בכמה מקומות שהחוכמה היא 'מבחן האמת' (ראו ספר הק"ן עמ' 57). כלומר, לאחר שמבינים דבר ויודעים ומרגישים אותו, הדבר היחיד שיכול לברר אם זה אמת או שקר, נכון או לא נכון – הוא הניצוץ שמגיע מהחוכמה ומאשר: זו אמת.

נרקב שם, מפסיק להיות גרעין, מפסיק להיות דבר כלשהו, נשאר רק הקוד של הצמח שיהיה. רק אז הוא הופך לכלי ש'כוח הצומח' שבארץ יכול לפעול בו, להצמיח ממנו 'יש' שהולך וגדל לאין ערוך מה'יש' שהיה הזרע תחילה.[10]

בעבודת ה' החוכמה היא ביטול, חזרה אל האין. אבל זו רק ראשית העבודה, המשך העבודה (בתפילה) הוא בהתבוננות ובאהבה וביראה. הביטול איננו שמחה, הוא 'כובד הראש' ולפעמים גם שבירת הלב שלפני התפילה.[11] אבל ההמשך חייב להיות בשמחה,[12] וכדי שזה יהיה צריך שכבר בביטול בעצמו תאיר השמחה שתהיה.[13]

כח מה

מה היא החוכמה?

גם שאלה זו אפשר לקרוא כמשפט חיווי: החוכמה היא 'מה'. כפי שהוסבר, הפלא הגדול של החוכמה הוא בהיותה כלי ולבוש לאור אין סוף. זו אמירה שיש בה סתירה בתוך עצמה, אור אין סוף הוא בהגדרתו בלתי מוגבל, ולכן לא ניתן לדבר על הגבלתו בכלי או הסתרתו בלבוש. ואולם החוכמה אינה כלי רגיל, כשאר הכלים המגבילים ומסתירים את האור, אך לא משום שהיא אין סוף אלא משום שהיא אפס. החוכמה היא 'כח מה' (אותיות 'חכמה'), שהוא כוח ההתבטלות, היות אין, כלום, לא נחשב ולא מוגדר.[14] והיות אין, עם הסתירה הפנימית שיש בעצם צירוף שתי המילים האלו, היא האופן היחיד של היות כלי לאין האלוקי.

10 על כוח הצומח שבארץ ראו באיגרת הקודש כ ובמקומות רבים בחסידות.

11 כמאמר רז"ל ש"אין עומדים להתפלל אלא מתוך כובד ראש" (ברכות ה,ב).

12 ברכות לא,א.

13 ראו בעניין זה לקוטי תורה דרושים לסוכות ד"ה ושאבתם מים בששון השני עט,ד.

14 כמו שאומרים משה ואהרן אל העם המלינים עליהם "ונחנו מה כי תלינו עלינו" (שמות טז,יז). כלומר, אנחנו כלום, אפס, ולכן אין אתם יכולים לתלות בנו שום פניות ואינטרסים משלנו במה שאנו עושים. כמו השאלה 'מה?' שלפני 'מי' ולפני 'איך' ו'למה'. בכולן יש מישהו מאחורי השאלה – מי שעשה, איך שעשה, למה הוא

משל לדבר מחיי הנפש. כשאדם לומד הידע המוקדם שלו עוזר לו בדרגה מסוימת להבין את הנלמד ולשלבו בכלל ידיעותיו והבנתו הקודמת. אך בדרגה מקיפה יותר, הידע המוקדם מגביל את יכולת הקליטה שלו שיהיה רק למה שהוא כבר יודע ורוצה לדעת. כל דבר אחר - חדש, לא צפוי, מעולם מחשבה ומושגים אחרים - אינו יכול להיכנס, שכן הידע הקודם לא נותן לו. הדבר נכון בכל התחומים. האמן הגדול, המדען פורץ הדרך וגם ילד קטן, מצליחים לקלוט את החדש שלא היה בהם קודם רק משום שלא היה להם ידע מוקדם או שהוא לא היה פעיל באותה שעה.

זה לא רק ביטול של ידע אלא בעיקר ביטול של מי שיודע. אנשים נוטים לזהות את עצמם עם הידע ועם השקפת העולם שלהם, וביטול הידע קשור בהכרח בביטול מסוים של הישות העצמית. קשר מיוחד יש לפיכך בין החוכמה והענווה. אין חוכמה בלי ענווה, וגם אין ענווה באמת בלי חוכמה. אין חוכמה בלי ענווה כי מי שמלא במודעות והרגשת ישות עצמית, מי שכבר מכיר ויודע הכול - לא יקלוט שום דבר חדש. ידוע שילד קטן לומד שפה חדשה במהירות מופלאה משום שהוא מסוגל לראות אותה באופן ישיר ולא דרך שפה קודמת שהוא מזוהה איתה. וגם אין ענווה בלי חוכמה, כי זו הרי מהותה של החוכמה שאדם מקטין את עצמו בתכלית כדי לקלוט את האור החדש, וכשהוא מקטין את עצמו הוא ענו.

משה רבנו שהיה גדול הנביאים היה גם "ענו מאד מכל האדם אשר על פני האדמה".[15] אצל גדולי הנביאים האחרים מוצאים תיאורים של התגלות ה' אליהם: "ואראה את ה' יושב על כסא רם ונשא",[16] "כמראה הקשת... הוא מראה דמות כבוד ה'"[17] ועוד. לעומת זאת, משה רבנו אומר: "כי לא ראיתם כל תמונה".[18] אין שום דמות, שום הגדרה.

עשה – מה שאין כן השאלה 'מה' היא התהיה הראשונית על עצם הדבר. שאלה כזו שאין עימה מי ששואל אותה היא הביטוי למצב של ביטול.

15 במדבר יב,ג.

16 ישעיהו ו,א.

17 יחזקאל א,כח.

18 דברים ד,טו.

חז"ל מבטאים זאת כך: משה הסתכל באספקלריה המאירה, ולעומת זאת הנביאים האחרים הסתכלו בנבואתם באספקלריה שאינה מאירה. אספקלריה מאירה היא כמו משקפת בהירה המקרבת את מראה הדבר עצמו, ושם אין כל תמונה כי לעולם איננו רואים את הדברים עצמם אלא רק את השתקפותם בנו. אספקלריה שאינה מאירה היא כמו מַרְאָה שבה רואה הרואה את עצמו ואת עולמו. וכך ראו שאר הנביאים בנבואתם את האלוקות המשתקפת בעצמם ובעולם המוכר להם; ואלו הן התמונות, הצבעים והצורות שהם מתארים.

החוכמה נמשלה לראייה.[19] החלק שרואה בעין היא הנקודה השחורה שבעין שאין בה כל צבע, כי עם צבע כלשהו הקליטה כבר חלקית בלבד. ואת אור הכתר שמעבר, 'אור החושך' הלא מוגבל, ניתן לקלוט רק בשחור המוחלט, בביטול המוחלט של האור שהיה קודם.

הביטול של החוכמה אינו נוגע רק להשגה השכלית. הוא ביטול קיומי ומוחלט לנוכח האמת שאין עוד מלבדו ממש. נכון שהוא הקדמה להשגה החדשה שתבוא בעקבותיו, אבל לעולם אין ההשגה החדשה הזו מבטלת את האין שקדם לה. הביטול האמיתי, ה'מה', נשאר תמיד בכל הדרגות. הוא התשתית של כל דבר וסיכומו של כל דבר. וגם ובעיקר, הוא צריך להיות תמיד בתוך הדבר עצמו, בתוך ההשגה ובתוך ההרגשה ובתוך המעשים.

כאמור, החוכמה בעבודה היא ביטול. בחסידות מדובר על שתי דרגות של ביטול: 'ביטול היש' ו'ביטול במציאות'. ביטול במציאות הוא הביטול המוחלט של מציאות ה'אני' ומציאות העולם, התפיסה הפנימית, הממשית, שאין מציאות מלבד האלוקי. תפיסת עולם זו היא כתפיסת העולם מלמעלה, כפי שהקב"ה כביכול תופס את העולם. לעומת זאת, 'ביטול היש' הוא הביטול מלמטה, של ברואי העולם, שאינם יכולים שלא להרגיש את ישות העולם וישותם

19 לעומת הבינה שנמשלה לשמיעה. ראו תורה אור עה,א; לקוטי תורה ויקרא י,ב ובמקומות רבים.

שלהם.[20] לכן הם מחליפים את הביטול במציאות בביטול חיצוני של הרצון האישי שלהם כלפי הרצון העליון. וזהו 'ביטול היש', שהיש האישי נשאר אבל הוא מתבטל אל רצונו של הקב"ה במחשבה בדיבור ובעשיית רצונו.[21] ביטול במציאות איננו אפוא דבר שבכוח האדם התחתון להגיע אליו, ולכן עבודת ה' שלנו היא בעיקרה בביטול היש. עם זאת, מפעם לפעם, במהלך התפילה יכול להיות שביטול היש ישמש לכלי עבורנו להגיע גם אל הביטול במציאות.

תורה מחכמה נפקת

לאחר האמור עד כאן, על מהות החוכמה, אפשר להבין כיצד מהווה החוכמה את הכלי והלבוש לכניסתה של התורה אל תוך עולמנו, וכלשון הזוהר: "תורה מחכמה נפקת".[22] אין זה עוד תפקיד של החוכמה, זה הייעוד הפנימי שעבורו היא קיימת.

כבר דובר על ייחודה של החוכמה שאור אין סוף האלוקי מתלבש דרכה בכל הספירות והעולמות. אור זה מחיה כל דבר במציאות בהווייתו ובחיותו. אך חיות זו אינה מתגלה כפי שהיא בפנימיותה כחיות האלוקית, אלא היא נעלמת מייד בהתלבשותה בלבושי העולם והנפש. אך מלבד לבושי העולם ישנו לבוש נוסף לאור האלוקי. לבוש זה קודם לכל העולמות, והוא פנימי כל כך שאין הוא מסתיר את האלוקי המלובש בו. לבוש זה הוא לבוש התורה.[23]

התורה יוצאת אלינו באמצעות החוכמה, אבל בעצמה היא למעלה מהחוכמה וקודמת כמעט לכל דבר. ביטוי לכך הן המצוות שבתורה שהן רצונו העליון של הקב"ה שבכתר שלמעלה מהחוכמה, והן יוצאות אל

20 ראו פיתוח רחב של מחשבה זו לקמן בפרק 'דעת', סעיף 'דעת עליון ודעת תחתון'.

21 כמו הבינוני שבתניא (פרק יב והלאה), שאינו יכול לשנות את מהות נפשו, אבל הוא יכול לשנות את לבושיה, המחשבות הדיבורים והמעשים.

22 בתרגום: התורה מהחוכמה היא יוצאת (זוהר חלק ב סב,א; פה,א; קכא,א; חלק ג פא,א ועוד).

23 על כך שהתורה קדמה לעולם ראו אבות דרבי נתן פרק לא; פרקי דרבי אליעזר פרק ג ועוד.

העולם בלבוש החוכמה בהגדרות שכליות - מה, כיצד, מתי וכדומה.[24] התורה שיוצאת מהחוכמה מחברת אפוא את הכתר עם החוכמה, ובמובן הרחב יותר את האלוקי עם העולמות.

כשאומרים שהתורה היא לבוש פנימי וקודם לכל הלבושים המשמעות היא שבעינינו התורה והקב״ה הם אחד ממש.[25] ניתן להמשיל זאת ללבושי הנפש הפנימיים - ההכרה והרגש. לעומת לבושי הנפש החיצוניים, המעשה והדיבור, שאפשר לראותם כנבדלים מהאדם שפעל אותם, הרי שהבנתו ותחושתו הפנימיים של האדם הם תמיד מאוחדים בו ואי אפשר להפריד בין האדם לבינם. כזו היא התורה שהיא מאוחדת עם הקב״ה לבלי הפרד.

התורה היא כאמור לבושו הפנימי של אור אין סוף האלוקי. אבל התורה היא גם לבושה של הנפש האלוקית הפנימית שבאדם. כפי שמבואר בתניא כדי שהנפש הזו תוכל לרדת ולהיות בעולם היא צריכה להתלבש בלבושים מתאימים שהם לבושי התורה: במחשבה - לחשוב בתורה; בדיבור - להגיד את המילים של התורה; ובמעשה - לעשות את המצוות שבתורה.[26] בלבושים אלה אדם חי בעולם הזה את חיי נפשו האלוקית באחדות אחת עם האלוקי המלובש בה.

האחדות השלמה בלבושי התורה היא דווקא בעולם הזה. התורה נמשלה למים שיורדים ממקום גבוה ומתנקזים למקום נמוך. כמו המים שלא יפסיקו לרדת עד שיגיעו למקום הנמוך ביותר, כך התורה יורדת עד לעולם הגשמי הנמוך שלנו באמצעות המצוות המעשיות ובמושגים

24 במקומות אחרים מבואר שיש הבחנה דקה יותר בין פנימיות התורה והנגלה שבתורה. פנימיות התורה לא יוצאת מהחוכמה לעולמות והיא נשארת ב'חכמה סתימאה' העליונה יותר. לעומת זאת הנגלה של התורה יורד ומגיע עד לעולם העשייה הגשמי במקומות הנמוכים שלו (כגון בעיסוק שיש בתורה לטענות של שקר). ומעין המובא בכמה מקומות שתורה שבכתב בעשייה, משנה ביצירה, תלמוד בבריאה וקבלה נשארה באצילות ולמעלה, ולא ירדה לעולמות הנבראים (ראו תניא פרק מ בהגהה; לקוטי תורה ויקרא ה,ב ובמקומות רבים).

25 וכמאמר המובא במקומות רבים בשם הזוהר (אף שלא נמצא שם כלשון הזו ממש): ש"אורייתא וקב"ה כולא חד".

26 תניא פרק ד.

ובמבני המחשבה של עולם העשייה.[27] זה איננו רק הטבע של התורה אלא התכלית והביטוי השלם ביותר שלה - להיות בעולם העשייה הגשמי. לעולם הגשמי מגיעה מלמעלה מעלה גם נפש האדם בהתלבשותה בגוף הגשמי. ובהשגת התורה בממשות של השגת העולם הגשמי - במצוות המעשיות ובהבנת הגשמיות - נפגשים כוחות הנפש והגוף בתמציתם וממשותם בגילויים האלוקיים המתגלים דווקא בדרגת עולם זה. התפיסה שהתורה יוצאת מהחוכמה אמורה לא רק בתחילת דרכה, אלא בכל דרגה ודרגה שהתורה משתלשלת בעולמות, שבכולן מאיר בה אור אין סוף המלובש בחוכמה. בכך מקבלת התורה מהחוכמה את היכולת הייחודית לעבור מעולם לעולם, לצאת מעולמות האין סוף ולעבור לעולם הספירות ועד לעולמות הנבראים. מעברים מופלאים אלו מקבלים את מלוא משמעותם כאשר מה שעובר בכולם היא התורה המאוחדת באין סוף ברוך הוא עצמו.

בפרק ה בתניא מסביר אדמו"ר הזקן את המעלה המיוחדת במינה של עבודת ה' בלימוד התורה. הוא מסביר שבחיבור עם האלוקי יש שתי דרכים: האחת, שאדם מפנים אל תוכו הבנה והרגשה של האלוקי כפי כוחו ושיעורו. והשנייה, שאדם מכניס את עצמו אל תוך האלוקות ומבטל בה את חוכמתו ודעתו שלו. ואומר אדמו"ר הזקן שבהשגת התורה מתרחשים שני אלה יחד. כשאדם משיג את התורה בשכלו, הוא כביכול מכניס את האלוקי המאחד בה אל שכלו ותוכו. אך באותה שעה עצמה שהוא כולו עוסק וחושב בה, הוא גם נמצא בתוכה ומוקף על ידה. זו עבודת ה' שבחוכמת התורה - להלביש אותה בשכלו וליבו על ידי יגיעתו להבין היטב את הדברים, ויחד עם זה לבטל את שכלו והבנתו ולהיכנס כולו אל תוך שכלה של התורה.

27 במקומות אחרים מוסבר באופן אחד הטעם לזה, שדווקא במקום החושך הגמור, היכן שכבר לא רואים אלוקות כלל, ניתן להסביר וליצור גילוי שאיננו רק הארה וגילוי כלשהו, אלא הביטוי של עצם הדבר, ואין כאן המקום להאריך בזה.

בחכמה אתבר‏ירו

אחד הנושאים המרכזיים בקבלה הוא שבירת הכלים והתיקון.[28] שבירת הכלים פגעה בכל חלקי המציאות והספירות מלבד ספירת החוכמה, והסיבה לכך היא שלספירת החוכמה אין כלי שיכול להישבר. אם להדגים זאת מהעולם האנושי, כל אדם יכול להישבר כאשר האורות המאירים בנפשו גדולים וחזקים מהיכולת של כלי נפשו, השכל והרגש, להכיל אותם. הלב יכול להישבר, ואפילו תבניות השכל וההכרה יכולות להישבר, מלבד החוכמה שאין לה כל הגדרה ומודעות עצמית ולכן אינה נשברת, אינה נופלת ואינה מתה לעולם.[29] סגולה זו של החוכמה עושה אותה למפתח של תהליך התיקון. כבר בעצם היותה, כעדות לקיום התיקון, נבנה סביבה עולם התיקון כולו. בנוסף לכך, יש לחוכמה גם תפקיד פעיל בתיקון עצמו, שהוא בירור הקדושה מתוך הקליפה. השלב הראשון של תיקון העולם השבור הוא לברור ממנו את חלקי הקדושה שנפלו והתערבו בו. הבעיה היא ש"את זה לְעֻמַּת זה עשה האלקים"[30] וכל מה שיש בקדושה יש לעומתו בקליפה באותה תבנית ובאותה הרגשה והיגיון, כך שלכלי הנפש שלנו, השכל והרגש כשלעצמם, אין דרך להבחין ביניהם. ואולם דמיון זה הוא רק בלבושים החיצוניים ואילו בנקודה הפנימית של אור אין סוף המלובש בחוכמה לבד אין "זה לעומת זה" בקליפה. ניתן להמשיל זאת להבדל בין תמונה של דבר לדבר עצמו. למראית העין אין הבדל ביניהם, מה שיש בזה יש בזה, ובכל זאת יש הבדל שהוא העיקר - זה חי וזה אינו חי. את ההבדל הזה אי אפשר לראות במראה החיצוני אלא רק בנקודה הפנימית שבה מלובשת הנשמה. ומי שיכול לראות את הפנימיות הזו היא רק הנקודה הפנימית שבמתבונן, היא נקודת החוכמה

28 נושא זה יידון בהרחבה להלן בפרקים על העולמות הקדומים ועולם התיקון, וכאן נזכרת חלקה של ספירת החוכמה בתיקון השבירה.

29 וכתובים המובאים בעניין זה: "ימותו ולא בחכמה" (איוב ד,כא), "החכמה תחיה" (קהלת ז,יב). ראו עץ חיים שער לאה ורחל שער לח פרק ז; ספר הלקוטים פרשת תזריע על פסוק אדם כי יהיה, ובמקומות רבים.

30 קהלת ז,יד.

שבנפש שבה מלובש אור אין סוף. רק החוכמה תמצא חוכמה, רק היא זו שמבחינה ומבררת את הקדושה מתוך הקליפה. בירור זה של ניצוצות הקדושה מן הקליפות שנעשה על ידי החוכמה הוא מה שמכונה בספרים "בחכמה אתברירו".[31]

למעשה נעשה הבירור בלבוש התורה שבה מלובשת כאמור החוכמה ואור אין סוף שבה, ובה היא מתגלה בכל העולמות עד לעולם הגשמי שלנו. בלבושי התורה, שהם כל מחשבה, דיבור ומעשה של לימוד תורה ועשיית מצוות (או שיביא ללימוד תורה וקיום מצוות) - מתגלה ניצוץ הנשמה הקדושה שבתוך האדם, ומתגלים גם ניצוצי הקדושה שבכל חלקי העולם הקשורים לאותה התורה או המצווה.[32]

גם השלב הבא, של תיקון הכלים וקיום התיקון בכלל המציאות, קשור לכוח החוכמה שבנפש. כפי שמוסבר בספרים, הסיבה לשבירה הייתה חוסר הקשר והשיתוף בין הכלים. כאשר הכלי המוגבל במהותו הוא לבדו, הוא איננו יכול להחזיק את האור הבלתי מוגבל ולכן הוא נשבר. אך כאשר הכלים יכולים להתחבר ולהשתתף זה עם זה - החסד עם הגבורה, המידות עם השכל - הם יכולים לבנות יחד מערכת שבפועל, בכל זמן ומקום וצורך, תגלה את האין סוף המתייחס לה. בעצם השיתוף עם האחר כבר פותח כל אחד את הגבולות של עצמו, שנעשים גמישים, נעים בין אחד לשני, ובפועל בלתי ניתנים לשבירה. הדרך לשיתוף הזה, כמו השיתוף בין בני אדם, מותנית ביכולת של כל אחד להתבטל אל האחר. לא למלא לבד את כל המקום, ההכרה וההרגשה, אלא לתת מקום גם למה שהאחר מבין ומרגיש וצריך. וכפי שהוסבר, כוח הנפש שמחייב ומקיים את ההתבטלות, הוא כוח החוכמה.

31 ראו זוהר חלק ב רנד,ב; עץ חיים שער יח (שער רפח) פרק ה; איגרת הקודש כח; תורה אור כז,ד.

32 הם החפצים של המצווה, כגון קלף התפילין וצמר הציצית, החיטה של מצת המצווה עם האדמה והגשם שהיו שותפים לצמיחתה וכיוצא בזה. ובכלל המקום והזמן, הכוחות והאנשים שבלעדיהם לא היו התורה המצווה יכולות להתקיים.

החוכמה היא כמו צינור בין האין סוף האלוקי ונפש האדם. לצינור יש שני פתחים. הפתח העליון הוא של הקב"ה שברצונו וביכולתו הבלתי מוגבלים פותח אותו לפעמים. כמו במתן תורה על הר סיני, וכמו בכל עת שאדם עוסק בתורה ובמצוות. הפתח התחתון הוא של עבודת האדם. האדם אינו יכול לפתוח פתח בלי גבול כלל, אבל כל אדם יכול לפתוח במשהו את הגבול של עצמו. כשהוא מוסיף פרק על מה שלמד אתמול, עושה מעשה של חסד עם הזולת על חשבון עצמו, כשהוא מוסר את נפשו על קידוש ה' - הוא פותח בזה את השער התחתון של החוכמה.

תרין רעין דלא מתפרשין

דובר על החוכמה שבאה מן האין ושהיא בעצמה אין. לקראת סיום הפרק מן הראוי להסתכל על החוכמה גם מהצד השני: למי וכיצד היא מתחברת כדי להיות למציאות שנתפסת בעולם.

בפתיחת הפרק תוארה החוכמה כברק שמאיר לרגע בלילה חשוך. להרף עין רואה האדם תמונה - אורות, דמויות, הרגשות - אחר כך הוא צריך לנתח את מה שראה ולהבין את משמעותו. התמונה כשלעצמה, כפי שהיא בחוכמה, היא עדיין בגדר של 'אין' בנפש. אין לה ממשות בנפש ואין לה השפעה עליה. היא כמו תמונה המוקרנת לחלל שאין בו מסך, כמו רעיון מופשט המשתוקק ומחפש נואשות את המקום והכלי, כי אם לא ימצאהו - ברגע הבא הוא כבר לא יהיה מציאות יותר.[33]

שניהם יחד, קרן האור והמסך שעליה נרשמת התמונה, נקראים בלשון הקבלה 'נקודה בהיכלא' (נקודה בהיכל).[34] הנקודה היא החוכמה, וההיכל הוא המקום המסוים שבו מאירה החוכמה ושבו היא נרשמת לממשות שאפשר

33 מעין זה נמצא בכתבי תלמידי הבעש"ט שהמחשבה משתוקקת אל הדיבור (ראו אור האמת אות ה חלק א עמ' יא; בעש"ט על התורה עמוד התפילה סימן צא).

34 כך במקומות רבים בזוהר ותיקוני זוהר. וראו איגרת הקודש ה; לקוטי תורה דברים יח,ב; תורה אור מא,א ועוד.

להתייחס אליה בשכל וברגש. היכל זה הוא ספירת הבינה.[35] חיבורם של החוכמה והבינה הוא הבסיס לקיום כל המציאות, והוא המכונה בספרים "תרין רעין דלא מתפרשין" (שני רעים שלא נפרדים).[36] בלי החיבור הזה ההיכל הוא כגוף חסר חיים והנקודה היא חסרת ממדים וחסרת מציאות. עם החיבור ביניהם, מתקיימים וממשיכים להתקיים כל העולמות.[37]

החיבור הזה הוא יסודי כל כך במציאות שלנו שאיננו יכולים לדמיין מציאות שלהם בנפרד זה מזה. אומנם בקליטה של הנפש המודעת שלנו ייתכן שבתנאים מסוימים ניתן להבחין לזמן קצר בשלב החוכמה בנפרד לבינה. זה יכול לקרות כאשר הנושא הוא קשה במיוחד להשגה, ואז לבינה לוקח יותר זמן לקלוט ולסדר את הדברים. בפרק זמן זה ניתן להבחין לפעמים בתפר שבין החוכמה והבינה. באופן קיצוני יותר זה יכול לקרות כאשר מסיבות רפואיות או אחרות יש האטה חריגה בתהליכים, כמו סרט שמואט באופן מלאכותי, וחושף שלבים שבחיים הרגילים לא מבחינים בהם. במקרים אלה אדם יכול להרגיש בחוכמה לבדה, להרגיש שנקלט משהו שעדיין הוא אינו מבין ואינו יודע מהו.

מעין ההבדל הזה, שבין חוכמה לבינה, קיים גם בחושים הגשמיים, הראייה והשמיעה. חוש הראייה מזכיר בכמה צדדים את כוח החוכמה שבנפש. הראייה היא החוש הראשוני, לא משום שהוא ראשון בזמן, אלא משום שהוא מקבל ישירות מהאובייקט בתמונה אחת שכוללת הכול. לעומת זאת, חוש השמיעה הדומה לבינה הוא חוש משני, כמו במקרה שאדם רק שומע מאדם אחר שראה. עם זאת, יש יתרון לשמיעה, כמו לבינה,

35 כך בדרך כלל אבל לא בהכרח. באופן כללי ההיכל הוא המהות המקבלת, הנקבה, המרחב לעומת הנקודה. ולכן יכול להיות היכל גם במידות, במלכות, בדיבור ועוד.

36 על פי זוהר חלק ג ד,א ועוד. וראו לקוטי תורה דברים יח,ב ועוד. בדרך כלל הכוונה לחיבור בין הספירות חוכמה ובינה.

37 בקבלה מדובר על שני סוגים של ייחוד, כלומר חיבור שמוריד שפע לעולמות. החיבור הראשון הוא האמור כאן של 'תרין רעין דלא מתפרשין', שהוא חיבור תמידי לצורך קיום העולמות, והיחוד השני הוא הפנימי יותר וממשיך ממקום גבוה יותר מדרגת החוכמה, אינו תדיר ואינו קורה מעצמו אלא על ידי עבודת האדם (ראו תורה אור עב,ג; אור התורה לצמח צדק בראשית ה עמ' תתקטו; ספר המאמרים תרנ"ד עמ' קלג והלאה; תורת מנחם חלק לט עמ' 221).

שאין היא נקודה בלבד אלא מרחב של מילים ואותות שנרשמים בנפש ופועלים עליה עוד ועוד בהשכלות ובהרגשות, במסקנות ובפעולות.

היחס הזה שבין החוכמה והבינה קיים גם בין אנשים. בכולנו יש גם חוכמה וגם בינה, אבל יש אנשים שהם יותר חכמים מאשר נבונים, ולהפך. יש אנשים יצירתיים שיש להם רעיונות אבל הם אינם מסוגלים לגבש ולפתח את הרעיונות, ויש אנשים שאולי פחות יצירתיים אבל בעלי יכולת רבה (גם יצירתית על פי דרכה) לשמר את הרעיונות, לפתח וליישם אותם. במובן זה, כדי ליצור דברים גדולים באמת, שהם משמעותיים לעולם ולאורך זמן, צריכים האנשים משני הצדדים לחבור זה לזה.

אבא

בדימוי אנושי המצוי לרוב בספרי הקבלה נמשלו החוכמה והבינה לאבא ואימא. דימוי זה קרוב אלינו ונוגע בנו בנקודות הרגישות ביותר. לכל אחד מאיתנו יש אבא ואימא שהולידו אותנו ואמורים לגדל אותנו ולהיות תמיד איתנו. רובנו גם אבא ואימא בעצמנו, שמרגישים את הקשר הזה ובעוצמות מוגברות כלפי ילדינו.

יחד עם זאת ׳אבא׳ הוא דימוי עמוק ורב ממדי במשמעויותיו. ׳אבא׳ הוא יותר מכינוי לספירת החוכמה, הוא מתייחס למהותה המפותחת יותר של החוכמה שנקראת בקבלה ׳פרצוף׳.[38] הפרצוף הוא יותר מכוח נפש, מספירה, הוא אישיות שלמה, כמו אדם חכם שיש בו גם בינה ודעת, ושיש בו גם רגשות ומידות וכיוצא בזה. הוויית ׳אבא׳ אינה נגמרת אפוא בספירת החוכמה כשלעצמה, אלא ממשיכה בחוכמה שבבינה ובדעת, בחוכמה שבחסד ובגבורה ובכל המידות, עד לחוכמה שבדיבור ובמעשה.

המשל של אב ואם מתחיל בזיווג, שבו נותן האב לאם גרעין של זרע. הגרעין הוא כמו בנמשל, רעיון ללא ממדים, כמו קוד, כמו מפתח לעולמות שלמים שיכולים להיווצר על פיו. האם מקבלת את הגרעין־הקוד הזה ובונה על פיו את הילדים – עולמות שלמים, נפשות בגופים,

38 ראו על כך לעיל בפרק ׳עשר הספירות׳ סעיף ׳פרצופים׳.

שיש להם קיום ממשי בעולם. אך לא רק בזיווג החד פעמי נמצא האב, הוא ממשיך להיות שם בכל יום, שומר ושותף בגידול הילדים וחינוכם, בדאגה ובתמיכה בהם תמיד בכל מה שאפשר. כך בנמשל, בריאת העולם אינה רק מעשה שהיה, אלא כסיפור המסופר והקורה בכל עת,[39] על אב ואם בקירובם וריחוקם, על זיווג והיריון, על לידה והורות וחוזר חלילה כל ימי העולם.

בסיכום הפרק, ספירת החוכמה אינה קשורה לכאורה לעבודת ה'. ה'עבודה' במהותה היא מלמטה למעלה, מה שהאדם עושה מלמטה ולא מה שהאלוקי נותן מלמעלה. ואילו החוכמה היא לכאורה רק נתינה אלוקית, פתח שנפתח מלמעלה וכניסה של אור חדש אין סופי אל תוך המציאות. ואולם בהבנה פנימית יותר מהותה של עבודת ה' אינה לעשות למטה את המובן מאליו – לחשוב מה שמבינים, להרגיש את מה שמבינים ולעשות מה שמרגישים. להפך, תכלית העבודה היא לשנות את המהלך המובן מאליו, ל'עבד' את מה שיש למהות אחרת מעבר לכל מה שיש.[40] כשחושבים על כך, הרי זו עבודת החוכמה – לא להמשיך עם האורות שישנם כבר אלא להכניס אור חדש שלא היה. לא לעשות את מה שהוא אמור ורגיל ותכנן לעשות אלא רק לעמוד לרגע, בלי מעשה ובלי מחשבה, ולפתוח את הפתח למה שלא חשב ולא הרגיש עד עכשיו.

39 כלשון הברכה: "המחדש בטובו בכל יום תמיד מעשה בראשית". וכמוסבר בתניא שער היחוד והאמונה בתחילתו בשם הבעש"ט.

40 ראו תניא פרק טו, שם מגדיר את 'עובד ה'' כמי שעושה יותר ממה שהיה רגיל, יותר ממה שמצפים ממנו. לא משנה מה וכמה, העיקר שיעשה משהו יותר משעשה קודם. אם היה רגיל ללמוד מאה פעמים ולומד מאה ואחד פעמים, בגלל האחד הזה דווקא הוא קרוי – עובד ה'.

פרק חמישי

בינה

המקום של השכל המסודר וההגיוני הוא אי של יציבות בנפש. כמו אימא שאוהבת אותנו בלי תנאי, אבל גם בלי הנחות, כי היא מבינה ויודעת תמיד מה שצריך. זו היא ספירת הבינה.

הבנה ובנייה

ספירת הבינה היא הכלי וההיכל שמקבל את אור החוכמה. אך אין זו קבלה פסיבית בלבד דוגמת חבית שמקבלת את מה שמכניסים לתוכה. הקבלה של הבינה את החוכמה דומה לאדם שמקבל פיסת ידע, והוא צריך לרשום ולחבר אותה לעולמו הנפשי והגשמי. אם האדם לא יעשה דבר, זה ילך לאיבוד כאילו לא היה. כך ספירת הבינה קולטת את החוכמה בעבודה שהיא עושה עם נקודת החוכמה שמגיעה אליה. זה ההבדל בין החוכמה והבינה. החוכמה היא מקבלת בלבד, ממעבר לשכל אל תוך השכל, והיא עושה זאת בכמה שפחות מעורבות של עצמה באור שהתקבל. לעומתה, הבינה איננה קולטת שום דבר חדש, וכל עניינה ומהותה היא בעבודה עם מה שקיבלה החוכמה.[1]

1 אכן, בקבלה מדובר בדרך כלל על החוכמה כזכר ומשפיע, ועל הבינה כנקבה המקבלת.

מרחב העבודה הזה של הבינה, לעומת נקודת החוכמה, הוא המרחב שבו מתקיים ונבנה השכל בכלל.

בספירת הבינה יש שני צדדים שאותם מבטאים שני המובנים של המילה בינה: 'הבנה' ו'בניין'.[2] פעולת ההבנה היא ביסודה פעולה של הפרדה ופירוק. מפרקים את הרושם הכולל שהתקבל בחוכמה ליחידות אינפורמציה, כמה שיותר מפורטות וכמה שיותר בסיסיות: למשפטים, למילים ולאותיות. הצד השני הוא הבניין. להרכיב מחלקי היסוד הללו צורות מסודרות כפי הבנתנו בתורה ובחיי העולם והנפש שלנו. הכלל הוא שככל שהיחידות הן בסיסיות יותר (עד שהן כאבני בניין חסרי משמעות לעצמן) כך הצירוף שלהם יגיע רחוק יותר, ויהיה מקורי ומקיף ופורה יותר.

הבניין הזה שנוצר בבינה הוא בניין ההכרה. בנפש זו הכרת המציאות שאנו חיים בה - העולם, האנשים, הערכים - שעל פיה אנו מכלכלים את חיינו. ההכרה האנושית לעולם אינה זהה לגמרי למציאות עצמה, היא רק תמונת המציאות שאנחנו משיגים כעת בשכלנו, שכלפיה אנו מרגישים, מסיקים מסקנות, ופועלים. מה שאין כן בספירות העליונות, אצל הקב"ה, אין שום חילוק בין המציאות ובין ההכרה שהרי אין מציאות שמחוץ לו שהוא משיג או שאינו משיג. אדרבה, למעלה ההכרה האלוקית היא היא המציאות. כפי שהדיבור האלוקי (בעשרה מאמרות) בורא את העולמות בדרגת הדיבור והמעשה האלוקיים, כך ההבנה האלוקית בונה את המציאות שבדרגת הבינה האלוקית. ההבנה והדיבור, שהן ספירות הבינה והמלכות, נקראות לפיכך 'אימא עילאה' ו'אימא תתאה' (האם העליונה והאם התחתונה). הבינה היא האם והמקור לעולמות העליונים

ויש לומר שכך הדבר בהיבט הכולל שניהם יחד, שהחוכמה משפיעה בבינה והבינה מקבלת מהחוכמה. ואולם כשבוחנים כל אחת מהספירות בפני עצמה, אזי מהות החוכמה היא פסיביות וביטול קיצוני (כח מה) כדי לקבל בשלמות את מה שמעבר, ואילו הבינה היא האקטיבית שפועלת ומשנה ובונה את הנקודות שקיבלה מהחוכמה (כמובא ברש"י דברים א,יג, וראו באריכות יותר בהמשך הפרק).

2 ארבע מאות שקל כסף לג,א. וראו מגילה יד,א.

הפנימיים המאוחדים באלוקות, והמלכות היא האם והמקור לעולמות התחתונים הנבראים, הנפרדים כביכול מהאחדות האלוקית.[3]

ההכרה האלוקית, בניין המציאות שבבינה, היא לפיכך המציאות הפנימית של העולמות המאוחדת באלוקות. אך גם בה קיימות דרגות שונות. בכל עולם, ההבנה היא בדרגת ספירת הבינה של אותו עולם - בינה של אצילות, של בריאה, של יצירה ושל עשייה. אכן הכלל הוא שעשר ספירות שבכל עולם, הן כמו האצילות הפרטית של אותו עולם, שבה מציאותו של העולם היא מאוחדת לגמרי עם האלוקות.[4] אלא שלא בכל עולם האחדות היא מוחלטת כמו באצילות שבאצילות, שבה בטלה מציאות העולם באופן שאין כלל מציאות מלבד האלוקות. בעולמות נבראים (בריאה, יצירה, עשייה), כיוון שיש במהותם תפיסת ישות נפרדת מאלוקות, אין הם יכולים להתבטל לחלוטין מישותם. להתבטלות מורכבת זו קוראים בחסידות 'ביטול היש', כלומר, לא ביטול מוחלט של עצם המציאות (הנקרא 'ביטול במציאות'), אלא רק ביטול של הרגשת הישות. הבינה מבינה שהיא ועולמה בטלים, אבל היא לא חשה בזה ממש ולכן היא מתבוננת ועובדת על ההרגשה כדי שהישות לא תורגש בה ולא תבוא לידי ביטוי. על דרך משל, הדבר דומה לעבד הבטל לאדונו שעדיין יכולים להיות לו רצון ודעה משל עצמו אך הוא לא מביא אותם לידי ביטוי אלא רק את רצון האדון ודעתו. גם ביטול היש אינו בדרגה אחת: בעולם הבריאה הוא על דרך משל כמו ביטול השכל (וכלל כוחות הנפש) לעצם הנפש, בעולם היצירה כמו ביטול הדיבור לנפש, ובעשייה כמו ביטול המעשה.[5]

3 כפי שעוד יוסבר באריכות בהמשך הפרק ובפרק 'מלכות'.

4 כפי שבכל ספירה ישנן כל הספירות (חסד שבחסד, גבורה שבחסד, תפארת שבחסד וכן הלאה) כך בכל העולמות יש מכל העולמות – עשייה שבעשייה, יצירה שבעשייה, בריאה שבעשייה ואצילות שבעשייה. והאצילות שבכל עולם היא במובן זה הספירות של אותו עולם – הספירות של עולם העשייה, של עולם היצירה וכן הלאה.

5 כפי שהמעשה שעשה אדם נראה בעליל כנפרד ממנו ורק בהתבוננות אפשר לראות את הקשר והביטול. לעומת זאת בדיבור של אדם רואים את הקשר אבל הוא יכול להופיע גם בנפרד (כמו בכתב). ולעומתם בשכל, מבחוץ איננו יכולים להפריד כלל בינו ובין הנפש עצמה, ורק בהתבוננות אפשר לראות את ההבדל.

בתפילה עולה הנפש מעולם לעולם. והעבודה שבבינה ובהתבוננות היא מרכזית בעלייה זו, לעבד את ההבנה שלנו ולהתאימה בכל שלב להבנה האלוקית של אותה דרגה. להתאמה זו אפשר לקרוא 'ייחוד' – איחוד בין הבנתנו הראשונית ובין ההבנה האלוקית שבאותו עולם. יש דרך של 'ייחודא עילאה' (הייחוד העליון) שהוא הייחוד עם ההבנה האלוקית שבאצילות, ויש דרך של 'ייחודא תתאה' (הייחוד התחתון), שהוא הייחוד עם ההבנה האלוקית שבעולמות הנבראים. ושתיהן הן עבודתנו יום יום בקריאת שמע, וכדברי הזוהר ש"שמע ישראל" הוא ייחודא עילאה ו"ברוך שם" הוא ייחודא תתאה.[6] מתחילים עם ייחודא עילאה, שהוא הייחוד האמיתי למעלה, בדרגת האצילות, אך כיוון שאיננו באצילות, ממשיכים עם ייחודא תתאה, שהוא הייחוד האמיתי מלמטה, היכן שאנו נמצאים.

ממדי הבינה

הצורך הראשון לאחר קליטת החוכמה בבינה הוא לתת לה ממדים. החוכמה כשלעצמה היא כמו נקודה שאין לה מידה כלל ושהיא רק ציון למשהו שקיים בממד אחר. כדי להפוך את החוכמה להשכלה שאפשר להתייחס אליה חייבים תחילה לתת לה ממדים שיתפסו מקום בעולם ובכוחות הנפש.

בספרי חסידות מדובר על שלושה ממדים של הבינה: אורך, רוחב ועומק.[7] נסביר את הדברים כפי שהם בנפש האדם, וכפי שהם מתבטאים בין אנשים שונים; בין אלה שבינתם ארוכה יותר או רחבה או עמוקה יותר מזו של אנשים אחרים. ומובן שהדברים אמורים גם בבינה העליונה והתפשטותה בממדים של העולמות. כתובנות שעל פיהן נבנים ומסתדרים

6 זוהר חלק א יח,ב. עניין זה מובא כמוטו לחלק 'שער היחוד והאמונה' שבספר התניא.

7 ראו איגרת הקודש ה; לקוטי תורה במדבר יז,א; פירוש המילות לא,ב; מאמרי אדמו"ר הזקן תקס"ח רג; ספר המאמרים תרנ"ט (לאדמו"ר מוהרש"ב) ג ועוד.

הדברים בעולמות, כהוויית השכל העליון שכולל את המשכיל והשכל והמושכל.[8]

אורך

אורך הבינה הוא היכולת להוריד את ההשגה גם לדרגות נמוכות. אפשר לראות זאת אצל אנשים שיש להם יכולת הסברה טובה, והם יכולים להסביר דברים עמוקים גם לאנשים משכילים פחות שאינם מכירים את המושגים המדוברים, וגם לאלה שהם מוגבלים ביכולת ההפשטה ואפילו לילדים קטנים.

בין לומדי התורה אומרים שחסרון בהסברה מורה על חסרון בהבנה. זה נכון בממד של אורך הבינה, שכן בשעה שההבנה היא אמיתית ופנימית אפשר לגלגל אותה בממד האורך למטה ולמעלה. אפשר להחליף את הלבושים, המושגים והמילים, ועדיין להישאר עם אותו בסיס של ההבנה. לעומת זאת, אם יש לאדם חסרון בממד האורך של הבינה הוא יגלה שגם אם הוא מבין בעצמו, הוא לא מצליח להעביר את ההבנה לאדם אחר. הוא מוצא את עצמו חוזר על אותן המילים בסגנון שונה - בשפת הרחוב, בשפת הילדים - אבל מי שלא הבין קודם לא מבין גם עכשיו. אורך הבינה הוא הכישרון להלביש אותה לא רק במילים אחרות, אלא במושגים ובדרכי חשיבה אחרות, ואף בסיפורי משלים שמתאימים לשומעים בכל דרגה.

את אורך הבינה מבטא הכתוב המתאר את חוכמתו של שלמה המלך "וידבר שלשת אלפים משל".[9] כפי שמוסבר בחסידות אין הכוונה ששלמה אמר שלושת אלפים משלים שונים, אלא שיכול היה להוריד משל אחד שלושת אלפים דרגות, משל למשל ומשל למשל וכן הלאה.[10] על פי זה

8 על דרך האמור ברמב"ם ומובא בתניא "שהוא ודעתו אחד, שהוא היודע והוא הידוע והוא הדעה עצמה – הכל אחד" (על פי הלכות יסודי התורה, ב,י. וראו תניא פרק ב; שער היחוד והאמונה פרק ז).

9 מלכים א ה,יב.

10 תורה אור יא,ג.

מובן גם מאמר חכמים: "ויחכם מכל האדם[11] - אפילו מן השוטים",[12] והמשמעות היא שאורך הבנתו של שלמה המלך הורידה את חוכמתו כל כך נמוך שאפילו השוטים הכירו בה.

הדברים אמורים גם באדם עצמו. היכולת של ההבנה לרדת להרגשה, ומשם לכוח המעשה שבאדם שיעשה בפועל על פי הבנתו - אף היא ביטוי לאורך הבינה.

רוחב

רוחב הבינה הוא היכולת לפתח את ההבנה ולהשליכה גם לתחומים אחרים של מחשבה. לשם דוגמה, היכולת ליישם עיקרון פיזיקלי למכונות שונות שנוסעות, מבשלות, או עפות באוויר. ובתחום אחר, לקחת עיקרון פילוסופי ולהשליכו על תורות חברתיות פסיכולוגיות ועוד. ובכלל, היכולת לעבור בין עולמות מקבילים של מחשבה ותפיסת עולם, להשליך מזה לזה, ולהעשיר ולהעמיק את כל אחד מהם.

עומק

עומק הבינה הוא היכולת להגיע לשורש ולמקור של ההבנה ולהבין את תמציתה. יש אנשים שהם עמקנים יותר מאחרים והבינה שלהם מתפתחת בכיוון הזה. אדם כזה יכול להיות מוגבל ביכולת ההסברה שלו וגם ביכולת ליישם את הבנתו למרחבים שונים, אבל ייטיב מאחרים להבין את העקרונות שבשורש כל הפרטים והצורות שברוחב ובאורך.

הממדים השונים אינם באים זה על חשבון זה. ויש אנשים שהם גם מעמיקים וגם מסבירים וגם יכולים להרחיב את הבנתם. עם זאת ישנה בדרך כלל העדפה של ממד אחד שבו יהיה אדם חזק יותר ובאחרים פחות. ועדיין, כמו שלושת הממדים שבעולם החומר, הם חייבים להיות שם כולם, אי אפשר ללא אחד מהם כלל. קורה של עץ יכולה להיות ארוכה וצרה או קצרה ורחבה, אבל אי אפשר שתהיה ללא רוחב או ללא

11 מלכים א ה,יא.

12 זהו פתגם ידוע שנזכר בספרים אבל מקורו אינו ברור.

אורך כלל. וכך גם בהבנה הרוחנית, היא חייבת לכלול את כל שלושת הממדים הללו.

אימא

בפרק הקודם נזכר שהבינה מכונה 'אימא' והחוכמה 'אבא'. כינוי זה מבטא את מהות החוכמה כאב ואת מהות הבינה כאם ואת מהות היחסים ביניהם. כפי שהוסבר שם, המעבר מבינה לאימא אינו רק שינוי של דימוי, אלא הוא מבטא את המעבר מספירה לפרצוף. במשל מהנפש, הספירה היא כמו כוח בנפש ומושג הפרצוף מתייחס לאדם בשלמותו, שהוא אבא או אימא.

בפרק הקודם נזכר הדימוי בעיקר כפי שהוא מצידו של האבא, וכאן יורחב הדימוי גם מצידה של האימא. כשהאימא מקבלת את נקודת החוכמה, שהיא כעין טיפת הזרע שנותן האב לאם, היא נכנסת למצב של 'היריון'. הוויה זו של ההיריון היא מהות הבינה והאימא כשלעצמה. האבא כבר איננו בתמונה והילד עדיין לא נולד. מי שנמצא היא רק האימא שמכילה בתוכה את מה שהיה ובונה את מה שיהיה. אפשר לומר שזו מהות המציאות כפי שהיא עדיין בתהליכי הבניין הנעלמים, העצמיים, לפני שהם מתייחסים אל המציאות שבחוץ.

כך בנפש, הבינה־אימא היא המקום של השכל, הכלי שמכיל ובונה את בניין ההכרה ותמונת העולם של הנפש. בבינה, התמונה הזו עדיין בתהליך ההיווצרות הפנימי שלה, ועדיין אינה נוכחת בפועל בכל חלקי הנפש. דומה הדבר לתהליך נפשי שנמצא בשלב המחשבה התיאורטית, כמו בבית המדרש או להבדיל בהיכל האקדמי, קודם שהוא יוצא להתייחסות ומסקנה מחייבת. מתוך התהליך, ההסתכלות וההבנה של דברים ותהליכים, מתהוות התייחסויות של הנפש אל הנושאים הנחשבים - בעד, נגד וכיוצא בזה. וכשהתייחסויות שכליות אלו מבשילות בבינה למידות והרגשות של ממש - אהבה, יראה, רחמים וכדומה[13] -

13 בנושא זה של הולדת המידות מההכרה ידובר באריכות לקמן בפרק 'המידות' סעיף 'מוח שליט על הלב'.

זוהי הלידה, היציאה של השכל מתוך עצמו להתחבר אל הנפש; אל המידות וההרגשות, אל הרצון והכוח להחליט ולבצע. במקום של ההרגשות וההחלטות שם נמצא ה'אני' של האדם, העכשיו והכאן, בעוד שבשכלו, במקום של הבינה, נמצאים האבא והאימא שלו, כשכבה הקודמת למציאותו שלו.

אך כמו האימא, שגם אחרי הלידה אינה עוזבת את בניה, כך הבינה ממשיכה את השגחתה והשפעתה על המידות בכל עת. כל גידולן של המידות, בכל הממדים, קשור ועטוף בבינה - כשהיא גדלה הן גדלות, כשהיא מעמיקה הן מעמיקות, כשהיא נעשית מורכבת יותר, הן מוצאות יותר מקום להתקשר זו בזו ולתקן את עולמן. לשם דוגמה, בהבנה מורכבת של המציאות יכולות גם מידות סותרות להתקיים יחד, כשמצד אחד יש מקום לאהוב ומצד שני יש מקום לשנוא וכיוצא בזה.

וכמו האימא, בעלת הבית, הבינה גם שומרת שילכו בדרך הישר, לא בגדולות מהן ולא בקטנות, כל אחת לפי כוחה ותפקידה. וכמובן, שלא יריבו ולא יפגעו זה בזה.

אם הבנים

החיבורים של החוכמה והבינה, כמו הזיווגים של אבא ואימא, מולידים ולדות. בזיווגים אלה יש כמה דרגות שבעיקרן הן שתיים.[14] האחת היא זיווג חיצוני, כמו החיבור הבסיסי של חוכמה ובינה שמוליד שכלים, וכפי שהוסבר בפרק זה ובפרק הקודם. הזיווג החיצוני, אינו מוליד הוויות חדשות, אלא רק ממשיך ומקיים ואפילו מרחיב את השכל הקיים. שכל מוליד שכל ועוד שכל, וכן הלאה. לעומת זאת, הזיווג השני הוא זיווג פנימי, שנוגע בשורשי החוכמה והבינה שבעצמות הנפש, ולכן יש בכוחו לצאת מעבר לעצמו, מעבר לתחומי השכל ולהוליד מתוכו את ההרגשות שאינן שכל, שיש להן שורש וקיום לעצמן בנפש.[15] דומה הדבר להבדל בין

14 זיווג חיצוני וזיווג פנימי. ראו סדור האר"י ז"ל כוונות קריאת שמע; פרי עץ חיים שער קריאת שמע פ"ו ופי"א ועוד. ונתבארו בלקוטי תורה שיר השירים כב,ג.

15 כפי שיוסבר בפרק 'המידות', ויוזכר בפרט בכל אחד מהפרקים של המידות.

הולדה רוחנית - של רעיונות, ספרים, מנגינות וכיוצא בזה - ובין הולדה של ילד גשמי ממש. היצירה הרוחנית היא יצירה של הנפש, שעדיין היא הארה והמשכה של אותה נפש עצמה. לעומתה, הילד הוא אולי פחות חכם מהספר שכתב אביו אבל הוא מהות חדשה, אדם לעצמו, מהות שמעבר לכל רעיון וספר שהשכל יכול להגות. הייחוד שיכול להוליד את הילד הוא משום כך פנימי כל כך שמגיע לשורש הקדום של הוויית הוריו כדי להוליד משם הוויה כמותם.

כך גם למעלה בספירות. הייחוד החיצוני הוא הייחוד שמקיים את המסגרת החיצונית של קיום העולמות. ייחוד זה מתקיים תמיד, כמו שהעולם בחיצוניותו מתקיים תמיד, בלי תלות בעבודת האדם.[16] לעומתו, הייחוד הפנימי מכניס אור חדש בתוך העולמות, אור שלא היה מעולם, מרצונו הפנימי האישי כביכול של הקב"ה בעצמו. הייחוד השני הזה אינו קורה מאליו, שכן הוא נוגע בתכלית הפנימית של קיום העולמות, התלויה בעבודת האדם. וכמבואר במקומות רבים ובתחומים שונים, שכל בריאת העולמות מלמעלה מעלה לא הייתה אלא כדי להוות את המסגרת והמקום שבו יוכל האדם שלמטה לבחור ולעבוד את ה'.[17] ולכן רק עבודת האדם היא המעוררת את הייחוד הפנימי מלמעלה, המוליד את נשמת העולמות ואת משמעותם ותכליתם.

תכליתו של ייחוד זה של אבא ואימא היא אפוא הולדת הבנים. הולדת המהות שהיא מעבר למה שיש במולידים אותה, כמו הילדים שהופכים לאנשים בפני עצמם שיכולים ליצור ולהשפיע עמוק וגבוה יותר ממה שקיבלו מהוריהם ומוריהם. זהו אור חדש ממש, שלא בא מדרגה קודמת אלא מהמאור בעצמו, מהקב"ה בעצמו, המקור האחד האין סופי לכל האורות והגילויים.

את הבנים האלה מולידה דווקא הבינה, אשר כמו האימא בהיריונה

16 העולם אומנם נברא בכל יום מחדש, אבל רק כווריאציות של אותו עולם שהיה אתמול.

17 ובמילים אחרות, תכלית בריאת כל העולמות היא להיות לקב"ה דירה בתחתונים (על פי מדרש תנחומא בחוקותי יג ומדרשים נוספים. וראו תניא פרק לז באריכות כל העניין, ובמקומות רבים בחסידות).

(וגם אחר כך) מקיפה את הבנים באורה והווייתה, ונותנת בהם לא רק רגע של אור פנימי, כמו החוכמה, אלא השפעה מקיפה, וכמו האימא היא מגדלת ושומרת עליהם עד שהיא הופכת להיות אור וכוח פנימי בהם. וכפי שרואים בעולמנו שדאגת האם ושמירתה על בניה היא למעלה מהשכל והרגש ושהיא תעשה כל דבר לשמירתם וגידולם גם כשהוא מעבר לשכלה וכוחותיה הידועים.[18]

כך הבינה הורה את המידות מתוך תוכה - את החסד, הגבורה והתפארת, הנצח, ההוד והיסוד והמלכות. ובעצם, היא ההורה את כל הפלא של השפעת הספירות וההשפעה האלוקית אל העולמות. הכתר והחוכמה שמעליה נשארים ספונים לעצמם, וכל ההולדה וההשפעה של השכל ומה שמעבר לשכל - מתחיל בבינה ונעשה בבינה, האימא של כולנו.

בעבודת ה׳ בתפילה ובכלל, מתחברים עם האלוקי. ההתחברות יכולה לבוא משני הצדדים: כאשר ההתעוררות לחיבור באה מלמעלה, מצידו של הקב״ה, וכאשר ההתעוררות באה מלמטה, מצידו של האדם המתפלל. בין שני האופנים יש הבדלים. כאשר הקב״ה מעורר את הקשר, לאדם אין כלים ואין הכנה לקלוט את האור. הוא כמו אור בלבד שמאיר אבל לא נקלט, וכאשר יפסיק להאיר מלמעלה לא יישאר כלום. לעומת זאת כאשר הקשר מתעורר מצד האדם, הדבר הוא כמו שאלה שמחכה לתשובה, כמו כלי שמוכן לקבל מה שיבוא אליו. כאשר לפני התפילה האדם שובר את ליבו משום חסרונו של הקשר, ובתפילה הוא מתרכז ומתבונן במילים שהוא אומר ובמשמעותן, בציפייה ובאמונה, תיוולדנה חוויות שמתקיימות ומולידות הלאה עוד הרגשות ודיבור ומעשה המתקיימים ומשפיעים בכל העולמות.[19]

18 כסיפור הידוע על אימא שהרימה מכונית שמחצה את ילדה, הגם שהיה משקלה פי כמה וכמה מיכולתה להרים בתנאים רגילים.

19 ראו על כל זה תורה אור עח,ד מאמר המתחיל "לא תהיה משכלה ועקרה בארצך"; לקוטי תורה ויקרא ב,ב מאמר המתחיל "אדם כי יקריב".

עבודת התפילה נקראת 'עבודה שבלב' לא משום שהיא נעשית בלב - שהרי היא בעיקרה נעשית בהתבוננות בבינה - אלא משום שהיא מכוונת אל הלב. דהיינו, לכוון ולהוריד את ההבנה אל ההרגשה, שהאדם ירגיש אותה וישתנה בגללה.

ההתבוננות

כיצד הופכת הבינה לאם הבנים, ממקבלת לַמשפיעה הגדולה?

כבר נזכר המדרש המובא ברש"י על התורה: "זו היא ששאל אריוס את רבי יוסי: מה בין חכמים לנבונים? חכם דומה לשולחני עשיר, כשמביאים לו דינרים לראות - רואה, וכשאין מביאים לו - יושב ותוהה. נבון דומה לשולחני תגר, כשמביאים לו מעות לראות - רואה, וכשאין מביאים לו - הוא מחזר ומביא משלו".[20] תחילה, הנבון הוא כמו החכם, מקבל בלבד. אבל בשלב מסוים, כאשר אין מביאים לו, הוא מפסיק להיות מקבל בלבד והוא יוצא ממקומו ומביא אף מעבר למה שקיבל. שלב זה הוא ההתבוננות, והיא שהופכת את הבינה למשפיעה בפועל לכל המציאות.

ההתבוננות היא בניין־על הנוסף לבינה. לאחר שאדם הבין מה שהבין, הוא יכול לשים לב שההבנה שלו חסרה, ואז במקום להמשיך הלאה הוא יכול להתעכב בנקודת החיסרון ולנסות ולהשלים אותה.[21] באותה שעה עוזב המתבונן את מצבו הפסיבי ויוצא לבנות בעצמו את הקומה החסרה. זה לא קל לצאת מהמצב הטבעי הרגיל. צריך לקפוץ מעל נקודת האין שבתווך, לדחוף בכוח הרצון את הגבולות של תחומי החשיבה, של המאמץ ושל הזמן.

הזמן הוא חיוני להתבוננות. ההבנה היא ברגע אחד, אבל ההתבוננות היא לשהות שם עוד רגע ועוד זמן. כי ברגע הזה שהזמן מפסיק לרוץ, בשקט שמעצים את ההתבוננות, אפשר להתבונן ולחזור ולהתבונן

20 רש"י דברים א,יג.

21 הרגשת החיסרון הזו היא חיונית להתבוננות, שכן היא נקודת האין שבין מהות למהות, שאותה צריך לעבור כדי להגיע למהות האחרת, כגון משכל למידות.

מצדדים שונים, מבפנים ומבחוץ. מתוך כך הופכות ההבנות להוויות של ממש - חיות, בעלות אישיות, עבר ועתיד - ונבנות התייחסויות שהופכות לרגשות, לאהבה או ליראה וכן הלאה.

ההתבוננות כרוכה ביגיעה, שהיא השקעה של מאמץ למשך זמן. מאמץ של ריכוז המחשבה בנקודה אחת למשך זמן, ובו המחשבה מעמיקה ומתרחבת ואיתה מתרחבת ומעמיקה גם נקודת ההשכלה הראשונית. היגיעה הזו אינה רק דוחפת את גבולות ההבנה השכלית, היא מרחיבה ומעמיקה את גבולות הנפש בכלל אל מעבר לעצמה. וכך גם נקודה ההשכלה מקבלת מההתבוננות ומכל כוחות הנפש שמשתתפים בהתבוננות, תוספת רבה באורך וברוחב ובעומק על מה שהיה תחילה. אבל יותר מכל זה, קורה דבר נוסף שהוא העושה את המהפך של הבינה וההתבוננות. ככל שהבינה מבינה נמוך ומוחשי יותר, היא שואבת מלמעלה יותר. זהו עיקרון ידוע, שככל שהאור מגיע נמוך יותר פירושו של דבר שמקורו גבוה יותר. ולכן הבינה וההתבוננות שמורידה את השכל נמוך יותר מעוררת את מקור השכל, גם מלמעלה מראשית החוכמה שקיבלה ממנה.[22]

סדר התפילה החב"די כולל שלושה מיני התבוננות, שניים מהם עוד לפני התפילה ואחד בתוכה.[23] הראשון הוא בלימוד חסידות לפני התפילה, לימוד מאמר או עניין בחסידות שההתבוננות בו נקראת התבוננות לימודית. התבוננות זו עניינה להבין את המבנה השכלי ולחוש את משמעותו בחושי השכל, בלי קשר ישיר עדיין

22 וראו לעיל בהסבר על 'אורך החכמה' ובמראי המקומות שם.

23 לוח היום יום כ' תמוז. מחמת חשיבות וחביבות הדברים הם מובאים כלשונם: "שלושה מיני התבוננות הם: א' התבוננות למודית, אחר שמבין הענין על בוריו הוא מתבונן בעומק הענין ההוא עד שהשכלי מאיר אצלו. ב' שקודם התפלה ענינה הרגש חיות הענין שלמד ולא הרגש השכלי כמו בהתבוננות למודית. ג' שבתפלה, ענינה הרגש האלקות שבהענין שלמד. שלש אלה הם שליבות סולם ההרגשה ורק בחסדי השם יתברך עמנו מרגישים לפעמים דעהערט מען ג-טליכקייט בלי שום עבודה כלל, והוא מפני מעלת העצמות שיש בנשמה, אבל מצד העבודה שבכח עצמו מוכרחים שלש הנ"ל".

לנושאי התפילה.[24] וגם אם אינו מבין עדיין את העניין על בוריו, בעצם העיסוק במחשבה בנושאים המופשטים האלוקיים כבר הוא מזמין את הנפש אל מקום התפילה.

השלב השני הוא של התבוננות לפני התפילה ממש, שנועדה להיות שער לתפילה. זו התבוננות שאינה קשורה בהכרח בנושא ההתבוננות הקודמת, אבל היא צריכה להיות קשורה בנושא שכבר למד והתבונן בו בעבר, וכעת אין הוא בא להבין יותר בשכל אלא לחוש את החיות האלוקית בדברים שהבין. זו עדיין עבודת הבינה בעצמה, אבל על דרך משל כמו בשלב ההיריון המתקדם, כאשר העובר כבר נרקם בכל איברי גופו ובדעת אימו הוא כבר ברייה בפני עצמה ועל כן נוצר קשר והתייחסות אליו בפני עצמו.[25] בנמשל הנושא הוא האלוקות, אבל עדיין כפי שהיא בתוך העולמות והכלים שהיא מחיה אותם. התבוננות זו יכולה להתלוות לטקסט שלפני המתבונן, כמו פרק תניא, והיא יכולה להיות ממוקדת בעניין אלוקי מופשט כשלעצמו, כפי שהוא באותיות המחשבה של המתבונן. בנושאים כמו "יש מאין", או "סובב כל עלמין וממלא כל עלמין"[26] וכיוצא בזה.

השלב השלישי הוא ההתבוננות שבתוך התפילה עצמה. בדימוי של האימא זהו השלב אחרי הלידה כאשר היא מניקה ומגדלת את הילד.[27] זו אינה התבוננות שצוללת לעומק אלא

24 ומכל מקום כיוון שהלימוד הוא לפני התפילה רצוי שיהיו מאמרים שמכונים בלשון החב"דית 'עבודה', דהיינו שהנושאים בהם קרובים יותר להשגה ולהרגשה נפשית-אישית, באהבה וביראה, ושהם מכוונים להשתלב בעבודת התפילה. זאת לעומת מאמרים שמכונים 'השכלה' ושענייניהם השכלה בסדר ההשתלשלות ולמעלה ממנו ושהקשר שלהם אל עבודת התפילה איננו ישיר.

25 באחד ממכתביו של האדמו"ר יוסף יצחק שניאורסאהן הוא מציג הבחנה כזו: בהתבוננות בלימוד הוא לומד את המושכל ותופס בו. ובהתבוננות בתפילה המושכל תופס בו ונכנס בפנימיותו ומקשרו אליו, מלפפו ומלהטו עד אשר חיה יחיה בחיות פנימי, בערבות ונעימות מתיקות ההוא (ראו אגרות קודש שלו, חלק ג עמ' תסג והלאה).

26 תורת שלום עמ' 8.

27 הלידה עצמה יכולה להיות גם לפני וגם בתוך סדר התפילה. סימנה הוא, כאשר המרכז עובר מהשכל למידות: לאהבה וליראה. כאשר המידה אינה רק ביטוי של השכל, אלא מהות וכוח בפני עצמה, שיכולה להתנשא גם למעלה מהשכל.

התבוננות רחבה שמלטפת ועוטפת את מילות התפילה שאומרים, כי אסור לה לעזוב את המילים ואת שתילי המידות הרכים שאך נולדו.[28] בהתבוננות זו ההתייחסות היא כבר אל הנושא בעצמו שבתוך ההתבוננות – בתוך המילים שאומרים, בתוך האהבה והיראה, בתוך מבני המחשבה – של האלוקי בעצמו, שמעבר לפעולותיו, ומעבר לחיות שהוא מחיה את העולמות.

28 ומגינה מפני מחשבות זרות (ראו לקוטי תורה במדבר ח,ג; תורה אור סג,ד).

פרק שישי

דעת

הכרנו את האבא והאימא - חוכמה ובינה, וגם הזכרנו את הבנים - המידות. לכאורה נשלמה המשפחה כולה, ואם כן מה מקומה של הספירה השלישית שבשכל - ספירת הדעת?

על המשפחה הראשונה כתוב "והאדם ידע את חוה אשתו".[1] נראה שהדעת איננה אישיות נוספת במשפחה אלא קשר מסוים בין האבא והאימא. אך ככל שמתבוננים יותר בקשר זה של הדעת מתברר שדווקא משום שאין לה ביטוי לעצמה (כמו חוכמה או בינה) היא מבטאת את התשתית הפנימית של השכל: זו שמקשרת בין החוכמה והבינה, זו שמקשרת בין השכל והכתר וזו שמקשרת בין השכל והמידות. בלעדיה כל דבר שיש בשכל הוא חסר ערך וחסר משמעות, וכמאמר החכם: "דעת קנית מה חסרת, דעת חסרת מה קנית".[2]

1 בראשית ד,א. ודורשים חכמי הסוד שאדם הראשון הוא חוכמה וחוה היא בינה (ראו תיקוני זוהר תיקון לו; של"ה תולדות אדם בית ישראל קמא ד"ה צט).

2 ויקרא רבה א,ו. ראו נדרים מא,א; שמות רבה א,כו.

הדעת והכתר

כאשר מונים את עשר הספירות מונים לפעמים את הכתר ולפעמים מונים במקומו את הדעת.[3] החילוף בין הדעת והכתר מורה על זהות תפקידים מסוימת ביניהם שלכן אין שניהם מופיעים יחד. רק כאשר הכתר אינו נמנה מופיעה הדעת וממלאת, בהיקף מסוים, את תפקידו של הכתר.

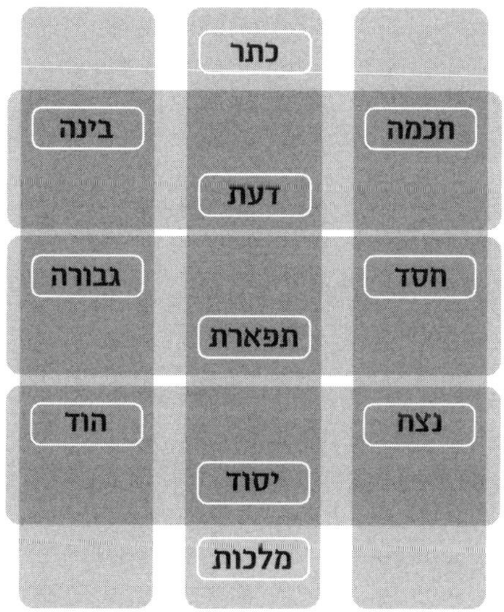

אפשר לראות זאת בתרשים הגרפי של מבנה הספירות, שבו הן מסודרות בשלוש שלישיות רוחביות[4] ובשלושה קווים אנכיים.[5] את השלישייה הראשונה ניתן למנות בשני אופנים: האחד - כתר, חוכמה,

3 ראו עץ חיים שער כג פרק ח; שער מה פרק א; תורה אור קה,א; לקוטי תורה ויקרא מו,ג; המשך תרס"ו עמ' רכ ובציונים שם. וראו עוד בפרק 'עשר הספירות' הערה 3.

4 שלישייה עליונה: חוכמה, בינה ודעת (או: כתר, חוכמה ובינה). שלישייה אמצעית: חסד, גבורה ותפארת. ושלישייה תחתונה: נצח, הוד ויסוד.

5 קו הימין: חוכמה, חסד ונצח. קו השמאל: בינה, גבורה והוד. קו האמצע: כתר\דעת, תפארת, יסוד ומלכות.

בינה. השני - חוכמה, בינה, דעת. האופן הראשון המונה את הכתר מבטא את ההסתכלות ממעבר למערך הספירות ולכן הוא כולל את הכתר המייצג את מה שלמעלה מהספירות, כמקיף להן. האופן השני הוא ההסתכלות מבפנים, מתוך מערך הספירות, ושם הכתר אינו מופיע ומופיעה במקומו ספירה חדשה היא הדעת.

את החילוף מהכתר לדעת אפשר לתאר במשל מחיי הנפש. לנפש ישנה תמיד הכרת מציאות מסוימת, שבה דברים יסודיים הם מובנים מאליהם, ולכן אין נותנים את הדעת עליהם לקוראם בשם בפני עצמו. לעיתים קורה שמשהו זז ולא מצליחים יותר לראות את ההיקף הגדול אלא פרטים נפרדים זה מזה בלבד. זה קורה בסיוטי לילה וזה קורה לאנשים שעוברים חוויה מטלטלת ולא מצליחים לחזור לאותה שלמות ואיזון של תפיסת עולמם. זו שעה קשה, אלא שדווקא אז מתגלה המובן מאליו (כאשר הוא אינו עוד מובן מאליו) בשם שאפשר לקרוא לו ובכוח שאפשר לקבל ממנו. אפשר לתת לזה משל ספציפי יותר. בחיי היום יום אין אנו נותנים דעתנו לעצם היותנו חיים, אנחנו בתוך זה, זה מובן מאליו ואין צורך לציין זאת. אבל לפעמים, כאשר נמצאים בסכנת חיים מוחשית, הדבר מציף את התודעה, יש לו שם והוא מקור עצום של כוח לפעול עבורו.

כזו היא ספירת הדעת המתגלה כשאין מונים את הכתר. כמו אור הנר המתגלה בשקיעת החמה, כך מתגלה הדעת בשתיקתו של הכתר. הכתר קושר את כל הספירות כמקיף מלמעלה הכוללן במסגרת אחת. לעומתו הדעת אינה מקיפה אלא פנימית, והיא פנימית כל כך שהיא נוגעת בשכבת היסוד של כל אחת מהספירות שבה שותפות גם הספירות האחרות. כל ספירה נשארת בייחודה, אבל כאופן וכדרך שהיא משרתת את היסוד הפנימי המשותף. נמצא כי מה שפעל הכתר מבחוץ פועלת הדעת מבפנים.

את היכולות האלה מקבלת הדעת לא מהספירות הקודמות לה, מהחוכמה והבינה, אלא מהכתר עצמו שנמצא מעליה בקו האמצעי. ההשפעה הישירה מהכתר, מאצילה בדעת מכוח האין סוף שבכתר, שמעבר לכל הספירות, את היכולת לקשור את הספירות זו לזו ואל

האין סוף שלמעלה מהן. כפי שיוסבר בפרקים הבאים קשר ישיר זה מהכתר ממשיך ומעביר מכוח האין סוף גם לספירות הנוספות שבקו האמצעי - לתפארת, ליסוד ולמלכות.

דעת לשון התקשרות

כדי להבין זאת צריך לשכוח מה שאנו יודעים על דעת וידיעה בלשון הדיבור של זמננו. ידיעה במובן של אינפורמציה, של קליטה ואכסון מידע, היא כמעט ההפך מהמובן של דעת בספירות. בספירות, כמו בכוחות הנפש, מובנה של הדעת אינו מציאותה של האינפורמציה, אלא ההתקשרות אל האינפורמציה.[6] התקשרות אל מה שרואים ומה שמבינים ואפילו אל מה שאוהבים, שיהיה חשוב ואכפת לאדם כמו חלק ממנו עצמו.[7]

הדעת לפי זה אינה עוד אינפורמציה, עוד מהות דבר, אלא רק קשר בין המהויות שישנן. אפשר לראות זאת במקומה של הדעת במשולש הספירות העליון, למטה ובאמצע בין החוכמה לבינה. במיקום זה, שאליו מתנקזות החוכמה והבינה, משלבת הדעת ביניהן. חשיבותו של שילוב זה היא קודם כול בכך שהוא מאפשר למערכת להמשיך הלאה. כי לאחר הרעיונות לכאן ולכאן צריך להגיע למסקנה המשקללת את כל הצדדים וקובעת את הדרך שבה ילך בעל החוכמה והבינה. במובן הזה, כאשר הדעת מחברת את החוכמה והבינה היא מולידה מהן את המידות, ובהמשך מביאה אותן למעשה.

אך לא זו בלבד. כלל הוא, שכדי לחבר בין שני דברים - שני אנשים, שתי דעות - צריך להיות למעלה משניהם, לגלות שורש עליון ששניהם מסכימים בו. ונמצא שבעצם החיבור בין ההפכים, מתגלה בכל אחד מהם השורש העליון שלו עצמו, ששם מהותו היא עדיין בכוח ולא כמציאות בפועל. את הדרגה הזו אין הספירות יכולות לגלות בעצמן אלא רק דרך

6 תיקוני זוהר תיקון סט צט,א; תניא פרק ג ובמקומות רבים בחסידות.

7 מובן זה של הדעת נמצא בלשון מקרא, כגון: "ידע שור קֹנהו" (ישעיהו א,ג), ובלשון חכמים, כגון: "אין קישוי אלא לדעת" (יבמות נג,ב).

הדעת. בכך קובעת הדעת מקום לעצמה למעלה מהחוכמה והבינה, לא רק לחבר בין החוכמה והבינה אלא גם בינן ובין הכתר שלמעלה מהן וכפי שיבואר בהמשך.

ההתקשרות היא כוח בנפש, כוח בפני עצמו. כי בניגוד לכתר שאיננו כאחת הספירות אלא מקיף לכולן כאחד, הדעת היא ספירה בין הספירות, כוח נפש בין כוחות הנפש. כוח שאדם יכול לפעול בו על כוחות נפשו האחרים וגם להיות מופעל על ידם. המשמעות בחיי הנפש היא שיש ביד האדם יכולת של התקשרות. שום הרגשה ותחושה אינה לבד, היא יכולה לקרוא לעזרה - את השכל, את האהבה או הגבורה, אפילו את המעשה. והאדם יכול גם להתקשר לאנשים אחרים, והם יכולים להתקשר אליו. ובעיקר, הוא יכול להתקשר התקשרות אמיתית, פנימית, עם הקב"ה בעצמו. לא רק אל המושג המופשט שנמצא למעלה ומעבר לכול, אלא אל הקב"ה שיודע אותו עכשיו - בספירותיו, באנשיו ובכל פרטי עולמו שהוא בורא בכל עת מחדש.

> הדעת כהתקשרות היא עיקר ה'עבודה'. שכן כל עבודת ה', בכל דרגה וזמן, איננה בעצם מציאות הכוחות בנפש ואפילו לא בחוויות, אלא בהתקשרות ובמַעבר בין הדרגות: אם יש חוכמה העבודה היא להבין, אם יש השכלה העבודה היא להרגיש, אם יש הרגשה העבודה היא לעשות. וגם, אם יש דיבור ועשייה יש עבודה להבין ולהרגיש אהבה ויראה וכן הלאה.

הדעת שבשכל

שני צמתים עיקריים יש להתקשרות של הדעת עם מערכת הספירות. האחד עליון, הקושר את השכל עם הכתר שמעליו, ומתוך כך הוא מקשר בין החוכמה לבינה. והשני תחתון הקושר את השכל עם המידות.

כפי שהוסבר בפרקים הקודמים, חיבור בין חוכמה ובינה יש תמיד גם ללא הדעת. שהרי הם האב והאם של כל דבר במציאות ובלי החיבור ביניהם שום דבר איננו מתקיים. ועם זאת, השכל הזה של חוכמה ובינה

בלי דעת הוא קיום חסר כיוון ומשמעות מעבר לעצם קיומו. כמו השכלה שמנותקת מהאדם שמשכיל אותה, משורשה ותכליתה. אפשר לדמות זאת למחשב שעובד לבד, בלי קשר אל המשתמש האנושי שיצר אותו. השכל של מחשב כזה לא יכול להגיע מעבר לנתונים ולכללי החישוב שהוכנסו בו, בלי לחזור אל האדם שיבחר את הבחירות ויקבל את ההחלטות, הוא יישאר כאינפורמציה וכסברה שכלית, ולא יוכל להגיע להכרעות ולשינויים של ממש שאינם המשך ישיר של פעולתו. שכל כזה יכול לקיים אין ספור עולמות אפשריים, אבל לא אחד שמתקיים במציאות.

בספר חוכמה ישן נמצא הסיפור הבא: בנו של המלך לא ניחן בחכמה רבה, והשרים חששו מה יהיה כאשר בבוא היום ישב על כסא אביו. על כן שלחו אותו ללמוד חכמות בחוץ לארץ, לאחר כמה שנים חזר מוכתר בתארים וחתום בתעודות. נאספו השרים לקבל את פניו ולשמוע מה למד. סיפר להם בן המלך שלמד חכמה כזו, שאם יחפון אדם חפץ בידו הוא יכול לאמוד את היד ולהסיק מה יש לו בתוך היד. לקח אחד השרים טבעת בידו ושאל את בן המלך: 'מה יש בידי?'. התבונן בן המלך ולבסוף אמר: 'זה דבר עגול'. אחר כך הוסיף: 'זה עיגול שבתוכו יש עוד עיגול שיש בתוכו חלל'. השרים התפעלו ומחאו כפים, אבל אחד השרים היה חשדן ושאל: 'ועכשיו תגיד לנו מה זה?'. אמר בן המלך: 'למדתי לזהות צורות, אבל להגיד מה זה לא למדתי'. 'בכל זאת' התעקש השר, 'מה דעתך?'. חשב בן המלך, קימט את מצחו ולבסוף הגיע למסקנה: 'לדעתי זו אבן ריחיים'.[8]

האינפורמציה הייתה נכונה, השיקולים היו תיאורטית נכונים, ובכל זאת התשובה העידה על חוסר קשר לכוונתו ולתכליתו של כל התהליך. התהליך של השכל התקיים לכאורה בעצמו לשם עצמו, ללא קשר אל האדם עצמו ורצונו. התשובה גם העידה על חוסר קשר למהות האינפורמציה ולמציאות שעוסקים בה, ועל חוסר יכולת להשתמש בפועל, בתוך העולם הממשי, ביכולת זו. כך החוכמה והבינה ללא

8 הספר הנקרא 'בן המלך והנזיר' מן המאה ה־12 או ה־13 (מובא גם בשיחות הרבי מליובאוויטש. ראו תורת מנחם תשמ"ב-ג מברכים חודש סיון).

הדעת הן לא יותר מעוד אינפורמציה ועוד סברות שנוטות לכאן ולכאן ללא יכולת הכרעה מה נכון, מה מתאים ומה צריך, וללא יכולת הכרעה שתעבור למעשה.

הדעת היא קודם כול התקשרות של ה'אני' אל ההשכלה להיות שכל שאני משכיל. החיבור הזה משנה דברים רבים שכן ה'אני' נמצא לא רק בשכל אלא גם ברצון, במידות, בהרגשות ואפילו בפעולות. בכך מקשרת הדעת את השכל וההכרה אל עצם הנפש ואל כל חלקי הנפש. חיבור ושיתוף זה בונה גם את השכל עצמו ל'קומה שלמה' - לשכל שיש לו רצון וחזון, שיש לו לב ויש לו יכולת של מימוש ועשייה. לשכל כזה אין רק הערכה שכלית: כמה דבר הוא חכם, אלא גם הערכה בממדים נוספים: כמה הוא נכון, מוסרי, ראוי, אפשרי, מתקבל בדעתם של אחרים ועוד.

הקשר של החוכמה והבינה מצד עצמם הוא קשר בין שניים, הקשר על ידי הדעת הופך אותם להיות אחד. מי שיודע הוא האדם עצמו. כשהוא יודע את החוכמה והבינה הוא מקשר ביניהם באופן פנימי ואמיתי עד שנוצרת מהות אחת שכוללת את החוכמה והבינה יחד: של ברק המבריק המקבל את האורך והרוחב של הבינה, ושל הבנה שמקבלת את החיות והממשות של ראיית החוכמה. הבנה ומחשבה כזו, שיש בה חיות ויש בה מרחב ויש בה נוכחות של החושב אותה היא מחשבה שהולכת הלאה מעבר לשכל אל מהות הדברים בעצמם.

אפשר להגדיר זאת כך: הדעת מביאה אל ההשגה השכלית את כוחו של הכתר. הכתר הוא כוח הרצון העליון, הנכנס אל ההשגה השכלית ונותן לה את הכוח והכיוון שנובע מלמעלה מהשכל, שם היא בוחרת ורוצה את מה שמתאים למהותה העצמית בלבד. אי אפשר להבין זאת, אבל יודעים שכך הוא, יודעים גם את מה שאי אפשר להבין.[9]

9 בספרי החסידות מופיע שהשגה בדרך החיוב היא בבינה, ממלא כל עלמין; השגה בדרך השלילה היא בחוכמה, סובב כל עלמין; והדעת היא השגת העצמות (ראו מאמרים מלוקטים חלק ב עמ' תנה והלאה).

וכמו בנפש כך היא הדעת האלוקית. הקב"ה יודע, משמע שהוא מתקשר, שהוא מכניס כביכול את עצמו בהכרה ובמציאות הזו.[10] זה כביכול נוגע לו, אכפת לו, הוא שם - וזו משמעות הדעת שבשכל.

הדעת שבהרגשה

הצומת השני, התחתון, של הדעת הוא בהתקשרות השכל אל המידות.

השכל שאינו קשור למידות שרוי בשלמות אינטלקטואלית. שלמות שבה נרשמות העובדות ומעובדות בלי לנקוט עמדה ובלי מעורבות רגשית, כמו באיסוף אנציקלופדי. לא שאין בשלב זה חוויה, אלא שהחוויה אינה אמוציונליות אלא היא לכל היותר חוויה של גילוי אינטלקטואלי, כמו ההרגשה כשפותרים תשבץ שבו נושא השאלה איננו משנה כלל. לשם דוגמה, במחשבה מסוג זה אין הבדל בין המשפט "איש הרג יתוש" ובין המשפט "יתוש הרג איש". המשפטים הללו מקבילים לגמרי במבנה ובתוכן (X הרג את Y) כל עוד איננו מתייחסים אל המשמעות הרגשית־אנושית של נושאי המחשבה. וזה בדיוק מה שחסר בשכל הזה - הדעת התחתונה, החודרת אל המידות.

אכן, הכניסה של השכל אל הרגש 'פוגמת' בגן העדן של היושר האינטלקטואלי, ועם זאת היא פותחת שערים אל עולמות אחרים ורבדים נוספים. התהליך הזה יכול להיות מהיר או איטי. אבל הוא בלתי נמנע כי הוא נובע ממציאותה של הדעת הקושרת את השכל אל מכלול הווייתו של האדם. הדעת לא מתערבת בשיקולים השכליים כשלעצמם, אבל היא מטה את ההשכלה אל הקשרים שהיא יוצרת, אל הרגשות, הזכרונות ואל המציאות שהשכל חושב עליה. שלא כמו מלאך או מחשב, אדם בעל דעת אינו יכול להסתכל על דבר באופן אינטלקטואלי בלבד, בלי להרגיש משהו ובלי נגיעות רגשיות אישיות, ואלו בהכרח יטו את העובדות ואת משמעותן הלוגית.

10 כמו שכתוב: "וירא אלקים את בני ישראל וידע אלקים" (שמות ב,כד). "רק אתכם ידעתי מכל משפחות האדמה" (עמוס ג,ב).

הדעת היא כמו 'עץ הדעת טוב ורע'.[11] זה יכול להיות אסון וזה יכול להיות נפלא מעבר לכל מה שיכול השכל לשער. רק המלאכים שאין להם דעת שמערבת שכל ורגש, טוב ורע, יכולים לקבל כל אינפורמציה ולהישאר אובייקטיביים, בלי שיקרה להם דבר. לעומתם, האדם איננו יכול לסגת מהדעת, לחזור ולהיות נשמה בגן עדן או מלאך בשמיים, והוא צריך לפתור את זה.

הקשר שיוצרת הדעת בין השכל לרגשות הוא יותר מקשר חיצוני וחד־פעמי של נתינה וקבלה. הוא קשר פנימי ונמשך, קשר שמזכיר יותר מכול את הקשר שבין הורים לילדים. אין קשר פנימי מזה, המעביר את הנקודה העצמית של ההורים אל הילד עד שהילד הוא מהות נפרדת מהם רק בחיצוניותו, אך בפנימיותו הוא מהות אביו ואימו ממש. הוא הממשיך את מהותם של אביו ואימו אל המקומות והזמנים שהם, בלבושיהם הגשמיים, אינם יכולים להגיע אליהם. משום כך כל כך חשובים הילדים להורים, יותר מכל רכוש, יותר מכל דיבור ומחשבה שלהם, את הילדים לא עוזבים אף פעם; מלווים אותם, תומכים בהם, מוסרים את הנפש בעבורם - כי הם עצמנו ממש.

הקשר זורם גם להפך, מן הילדים אל ההורים. אולי בתחושה אחרת שאינה ניכרת כמו אהבת ההורים לילדים, אבל באותה איכות של קשר עצמי. בנפש זה אומר שההשפעה עוברת לא רק מהשכל אל הרגשות אלא גם מן הרגש אל השכל. אדם יכול להרגיש גם רבדים שאינם נתפסים בשכל, ועל ידי הדעת הקושרת את ההרגשה אל השכל הם מתבטאים גם בשכלו.

בשני הכיוונים הדעת היא נשמה ופנימיות - הן למידות והן לשכל. זה כוחה של הדעת שאינה משפיעה כמקיף מלמעלה (כמו הכתר, בכוח האמונה) ואף לא כשכל טהור, אלא חודרת ממש אל תוך חדרי מידות הנפש. על פי המוסבר בספרי הקבלה עוד במהותה השכלית ואף בשורשה שבכתר מפוצלת הדעת, לדעת של חסד ולדעת של גבורה (הן שורשי כל המידות), כנשמת האדם שעוד ברוחניותה הטהורה כבר מתאימה את

11 ראו לקוטי תורה במדבר סט,ב.

עצמה אל מקומו וצורתו של הגוף. שכן תכליתה של הדעת מראשיתה היא לקשור את השכל למידות. להכניס את השכל המקיף את המידות אל תוך כלי המידות וההרגשות - אל החסד ואל הגבורה וכן הלאה.

עבודת הדעת בהתבוננות היא 'לדעת' את ההבנה. לא רק להתבונן ולהעמיק בסברות השכליות ובשינון האינפורמציה, אלא להתקשר אל נושא ההתבוננות. להרגיש אותו ולחוש אותו עד כמה שאפשר, כמו היה מציאות מוחשית וגשמית ממש. עבודת הדעת זה לקשור את ההשכלה אל המקומות שנוגעים לנו ממש, אצל כל אחד היכן שיהיו, ואז ייגעו הדברים גם בלב.

בניגוד לשכל, שיכול להשכיל גם מציאות רחוקה ובלתי רלוונטית, הרגשה שבמידות יכולה להתייחס רק להכרה פנימית של מהות הדבר ממש. ולכן להבין בשכל זה לא מספיק כדי להרגיש רק כאשר אדם יודע את הדבר, כאשר משהו בדבר חוזר אליו ונוגע בו בפנימיותו, הוא יפתח גם רגש כלפיו. לשם דוגמה, נניח שאדם מתבקש להשוות במעבדה התנהגות של נוזלים, נוזל אדום, נוזל לבן וכן הלאה, מבחינתו אין שום העדפה לנוזל זה או אחר. אבל נניח שנודע לו שהנוזל האדום הוא דם. אדם רגיל לא יכול להישאר שווה נפש לאינפורמציה הזו. זה יפתח אצלו תהליך של 'ידיעה', של התקשרות אישית ורגשית אל מה שהוא מבין. זה יכול לשנות את החשיבה שלו, להביא לתוצאות אחרות, וזה יכול להשפיע ולשנות אפילו אותו בעצמו. וזו היא עבודת ה' בדעת, לחפש את ה'אדום' הזה, את נקודת התורפה, הנקודה החמה בשכל הקר. זה הכישרון המיוחד של שכל הדעת, לחוש את ההרגשה כבר בשכל, להבחין בין שכל לשכל, בין שכל קר לשכל חם.

דעת עליון ודעת תחתון

הדעת היא כאמור המקשרת את השכל אל המידות, אבל הדעת עצמה שייכת לספירות השכל. יתר על כן, בהיות הדעת הספירה האחרונה

והמסכמת של כוחות השכל, נקרא סיכום זה על שמה - ידיעה. על אדם שהבין היטב את השכל, שמפנים ומשתמש בו, אנו אומרים שהוא "יודע".

הדעת היא אפוא התקשרות שכלית, התקשרות והתאחדות ההכרה במציאות שהיא יודעת אותה, עד שאי אפשר להפריד ביניהן. ומאחר שהתקשרות הדעת יכולה להיות אל המציאות שלמעלה מצד אחד ואל המציאות שלמטה מצד שני, מדברים באופן כללי על שני מיני דעת: 'דעת עליון' כאשר הדעת קשורה אל המציאות של מעלה ומשם היא מסתכלת כלפי מטה, ו'דעת תחתון' כאשר הדעת קשורה אל המציאות של מטה ומשם היא מסתכלת כלפי מעלה.[12]

בחסידות מתוארות שתי דעות אלו כ'מחלוקת' בינינו ובין הקב"ה.[13] אנחנו, מצד העולם שלמטה, רואים את עצמנו כ'יש', כמציאות הממשית שאנו רואים ומבינים ומרגישים, ואילו את הקב"ה שאין רואים ואין משיגים אנו תופסים כ'אין'. לעומת זאת, מלמעלה, מצד ידיעת הקב"ה את המציאות, הוא ה'יש' שאין בלתו,[14] וכל דבר אחר אינו נחשב כלל אלא הוא 'אין' באמת.

שתי הדעות יחד מצויות באלוקי, כי האלוקי הוא מעבר לַמעלה ולַמטה גם יחד. אך גם באדם, באופן מסוים, נמצאות שתי הדעות. באלוקי אלו שני אופנים שהקב"ה יודע אותנו: מצד עצמו בדעת עליון, ומצד היותו מלך ומנהיג העולם גם בדעת תחתון בהתלבשו בדמות אב או מלך, כאוהב אותנו וכירא עלינו. ובאדם, אלו שתי הדעות שבהן אנו יודעים את האלוקי, המביאות לשני האופנים הכלליים שבהם אנו מתייחסים אליו ועובדים אותו, באהבה ויראה או בהתבטלות גמורה.

אכן רוב האנשים אינם יכולים להשיג בפועל דעת עליון. יש

12 כך מדייקים בלשון חנה בתפילתה: "כי א־ל דעות ה'" (שמואל א א,ג) - "דעות" בלשון רבים שתי דעות (ראו תיקוני זוהר תיקון סט; תורה אור יתרו סח,א; לקוטי תורה דברים כג,ד ועוד).

13 תורה אור סו,ב ובמקומות רבים בחסידות.

14 מה שנקרא בספרי חסידות 'היש האמתי' (ראו לקוטי תורה במדבר לד,ב; ובהרחבה שערי אורה שער הפורים אות כה ועוד).

יחידים בכל הדורות שנשמתם שייכת, גם בחיי הגוף שלהם, לעולם האצילות האלוקי שמעבר לעולמות, ודעתם היכן שלא יהיו היא בעצם 'דעת עליון'.[15] אבל רוב בני האדם נשמתם שייכת לחיי העולם הנברא ודעתם היא 'דעת תחתון'. עם זאת, גם אדם שדעתו היא 'דעת תחתון' יכול להשיג ממש שיש מציאות שהוא איננו משיג. והוא יכול אפילו לתאר מעט קווים חיצוניים שלה, להגיד הגדרות של שלילה, שאין זה כך וכך, שיש מעבר, ולחוש פליאה שהנפש יוצאת בה. ולכן, עם היותו חי בעולם נברא ב'דעת תחתון', הוא יכול להתייחס בתפילתו גם ל'דעת עליון', הוא יכול לחוות התייחסות גם אל מציאות ה'אין', ואפילו אל מציאות ה'יש האמיתי' שבדעת עליון. מצד שני, גם אדם של אצילות, של 'דעת עליון', יכול לשער בדעתו את מציאותו של 'דעת תחתון', את היוקר שיש בידיעת ישותו של העולם ו'איונו' של האלוקי (וכפי שיבואר בהמשך). ואם כן, כמו חנה בתפילתה, יכול כל אדם להתכוון בתפילתו ל"אל דעות", להיות גם הוא מתעלה וכולל על פי דרכו את שתי הדעות יחד.

עבודת ההתבוננות של דעת תחתון היא בתוך ידיעת העולם. להתבונן בכוח האלוקי המחיה ומהווה אותו מאין ליש, ולירא ולאהוב אותו בידיעה שהוא ממית ומחיה ומהווה הכול. ההתבוננות של דעת עליון היא במה שכתוב "אני ה' לא שניתי", לא השתניתי, בין לפני שנברא העולם ובין אחר שנברא העולם. לחוש את המהות אלוקית הזו שכל העולם נחשב אצלה כאין.

דעת עליון ודעת תחתון מתמצות ונפגשות בקריאת שמע. הפסוק "שמע ישראל ה' אלקינו ה' אחד" הוא דעת עליון ו'ייחודא עילאה' (הייחוד העליון) – האיחוד באלוקי שאין עוד מציאות מלבדו. המשפט שאומרים אחריו "ברוך שם כבוד מלכותו לעולם ועד" הוא דעת תחתון ו'ייחודא תתאה' (הייחוד התחתון) – האיחוד כפי שנראה

15 ראו לקוטי תורה ויקרא פרשת שמיני; תורה אור פרשת משפטים עד,ד.

מלמטה, בברואים שמרגישים את ישותם ואינם יכולים לבטל אותה, ולכן מבטלים את רצונם לרצונו של המלך, בקבלת עול מלכותו.[16]

תפילת העמידה שבאה אחר כך היא החיבור של דעת עליון הנמשך בדעת תחתון. העבודה אז היא להוריד את דעת עליון, את הייחוד האלוקי המוחלט שאין עוד מלבדו, אל תוך העולם והנפש, בביטול הגמור של העולם והנפש. הנפש מתבטלת באמירה "ה' שפתי תפתח ופי יגיד תהלתך", והעולם מתבטל כאשר כל צרכיו ועניניו – מגשמים ופרנסה ועד משפט וגאולה – נמסרים לאלוקי בכל אחת מתשע עשרה הברכות.

ידיעה ובחירה

על ידי ההבחנה בין שתי דעות אלו מתבררת בחסידות אחת מהשאלות התיאולוגיות החמורות:[17] אם הקב"ה יודע כל מה שהיה ויהיה כיצד תיתכן בחירה חופשית לאדם? שהרי ידיעתו של הקב"ה כבר קובעת את העתיד להיות, ומכריחה לכאורה את בחירתו של האדם! השאלה חמורה במיוחד ביהדות, שבה הן ידיעתו המוחלטת של הקב"ה והן הבחירה החופשית של כל אדם הן מעיקרי האמונה![18] לסתירה זו אין לכאורה פתרון.

את הפתרון, או לפחות את ההכרה שיש פתרון גם אם לא מבינים אותו, נותנת תפיסה זו של שתי דעות, דעת עליון ודעת תחתון. מי שיכול לחיות עם שתי הדעות הללו, יכול לחיות גם עם כך שיש ידיעה אלוקית שיודעת הכול יחד עם בחירה חופשית של האדם ששום דבר בעולם אינו מכריח אותה.

הדברים דקים ואינם קלים להבנה, וכלשון אדמו"ר הזקן בעניין זה "לאו כל מוחא סביל דא".[19] והסיבה היא ש'דעת עליון' היא בעיקרה

16 ראו תניא, שער היחוד והאמונה בתחילתו.

17 ראו רמב"ם הלכות תשובה פרק ה; תורה אור וירא יד,ד ד"ה ארדה נא ובהמשך טו,ג בהגהה.

18 רמב"ם הלכות תשובה פרקים ה-ו. וראו גם ב'שמונה פרקים' פרק ח.

19 תורה אור יד,ד.

שכל אלוקי שבמהותו נבדל ומעבר לכל שכל אנושי, וכלשון הנביא "כי לא מחשבותי מחשבותיכם".[20] אכן, כפי שמונח ביסוד המחשבה החסידית, השכל אנושי אינו מנותק לחלוטין מהשכל האלוקי, ובאופן מסוים יכול לחשוב מעט כמוהו. כאשר אדם דבק במחשבתו במושגי המחשבה האלוקית, במשך זמן ובביטול עצמו, הריהו כביכול נישא כברת דרך על שכל אלוקי; בלי להבין לגמרי, רק להיות חלק מזה, מהמילים והתנועה - ואז, עם או בלי מילים - הוא יכול לקלוט לפי ערכו מהחוויה של דעת עליון ודעת תחתון יחד. דוגמה לשכל אלוקי שאנו יכולים להתחבר אליו, הם דברי הצדיקים והחכמים הגדולים, שדבריהם דברי אלוקים חיים, ועם זאת הם דברים שמכוונים גם אלינו.[21] כאלו הם דברי האדמו"ר הזקן והרבי מליובאוויטש שעליהם מבוססים הדברים לקמן.[22]

'דעת עליון' היא הידיעה שבה יודע הקב"ה את מה שהיה ויהיה, וגם מקיים בידיעתו את הכול. זו הידיעה שמצד פנימיות הכתר, שאינה נכנסת אל תוך העולמות אלא מקיפה אותם, היא אינה בתוכם אלא הם בתוכה. ידיעה כזו אינה מושפעת ומשתנה מהקורה בעולמות, כי היא אינה מלובשת בחלקיהם המשתנים אלא מקיפה ומהווה את מכלול מציאותם שהיה ויהיה. זו אינה ידיעה כמו הידיעה שלנו, של נתינת הדעת במה שלא ידעה קודם, שכן הכול גלוי וידוע בתוכה מעצם היותו. ולכן אין היא מושפעת מהבחירה של האדם, כי מתחילה כללה הידיעה הזו את מה שיבחר האדם, כידיעה עלומה שמתגלה במציאות שהאדם בחר בה. אפשר לראות זאת כעין ידיעה של הדברים ברמה שלמעלה ממציאותם הגשמית בעולמנו, במצבם שבכוח שכולל כל מה שיהיה עימם בפועל. הפועל אינו חידוש במציאות הכוח, אלא רק גילוי מה שהיה בו מתחילה.

20 ישעיהו נה,ח.

21 ואכן, בחסידות חב"ד קוראים למאמרי החסידות של הרביים 'דברי אלוקים חיים' (דא"ח). הדבר מבטא את היותם נאמרים על ידי אדם קדוש, לא כביטוי של שכלו האישי אלא כביטוי של שכל אלוקי המתלבש באותה שעה בפיו. ואף בחסידות בכלל אפשר לראות שכך התייחסו החסידים ואפילו הרביים עצמם לדברי החסידות שאמרו. על בעל ה'מאור עיניים' מסופר שהכניס לספרו רק דברי תורה שבאו מלמעלה וכל דבר שאמר אותו מתוך דעתו לא הכניס.

22 תורה אור יד,ד והלאה. וראו גם אגרות קודש חלק ג איגרת תלט עמ' מ.

ידיעה כזו אינה עומדת בסתירה לבחירה, אך לא משום שאדם בוחר על פי ידיעתו של הקב"ה, אלא שהקב"ה יודע לפי הבחירה של האדם.

'דעת תחתון' לעומת זאת היא כאמור התקשרות הדעת שבשכל למטה, במידות. כנשמה המלובשת בתוך כלי המידות. במידות אלו, שהן כלי הנפש וכלי העולם, נכנסת הדעת להגיב לשינויים ולבחירות שלנו, בחסד ובגבורה, להעניש ולתת שכר לפי הנהגת האדם למטה. בדעת התחתון הזו מצמצם הקב"ה את עצמו, את רצונו ודעתו, את אהבתו ויראתו אלינו: לדעת אותנו בדעה כערכנו, לאהוב אותנו ב'אהבת עולם', להשפיע לנו בעולם שלנו גילוי אלוקי של שכל ואהבה ויראה לפי המושגים שלנו, עד לשפע ובריאות ופרנסה גשמית ממש, כפי צורכנו וכפי מעשינו. בדעת תחתון הקב"ה מצמצם עצמו שלא לדעת מראש ולא להגביל את בחירתנו, והוא מקנא וכועס כביכול בעוונותינו, ושמח ומתענג במעשינו הטובים וכן הלאה. וזו אינה סתירה לאין סופיותו, כי זו בחירתו של האין סוף לגלות את אין סופיותו דווקא בערכו וממדיו של העולם הזה.

הקשר בין דעת עליון לדעת תחתון הוא בבחירה. הבחירה האלוקית בוחרת להתלבש בדעת תחתון כי בו היא תפגוש את הבחירה האנושית (שיכולה להתגלות רק בדעת תחתון). והבחירה האנושית שמעצם הנפש למעלה מהשכל יכולה להתקשר אל העצמות האלוקית כפי שהיא בדעת עליון.

משל לדבר, אדם מספר סיפור על ממלכה ומלך ואנשים שקרה להם כך וכך. המספר בוודאי יודע את כל הסיפור קדימה ואחורה, מה היה ומה יהיה, כי הוא הרי המציאו בדעתו ואם כן כל מה שיש בו גלוי וידוע לפניו מאליו, שהרי אם לא היה יודעו לא היה קיים. זוהי התייחסות בבחינת 'דעת עליון'. נניח כעת שהמספר הזה בוחר לו דמות בסיפור לספר אותה בגוף ראשון, ולצורך הסיפור הוא מזדהה איתה, הוא חושב ומרגיש בערכה, שמח בשמחתה ומוטרד מדאגותיה. באותה שעה התייחסותו אל הסיפור היא כעין דעת תחתון. בהתייחסות שכזו הוא איננו יודע מה יהיה בעתיד והוא נותן לדמות כביכול את הכוח לבחור מה יהיה ובבחירתה היא מגלה מה שהיה נעלם בדעתה אבל גלוי כמובן בדעת המספר עצמו. כך

בנמשל, הקב״ה ברא את העולם ואת הזמן והמקום והבריות שבו מאין ואפס גמור. כל קיומו של העולם הוא בדעתו של הבורא, וממילא הוא יודע מה היה ומה יהיה, ואיננו מושפע ומשתנה בשל דעתו זו. ואולם הקב״ה רוצה, מטעם הידוע לו, להיכנס אל תוך העולם. והוא בוחר לו דמות, כזו שיכולה לבטא אותו בערך העולמות, כמו מלך או אב, ונכנס בה אל תוך העולמות בדעת כזו שיכולה לקיים אותו בעולם יחד עם שאר הברואים, וזוהי דעת תחתון.

במשל, אפשר לראות כיצד דעת עליון ודעת תחתון מתקיימות יחד, וכיצד דווקא בצירוף שתיהן מתקיימת המציאות הפרטית שלנו, המופלאה: זו שנמצאת ב'דעת תחתון' ויכולה להשיג 'דעת עליון'. וכיצד מתקיימת המציאות המופלאה עוד יותר, של האלוקי עצמו שבדעת עליון, השוכן דווקא בדעת תחתון.

ביטוי לשניות זו בעבודה, ולגובה שהיא מעלה את האדם, אפשר לראות בשתי דרישות שכל עובד ה' צריך לעמוד בהן. האחת היא, לעבוד בכוח עצמו ובדרך הטבע ולא לסמוך כביכול על הקב״ה. והשנייה היא, לדעת כל הזמן ששום דבר הוא לא עושה מכוחו, מכישרונו ומכספו, אלא הכול מאת ה'. כשהוא מבין ומחדש בתורה, כשהוא מתפלל, אוהב וירא את ה', ואפילו כשהוא עובד ב'אתכפיא' - אין זה כוחו ועוצם ידו. את הכול - השכל להבין, היכולת לאהוב, הכוח לעשות - הוא מקבל מהקב״ה. מצד אחד שואלים, אז איפה הקב״ה? ומצד שני שואלים, אז איפה אני? אבל כשהולכים ואוחזים בשניהם כבר לא שואלים. הכוח הנסתר המתגלה (או לא מתגלה) שפועל אז נובע מלמעלה מן הדעת בכלל, מנקודת העצם שבנו המתקשרת בנקודת העצם של מעלה.

פרק שביעי

המידות

עשר הספירות מתחלקות כנזכר לשתי קבוצות: ספירות השכל וספירות המידות.[1] הפרקים הקודמים עסקו בספירות השכל - חוכמה, בינה, דעת - והפרקים להלן יעסקו בספירות המידות - חסד, גבורה, תפארת, נצח, הוד, יסוד.[2] הפרק הנוכחי נועד להגדיר את המהות המיוחדת הכוללת של המידות.

מידות

המושג 'מידות' במובנו הפשוט הוא מלשון מדידה. ספירות המידות הן המגבילות ונותנות מידה באור אין סוף בכל שש המידות שבהן ברא הקב"ה את עולמו ומנהיג אותו. על דרך משל בעולם החומרי, המידות הן כשש הפאות של המקום (ארבע הרוחות ומעלה ומטה) שכל גוף בעולם החומרי חייב להיות מוגדר בהן. ובאופן מופשט יותר, כך גם במציאות הרוחנית, שגם אם אין שם מידות של מקום חומרי, יש שם

1 ראו לעיל פרק 'עשר הספירות', סעיף 'סדר הספירות'.

2 לספירת המלכות יש מעמד לעצמה, יש צדדים שהיא כלולה במידות ויש צדדים שהיא עומדת לעצמה. ועוד יבואר בפרק המיוחד לה.

מידות והגדרות אחרות, של חסד או גבורה וכן הלאה, המקבילות לשש הפאות של המקום.[3] וכמו בעולם הגשמי כך בעולם הרוחני, כל מהות שבו צריכה שתהיה נתונה בתוך המידות הרוחנית, שתהיה בה מידה של התפשטות ונתינה ומידה של כוח התגברות והגבלה וכן הלאה, ובלעדי אחד מהם היא לא יכולה להתקיים באותו עולם רוחני.

שש המידות לעולם אינן נבדלות זו מזו. כל מידה באה למימוש רק בהצטרפות עם המידות האחרות. לדוגמה, מידת החסד העליונה היא התפשטות לאין סוף ומידת הגבורה היא הצטמצמות לאין סוף, ורק בצירוף של שתיהן מתקבלת מידה מוגדרת. וכך בנוגע ליתר המידות, שרק בהצטרפות של כולן נוצר המרחב השלם של העולם הרוחני.

מובן אפוא, מדוע דווקא המידות הן הספירות שמקיימות ומחיות ישירות את העולם, בעוד שספירות השכל מהוות רק את השכבה העליונה, הנסתרת, שמשפיעה במידות, אך לא ישירות בעולם. ביטוי לזה היא ההקבלה המצויה בספרים בין שש המידות לששת ימי בראשית שבהן נברא העולם במעשה.[4] וכמו בעולמות כך בנפש, עיקר חייה של הנפש בגוף הם במידותיה, ואילו כוחות השכל משקיפים על החיים וגם משפיעים עליהם אבל לא נוגעים בהם ישירות. מה שנוגע לאדם ושגורם לו להחליט ולשנות כיוון בחייו הם אהבתו ויראתו וכדומה, ואין די בהבנתו לבדה.

משמעות נוספת למושג 'מידות' קשורה לממד המוסרי.[5] המידות מודדות את הנפש גם בציר הטוב והרע, כמה היא טובה או רעה.[6] אין מדובר במובן המושאל למושגים אלו, של טוב ורע במובן התועלתי, החברתי והאישי, אלא על טוב ורע כערך לעצמו. ממד זה של הנפש הוא בוגר ומורכב יותר, לא ראשוני, במובן זה שאין הוא עומד לעצמו אלא רק על גבי ממדים הקודמים לו. כגון: כמה טוב הוא מקום זה או שנה

3 חסד דרום, גבורה צפון, תפארת מזרח, נצח והוד מעלה ומטה, יסוד מערב (ראו פרי עץ חיים שער הלולב פרק ג; סידור עם דא"ח רסה,ב).

4 סידור עם דא"ח קי,ב; מאמרי אדמו"ר הזקן עניינים עמ' קיא,א; תקסו עמ' סו; תורת מנחם ספר המאמרים תשכ"ב קמט ועוד.

5 להרחבה והעמקה מדוע תחום זה קשור לספירות ראו לקמן סעיף 'כפולות'.

6 ראו בהקשר זה ספר יצירה א,ה.

פלונית, כמה טובה גדולה או גבורה זו. ועם זאת, דווקא על הציר הזה, של טוב ורע, נמדדת מהות הנפש יותר מבכל ממד אחר. כמה טובים המעשים, היא שאלה מהותית הרבה יותר מהשאלה כמה גדולים הם.

בניגוד לממדים האחרים, טוב ורע הם ממדים שאינם נובעים ממבנה העולם והגיונו, אין הם פועל יוצא מגודל או שכל העולם, אלא מקורם ומבחנם בקב"ה עצמו בורא העולם. זה חשוב לו כביכול באופן אישי. אם אפשר לומר זאת: כטוב ורע לו לעצמו. במובן זה, מודדות המידות את הנפש בקנה המידה אלוקי, שבא מעבר לקני המידה המוגבלים והיחסיים של העולמות.

ה'עבודה שבלב', היינו התפילה, היא העבודה של העלאה וזיכוך המידות שבלב שיתייחסו אל נושאים גבוהים ופנימיים ויותר.[7] בהתבוננות דרך המילים של התפילה, מתעלות הרגשות הלב אל משמעות גבוהה וקדושה יותר ויותר. כגון, ממשמעות שהגוף אוהב אל משמעות שהנפש אוהבת, ועד למשמעות שהנפש האלוקית אוהבת.

ואולם עיקר העבודה של העלאת המידות היא בממד של טוב ורע. כאמור, אין לעלייה זו ביטוי בממדים האחרים הנראים בעולם, כי הטוב הוא לא בהכרח הגדול או החזק וגם לא הרוחני יותר. אבל יש לזה סימנים: כאשר הופכת אהבת עצמו לאהבת הזולת – זה סימן של טוב. כאשר אהבה ויראה של משהו בעולם מתייחסות לאהבת ה' ויראתו – זה סימן של קדושה.

הרגשות

המידות מוכרות גם כספירות הרגש לעומת ספירות השכל, כהרגשות של אהבה, יראה ורחמים וכן הלאה. מה הן ההרגשות, וכיצד הן קשורות למידות?

7 ראו קונטרס העבודה פרק א.

בתניא מוסבר שהרגשות הן הפנימיות של המידות.[8] המידה היא כוח של תנועה: להתרחב, להצטמצם, לתת, לא לתת וכן הלאה. אך קודם לתנועה ישנה התרחשות פנימית של הרגשה - גלויה או שאינה גלויה - שגורמת לאותה תנועה: החסד הוא תנועה של התפשטות ונתינה, ופנימיות החסד היא האהבה; הגבורה היא תנועה של התכנסות וצמצום, ופנימיות הגבורה היא היראה; וכן בכל המידות. ההרגשה היא פנימית למידה במובן זה שהיא כמו הטעם למידה. אדם נותן משום שהוא אוהב; אדם מגביל את התפשטותו משום שהוא ירא וכן הלאה. הפנימיות שבהרגשה היא יותר מאשר הטעם והמניע לפעולה, היא פנימית בהיותה מבטאת את הפנימיות והעצמות של הנפש. ביטוי לכך הוא שבכל הרגשה של קדושה יש תחושה של עונג מופלא, והעונג (כמבואר לעיל בפרק על הכתר) הוא הביטוי, עד כמה שאפשר, לעצם הנפש.

המושג של הרגשה קיים גם במידות העליונות. בפנימיות החסד שהקב"ה משפיע לנו נמצאת האהבה שהוא אוהב אותנו; בפנימיות הגבורה שהוא מצמצם את הגילוי אלינו נמצאת היראה שלא ניזק מרוב ההשפעה, וכן בשאר המידות. ולא רק כלפינו, אלא כלפי כל פנימיות של מעשה ובריאה אלוקית ישנה בחינת 'הרגשה' פנימית לה. ועם זאת, נשמות ישראל המזוהות עם השכינה עצמה, הן הפנימיות האלוקית שבתוך כל הדברים, והן הפנימיות הכללית שבכלל העולמות, שכלפיה מתייחסות המידות וההרגשות האלוקיות.

אהבת ה' ויראת ה' הן מצוות עשה. אכן, קשה לצוות על רגשות, ולכן מוסבר בספרים שהציווי אינו מתייחס להרגשה אלא מצד אחד למחשבה ולהתבוננות היוצרות את הרגשות, ומצד שני למעשים שמבטאים הרגשות.[9] ועם זאת, אין אנו פטורים מלדרוש את הרגשת האהבה. שכן ההרגשה שבכל המידות היא המגלה את הפנימיות וה'נפש' של המידה, זו שדוחפת ומעלה ומחיה אותה. כפי שמובא

8 איגרת הקודש טו.

9 ראו רמב"ם הלכות יסודי התורה ב,א; תניא פרקים טז, מד.

בתניא בשם הזוהר[10] שכל עבודה – בתורה במצווה ובתפילה – בלא דחילו ורחימו לא פרחא לעילא (בלא יראה ואהבה לא עולה למעלה). כלומר, שגם אם המעשה או הדיבור כשלעצמם מבטאים אהבה, הם אינם עולים למעלה מהעולם הזה בלי הרגשה של אהבה ויראה (שהן אבות לכל מיני ההרגשות). וכפי שגם רואים ומרגישים בנפש שהרגשת האהבה והיראה מעלות אותנו ממש למעלה מעולם המעשה יותר מכל מחשבה והבנה שכלית שכך צריך לעשות.

מוח שליט על הלב

בתחומה הגלוי של הנפש מערכת היחסים בין השכל והמידות היא שהמוח שולט על הלב. שולט במובן זה שההכרה השכלית מולידה את המידות־הרגשות ומוציאה אותן אל הפועל. ההכרה קובעת מה יהיה הנושא שאליו תתייחסנה המידות ובאיזה אופן. ולמשל, אם הנושא רצוי ההתייחסות תהיה באהבה והתקרבות ואם הוא בלתי רצוי היחס יהיה של ריחוק ויראה וכיוצא בזה.

בהרבה מובנים המידות הן מרכז האדם. בהן נמדד האדם, בהן נוכח ה'אני' שלו ובהן הוא משתנה ומתקן את עצמו. יתרה מזו, כפי שמבואר במקומות אחרים כל תפקידו ותכליתו של האדם, שבעבורם ירדה נשמתו לעולם הזה, היא העבודה עם המידות דווקא.[11] המידות אומנם אינן בשליטתו הישירה של האדם, ואולם מהות השכל היא שאדם יכול להחליט ברצונו על מה לחשוב ועל מה לא לחשוב. וככל שיחשוב ויעמיק בנושא מסוים הוא יכוון ויגדיל את המידות באותו הכיוון. וכאשר יחשוב ויתבונן בגדולת ה' ובחסדיו שמחיים בכל רגע את כל העולמות וגם את עולמו הפרטי, ובאחדותו שכוללת הכול ובייחודו שאין עוד מלבדו – יעורר ויכוון את מידותיו להתייחס אל האלוקי, לגדול ולהתעצם בו.

10 תיקוני זוהר תיקון י; מובא בתניא פרקים לט-מ בהקשר זה.

11 שכן משכן הנפש הבהמית של האדם הוא במידות (תניא פרקים ט, לז) ולכן העבודה של תיקון המידות היא בעצם תיקונה של הנפש הבהמית, שעל מנת לתקנה ירדה נשמתו האלוקית של האדם לעולם הזה.

לביטוי 'שליט' יש גם מובן של כפייה, בדומה לשלטונו של המלך שאינו מותנה בהסכמה וברצון הטוב של נתיניו. השלטון לא מחויב לרצונו והסכמתו של המקבל ויכול להיות גם כנגד הרגשותיו הטבעיים. וכך גם במערכת היחסים בין השכל והמידות. המוח לא רק מוליד את המידות מלכתחילה בכיוון שהן צריכות ללכת, אלא שהוא יכול לפעול גם על המידות הקיימות כבר ולכפות את האדם שיפעל גם בניגוד לרצון המידות שלו. זה אכן קשה, אבל אפשרי, כי זו מהות השלטון שאינו מותנה ואינו כפוף לדבר מלבד לרצונו העצמי של השליט, הוא המוח השליט על הלב.

עם זאת, היחסים בין השכל והרגש הם מורכבים יותר מההגדרה הפשוטה של שלטון. השכל לא מהווה את הרגש מאין, הוא רק 'מיילד' אותו, מה שאומר שלרגש יש שורש נפרד מהשכל. יותר מזה, בספרים מבואר שהשורש של הרגש־המידה הוא אף פנימי יותר וקרוב יותר לאין סוף מהשכל.[12] אומנם כוחו העצום של הרגש הוא גם חסרונו. משום שיש ברגש מגלויי העצמות הבלתי מוגבלים הוא אינו רואה ואינו מתחשב ברגש השונה ממנו, ודבר זה אינו מאפשר לו להשתנות, להתקשר ולהכיל את הרגשות והכוחות האחרים שבנפשו. לעומתו השכל שמוגבל בכלי השכל, הוא קר ומנותק מסערות הרגש וגילויי האין סוף, ולכן הוא יכול לראות דברים מכמה צדדים להיות ביקורתי ולשקול ולקבל הכרעה. הוא אולי לא ממריא גבוה כל כך, אבל הוא לא מתבלבל ולא נופל בקלות. בלשון הקבלה אפשר לומר שלשכל יש כלים גדולים ואורות מוגבלים ולרגש יש אורות גדולים וכלים קטנים.[13] הדבר מסביר את הצורך בכך שהמוח יהיה שליט על הלב כעיקרון שבונה את היחסים בין כוחות הנפש; שמגביר את המסודר והמתוקן על התוהו והשבור, ושמאפשר את הביטוי השלם של כלל המידות מבלי שישרפו אחת את השנייה ואת עצמן.

12 ראו עוד בעניין זה לקמן סעיף 'בהמה רבה'.

13 ראו עץ חיים שער י, שער התיקון, פרק ה; תורת חיים ט,א; דרך מצוותיך קסו,ב ובמקומות רבים בספרי החסידות. וראו כל זה באריכות לקמן בפרק 'העולמות הקדומים'.

בעבודה שבלב, 'מוח שליט על הלב' היא 'דרך ארוכה' בניגוד ל'דרך קצרה'.[14] הדרך הקצרה, שאינה מצויה לכולם ולא תמיד, היא לרוץ עם האהבה עד כלות הנפש. דרך זו נקראת קצרה לא רק משום שמגיעים מהר יותר, אלא בעיקר משום שהיא קצרה וייתכן שאינה מגיעה עד ליעד; אפשר ליפול ואפשר להישרף ואפשר פשוט להיתקע בדרך בלי לדעת שלא הגעת. לכן הדרך להגיע לאהבה ה' אמיתית בתפילה עוברת דרך ההתבוננות השכלית כדי שתקדם לאהבה וכדי שהאהבה תתייחס אליה. להתבונן בעניין אלוקי, להבין את המילים ולהגיד אותן. ההשפעה של המוח על הלב, אינה מיידית, יש כאן מעבר ממדיום אחד לאחר, משכל לרגש, וזה דורש זמן של הסתגלות. בפרק הזמן הזה יכול להיות ש'מוח שליט על הלב' נעשה בכפייה. אבל כאשר עוברים את השלב הזה - אי שם בין פסוקי דזמרה לקריאת שמע - לרגש שיתעורר אז יהיו הכלים והכוחות לקחת את האהבה לדרך ארוכה, עד לדבקות בקב"ה בעצמו.

הבנים

ההגדרה שהשכל מוליד את המידות נוגעת בדימוי הטעון של הקשר שבין הורים לבניהם - השכל מייצג את דור ההורים והמידות את דור הבנים. זה איננו רק דימוי שכלי, זה דימוי שרווי בהרבה רגש שכל אדם מכיר ומזדהה איתו, בין כילד ובין כהורה. לעיל, בעיסוק בספירות השכל, הוצג הדימוי הזה בעיקר מהצד של ההורים, האימא והאבא. כאן, בספירות המידות, הוא יוצג מהצד של הבנים.

הקשר של הורים וילדים הוא קשר מורכב. מצד ההורים אין ביטוי פנימי וקרוב יותר למהותם מאשר ילדיהם. הם ההמשך של ההורים עצמם יותר מכל יצירה אחרת של ההורים. מצד שני, מצד הילדים, הם אדם לעצמו, שאמור לחפש את עצמותו מעבר לקשר שלו אל הוריו. בתור בנים המידות הן ספירות מסוג אחר, מדור אחר. הן שייכות לעולם

14 על פי עירובין נג,ב. נזכר בשער של ספר התניא, וראו ביאור תניא שם.

אחר של מושגים ותפיסות עולם, של יכולות ומטרות. ועם זאת יש קשר הדוק בין הדורות, כקשר שבין הורים לילדים. ההורים הם המקור, תבנית הבסיס, והילדים אמורים להמשיך את התבנית הזו אל הדור האחר, אל המושגים והדרישות של העולם האחר. זו מהות המידה.

ההורים לא בוראים את הילדים באופן בלעדי. הם לכל היותר שותפים ביצירת המעטפת, הלבושים בלשון החסידות. דהיינו, הגוף שלתוכו יורדת הנשמה ואחר כך הסביבה והחינוך שהילדים גדלים בתוכם. הלבושים הללו שההורים נותנים לילד שלהם הם בוודאי חשובים ומשפיעים עליו - איזה אדם הוא יהיה בפועל, עד היכן תגענה היכולות שלו ומה יעשה בהן.[15] אבל עצם הנשמה של הילד אינה באה מהם אלא רק עוברת דרכם. כך ויותר מכך הוא היחס בין השכל והמידות. בנפש האדם ישנם דחפים וכוחות גולמיים שמצויים בה מעצם היותה. הדחפים הראשוניים הללו עדיין אינם מידות והרגשות, אבל בעוברם דרך ההכרה השכלית, החוכמה, הבינה והדעת, הם מתגבשים לכלל הרגשות ומידות. לא תיתכן אהבה או יראה באופן מופשט לגמרי, צריך שיהיה מישהו או משהו שאותו אוהבים או שונאים או מפחדים מפניו. מסיבה זו לתינוק יש דחפים אל דברים ונגדם, אבל הוא לא אוהב ולא שונא כי אין לו שכל לבנות הכרה שעל גביה יכולות המידות להתייחס ולהתפתח.

כך גם בספירות העליונות. למרות שהשכל מוליד את המידות, השורש העליון שלהן אינו מתחיל בספירות השכל אלא בכתר שלמעלה מהשכל.[16] השכל רק 'מיילד' את המידות משורשן שלמעלה מהשכל אל מציאותן הנגלית בעולמות. השכל מצייר את האובייקט שסביבו מתגבשות המידות ומתאימות את אופן ועוצמת התגלותן.

כמו הילדים גם המידות 'גדלות'. הגדילה היא תכונה עיקרית של ילדים, וכמו הילדים גם המידות תכונתן היא הגדילה.[17] וכמו הילדים שגדלים לאורם של הוריהם ומוריהם הגדולים, כך המידות גדלות לאורו

15 ראו תניא סוף פרק ב ובביאור תניא שם שהשפעה זו היא רק בלבושי הנפש ולא במהותה.

16 לקוטי תורה ויקרא מז,ב ובמקומות רבים בחסידות.

17 בהקבלת חלקי הנפש אל יסודות העולם: המלכות מקבילה לדומם, המידות לצומח,

של השכל, וכפי שרואים בנפש שגידול המידות תלוי בשכל. ככל שהשכל קטן, כך גם המידה תהיה קטנה ותתייחס להיקף מוגבל של המציאות. וככל שהשכל גדל ומתייחס אל מציאויות מופשטות ונבדלות ממנו גם המידה תגדל. היא לא תשתנה במהותה, אבל יהיה בה יותר מקום להגדרות מורכבות ומשוכללות יותר שתאפשרנה לרגש לגדול ולהתרחב בצדדים שונים. בניגוד לשכל קטן, יכול שכל גדול להכיל מציאות מורכבת שיש בה חללים וגם סתירות פנימיות. אכן, שלא כמו הילדים הגשמיים, ככל שתגדלנה המידות הן לעולם לא תהפוכנה לשכל, והשכל מעולם לא יהיה מידה. השכל הוא לעולם שכל ו'גדול', והמידה היא לעולם מידה ו'קטן'. זה אומר, שהילדוּת של המידות היא מהותית, תמידית; לא שלב עובר אלא מהות אחרת מהשכל. במהות המידות יש לפיכך חוסרים שלעולם לא יושלמו ולעולם הן יצטרכו לקבלם מהשכל, ויש בהן מרחבים של עומק ורום שלא ישערם השכל.

קשרים מורכבים אלה בין השכל למידות, מניבים השלמה ותוספת לשני הצדדים. המידות מקבלות כמובן מהשכל, אבל גם השכל מקבל מהמידות. השכל הוא במהותו מוגבל שכן הוא אינו יכול להגיע מעבר לגדרי השכל. ואולם על ידי הקשר שלו אל המידות הוא יכול גם להרגיש את הדברים שהוא מבין, ואז הוא מתעלה וגדל מעבר למהותה המוגדרת והמרוחקת של ההשכלה אל תפיסת עצם הדבר שבתוך כל ההגדרות והלבושים. כמו שההורים נותנים לילדים את חיי העולם הזה והילדים נותנים להורים את חיי הנצח, כך השכל נותן למידות את קיומן וגדרן בחיי העולם והמידות נותנות לשכל המשך וקיום גם מעבר לגדרי השכל ובכלל.

עבודת התפילה היא זו שקושרת את ההתבוננות השכלית אל המידות וההרגשות שבלב. כאשר מרגישים את ההשגה השכלית בגדולת ה' וברוב חסדו – ביראה ובאהבת ה' ובחשק וחפץ להתקרב

הבינה (אימא) לחי והחוכמה (אבא) למדבר. ייחודו של הצומח על פני הדומם הוא בגדילה, ולכן מודגשת הגדילה במידות דווקא.

אליו – הדבר מביא את האדם לקיום המצוות במעשה, ובכלל זה לתיקון כל מידות הנפש שתהיינה מאוחדות ומיוחדות באלוקי.[18] ואפשר אולי להוסיף על כך שעבודת התפילה מביאה גם את הרגשת הלב ואת פעולת המצוות אל השגת המוח. וכלשונו של אדמו"ר הזקן "על ידי שמתקן מעשיו נעשה לבו ומוחו זכים אלף פעמים ככה".[19]

כפולות

בספר יצירה נקראות המידות 'כפולות'.[20] פירושו של דבר שהמידות כוללות בתוכן כפל פנים, ללא הכרעה גלויה לצד זה או אחר. בביאור הכפילות הזו ניתנו פירושים שונים,[21] אבל הפירוש שמקצין את הכפילות לשני ניגודים הוא הכפילות של קודש וקליפה הנמצאת בכל אחת מהמידות.[22]

לכאורה הגדרת הכפילות במשמעות של קודש וקליפה, היא בעייתית; כי איך ניתן לומר על הספירות האלוקיות שיש בהן צד של קליפה? אומנם בתפיסת החסידות (והקבלה) יסוד עולמנו ועבודת ה' שלנו הוא שבעולם הזה טוב ורע וקודש וחול מעורבים, והבחירה ביניהם נתונה בידיים שלנו. מהות זו של עולמנו יכולה אומנם להורידו לעומק הקליפות הרעות, אך גם להעלותו לגבהים של קדושה שלא היה מגיע אליהם באופן אחר – לעצם האלוקי שמעבר לכל העולמות. בלשון הקבלה

18 על פי לוח היום יום כ"א חשוון: "עבודת התפילה היא המביאה את השגת המוח בהרגשת הלב, ושניהם יחד בעבודה בפועל בעשיית המצוות, ביראת שמים וקנין מדות טובות".

19 תורה אור א,ב; לקוטי תורה לז,א.

20 ספר יצירה א,א.

21 ההסבר המקובל הוא ש"שבע כפולות" הנזכרות בספר יצירה רמוזות בשבע האותיות בג"ד כפר"ת שהן נהגות באופן כפול – עם או בלי דגש ("תבנית רך וקשה" – ראו ספר יצירה ד,א). וכפילות זו מורה על צד החסד וצד הגבורה, דינא רפיא ודינא קשיא (על פי תיקוני זוהר תיקון ע).

22 ראו בפירושו של המשפיע שלמה חיים קסלמן לתניא פרק ג ובהרחבה ב'הלקח והליבוב'.

והחסידות, עולמנו הוא עולם של 'קליפת נוגה', הקליפה שבין הקדושה לטומאה.[23] קליפה זו מכסה ומסתירה את האור האלוקי אבל יש בה גם נוגה, אור וגילוי אלוקי. כזו היא מציאות החולין שלנו, שיש בה פוטנציאל של טוב ושל רע, של קודש ושל טומאה. וכך גם במידות המהוות ומחיות את העולמות, שאף בהן מצויה שורשה של אותה כפילות.

אכן בספירות הקדושות עצמן אין מציאות בפועל של רע וקליפה, אלא רק הסתר לכאורה, שמאפשר את היווצרות הרע בפועל בעולם. ואף זאת, רק בירידה אחר ירידה, מעולם לעולם נמוך יותר, הופך הפוטנציאל לממשי יותר ויותר עד שבעולם הזה שלנו הקליפה היא האפשרות שנראית כמובנת מאליה שצריך מאמץ רב שלא תהיה בפועל.[24]

ביטוי לזה נמצא בסיפורי האבות. האבות עצמם היו בדרגה של 'מרכבה' למידות שבאצילות.[25] דהיינו, שהווייתם העצמית, תפיסת עולמם והרגשתם, הייתה בעולם האצילות, ואף פעולתם בגוף הגשמי בעולם העשייה לא הייתה אלא ביטוי למידות הקדושות שבאצילות; אברהם למידת החסד, יצחק למידת הגבורה ויעקב למידת התפארת. ואולם בדרגות נמוכות יותר, אצל חלק מצאצאיו של אברהם, שחיים בעולמות הנבראים, מתגלה גם צד הקליפה של המידה. ישמעאל בנו של אברהם נושא עדיין את מידת החסד של אביו אבל בפנים של ניאוף. גם ליצחק יש שני בנים שמבטאים את הכפל שבמידות: יעקב בצד הקדושה, ועשו בצד הקליפה בגבורה של רציחה.[26]

רק לעתיד לבוא, בזמן שבו יוצדקו כל קורות העולם, תוצדק גם הכפילות שיש במידות. באותו הזמן שני הצדדים לא יסתרו עוד אחד את

23 ראו תניא פרקים ו-ז.

24 כתיאור שנמצא בכמה מקומות: עולם האצילות כולו אור וגילוי אלוקי; עולם הבריאה רובו אור ומיעוטו חושך; עולם היצירה חציו אור וחציו חושך, ועולם העשייה רובו חושך ורע ומיעוטו אור וטוב (עץ חיים שער מב פ"ד; שם שער מז פ"ד; לקוטי תורה במדבר ג,ד, ובמקומות רבים בחסידות).

25 על פי בראשית רבה פרשה מז,ו. וראו תניא פרק יח; תורה אור עא,ב ועוד במקומות רבים.

26 ראו פסחים נו,א; איגרת הקודש ב; תורה אור כ,ב; תורת חיים תולדות ג,ד ואילך ועוד.

השני אלא ישלימו זה את זה בעילוי שלא יכול היה להיות ללא הקדמת החילוק ביניהם. בלשון הקבלה מתוארת מציאות זו כ"אורות דתוהו בכלים דתיקון". ומוסבר שכל מציאות מורכבת מאורות וכלים, האורות הם התוכן והכלים הם המלבישים את האורות ומגלים אותם בעולמות. כאשר האורות מתגלים בכלים הם נקראים אורות וכלים של תיקון. ויש אורות גבוהים יותר שהכלים אינם יכולים להכיל אותם כתוצאה מכך הם נשברים ונתפסים למטה כמציאות של קליפה שאין בה קדושה. וזה מה שיוצר את הכפילות הקיימת כעת במידות של קדושה וקליפה. אך לעתיד לבוא, כשתושלם עבודת האדם בתיקון ובהרחבה של הכלים יתגלו גם האורות הגדולים של התוהו בכלים המורחבים של התיקון.

בחסידות ישנה התייחסות מרובה למחשבות הזרות הבאות לאדם בשעת התפילה.[27] המחשבה מבטאת את המידות שבנפש, והמחשבה הזרה היא הביטוי לצד האחר של המידות שאיננו קדושה. אפשר לראות את המחשבות הללו כהפרעה לכוונת התפילה, אבל אפשר גם לראותן כביטוי לכפילות שיש במידות (שבנפש ובעולם) ולהשתוקקות הצד האחר של המידות לצאת מן הקליפה ולעלות לקדושה. האור השבוי בקליפה מתגלה לאדם דווקא בשעת התפילה כדי שיעזור לו לצאת מהקליפה. הוא לא יכול בעצמו, הוא צריך שמישהו יחשוב אותו לטובה, שיכיר שהוא אור אלוקי, שיבקש עליו רחמים, וזה בדיוק מה שאדם עושה כשהוא מתפלל. זה כמובן הופך את התפילה לעבודה. לא רק אהבה בתענוגים, אלא עבודה ועיבוד של מחשבות והרגשות שמנוגדות לכאורה לתוכן התפילה. בחסידות מוסבר שכדי לעמוד בעבודה זו צריך המתפלל לאמונה גדולה בכך שהקב"ה נוכח אפילו במחשבה הזרה שמפריעה לו בתפילה.[28] וגם לאמונה חזקה בכוחו להפוך את המחשבות הללו מהפרעה לַתפילה לחלק מהתפילה עצמה.

27 ראו בעש"ט על התורה עמוד התפילה אות קטו והלאה.
28 ראו בעש"ט על התורה עמוד התפילה אות טו. וראו איגרת הקודש כה.

קשה לעשות זאת במחשבה מופשטת לגמרי, ולכן מוצעת בספרים דרך להאחיז את ההיפוך הנפשי הזה באותיות שמתפלל בהן. כגון בדרך של חילופי אותיות, שהמילה 'צרה' תהפוך ל'צהר', 'נגע' ל'ענג' וכיוצא בזה.[29] השינוי במילה הנאמרת, ואפילו בכוונתה בלבד, יכול לפעול את השינוי גם במציאות ממש. ויש אופן שגם בזה אין צורך, אלא כשאדם מתבונן בעומק דעתו באמונה שהכול מאת ה' ושגם צד הקליפה שבמידות לא בא אלא כדי שיתגבר עוד יותר בכוונתו מצד הקדושה – הדברים נפעלים כך במציאות, וצד הקליפה עולה ונכלל בקדושה.[30]

פרצוף זעיר אנפין

לעיל דובר על פרצופי האצילות.[31] פרצוף המידות הנקרא 'זעיר אנפין' כולל את כל שש המידות – מהחסד ועד היסוד – והוא מיוחד בין שאר הפרצופים בהיותו פרצוף אחד המורכב מכמה ספירות. דבר זה מבטא מצד אחד את הקשר ההדוק בין ספירות המידות עד שבעולם האצילות הן כמהות אחת ממש, ומצד שני את היות מהות זו נסתרת בעולמנו עד שאנו רואים אותן כספירות וכוחות נפרדים ואפילו מנוגדים זה לזה. אפשר להסביר זאת כך: מלמעלה למטה, מצד האלוקי שפועל ומתגלה ספירות, המידות כולן מבטאות מהות אחת שפועלת ומתגלה בכל הצורות. ומלמטה למעלה רואים רק את הפעולות הנפרדות ולא את מי שפועל בהן.

כמו בעולם כך בנפש. האדם רואה את עצמו בכל צדדי הרגשותיו ומידותיו והוא יודע שהם כולם ביטויים שלו עצמו. מה שאין כן אנשים אחרים, שאינם רואים את האדם אלא רק את תוצאות מעשיו, יחשבו

29 כתר שם טוב אות רפה, ובמקומות רבים בכל ספרי החסידות. וראו בפרדס ערכי הכינויים ערך 'נגע'.

30 ראו על כל זה באריכות באיגרת הקודש כה. וראו תניא פרק כח. בלשון אחרת ראו בכתונת פסים בלק מג,ב; בעש"ט על התורה נח אות קלד.

31 לעיל פרק 'עשר הספירות' סעיף 'פרצופים'.

שאלו מעשים ותגובות של אנשים שונים. היכולת לראות את האדם עצמו שבתוך המידות, ואפילו באדם עצמו לראות את נשמתו היחידה בתוך כל ההרגשות שהוא מרגיש - היא הסוד של עליית האדם במעלות הרוח. כי ככל שעולמו של האדם הוא נמוך וגשמי יותר הוא נפרד לחלקים שלכאורה אינם קשורים זה בזה. וככל שהאדם עולה יותר בעולמות הרוח הוא מגלה את הקשרים הפנימיים, הסיבתיים והרגשיים, בין הגילויים השונים, את האחדות שבתוך הפירוד, את הנשמה הקדושה שבתוך האדם ואת האלוקי שבתוך העולם.

את התהליך אפשר לתאר, על דרך משל, כפי שהוא אצל הבנים. תחילה היו הבנים כולם בטיפת האב ובהירין האם. שם היו באחדות ממש, בגוף אחד. לאחר הלידה נפרדו הבנים וכל אחד הוא בגוף לעצמו ובמהלך חיים נפרד. ועם זאת, גם בבגרותם הם לעולם יהיו אחים הקשורים זה לזה. אכן, לא באחדות הגמורה הנעלמה שהיו בה לפני הלידה, אלא במבנה משוכלל יותר שקושר ביניהם כמו בין איברים שונים של גוף אחד. מבנה משוכלל זה שבו הנפרדים לכאורה קשורים בתוך מבנה אחד, תוכן אחד ומסר אחד - הוא המהות המופלאה של פרצוף 'זעיר אנפין' שבעולם האצילות.

התרגום של 'זעיר אנפין' הוא 'פנים קטנות'. ל'פנים' יש גם מובן של פנייה, ובמובן זה הפנים הקטנות הם הפנייה של הגדול אל הקטן. הגדול הוא הקב"ה והקטן הוא העולם והאדם, כי כמה גדול שיהיה האדם או העולם הוא לעולם יהיה קטן ביחס לאלוקי. אין לנו הסבר לפנייה הזו שהקב"ה פונה אלינו, זה פלא גדול יותר מעצם קיומו של האין סוף, שהוא יכול ורוצה לצמצם את עצמו למידות אלו של זעיר אנפין.

למעשה, הפנייה האלוקית של זעיר אנפין אל האדם תלויה בפנייה של האדם אל האלוקי. כאשר האדם פונה מעולמו הגשמי אל האלוקי האין סופי בכל המידות שבנפשו, באהבה וביראה וכן הלאה, הוא בונה לגביו את זעיר אנפין של מעלה.

הפנייה השלמה של זעיר אנפין נבנית במהלך ספירת העומר. בשבוע הראשון מתחילים במידה הראשונה, החסד. ביום הראשון

מחפשים בנפש את החסד שבחסד ומפנים אותו מתוך העולם הזה אל האלוקי. ביום השני את הגבורה שיש בחסד, ואחר כך את התפארת ואת הנצח עד המלכות שבחסד. בשבוע השני עוברים למידת הגבורה וכן הלאה עד למידת המלכות שבמלכות בתשלום שבעה שבועות.[32]

בהמה רבה

בחסידות ישנה תפיסה נוספת של היחס שבין השכל למידות. השכל והמידות באדם הם כבחינות אדם ובהמה שבו. השכל החושב והמכיר הוא בחינת האדם, והמידות המרגישות והמניעות את האדם הן בחינת הבהמה.[33] המשל ליחסים אלה הוא כאדם הרוכב על הבהמה. האדם הרוכב מכוון את הבהמה על פי שכלו שרואה יותר משרואה הבהמה. ואולם הבהמה כוחה רב יותר, והיא יכולה לשאת את האדם במהירות ולמרחק רב יותר ממה שהוא יכול בעצמו.

ליחס בין המידות לשכל יש אפוא שני פנים. הפן האחד, שעליו דובר לעיל, הוא היות המידות למטה מהשכל, מקבלות ממנו ומונחות על ידו. הפן האחר של המידות, הגלוי פחות, הוא היותן למעלה מהשכל, עם השפעה חזקה יותר מהשכל ובלי ההגבלות של השכל. בדרגה גבוהה זו מכונות המידות 'בהמה רבה' (בהמה גדולה).[34]

המידות של 'בהמה רבה' אינן מידות אחרות, אלא הן שורשן העליון של אותן המידות שלמטה מהשכל. ואולם כיוון שיש דרך שהן מדלגות על השכל ומתגלות בדרגתן העליונה ישירות בעולמנו - יש להן גם שם בפני עצמן 'בהמה רבה'. הבהמה רבה אינה באה במקום הבהמה הקטנה

32 כי בספירת העומר כולל 'זעיר אנפין' גם את המלכות (ראו לקוטי תורה במדבר פט,א; צב,ב).

33 ראו תניא פרק ט; תורה אור תחילת פרשת משפטים.

34 המושג הוא רחב מאוד ויש לו פנים רבים בדרגות שונות, כאן נגענו רק בפן אחד. הוא נזכר גם בתניא פרק מו בסופו ובלקוטי תורה ויקרא יג,ב; יט,א. לבירורים רחבים יותר ראו ספר הלקוטים צמח צדק ערך 'בהמה רבה'; מאמרי אדמו"ר האמצעי ויקרא חלק א עמ' י ועמ' רמב.

אלא מתקיימת כמערכת מידות בפני עצמה שמשפיעה בעולמנו מעבר להגדרות והגבלות השכל והמידות הנולדות ממנו.

במושגי הקבלה המידות של בהמה רבה שייכות לאור הכתר המקיף לכל הספירות, והמידות שלמטה מהשכל הן אור פנימי שבתוך כלי הספירות. המידות הפנימיות פועלות בתוך הכלים והגדרים הידועים של חסד וגבורה וכן הלאה. לעומתן המידות העליונות, המקיפות, מהוות את עצם המידה: שתהיה מציאות של חסד, שתהיה גבורה ותפארת וכן הלאה. לנפש שחווה זאת זה כמו ההבדל בין כוחות מוכרים שמתגלים בעולמה בעוצמות ואיכויות משתנות, לבין העמידה המפעימה אל מול ההתהוות מן האין של עצם המושג חסד או גבורה וכיוצא בזה.

למידות העליונות של בהמה רבה יש יתרון בכך שהן מגיעות אלינו ישירות מהאין סוף ולא דרך השתלשלות הספירות והעולמות. בכך הן מהוות התייחסות עצמית בינינו ובין האלוקי שאינה מוגבלת ואינה מותנית בשום דרגה והגדרה אחרת.

למידות גבוהות אלה יש גם חיסרון. משום שהן למעלה מהשכל הן אינן נפעלות על ידי השכל בהתבוננות והכוונה כמו המידות שלמטה מהשכל. הן נתונות כביכול בידיו של הקב"ה בעצמו אם להתגלות בהן, ולכאורה אין לאדם רגיל בחירה ויכולת לעבוד ולגלותן בו. ואולם, גם אם אין לאדם השפעה ישירה עליהן, יכולה להיות לו השפעה עקיפה. אופן אחד הוא כאשר הוא מתקן את מידותיו שלמטה מהשכל, בהתבוננות ובעבודה, שאז הן נעשות כלים גם עבור המידות שלמעלה מהשכל. זה לא 'מחייב' את המידות העליונות, אבל זה 'מאפשר' להן להתגלות ולפעול למטה.[35] אופן נוסף הוא כאשר אדם פועל, בין מאהבה ובין מיראה, במסירות נפש, ואפילו בוויתור כלשהו ובחוסר התחשבות בעצמו בעבודה שעולה למעלה מהשכל. עבודה כזו יכולה להתבטא גם בדברים קטנים, כמו נתינה של צדקה, בגשמיות וברוחניות, ואפילו בכל

35 ראו תורה אור ויקהל מאמר ראשון פו,ג והלאה.

מצווה שנעשית לשם שמיים. עבודה כזו במסירות נפש פותחת צוהר בסדר ההשתלשלות, ודרכו הוא יכול לקבל גם מהמידות העליונות, מהבהמה רבה.

כיוון נוסף של עבודה נרמז בכתוב בתהלים "ואני בער ולא אדע בהמות הייתי עמך".[36] 'בהמות' בלשון רבים כוללת גם את 'בהמה רבה'. ומשמעות הדברים שגם דרגת בהמה רבה היא רק בהמה כלפי הקב"ה בעצמו, ונאמר עליה "ואני בער ולא אדע". וכשאדם מתבונן בזה, ובוחר שלא להתייחס אל גדלות עצמו, אפילו במידות העליונות, אלא אל קטנות עצמו כלפי הקב"ה – זוהי עבודה שנוגעת בכוחות הבהמה רבה. מלבד מעלת הענווה שיש בזה, נלמד מכך דבר חשוב: שכל הדרגות קרובות ורחוקות מהקב"ה באותה מידה. ולכן גם מי שהוא כבהמה גשמית ממש יכול להתקרב לקב"ה בכל עת מהמקום שהוא נמצא בו לא פחות מגדול החכמים שגם הוא כ'בהמה' כלפי הקב"ה עצמו.

36 תהלים עג,כב. וראו תניא פרק מו בסופו.

פרק שמיני

חסד

הראשונה בין המידות היא מידת החסד. ראשוניותה של מידת החסד איננה רק מצד התייחסותה אל המידות האחרות אלא יש בה צד מהותי הנוגע לאופייה של מידת החסד כשלעצמה. בדימוי של המידות כבנים, החסד הוא הבן הבכור. הבכור נולד ראשון, ובהתחלה הוא בן יחיד שמקבל לבדו מאביו ואימו. אך גם אחרי שנולדו האחים האחרים נשאר בו מאותו מעמד של בן יחיד, שכן בהיותו האח הגדול הוא מתווה את הדרך שבה עוברת ההשפעה מההורים לאחים האחרים.[1] החסד הוא עצם ההשפעה האלוקית אל תוך העולמות, כמו אור עצום ללא גבולות, והספירות האחרות הן כולן צורות ההתייחסות אל השפעת החסד: בהגבלה, בהמשכיות, בקבלה ועוד. כל זה הופך את החסד ליסוד של כל המידות שכולן נמדדות ומוגדרות בהתייחסותן אל מידת החסד.[2] בפרקים הבאים

1 ראו בעש״ט על התורה פרשת נח אות לא.

2 בלשון הזוהר נאמר שמידת החסד היא ״יומא דאזיל עם כולא יומין״ (היום שהולך עם כל הימים. כלומר, המידה שכל המידות הולכות איתה). ראו זוהר חלק א מו,א; חלק ג קג,א; קצא,ב. עניין זה מובא גם בכתבי האר״י ז״ל ובחסידות. ראו עץ חיים שער כה דרוש ב; פרי עץ חיים שער חג הסוכות פרק א; לקוטי תורה במדבר ל,ב; דברים עו,ב.

יבואר כיצד כל אחת מהמידות היא כוח אלוקי אחר, אבל כזה שנבנה על גבי מידת החסד הראשונה.

את כלל עבודת היום צריך להתחיל במידת החסד. "וישכם אברהם בבקר"[3] – אברהם אבינו הוא מידת החסד שבנפש, ועם המידה הזו צריכים לקום בבוקר, לחשוב ולהרגיש אותה, וממנה לצאת לעבודות היום הפרטיות. להתחיל בחסד, לאו דווקא כחסד מסוים אלא כהנחת יסוד: שהקב"ה הוא תכלית הטוב, והוא אוהב אותנו ומחיה אותנו ומשגיח עלינו בשלמות. ההתחלה בחסד היא היסוד לתפילה ולכל עבודת היום שיהיו מעתה בסימן החסד והאהבה.

גדולה

בספרי הקבלה הקדומים נקראת ספירת החסד 'גדולה'.[4] וכן היא מכונה בפסוק שפורט את הספירות: "לך ה' הגְּדֻלה והגבורה והתפארת...",[5] וכך גם בתפילה "הגדול הגיבור והנורא". 'גדולה' היא הכינוי המופשט יותר למידת החסד. לא כפי שהיא מצד מקבל החסד, אלא כפי שהיא בעצמה, כמידה של האלוקי כשלעצמו שהינו 'גדול' בעצמו לאין סוף. הכינויים כמובן קשורים זה בזה, שכן בשל היותו גדול הוא מתפשט בתנועה של חסד לכול, ובשל השפעת חסדו הוא גדל ומתפשט, אך עדיין יש מקום לדבר על הגדולה כשלעצמה.

"לגְדֻלתו אין חקר" אומר הכתוב,[6] שכן גדולתו של הקב"ה היא גדולה שאין לה הגבלה. לאדם יש הגבלה במקום, הגבלה של השגה והגבלה של יכולת. לקב"ה אין הגבלות, כל שהוא רוצה כך הווה, ולכן אף גדולתו היא בלתי מוגבלת והיא הולכת ומתפשטת לאין קץ. אומנם בתוך מציאות העולמות המוגבלת נדרשת גם התפשטות הגדולה האלוקית

3 בראשית יט,כז; כב,ג.
4 ראו לקוטי תורה דברים יז,ד.
5 ראו דברי הימים א כט,יא; ירמיהו לב,יח; נחמיה ט,לב.
6 תהלים קמה,ג.

להיות בהגבלה;[7] אך מצד עצמה היא גדלה ומתפשטת מעבר לכל גבול שיושם לה, מכל העולמות ומכל המידות. היא איננה גלויה באין סופיותה בעולמנו המוגבל, במידותיו ובחוקי הטבע שלו, אבל היא יכולה להיות גלויה בהשגתנו ובתפילותינו, בשבחים שאנו משבחים אותו ובבקשותינו לישועה ולברכה גם מעבר לגבולות הנראים.

כפי שמוסבר בספרי הסוד, האמת של הגדולה האלוקית היא שאין היא מגלה את גדולתו אלא דווקא את ענוותנותו של הקב"ה. חכמי התלמוד ניסחו זאת כך: "במקום גדולתו שם אתה מוצא את ענוותנותו".[8] כלומר, עבור מהותו האין סופית, התלבשותו במה שנראה לנו כ'גדולה' היא מבחינתו ענווה לאין ערוך. על דרך משל, אב חכם המשחק עם בנו בשעשועי הקטנים, והוא יורד ומתלבש בענוותנותו בתפקיד המלך במשחק בנו. המלך הוא אולי תפקיד חשוב במשחק הקטנים, אבל בעיני אדם גדול, מגלה האב בכך דווקא את ענוותנותו ולא את גדולתו. וכך, ובאין ערוך יותר מכך, היא התגלות הענווה האלוקית בגדולה. ולמרות שבכל המידות מתגלה ענוותנותו, הרי במידת הגדולה, שהיא לכאורה הפך הענווה, היא מתגלה ביתר שאת.

גם בעבודת ה' של כל האדם הגדולה האמיתית כרוכה בענווה. אך לא כמו הגדולה האלוקית, אלא כתמונת ראי לה. כשם שהקב"ה מקטין את עצמו בעבור אהבתו אותנו ומתלבש בגדולה לפי המושגים שלנו, כך לעומתו מצמצם האדם את התפשטות הגדולה והישות שלו בעולם הזה כדי להידבק בגדולה האלוקית. הצמצום והענווה הם שקושרים בין האדם לקב"ה, בין הגדולה שלו שתהיה במידת האדם ובין הגדולה של האדם שתהיה במידתו של האלוקי.

באחת מאיגרותיו לחסידים מבחין אדמו"ר הזקן בין החסד האנושי שמצד הקדושה, לבין החסד שמצד הקליפה.[9] בעולם של קדושה, המתייחס

7 כך מתואר במדרש כיצד בבריאת העולם הייתה עוד ועוד התפשטות של חסד בלי גבולות, עד שבאה מידת הגבורה והגבילה אותה. ראו חגיגה יב,א; בראשית רבה ה,ח, ובספרי חסידות במקומות רבים.

8 מגילה לא,א. מובא בהקשר זה במקומות רבים בחסידות.

9 ראו איגרת הקודש ב הפותחת בלשון הכתוב: "קטֹנתי מכל החסדים". אכן, שם לשונו

אל האלוקי, ככל שאדם הוא גדול יותר באמת, הוא יכיר יותר בגדלות האלוקית האין סופית ומתוך כך באפסותו האישית. בהיקף הזה, תפיסתו של האדם את ישותו, את ה'אני' שלו, תהיה מזערית יותר ויותר, עד לביטול גמור שלה. בניגוד לכך הגדולה שמצד הקליפה רואה את עצמה כגדולה, ומשום כך אינה יכולה לראות את הגדולה האלוקית, ואף לא את הגדולה הנמצאת באנשים ובדברים אחרים. ובאמת אין זו גדולה אלא קטנות, כמו ילד קטן שרואה את עצמו בלבד.

הנקודה שבה אדם מגלה את הגדולה האלוקית בענווה האלוקית, היא משמעותית ביותר, כעין קו פרשת המים בעבודת ה' של האדם. שכן נקודה זו היא המעבר מההתייחסות אל הקב"ה המתגלה בעולמות ובאדם (=גדולה), אל הקב"ה בפני עצמו, כפי שהוא מעבר לעולמות ומעבר לגילוי, כפי שרק הנפש האלוקית כשלעצמה יכולה להתייחס ולהיכלל בו (=ענווה).[10] וכדרישה הגבוהה של עבודת ה' בחסידות,[11] של עבודה בביטול גמור של ישותו, אפילו לא כדי שידבק הוא באלוקי, אלא רק עבור ייחוד (איחוד) הקב"ה והשכינה,[12] ובאופן שישות האדם לא נוכחת שם כלל.

ולמעשה, מה שיכול כל אדם לעשות כדי להתקרב לעבודה כזו הוא להתבונן קודם התפילה לא רק בגדולת ה' אלא גם בקטנותו ובאפסותו שלו. על דרך האמור בשולחן ערוך[13] שקודם התפילה יחשוב ברוממות האל יתברך ושפלות האדם. כך כשמגיעים לתפילה

של אדמו"ר הזקן היא "חסד דקדושה" ו"חסד דקליפה", וכאן ההתייחסות היא להרגשת הגדולה שהיא התגובה של האדם לחסד שהוא מקבל מלמעלה. אם היא גדולה של ישות שמצד הקליפה, או גדולה של התבטלות לגדולה האלוקית שמצד הקדושה.

10 ראו תורה אור ד"ה לא תהיה משכלה וכו' עט,ב.

11 ראו תניא פרקים י, מא, מד בשם הזוהר (רעיא מהימנא חלק ג רפא,א): "כברא דאשתדל בתר אבוי ואמה, דרחים לון יתיר מגרמיה ונפשיה" (כבן העושה עבור אביו ואימו שהוא אוהב אותם יותר מאשר את עצמו). ובכלל היא עבודה ב'אהבה רבה' ו'יראה עילאה' כפי שיבואר בהמשך הפרק ובפרקים הבאים.

12 ראו תניא פרק י ועוד.

13 איגרת התשובה פרק י; לקוטי תורה במדבר לה,א ; קונטרס התפילה עמ' 23; אתהלך לאזניא עמ' לד ובמקומות רבים.

היא תהיה עד כמה שניתן נקייה מכל חציצה של 'גדולתו' האישית של האדם. ומתוך כך יכול כל אדם, לפי שיעורו ומדרגתו, להגיע לגדולה האישית האמיתית שלו הדבוקה בענווה האלוקית. וכמו שמקדים ואומר אברהם אבינו (הגדול בענקים) קודם לתפילתו: "ואנכי עפר ואפר".[14]

חסד

את מידת החסד רואים בנתינה שמשפיע בעל החסד: אור וגילוי וכל דבר שמושפע ברוחניות ובגשמיות, בהרחבה ובלי הגבלה מצד עצמו. אבל החסד הוא יותר ממעשה הנתינה, הוא עצם המידה והכוח הנפשי לתת. כוח שאינו תלוי בכוח אחר. לא שֵׂכֶל שמורה לתת ואף לא מציאות שזקוקה לכך, אלא כוח נפש בפני עצמו שנותן ורוצה לתת ומוכרח לתת משום שזו הזהות שלו - 'הנותן'.

במקרא ובמדרשי חכמים מזוהה כל אחד משלושת האבות עם אחת המידות: אברהם חסד, יצחק גבורה, יעקב תפארת. על פי הסוד יש לדברים אלה משמעויות שמיימיות, מרחיקות לכת ביותר, בכך שהאבות הם 'מרכבה' למידות האלוקיות.[15] אך גם בקריאה פשוטה של סיפורי האבות אפשר ללמוד הרבה על המידות הללו, האנושיות וגם האלוקיות. בסיפור שלושת האנשים-המלאכים שבאו אל אברהם נראה שאברהם מקבל את פניהם ונותן להם, לא מפני שהוא חושב שמגיע להם וגם לא מפני שהם צריכים, אלא מפני שהוא לא יכול שלא לתת. יש לו דחף פנימי לתת, והוא חולה כשאין לו למי לתת. לכן מזמן לו הקב"ה את המלאכים בדמות אנשים שבאים מן המדבר כדי שיוכל לתת להם.[16]

14 בראשית יח,כז.

15 בראשית רבה פרשה מז,ו ועוד. וראו תניא פרק יח; תורה אור עא,ב והלאה ועוד. המשמעות היא שאברהם אינו רק אדם שמשפיע חסד, אלא הוא מזוהה לחלוטין עם מידת החסד האלוקית. כל כולו הוא ביטוי גמור ושקוף של החסד האלוקי שבאצילות המאוחד באלוקי. ואם כן, לכל דבריו ומעשיו ולכל הקורה עימו בעולם הזה יש משמעות ומסר נקי של חסד אלוקי.

16 ראו רש"י בראשית יח,א.

החסד האלוקי, כמו החסד של אברהם (עם כל ההבדל העצום שביניהם), הוא אפוא נתינה לשם נתינה. נתינה שאינה מצפה לשום תמורה מצד המקבל, ולכן היא אינה מותנה במקבל ואינה מוגבלת על ידו, לכאורה נתינה אין סופית. ואולם כשמתבוננים בכך המושג של נתינה אין סופית מכיל בתוכו סתירה מהותית. אם החסד הוא אין סופי אין מי שיכול לקבל אותו, ועבור מי שאינו יכול לקבלו הוא איננו חסד וטוב. ההגדרה של החסד היא לכן מורכבת יותר, והיא כלשון הכתוב – "עולם חסד יִבָּנֶה".[17] החסד הוא זה שבונה את העולם, ואם כן הוא איננו רק הלבן של אור אין סוף, אור כזה לא בונה דבר; החסד שבונה עולם הוא החסד שיודע גם לקבל, שנותן לספירות האחרות לרשום עליו גוונים אחרים, לשנות ואפילו להגביל אותו לפי הצורך, להתכופף ולהתאים את אין סופיותו אל הצורך לתת. כפי שהוסבר בתחילת הפרק, המידות כולן מוקרנות על גבי החסד הראשוני בגוונים שלהן, עד שכולם הם בעצם גוונים של חסד. הגבלה תמידית זו של החסד אינה אפוא סתירה לאין סופיותו. אדרבה, היא היא מהות החסד לאמיתו; לתת מעצמו ואת עצמו ממש כדי לאפשר את הנתינה – בלי גבול, לכל דבר, לכל מקום. זוהי שלמות החסד המורה באמת על אין סופיותו, שאינה רק מעבר לכל המידות והדברים אלא גם בתוכם ממש; כחסד של הכלל אבל גם כחסד של הפרטים, של החלקים והחסרים. כחסד שלנו, המגיע לכל אחד כפי שהוא, שיהיה לו טוב בכל הזמנים והמובנים.

עבודת האדם במידת החסד היא גמילות חסדים – כשאדם נותן משלו, בגשמיות וברוחניות, לא כדי לקבל תמורה אלא כדי לתת בלבד. אכן גמילות החסדים של מטה מעוררת וממשיכה השפעת חסד מלמעלה, בגשמיות וברוחניות, ואולם לא כשכר ותשלום, אלא כהמשך החסד מלמטה; זה שנותן הופך להיות גם זה שמקבל. כשהוא נותן אפילו את עצמיותו כדי לתת, הוא יקבל מעצמיותו האין סופית של האלוקי.

17 תהלים פט,ג.

אדם ניגש לתפילה, להידבק ולהתבטל באלוקי, אבל נפשו עדיין קשורה בעולם הזה ואין הוא יכול להשתחרר ולעבור בשער של מעלה. העצה לכך, שנזכרה כבר אצל חז"ל ונוהגת ברוב ישראל, היא לתת צדקה לפני התפילה.[18] מעשה הצדקה הגשמית מחייב את האדם לפתוח עצמו אל האחר הנבדל ממנו בלי חשבון, והוא גם מחייב כביכול את הקב"ה לוותר על עצמותו הנבדלת ולרדת אליו. הצדקה מלמטה מעוררת את הצדקה מלמעלה, פותחת את דלתות החסד והאהבה האלוקית – ומעתה יכול כל אדם לפחות להתחיל להתפלל.

אהבה

להתפשטות של הגדולה ולנתינה של החסד אין סיבה וטעם, הטעם נמצא בשכבה הפנימית יותר של המידה, בשכבת הרגש שבה. לכל המידות יש שכבה פנימית של רגש,[19] והרגש שבפנימיות החסד, הטעם והסיבה של החסד היא האהבה. המילה אהבה קרובה למילה 'אבה', שעניינו רצייה.[20] ישנה רצייה בשכל וישנה רצייה בלב, והאהבה היא הרצייה שבלב. האהבה היא המרגישה את תשוקת הלב ואת עונג הסיפוק של הרצייה, ולכן היא הכוח הפנימי שדוחף את הנפש לממש את הרצייה ולהתפשט ולהשפיע כלפי חוץ. עם זאת, לאהבה יש גם מקום לעצמה בפנימיות הנפש, מקום שהוא רחב ועמוק מכל פעולה חיצונית שמבטאת אותו. כמו באדם, רגש האהבה הוא קודם כל חוויה פנימית של האדם ביחס למושא אהבתו, ורק אחר כך הוא מתבטא כלפי חוץ בהשפעה ובנתינה אל מושא אהבתו.

18 בבא בתרא י,א: "רבי אלעזר יהיב פרוטה לעני והדר מצלי. אמר דכתיב: אני בצדק אחזה פניך". רמב"ם הלכות מתנות עניים יט; שולחן ערוך יורה דעה רמט,יד; איגרת הקודש יב ובמקומות רבים בחסידות.

19 ראו איגרת הקודש טו.

20 ראו לקוטי תורה במדבר לא,א; דברים ב,ג; מאמרי אדמו"ר הזקן כתובים חלק א עמ' סה; תורת חיים ויקהל עמ' 868.

וישנה אהבת ה'. האהבה שאדם או מלאך אוהבים את ה'. בהכירנו בגדולת ה', בטובו ובחסדו עם הכול ועימנו בייחוד, בהשגחתו על כל אחד בפרט ובשמירתו אותו - אנו רוצים אותו, את קרבתו והיות עימו, אנו מרגישים בעונג של היות עימו, בהשתוקקות וצמא אל יותר קרבה ומגע - מכאן מתחילה אהבת ה'.[21] מכוחה של אהבה זו אדם מקיים את מצוותיו של ה' ועושה את המעשים שהוא עושה.[22] במחשבתו ודיבורו בתורה בעשיית מצוותיו - הוא מקיים וממש את אהבתו לה', נמצא עימו יחד במקום אחד, בזמן אחד ובמעשה אחד. וכפי שהאלוקי הוא הפנימיות של כל דבר, כך אהבת האלוקי היא הפנימיות והשורש לכל האהבות והרצונות שבעולם.

וישנה אהבת ה', האהבה שלו שהוא אוהב את בריותיו ואוהב אותנו בייחוד. האהבה שהקב"ה כביכול אוהב, היא כוח החיים המהווה ומחיה כל דבר. הכוח שיוזם, שפורץ מגבולות מה שהיה, והולך ומתפשט הלאה הלאה לברוא ולהחיות עולמות ובריות והתרחשויות לאין גבול. האהבה האלוקית לכל כלל ופרט כפי שהוא - זהו בדיוק הכוח שמהווה ומחיה אותו כפי שהוא; וזה גם הכוח וההשפעה שיוצאים מאותו הנברא; השמש המאירה, הרוח המלטפת ומביאה גשם, העץ שגדל והאבן שהיא אבן - כל אלה הווים וחיים כי הם נאהבים והם אוהבים.

בין האהבה האנושית והאהבה העליונה שהקב"ה אוהב, יש כמובן דמיון רב, אך יש גם הבדל רב. כפי ש"לא מחשבותי מחשבותיכם",[23] ולא דיבורו ולא מעשיו של הקב"ה כדיבורינו וכמעשינו,[24] וכך לא מידותיו והרגשותיו כמידותינו והרגשותינו. כמו האהבה האנושית מביאה את

21 מתחילה, שכן כפי שיבואר בהמשך ישנה אהבה גבוהה יותר, ששורשה למעלה מההכרה והבנת האלוקות שבשכל. היא האהבה העליונה המיוסדת על קשר הזהות של הנפש האלוקית עם העצמות האלוקית, מעבר לכל מה שאפשר להבין בזה.

22 כדרשת חז"ל המובאת הרבה בחסידות שהקב"ה לא רק מצווה את המצוות הוא גם עושה אותן; הקב"ה מניח תפילין, שומר שבת, גומל חסידים וכן הלאה. וכלשון הכתוב "מגיד דבריו ליעקב חקיו ומשפטיו לישראל" (תהלים קמז,יט), שהקב"ה מגיד ליעקב את "חקיו", את החוקים שלו שהוא מקיים (שמות רבה ל,ט; ירושלמי ראש השנה א,ג).

23 ישעיהו נה,ח.

24 ראו שער היחוד והאמונה פרק ב.

האדם להתפשט מעצמו ולהתקרב אל נושא אהבתו ולהשפיע בו חסד, כך גם האהבה האלוקית. אלא שהאהבה האלוקית אינה רק מידה של התייחסות אל האחר (שהרי 'אין עוד מלבדו'), אלא היא בעצמה, בעצם אהבתה, יוצרת את ההוויה שאותה היא אוהבת ואת האהבה שהיא אוהבת בה,[25] בוראת כל זה יש מאין גמור אל תוך המציאות. אהבתו של הקב"ה היא לפיכך הכוח המהווה והמחיה בחסדו את המציאות כולה.

כשם שהאהבה היא פנימיות החסד וההשפעה, כך כל הנאהב הוא פנימיות המציאות, פנימיות העולמות. כשאומר הנביא: "אהבתי אתכם אמר ה'",[26] הרי זה מורה על כך שמהות זו של ישראל וכל הקשור בה, הם פנימיות רצונו שבכל הבריאה.

אפשר לחשוב על כך שהקב"ה, האלוקי האין סופי, משפיע ועושה חסד, אבל המחשבה שהקב"ה אוהב ומרגיש נראית לכאורה כהגשמה שאינה ראויה. לעומת הגדולה והחסד שיש להן ביטוי חיצוני, שאפשר להשיגו בנפרד מהמהות הפנימית, האהבה היא מידה של התייחסות פנימית שאין לה כשלעצמה ביטוי חיצוני. הרגשת האהבה מזוהה ומאוחדת עם האוהב בה באופן שאיננו יכולים להפריד ביניהם. על דרך משל באדם, ניתן להבחין בין אדם ובין מעשהו, דיבורו או לבושו, אבל איננו יכולים להבדיל בדעתנו בין האדם והרגשתו. ההרגשה והמרגיש עצמו הם אחד בתפיסתנו, וכשם שאין לנו תפיסה במהותו כך אין לא יכולה להיות לנו כל תפיסה ב'הרגשתו'. מה היא, מה זה אומר, שהאלוקי 'מרגיש'?

ובכל זאת, העובדה שהשפה, גם בתורה, משתמשת באותה מילה לתיאור ההרגשה האלוקית וההרגשה האנושית, מורה שיש קשר. במקומות רבים מוסבר הקשר בכך שההרגשה האלוקית היא המקור להרגשה האנושית; גם אם המרחק הוא גדול כל כך שאין רואים כל דמיון. והמשמעות היא: פנימיות הקשר שלנו אל האלוקי, שגם גילויי האלוקות הפנימיים ביותר, המאוחדים בו עצמו, שאי אפשר להפרידם

25 ומבואר בתניא שמה שכתב הרמב"ם שהוא ודעתו הכל אחד, שהוא היודע והוא הידוע והוא הדעה עצמה - כך הוא בכל מידותיו של הקב"ה (ראו שער היחוד והאמונה תחילת פרק ח).

26 מלאכי א,ב.

ממנו - גם שם אנו מצויים, כפי שאנו מצויים כאן בעולם הזה. הוא לא רק משתמש בנו ככלים למעשיו, ואף אנו לא רק משתמשים בו ככלי למילוי רצוננו, הוא אוהב אותנו ובאהבה הזו עצמה אנו אוהבים אותו. אכן איננו מבינים מהי הרגשה ואהבה אלוקית, אין לנו מושגים ואין לנו קני מידה לחשוב ולדבר על זה, אבל יש בנו יכולת לחוש בזה, באותה אהבה עצמה שאנו אוהבים אותו.

כשאדם מתבונן בברכה השנייה שלפני קריאת שמע, באהבתו של הקב"ה את ישראל בכלל ואותו בפרט, הניכרת בבחירתו בו מכל העולמות שברא - מתעוררת בו האהבה לקב"ה. הניכרת אף היא בבחירתו באלוקי, באהבה וברצון יותר מכל רצונותיו ותענוגיו שבעולם. אהבת עולם אהבתנו ה' אלוקינו, ואהבת עולם אנו אוהבים אותו. איננו יודעים ואיננו יכולים לדעת מהי אהבתו ואיזה טעם יש בה. אבל אנו יודעים שכל האהבה שיש בנו אינה אלא הארת אהבתו אותנו. בידיעה זו מגיעים לקריאת שמע, להיות מסוגלים לשמוע שה' הוא אלוקינו וה' הוא אחד. שאהבתנו וכל חיותנו ממש הם אהבתו בלבד, אין שלנו ושלו, יש רק אהבה אחת, אי אפשר להבין זאת אבל אפשר לאהוב כך, ולכן עוברים מהשמיעה לאהבה "בכל לבבך ובכל נפשך ובכל מאדך".

רב חסד ואהבה רבה

בפנימיות התורה מדברים רבות על דרגה גבוהה ופנימית יותר של חסד, הנקראת 'רב חסד'[27] (חסד גדול). ספירת החסד שדובר בה עד עתה היא

27 הביטוי 'רב חסד' מופיע בתורה (שמות לד,ו-ז), כאחת המידות מ'שלוש עשרה מידות הרחמים' (עליהן ידובר באריכות בפרק 'תפארת' סעיף 'שלוש עשרה מידות הרחמים'). כפי שהוסבר בתחילת הפרק, פעולת כל המידות מתייחסת אל החסד (המידה הראשונה) כאל ה'אח הבכור'. כל אחת היא הטיה וביטוי שלו בכיוון ובאופן המיוחד שלה. וכך גם במידות העליונות שלמעלה מהשכל, שהן מקבלות ממנו את ראשית הווייתן ונותנות לו ביטוי ומימוש בצד המיוחד להן. והמידה 'רב חסד' מציינת לקשר הזה.

החסד שבמערכת הספירות, במידות שנמצאות למטה מהשכל. חסד זה מתקיים בהתייחסות אל נושאי ההכרה השכלית, אוהב ומשפיע אל מה שהוא מבין ויודע בשכלו, ולכן הוא גם מוגבל בגדריה של הכרתו. לעומתו, ה'רב חסד' הוא החסד שבכתר שלמעלה גם מספירות השכל, שאינו מוגבל בהכרת השכל, ויכול לאהוב ויכול להשפיע באופן שלמעלה מההגדרות של השכל. לאהוב ממש את האלוקי עצמו שלמעלה מגילוייו בעולם, כמו גם את האדם האחר, בעצם נפשו שאינה מתגלה במעשיו ודבריו. ולתת ולקבל ישירות, ולא רק דרך הגבלות והגדרות השכל.

מידת רב חסד שייכת אומנם לכתר שלמעלה מהספירות, כשורש נעלם לספירות המתגלות בעולם, אך יש דרכים שבהם הוא מתגלה כפי שהוא למעלה, ישירות בתוך העולם שלנו. כגון, בעקבות מעשה יוצא דופן, של מסירות נפש או פנייה של תשובה גדולה, כזו שמדלגת על עולם שלם של רגשות ושכלים ופונה אל הקב"ה בעצמו. מסירות נפש כזו תֵענה מלמעלה בחסדו הגדול (רב חסד). ולפעמים יתגלה חסד גדול זה מעצמו, בהחלטה של מעלה שמאמינה באדם שהוא יכול יותר והוא מקבל הזדמנות. הארת החסד הזה שחותך את כל גדרי העולם, באופן אישי, היא הדבר הנפלא ביותר שקורה לאדם, היא גילוי הקשר הישיר שלו עם האלוקי בעצמו שלא דרך העולם וחוקיו.

דרך ירידתו של הרב חסד אל תוך העולם אינה כדרך ירידת החסד שבספירות. ירידה שהיא בדרך השתלשלות העולמות, מדרגה לדרגה. כמו באדם, משכלו למידותיו וממידותיו למחשבתו ודיבורו ומעשיו. ירידת הרב חסד היא תמיד ירידה חריגה, שלא כסדר. אפשר להשוות זאת להבדל שבין קבלת שכר לקבלת מתנה. את השכר מקבל מי שמגיע לו, שעשה עבודה מתאימה, מתנה מקבלים דווקא כשלא מגיע, ואולי גם לא מוכנים, אלא רק משום שיש רצון ואהבה מלמעלה לתת.

חסד רב זה, גם כשהוא מגיע למטה הוא לא משתלב בתוך הנפש והעולם, הוא נשאר תופעה חריגה, ובעצם לא נשאר כלל; הוא עושה רושם, פועל פעולה, ולמחרת חוזר העולם למה שהיה. אבל לא לגמרי, נשארת הידיעה שהדבר אפשרי, שיש דבר כזה. אפשר לראות זאת כמו אשראי. אדם לא מקבל שום דבר ממשי, קבוע, אלא רק הזדמנות, עמדת

פתיחה חדשה. זה יכול להישאר כלום, אבל זה יכול לגדול, דווקא משום שהוא מתנה שלא לפי הגבולות שלו, לשינוי שמעלה את האדם למעלה מעלה מגבולותיו ויכולותיו.

דרך ירידתו של הרב חסד מלמעלה למטה מסמנת לאדם את דרכו האישית לעלות למעלה מעלה. כפי שדרך ירידתו הייתה בדרך מתנה, בחסד חינם, כך יכולה להיות הדרך מלמטה: בבקשה לחסד חינם, לא למה שמגיע לנו, אלא ללא שום חשבונות. אפילו משה רבנו, אשר מי בעל זכויות כמוהו, כשהוא בא לבקש הוא מבקש בלשון תחנונים, "ואתחנן", לשון מתנת חינם.[28] בקשה כזו, שאינה מחייבת, שרק פותחת פתח מלמעלה, צריכה להיעשות גם בכוונה פנימית מתאימה, של פתיחת הפתחים במבקש עצמו, במחשבה ובמעשה. דהיינו, באמצעות פתיחת הגבולות שלו - בגמילות חסדים, בחסד חינם, בתפילה מפנימיות נקודת הלב, ובכל אופן של מסירות נפש בפשטות, בלי לסמוך על הנס. אכן, לעולם אין זה ודאי שייענה, אבל כאשר ייענה יהיה זה ברב חסד ובאמת ובקביעות.

לדרגה עליונה זו של רב חסד יש גם פנים של אהבה. בספרים קוראים לאהבה זו 'אהבה רבה' (אהבה גדולה) לעומת 'אהבה זוטא' (אהבה קטנה). בנפש האדם, האהבה זוטא (שהיא גם 'אהבת עולם' הנזכרת לעיל), היא האהבה המתייחסת אל גילויי האלוקי שבתוך העולם - בגדולת האוקיינוס ובמרחבי הגלקסיות, בחיות כל הנבראים וההשגחה על כל פרט - שכן כל אלה הם קטנים (זוטא) לגבי האלוקי בעצמו. לעומת זאת 'אהבה רבה' מתייחסת אל האלוקי כשלעצמו שלא מתלבש בעולם אלא הוא גדול ורב מעבר לכל העולמות וההגדרות. שתי דרגות אהבה אלו קיימות גם למעלה באלוקי (בספירות) ביחס לכל אחד מישראל: 'אהבת עולם' היא אהבת הקב"ה את ישראל כפי שהם מתגלים בעולם. אהבה שמחיה את ישראל ואיתם את כל העולמות שישראל חיים בהם. לעומתה 'אהבה

28 ראו רש"י דברים ג,כג.

רבה' היא אהבת הקב"ה את ישראל כפי שהם לבדם אצלו בשורשם העליון למעלה מהעולמות.[29]

לאהבה הרבה יש ביטוי תמידי בנפש האדם הנקרא בחסידות 'אהבה מסותרת'.[30] אהבה זו היא אהבת הנפש האלוקית, חלק אלוקי ממש שבאדם, שלמעלה מכוחות נפשו הגלויים, ולכן היא נסתרת בנפשו הגלויה ובחיי היום יום שלו; אבל כאשר היא מתגלה היא נקראת 'אהבה רבה',[31] שכן היא רבה וחזקה בגילוייה יותר מאהבת עולם ואף יותר מאהבת האדם את חייו ואת עצם קיומו.[32] אהבת האדם את עצמו קשורה להכרה ולהרגשת עצמו כפי שהוא מתקיים בתוך העולם שלו - בגופו ובקנייניו הגשמיים והרוחניים - ואילו 'אהבה רבה' קשורה לשורשי קיומו, למה שהוא עצם עצמו, הקשור ומאוחד באלוקי. משום כך רב כל כך כוחה של אהבה זו, שמכוחה מוותר האדם על כל דבר, ואף על עצם חייו - כדי להידבק באלוקי ולא להיפרד ממנו.

כוחה של אהבה מסותרת זו מתגלה לא רק לעומת החיים, במיתה על קידוש השם ויציאה מפוארת מן העולם, אלא גם ובעיקר בתוך החיים האפורים של קידוש השם. מוסבר בתניא שכאשר אדם מתבונן ויודע שכל מצווה שהוא עושה - בלימוד תורה, בתפילה ובכל דרכיו - זוהי התאחדות נצחית עם האלוקי; ולעומתה, כל עבירה על רצונו של הקב"ה פירושה פירוד מהאלוקי הטוב והנצחי, הוא יפעל בכוחה העצום של האהבה המסותרת, שמכוחה יכול אדם למסור את נפשו למות בפועל - על כל מצווה לעשותה ועל כל

29 כמאמר המצוי בדברי חכמים "ישראל עלו במחשבה", ומבואר בחסידות שהיא המחשבה שלפני הדיבור שבו נברא העולם. ויותר מזה, כאמור בתניא פרק ב' שנפשנו האלוקית היא "חלק אלו-ה ממש".

30 היא ה'אהבה המסותרת' שבשורש נפש האדם הנעלמה (מסותרת) שהיא אהבת עצם הנפש האלוקית את האלוקי בעצמו, להתאחד עימו ולא להיפרד ממנו בשום מחיר שבעולם (ראו תניא פרקים יח-כה).

31 ראו תורה אור מד,ב ד"ה וילקט יוסף.

32 שהיא שורש אהבת ה' הראשונית הנקראת בתניא "כי הוא חיינו" (תניא פרק מד ובהקדמת שער היחוד שם 'חינוך קטן').

עבירה שלא לעשותה. זהו כוח מסירות הנפש ממש לא על מיתה אחת אלא בחיי עולם יום יום, על כל מילה של תורה ומעשה של מצווה, שמקיימים את דבקות החיים באלוקי עצמו.

וגם האהבה הרבה עצמה, כהרגשה פנימית שמעבר לכול, אינה מנותקת לגמרי מהחיים היום יומיים. למרות שכאמור לא כל אחד יכול להגיע אליה, זה אמור בכלל, אבל בפרט לכל אדם, בזמנים מסוימים, זה קרוב יותר. כבר מתוך ריבוי הדברים בחסידות אודות אהבה זו,[33] אפשר ללמוד שלכל אדם בזמנו ובדרכו שלו הדברים שייכים.

ראשית לכול יש לזכור שכל אהבת ה' שבנו, 'אהבת עולם' ו'אהבה רבה', היא אהבתו של הקב"ה הנמשכת בנו. כוח אהבתו אלינו – הוא עצמו כוח האהבה שאנו אוהבים אותו. ואם כן, לא מכוחנו הוא זה אלא מכוחו שלו.

יום השבת הוא הזמן של הנשמה היתרה, שבה כל אדם מישראל מתנתק מענייני העולם ויושב אצל הקב"ה כבן אצל אביו, באהבה בתענוגים. ביום זה ובנשמה יתרה זו הוא יכול לגלות שאהבת ה' שלו היא ה'אהבה רבה', שאינה עוברת דרך גילויי העולם אלא נוגעת ישירות באלוקי עצמו. ומעין זה בכל יום, הוא זמן התפילה, זמן ה'שבת' שבימות החול, שבה אדם פונה מעיסוקי העולם אל האלוקי שלמעלה מכל זה. לא לגמרי כביום השבת עצמו, אלא בגילוי הרוחני־אלוקי שבתוך כל דבר בעולם הזה; שמתוך ההתעסקות והעבודה בו במשך היום, הוא מעלה ומגלה את האור אלוקי שבו בשעת התפילה.

33 בחסידות, שכן בדרך כלל החסידות פונה לכל אדם (ובייחוד בתורת חב"ד, שספר היסוד, התורה שבכתב שלה, הוא ספר התניא, ספר של בינונים שנאמר בו (פרק יד) ש"כל אדם יכול להיות בינוני בכל שעה"), וכאשר מדובר על שכבה פנימית יותר (צדיקים, בני עלייה), אין מדובר על סוג אחר של אנשים אלא על שכבה פנימית יותר בנפש כל אדם.

פרק תשיעי
גבורה

המידה השנייה

למידה שאחרי החסד יש כמה כינויים. היא נקראת גבורה, דין ויראה, אבל קודם כול היא המידה השנייה למידת החסד. אין זה רק מספר, זו הגדרה מהותית של מידת הגבורה - שהיא שנייה למידת החסד הראשונה. החסד הוא הפריצה הראשונה מהאין סוף אל תוך החלל, וכשהוא יוצא הוא פוגש את מידת הגבורה, שגם היא מהאין סוף, אשר עוצרת ומגבילה אותו. במפגש הזה, בין הראשון לשני, בין הימני והשמאלי, בחיבורים ובגבולות, נוצרות כל הצורות של הבריאה. הפגישה הזו עוצרת את אין סופיותו של החסד, אבל אינה יכולה להעלימו לגמרי, שהרי הוא אין סופי. רק אין סופיותו נעצרת, כשם שאין סופיותה של הגבורה, של ההסתרה, נעצרת, שאף היא לעולם לא תהיה עוד העלם גמור. מעתה, אין החסד והגבורה מתקיימים לחוד אלא ביחד; מגדירים זה את זה, נחשבים ומתקיימים רק בזה כלפי זה.

בספרי הסוד קושרים את ששת ימי הבריאה לשש המידות. היום הראשון הוא החסד - בו התחילה כל הבריאה, ובו נבראו האור והמים המסמלים את מידת החסד - והיום השני הוא מידת הגבורה. ביום

השני לא נברא דבר שלא היה ביום הראשון. כל מה שנוסף ביום השני הוא הרקיע המבדיל בין עליונים לתחתונים, ובמילים אחרות - נברא בו הגבול. הימצאותם של גבולות בעולם הופכת את האור וההשפעה המופשטים לגמרי למציאויות מוגדרות. כשם שאדם עושה מלאכה בשתי ידיו - אחת דוחפת ואחת עוצרת, אחת תוקפת ואחת מגינה, אחת ימין שהיא החסד ואחת שמאל שהיא הגבורה - כך מהווה ומחיה האלוקי את העולם בשתי ה'ידים' יחד - ביד ימין הוא החסד והאור וביד שמאל היא הגבורה וההגדרה.

אם החסד הוא הכוח שיוצא מן הפְּנים החוצה, הגבורה היא הכוח שכונס מן החוץ פנימה. שניהם כוחות אלוקיים, מידות אלוקיות אין סופיות כאלוקי בעצמו. המעבר של האור וההשפעה האין סופיים דרך שתי מידות אלו הוא הדרך שבה האלוקי האין סופי מממש את רצונו לברוא עולם נמוך ומוגדר. כדי שהחסד לא ישטוף את כל המציאות וכדי שהגבורה לא תאיין אותה לגמרי, הם צריכים להיות יחד ולשמור אחד על השני. לשמור על העולם הזה שנברא מבין שניהם, ושממשיך להתקיים על ידי האיזון ביניהם.

גם נפש האדם בנויה ופועלת באיזון שבין שתי מידות אלה. ידוע הקשר שבין שלושת האבות לשלוש המידות: אברהם בחסד, יצחק בגבורה ויעקב בתפארת.[1] וכיצד חייו של כל אחד מהאבות - הרוחניים והארציים - הן ביטוי לאותן מידות עליונות. בתורה מסופר מעט מאוד על יצחק, ובאופן כללי אין הוא מוסיף על הדברים שעשה אברהם אלא רק ממשיך אותם.[2] ואם כן, מה מקומו של יצחק (ומידת הגבורה) במהלך הגדול של האבות? אברהם עשה דברים גדולים והתחיל מהפכה עם פוטנציאל לשנות את כל העולם. אבל כפי שקורה במצבים דומים, אם

1 אברהם אבינו, שהיה הראשון באבות ושהיה במעשיו גומל חסדים, הוא מרכבה למידת החסד וכלשון הכתוב "חסד לאברהם" (מיכה ז,כ). יצחק, הנקרא "פחד יצחק" (בראשית לא,מב), הוא המרכבה לגבורה; ויעקב הוא המרכבה למידת הרחמים, היא מידת התפארת והאמת, וכמו שכתוב "תתן אמת ליעקב חסד לאברהם (מיכה שם).

2 ביטוי לכך הוא הכתוב: "וַיָּשָׁב יצחק ויחפר את בארֹת המים אשר חפרו בימי אברהם אביו... ויקרא להן שמות כשמת אשר קרא להן אביו" (בראשית כו,יח).

לא יהיה מי שימשיך את זה - ילך הכול לאיבוד ולא יישאר דבר. יצחק הוא זה שממשיך את המהפכה של אברהם לדור הבא, וממנו לכל הדורות, דווקא בכך שאינו מחדש ואינו מוסיף דבר על מה שעשה אברהם, הוא אך מחזק ומקבע את המסגרת שיצר אברהם כדי שתוכל לעמוד בעצמה, גם בלי אברהם. המסגרת היא מסגרת של מילים ומושגים, של הגדרות ומעשים, שיכולים לעמוד גם בזמן שהרוח הפנימית נסתרת. שכן במעבר בין אנשים, בין מקומות וזמנים, הרוח והתחושה הפנימית של המילים, בהכרח נעלמות. אפשר להעביר לדור הבא את המילה, את ההגדרה, אבל אי אפשר להעביר את ההבנה והתחושה האישית, הפנימית; מה התכוון והרגיש האומר כשאמר מילה פלונית. ולכן, כדי להעביר את הדברים צריך תחילה לשמר את המסגרת, בדיוק ובלי שינוי; להתאפק ולא למלא את הכלים בתוכן זר שאינו מוכן עדיין, עד שהיכולת האישית של האדם והזמן האחר יבשילו לקבל ולהשפיע גם את האור הפנימי. האיפוק הזה הוא מידת הגבורה של יצחק.

כך גם בין בני אדם בחיי היום יום. אי אפשר להשפיע חסד לבד, מופשט ובלתי מוגבל, זו אינה השפעה כלל, לא בגשמיות ולא ברוחניות. לכן כל השפעה מאדם לאדם - שכלית, רגשית ומעשית - חייבת להיות מוגבלת במידות הכלים שלו. כך גם בתוך נפשו של האדם. כל רוח יצירה, כל פריצה שכלית או רגשית, היא חסרת משמעות אם אין מולה בנפש כוח שני שעוצר ומגדיר ומעצב אותה - וזוהי הגבורה שבו.

ככל שמבינים יותר את מהות היחס שבין החסד והגבורה מתגלה יותר הקרבה ביניהן. למטה, בעולם התחתון והמסתיר, נראים החסד והגבורה כהפכים גמורים שאינם יכולים להיות יחד. אך ככל שעולים במעלות העולמות (והנפש) הם מתקרבים עד שרואים שאין הם יכולים כלל להתקיים בנפרד.[3] ואז מבינים שכל הניגוד ביניהם הוא אך כפעימות החיים של דופק הלב, כמעברים הדקים בין הצבעים המשלימים את תמונת עולמנו.

3 בחסידות מוסבר כך הכתוב "עֹשֶׂה שלום במרומיו" (איוב כה,ב). בעולם התחתון האש והמים (שהם גבורה וחסד) הם ניגודים שאינם יכולים להיות ביחד. אבל "במרומיו", היכן שהאור האלוקי שמעבר לכל הניגודים מאיר בגילוי - יש שלום ביניהם.

כאמור, החסד והגבורה הם כשני צדדים של אותה הוויה ותכלית עצמה. עד כדי כך שפעמים כבר איננו יודעים מהו החסד ומהי הגבורה. דוגמה לכך שמובאת בחסידות היא מתבנית המרכבה העליונה המתוארת בתחילת ספר יחזקאל.[4] בתיאור שמופיע שם האריה הוא בצד ימין שהוא צד החסד, והשור בצד שמאל שהוא הגבורה. ואולם למטה בעולם שלנו האריה הוא חיית טרף טמאה ואסורה באכילה השייכת לצד הגבורה,[5] ואילו השור הוא בהמה טהורה שבצד החסד. בספרי החסידות מוסבר שהיא הנותנת: האריה העליון שופע את החסד בעוצמה גדולה כל כך עד שלמטה אין יכולים לקבלו, ולכן הוא מתגלה בעולם שלנו באופן של הגבלה והסתר. לעומתו, השור העליון, שהוא מצד הגבורה, מסתיר ומצמצם את עוצמת הגילוי שלמעלה, ולכן למטה יש יכולת לקבל את האור והשפע והוא מתגלה באופן של חסד.[6] נמצא שהגבורה שאנו חווים למטה היא תוצאה של רוב חסד למעלה שאין אנו יכולים לשאת, והחסד שאנו חווים למטה הוא תוצאה של גבורה למעלה שמצליחה לצמצם את הגילוי לכזה שאנו יכולים לקבל.

אומרים חכמים ש"תפילות אבות תקנום" (ברכות כו,ב). בחסידות ישנו פירוש פנימי לאִמרה זאת, שכל התפילות הם בשלושה מיני פסוקים: פסוקים של חסד, פסוקים של גבורה, ופסוקים של רחמים.[7] יש פסוקים שהמתבונן בהם ירגיש אהבה לה' ורצון לצאת מיֵשותו ומחיי העולם שלו ולהתקרב ולהתאחד באלוקי. יש פסוקים של גבורה שמעוררים את מידת היראה בפני האין סוף, לשמור מרחק ולשמור את ההגדרות שלו ושל עולמו. ויש פסוקים שמעוררים רחמנות על האדם ועל כל דבר שבעצם מציאותו בעולם הוא רחוק

4 ה'מרכבה' המתוארת שם היא תבנית רוחנית עליונה שהוא שורש המציאות התחתונה שלנו. החיות שבמרכבה, מעמדן והיחסים ביניהן, מסמלים את השורשים העליונים של כל הכוחות בעולם שלנו.

5 וכן בכתובים: "אריה שאג מי לא יירא" (עמוס ג,ח), ובדברי חז"ל "גיבור כארי" (משנה אבות ה,כ).

6 ראו תורה אור ט,ג; כה,ג.

7 ראו לקוטי תורה ויקרא לה,ב; בחוקותי מה,ב ובמקומות רבים.

כל כך מאלוקות. בשלושה מיני פסוקים ותנועות נפש אלו מתקיימת התפילה, שהיא המציאות של חיבור בין האדם ועולמו ובין האלוקי. במילים שמספרות את סיפור האהבה שהוא סיפור חיינו. אשר כמו כל סיפור אהבה הוא מהלך בין חדרים של יראה ורחמים, הולך מתגבר ונבנה להיות ביתנו.

הבריאה

בכל סיפור הבריאה בפרק הראשון של ספר בראשית מופיע הקב"ה בשם 'אלקים' - שם מידת הגבורה.[8] זה קצת מפתיע כי לכאורה היה מקום לצפות שמאמרי הבריאה יהיו כולם מאמרים של חסד, של התגלות ונתינה להוות ולהחיות עולמות. ואולם בהסתכלות שנייה, בריאת העולם הרי לא מתחילה מהאין מוחלט (אין באמת דבר כזה), אלא להפך, מהיש המוחלט.[9] ואם כן, הבריאה אינה פעולה והתגלות של כוח החסד וההוויה, אלא להפך, של צמצום והסתרת ההוויה האין סופית בכוח מידת הגבורה.

אפשר לתת לזה מעין משל גשמי: חומר נעשה מוחשי יותר ככל שהאנרגיה שלו מוגבלת יותר. כשלוקחים חומר בצורת גז ומקררים אותו, כלומר מצמצמים ומגבילים את האנרגיה, הפרודות מאֵטות והוא הופך לנוזל. אם מקררים אותו יותר הוא יהפוך למוצק. בדומה לזה, ככל שהרוחניות המופשטת מתכווצת ומוסתרת בתוך גבולות, התוצאה תהיה 'חומרית' יותר ומוחשית יותר. יותר עולם ופחות גילוי אלוקי.

הפועל 'ברא' קשור למשמעות של 'לברא יער' ולשמות 'בור' ו'באר', שפירושם לעשות חור וחלל בתוך דבר.[10] הבריאה היא לפיכך אופן של

8 ראו לעיל בפרק השני על הספירות על הקשר בין הספירות ושמות ה'.

9 מושג זה נקרא בחסידות 'היש האמתי' והוא מתייחס ל'יש' האלוקי העצמי שאין עוד מלבדו, שאיננו מושג לנבראים. בניגוד ל'יש' שלנו הנברא והמושג לנו, לעומת ה'אין' שאינו מושג לנו. ראו לקוטי תורה במדבר לג,ב; שערי אורה לאדמו"ר האמצעי שער הפורים סג,א ועוד.

10 ראו פרדס להרמ"ק שער טז פרק א. וראו רש"י יהושע יז,טז על לשון הכתוב: "עלה לך היערה ובֵרֵאתָ לך שם", וכן פירושו ליחזקאל כא,כד, ופירושו לחולין מג,ב על דברי הגמרא "אין חוששין שמה הבריא".

יצירה בדרך השלילה. כמו בחציבת דמות מן הסלע שגורעים מסביב כל מה שאינו חלק מהדמות הנחצבת. כך בתהליך הבריאה נפרסים מתוך אין סוף האפשרויות - שמיים וארץ שלנו, רוחניים וגשמיים, אבנים וצמחים חיות ואנשים.

התהליך הנראה לכאורה כתהליך של פיחות, של צמצום והגבלת הגילוי האלוקי, הוא בעצם תהליך הבריאה המשמעותי ביותר; לא רק יצירה של יש מיש קודם לו, אלא יש שנוצר מן האין. במפגש בין הגילוי האין סופי להסתר האין סופי נוצר הגילוי המדוד, המציאות המוגדרת, היש מן האין. אי אפשר להסתיר לגמרי את האין סוף, שהרי הוא אין סוף, אך גם אי אפשר לגלותו לאין סוף שהרי כוח ההסתר גם הוא אין סוף - כך נוצר פלא המציאות הנבראת. המציאות שאינה מתפשטת לאין סוף, אך גם אינה מתאיינת לגמרי; מציאות שבה ממוקדים כל כוחות האין סוף כדי להחזיק אותה כפי שהיא בלי להתכלות בצד זה או בצד זה. משל לדבר, כשזורקים אבן לאוויר צריך להפעיל כוח כדי להתגבר על כוח המשיכה, אבל כדי לשמור על אבן שתעמוד בלי לזוז באוויר, לא למעלה ולא למטה ולא לצדדים - דרושים כוחות גדולים בהרבה, מכל הכיוונים יחד.

התוצאה היא מפתיעה, שכן מתגלה משהו חדש שלא היה גם באור האין סוף עצמו. באור אין סוף לא קורה דבר - הוא מאיר לאין סוף לנצח ודבר לא משתנה בנצח. אבל בין הדמויות והרגעים המדודים הללו שנפרסו מהאין סוף, קורה משהו, משהו זז, מישהו מגיב ומתייחס, לא רק זה לזה אלא אל הבורא בעצמו! מתייחס ומכניס אותו אל תוך הבריאה. נמצא שדווקא בבריאה, בהיותה חלל באור האין סוף, נוצר הקשר אל האלוקי בעצמו, שמעבר גם לאור אין סוף.[11] ודווקא בין הברואים השפלים, החיים לכאורה בנפרד ממנו, מתרחשים הדברים המעניינים באמת, אפילו את הקב"ה בעצמו.

כמו בריאת העולם גם התפילה היא במילים. אומרים מילים, שבחים ובקשות, ולא מסתפקים בהשגה ובהרגשה. כי התפילה מעבר

11 ראו בתחילת הפרק הראשון על החילוק בין האין סוף לאור אין סוף.

להיותה הצגת עמדה מצידנו, היא בעצמה מעין גילוי ו'בריאה' של אותם השבחים – של היות הקב"ה רחמן, סולח וכדומה; וגם של המבוקש – חוכמה, בריאות, פרנסה וכדומה.

וכפי שהבריאה מתחילה מהמצב של אור אין סוף הממלא הכול, שצריך לצמצמו כדי לתת מקום לבריאה כך התפילה מתחילה מהתפיסה שהקב"ה משגיח ומנהיג את הכול ושהוא חכם ויודע טוב מאיתנו מה טוב לנו. אלא שבתוך תפיסה כזו אין מקום לתפילה, לשבחים הקטנים שלנו ולבקשות שלנו. לכן, כדי להתפלל צריכים לְבָרֵא מקום בתוך התפיסה הזו, לעשות חלל שבו כביכול הוא לא יודע – ושם לשבח ולבקש.

וכאמור בבריאה, התפילה אינה רק גילוי והמשכה מאור אין סוף, ממה שכבר קיים בהעלם. התפילה היא "יהי רצון", המשכת רצון חדש ואור חדש; לא רק מהעלם לגילוי, אלא מהאין, מהקב"ה בעצמו ממש.[12] עד שם מגיעה התפילה!

גבורה

עד כה דובר על הגבורה כצמצום וכהסתרה, כמחדל בלבד, אך יש בגבורה גם משמעות של כוח ונוכחות בפני עצמה, הן כספירה אלוקית והן ככוח בנפש, לא פחות מכוח החסד.[13] אכן, הגבורה אינה מאירה ואינה מורגשת כמו החסד, אבל לא משום שאין בה, אלא משום שמה שיש בה מופיע בהתגברות רבה כל כך שאין כלי המקבל יכולים לקבלו, ולכן הנראות שלה היא של הסתר והגבלת החסד בלבד. משמעות זו היא לכאורה ההפך ממשמעות הגבורה כהסתרה והצמצום.[14] ואולם לא רק שאין משמעויות אלו סותרות זו את זו, הן אף משלימות זו את זו ואף מותנות זו בזו.

12 ראו בפירוש הדברים, מאמרים מלוקטים חלק ב עמ' קיז. וראו לקוטי תורה מג,א. תורה אור מב,ב. מג,א. סידור עם דא"ח שער החנוכה שצט,א.

13 ראו תורה אור י,ג.

14 ראו תורה אור ט,ג.

אומרים חכמים "איזהו גיבור - הכובש את יצרו".[15] הגיבור הפנימי אינו זה שפורץ וכובש את החוץ, אלא זה שכובש את יצרו - שעוצר ומגביל את גילויי הכוח שלו. לא רק משום שמעשה כיבוש היצר הוא באמת גבורה גדולה, אלא משום שזה שכבש את יצרו הוא עכשיו הגיבור מכולם, בעל הכוח והיכולת. כוח שאין לו גבולות, רק מתפשט ומתרחב. וככל שהוא מתפשט, הוא נעשה פחות אפקטיבי. כדי שכוח יוכל להשפיע ולשנות דבר בתוך המציאות הוא צריך להצטמצם ולהתרכז בתוך גבולות. ההגבלה והצמצום הללו לא יוצרים כוח שלא היה, אבל הם מעצימים את הכוח שישנו יותר ויותר עד שהוא יכול להתגבר על גבולות המציאות ולשנות אותה. מעין זה אפשר לראות אפילו במציאות הגשמית: זכוכית מגדלת אינה מחדשת כוח בשמש שלא היה קודם, היא רק ממקדת את האור בנקודה אחת ולא באחרות. כשקרני האור מפוזרות ההשפעה שלהן על המציאות אינה ניכרת, אבל כאשר הן מתמקדות הן יכולות להדליק אותה.

סוד כוחה של הגבורה אינו בהתפרצות אלא באיפוק - ביכולת להתגבר על טבעו של הכוח לפעול ושל האור להתגלות; בעמידה מול טבע ההוויה האין סופית שרוצה למלא את הכול, מול מה שהיה אתמול ורוצה להמשיך היום, מול מה שאינו אומר דבר כיוון שהוא אומר הכול בלי הפסק. מהות הגבורה היא להפסיק, לעמוד לרגע במקום, בשקט, וזהו. אבל כל רגע של עמידה צובר את כוחו של החסד עוד ועוד, ומטעין אותו בכוחה הנעלם של הגבורה, וכאשר הוא יפרוץ הוא יגביר לאין ערוך את כוחו ומשמעותו. תוספת השפע והאור האלה המתגברים ופורצים את מידת החסד שהייתה - זהו גילוי כוח הגבורה.

עיקרון זה בא לידי ביטוי בעולם הגשמי באין ספור דוגמאות. הסכר על הנהר עוצר את מי הנהר השקטים, והזרם הצר שהוא משחרר פועל בכוח רב ויכול לייצר חשמל ולהאיר עיר שלמה. כך פועלים כוחות הקיטור וגזי השרפה הפנימית במכונות, כך יורים התותחים וכך חותך הסכין. חוד הסכין מרכז את המשקל ואת כוח היד בצידה החד של הסכין, וככל שיהיה חד יותר כך הוא יחתוך טוב יותר ובקל יותר.

15 משנה אבות ד,א.

כך גם במישורים אחרים במציאות. ידוע שהיכולת לנצח במלחמה יותר משהיא תלויה במספר החיילים ואמצעי הלחימה, היא תלויה ביכולת לשמור כוחות ולרכז אותם בזמן ובמקום הנכון.

ועדיין הגבורה היא כוח נעלם במהותו, שאין אנו יודעים את מהותו. כי אכן זו מהותו הפנימית, שלמעלה ומעבר למה שמתגלה, שהוא רב ועצום מכל מה שיכול להתגלות בעולמנו הקטן, וכל יכולתנו להתייחס ולבטא אותו היא רק בשלילה של גילוי ופעולה בעולם. עם זאת, כבר בעצם היכולת של הגבורה לעצור ולהגביל את החסד והגילוי, מתגלה כוח שהוא גדול יותר מהגילוי. ועוד ועיקר, שבכך יוצרת הגבורה כעין חלון אל הכוחות והיכולות שמעבר לכל מה שגלוי בעולם. חלון שדרכו עובר החסד שמעבר לחסד, ויתרון האור שבא מן החושך, ונכנס אל תוך עולמנו.

עבודת ה' בגבורה היא בעיקר בקיום מצוות לא תעשה, בכוח הנפש לעצור ולא לעשות. מוסבר בחסידות שמצוות לא תעשה הן למעלה ממצוות עשה.[16] הסיבה לכך היא שהאור שבהן הוא גדול כל כך שאינו יכול לבוא לידי ביטוי בדרך החיוב ולהיכנס לכלים של עשייה ודיבור מסוימים, אלא רק בדרך השלילה באופן של לא תעשה.

העבודה במצוות 'לא תעשה' אינה רק מוגבלת, אלא עבודה בממד אחר הוא הממד של 'לא'. בכמה מאמרי חסידות מתואר ממד זה בכתוב "ארץ לא זרועה" – ארץ שזרועה ב'לא'.[17] ה'לא' שחוסם את הדרך הוא גם הפתח לה, והוא נפתח בקיום מצוות לא תעשה, בכוח של כפיית עצמו לעצור ולא לעשות. העבודה של הגבורה היא במובן זה 'לעשות' את ה'לא'. וכל אחד חווה את זה – שבזמן שיעצור ולא יעשה, ירגיש מייד בכוח העצום שממלא אותו.

מעין העבודה והתחושה הזו היא השבת שהיא יום שכולו 'לא תעשה' – לא עושים מלאכה, לא עוסקים בכל ענייני העולם,

16 כגון לקוטי תורה פקודי ג,ב ועוד.

17 ראו תורה אור נב,ד; לקוטי תורה פקודי ג,ב ועוד.

לא יוצאים ולא מוציאים. עוצרים את החיים ליום אחד בגבול שבין שבוע לשבוע, ונכנסים עמוק לתוכו. זה לא פשוט ולא קורה בשבת הראשונה ששומרים, אבל במשך הזמן מגלה הנפש בשביתה של שבת את מה שמעבר לעולמות המעשה, את העונג האלוקי העצמי של השבת שהוא כבר מעין העולם הבא.

הארת השבת שבכל יום היא התפילה.[18] כמו השבת, כך התפילה מעלה את עולם המעשה למעלה באמצעות השביתה והדמימה מקולות היצירה והעשייה. כמו בגבולות שבין שבוע לשבוע, כך בין יום ליום ובין יום ללילה. לא מדלגים הלאה אלא עוצרים לשעה כלשהו של תפילה, ונכנסים לשעה שהיא למעלה מהזמן ומהעולם. דרך החריצים השחורים של האין, שבין מציאות אחת לשנייה, עולים אל מציאות האין שמעבר ליש.

דין

כאמור, הגבורה אינה רק צמצום והסתרה של החסד, אלא מהות ומידה אלוקית לעצמה. אך מהי אותה מהות, האם יש לה נוכחות חיובית לעצמה? אופן אחד שבו מתקיימת נוכחות כזו היא ב'דין'.

תפיסת הדין ביהדות אינה שייכת רק לתחום המשפטי־האנושי. במשמעותו הרחבה הדין הוא הגדרת הגבולות ושמירתם. כל מה שנברא יש לו גבולות, בגשמיות וברוחניות, המגדירים אותו כנברא בין הנבראים. הדין הוא המידה האלוקית שמגדירה ושומרת את ההגדרות, שבוחנת ומדייקת ומקיימת אותן בכל עת וכל מצב.

הגבולות קיימים בכל ממדי ההוויה: במקום, בזמן ובנפש,[19] ברוחניות כמו בגשמיות. יש גבולות בין מקום למקום, יש גבולות בין פרקי הזמן, בין יום ליום ובין שנה לשנה, ויש גבולות בנפש, בין אדם לאדם, בין אדם למלאך ובין דרגות הנפש. כל הפרקים הללו שבין דבר

18 ראו תורה אור פח,א; לקוטי תורה במדבר עב,ב.

19 בלשון ספר יצירה: עולם שנה נפש (עש"ן).

לדבר הם מהות הדין. ביטוי למהות הדין הזו אפשר לראות בזמן: ראש השנה, הפרק שבין שנה לשנה, נקרא יום הדין. דין במובן המשפטי הערכי, וגם הקיומי, שבו נבחנים כלל הנבראים, כל אחד על פי התאמתו לגבולות שלו - מה הוא אמור להיות והיכן הוא כעת. זו אינה הקביעה אם הוא אשם או לא אשם או אם מגיע לו עונש או לא, אלא אם זה הוא או לא הוא! ויש גם הכרעה של דין על פי המציאות של השנה הקודמת: מה יהיה מחר, מי יתקיים ומי לא יתקיים, מי יעלה ומי ירד. לא תמיד נעים לעמוד מול מראת הדין הזו; כי זו אינה הראייה המוטה לזכות שלי או של אבי ואימי, זו הגדרה אובייקטיבית, קרה, אבל כזו שעמידה גם מחוץ לאטמוספירה הפרטית שלי, שמגדירה אותה וגם שומרת עליה.

תפיסת הדין הכוללת ביהדות מתגלה בהלכה, המכלול הענק של דיני התורה, מהתורה שבכתב דרך כל השתלשלות התורה שבעל פה עד ימינו אלה. אם מסתכלים על פניה החיצוניות של ההלכה, היא דומה לכאורה (בחלקה) למערכת חוקים אזרחיים שכמותה קיימת בכל מדינה מתוקנת. כזו המגדירה בהיקף מסוים כיצד צריך אדם לנהוג: מה אסור, מה מותר ומה חייבים לעשות. ואולם ההלכה היא הרבה יותר מזה, ובכמה מישורים. מישור אחד הוא ההיקף. ההלכה דנה בכל התחומים של חיי האדם - בין אדם לחברו, בין אדם לעצמו ובין אדם לאלוקי - ושום תחום אינו מופקע ממנה. מישור נוסף הוא חובת לימוד ההלכה שהכול חייבים בו, לא רק אנשי המשפט המקצועיים אלא כל אדם. הלימוד כולל גם את שכבות העומק של ההלכה, את מקורותיה, את דרך לימודה ואת האופן שבו פוסקים את הדין. הלימוד הזה הוא לא רק לצורך, לדעת מה לעשות ומה לא לעשות, אלא הוא ערך לעצמו, כחלק ממצוות לימוד התורה שהיא מהמצוות החשובות ביהדות.[20]

במישור פנימי עוד יותר, ההלכה היא אחת מפניה של התורה, עם כל המשמעות הפנימית שיש לתורה. דהיינו, היא גילוי אלוקי פנימי שקודם למציאות העולם, ומשרטט משום כך לא רק את הנהגות האדם אלא את הנהגת העולם ואת ההנהגה האלוקית בבריאת העולם ובשמירתו; מהדומם

20 הנחשבת כנגד כל המצוות (משנה פאה א,א ועוד).

עד למדבר, מהגשמי עד לרוחני ולאלוקי. במובן זה הפנים ה'משפטיות' של ההלכה - הגדרת האסור והמותר לנו - הן רק מודל אחד, ואילו בפנימיותה היא מגדירה ומכוונת את הגבולות וההגדרות של המציאות כולה בכל הרמות. כל פסק הלכה, אפילו במקרה פרטי של פלוני, הוא פסק שנוגע לכול ומחייב את כל הנבראים כל אחד במקומו. אכן הדברים אינם גלויים לכול. מערכת ההלכה היא לכאורה מערכת אוטונומית שיכולה להתנהל בתחום האנושי הגלוי בלי מעורבות של שכבות המציאות הפנימיות יותר; אבל הן קיימות, מושפעות ומשפיעות, גם בלא יודעין.

זהו גם יתרונה של ההלכה. העובדה שהקשרים הפנימיים נסתרים אומרת שהקשרים החיצוניים, התורה הנגלית, היא מערכת מופלאה ומושלמת כל כך שהיא מכסה את כל התחום, שכל פרטיה כולל המחלוקות והדעות השונות מבטאים ומכוונים גם את כל השכבות הפנימית. ההלכה כשלעצמה אינה עוסקת ברעיונות מופשטים ובסודות נעלמים, אלא בעניינים מוחשיים ובני השגה ככל ענייני העולם הזה. וזה יתרונה לגבי פנימיות התורה, שאת ההלכה יכול כל אדם להשיג בדעתו ממש ובמדויק כשם שהוא משיג כל דבר בעולם שלו, והוא גם יכול לעשות ולקיים אותה כשם שהוא עושה כל דבר בעולם הנגלה שלו, ועם זאת זהו קשר אלוקי עד למעלה מעלה. היכולת לפעול בכל העולמות, להתקשר באלוקי בעצמו, ובאותה ממשות עצמה שיש לנו בענייני העולם הזה - זהו יתרון התורה שבהלכה, ויתרון המצוות שבמעשה.

לימוד הדינים, בירורם והדיוק בהם, קיומם וההידור בקיומם - כל אלה הם מרחב הקיום החיובי של מידת הגבורה. המרחב אינו מנותק מפנימיות התורה וטעמיה, אך הוא יכול לעמוד גם בפני עצמו ולהעניק חיות וטעם לעוסקים בו. ואכן יש אנשים וחברות שדווקא ממרחב הדין הם יונקים את עיקר חיותם, ואף את עונג חיותם.

לכאורה אין קשר בין 'עבודה' (תפילה) ובין לימוד ההלכה. רגילים לחשוב שאלו שני תחומים נבדלים: לימוד ההלכה וקיום המצוות בתחום העולם הגשמי, והתפילה ולימוד הנסתר בתחום העולמות העליונים, הרוחניים. ואולם, תפיסת המקובלים והחסידים היא

שונה. כפי שאי אפשר להפריד בין גוף ונפש באדם, כך אי אפשר להבדיל בין העולמות התחתונים לעליונים, שכולם הוויה אחת וכולם פועלים זה על זה וזה בתוך זה. כך גם 'עבודת הדין' – לימוד ההלכה ודקדוקיה בעולם הגשמי הנגלה – פועלת גם בעולמות העליונים הנסתרים. מסופר על גדולי הצדיקים (כמו האר"י ז"ל והבעש"ט) שלימודם בתלמוד ופוסקים בבירור סוגיה סבוכה להלכה, היה במודע גם מעשה רוחני של תיקון וייחוד בעולמות העליונים. אכן לא כל אדם יכול לעשות זאת במודע ובשלמות, אלא רק מי שמחשבתו באמת קשורה למעלה ואינה קשורה כלל למטה, כמו אצל גדולי הצדיקים. ועם זאת, כל אדם שמקיים למטה את דברי התורה והמצווה, בלי לשנות דבר – בוודאי פועל את הפעולה הנכונה. אלא שבלי המחשבה וההרגשה שעולה למעלה (הכוונה), נשארת הפעולה למטה.[21] לכן, כדי שהפעולה תעלה ותפעל למעלה, האדם צריך להעלות את נפשו למעלה בהתכוונותו. כי היכן שתגיע נפשו בכוונתו, שם יגיעו מעשיו; וככל שיהיו יותר ברורים ומדויקים בדעתו, תהיה גם הפעולה למעלה ברורה ומדויקת ומשפיעה יותר. ולפיכך כל אדם, אם רק יעלה במקצת את מחשבתו וייתן ליבו לכך שמעשיו למטה פועלים למעלה – כבר הוא מעלה את הדברים מהיותם למטה בלבד. זו עבודת התפילה שבהלכה.

ויש גם עבודה של ההלכה בתפילה. דיני התפילה – מה אומרים, מתי, כיצד – יחד עם מילות התפילה הכתובות בסידור, קובעים את סדר התפילה; יוצרים קשר בין המתפלל למתפללים האחרים, ובין ליבו של המתפלל לנוסח התפילה. הם שומרים על המתפלל שלא תכלה רוחו באהבתו וביראתו, ומצד שני שלא ייפול למחשבה של עולם הזה. והם שומרים עליו מפני דמיונות של אהבה ויראה ומכריחים אותו להישאר במסלול שיוביל אותו לדבקות האמיתית.

21 בתיקוני זוהר תיקון י (כה,ב) נאמר ש"אורייתא בלא דחילו ורחימו לא פרחת לעילא". ומבואר בתניא פרק לט ובמקומות רבים, שמצווה או תורה שנעשית ללא אהבה ויראה (כוונה לשם שמים) אינה עולה למעלה.

מיתוק הדין

הדין איננו מתוק, הוא מר. האם מותר לנו, ואולי צריכים אנו, להמתיק אותו?

מרירותו של הדין היא בקשיחותו ובחוסר התחשבותו לכאורה בפרט. אי אפשר לדבר איתו באופן אישי, והוא אינו מקשיב למקרה הפרטי, לקשיים, לכוונות טובות. זו מהותו של הדין שהוא אינו נושא פנים, וזו 'אימת הדין' שאדם אינו יכול לעמוד בה.

באחד הפיוטים של הימים הנוראים נאמר "מי יצדק לפניך בדין". רק מכונה יכולה לעמוד בדין, אולי מלאך, אבל האדם איננו יכול. יתרונו של האדם, שהוא גם חולשתו, היא יכולתו לחרוג מגבולות. יכולת זו נובעת מכוח עמוק של בחירה חופשית וממורכבות 'בלתי סבירה', של גוף ונפש, טוב ורע, אלוקי וארצי. מכלול זה, שהוא יתרונו וגם חולשתו של האדם, אינו יכול לעמוד בדין שאין בו מקום לחיים שחורגים מגבולות.[22]

לטבעו של העולם, הגשמי והרוחני, יש אמת מידה אובייקטיבית. יש בור שרוחבו שני מטר, אם אדם יקפוץ מעליו ולא יעבור שני מטר, הוא ייפול. הוא התאמץ מאוד וגם כמעט עבר מעליו, אבל כל זה לא יעזור לו והוא עדיין ייפול לתוכו. הדין איננו מתחשב בכמעט, במאמץ, בהשתדלות וברצון טוב; הדין הוא הנכון בדיוק. אלא שעבור האדם יכולים הנכון והמדויק להיות הרסניים. מי שאיננו נכנס בדיוק להגדרות או שהוא יוצא מהן - כבר אין לו קיום. מחשבה שלא נשלמה, שאלה שמחכה לתשובה, רגש לא ברור, אינטואיציה של הרף עין, חולשה

22 כעין זה מתואר במדרש שתחילה ביקש הקב"ה לברוא את העולם במידת הדין, ראה שאין העולם מתקיים, שיתף בו מידת הרחמים (על פי רש"י בראשית א,א וראו בראשית רבה יב,טו. וראו תניא, שער היחוד והאמונה, תחילת פרק ה). הדרשה מסתמכת על כך שבפרק א בבראשית מופיע רק שם אלוקים (מידת הגבורה), ובפרק ב נזכר לראשונה שם הוי"ה (מידת התפארת והרחמים). כאשר מופיע בצירוף "הוי"ה אלקים", הוא מבטא את שיתוף מידת הרחמים במידת הדין. בתניא מבאר אדמו"ר הזקן מהי מידת הרחמים ששיתף במידת הדין: "דהיינו התגלות אלוקות על ידי צדיקים ואותות ומופתים שבתורה". כלומר ששיתוף מידת הרחמים הוא בעיקר לצורך ועבור האדם, ולא כחלק מטבע העולם כשלעצמו.

מפעם לפעם - בעצם אנחנו - לא יכולים להתקיים בעולם של הדין הקשה. איננו יכולים להתקיים בלי רווחים, בלי שהות כלשהי, בלי רכות וגמישות מסוימת בין הפרקים. על כן צריך להרפות את מידת הדין, ובלשון המקובלים: למתק את הדין.

בעולם המחשבים (ובכלל בלוגיקה המודרנית) פיתחו מושג הנקרא 'לוגיקה עמומה' (Fuzzy Logic). הצורך נבע מכך שמחשב מדויק לא יכול להתייחס לבעיות ומצבים רבים בעולמנו שהם לגביו 'בלתי פתירים', שהם כמעט, בערך, בין לבין. נוצר צורך להכניס רווח בין ה'כן' וה'לא', בין ה־1 וה־0, שאפשר יהיה להכניס שם משהו גם בלי להגדיר אותו כזה או כזה.

ברווחים הללו מתרחשים החיים האמיתיים, מבזיקים הגילויים, נוצרים הדברים הבלתי צפויים, וגם המשברים. כל מה שהחשיבה וההרגשה המסורת לא יתנו להם לקרות. כדי להציל את נקודות החיים הללו צריך להרפות את הדין. לא לבטל את הדין, אבל כדי שיתקיים ולא ישבור אותנו צריך למתק אותו.

יש שני אופנים כלליים בהמתקת הדינים. האחד הוא שממתיקים את הדין בחסד. כלומר, מוסיפים לדין דבר אחר, כמו סוכר לקפה, עד שהוא מאבד מטעמו המקורי ונעשה כתערובת של דין ודבר אחר. ויש אופן אחר, פנימי יותר, הנקרא בספרים: 'מיתוק הדינים בשורשם'.[23] זה נראה בלתי הגיוני - כיצד ניתן להמתיק את מרירותו של הדין באמצעות עוד דין ועל ידי שורשו של הדין! ואולם הרעיון הכללי הוא לגלות בדין עצמו את המתיקות והטעם שבו. לעלות אל שורשו של אותו הדין, אל כוונתו ותכליתו, ובזה יתגלה הטעם המיוחד שיש בדין זה עצמו.[24] הרעיון הוא שהדין היורד למטה, אל עולם המעשה, מתרחק ממקורו ומטעמו ונעשה מר. כדי לגלות את טעמו צריך אפוא לעלות לשורשו. העלייה היא בהתבוננות שבשכל, כי שורש הדין (כשורש כל המידות) הוא בשכל ובטעם המוליד את המידות. לשם דוגמה, הטעם הפנימי של הגבורה

23 ראו זוהר חלק א קנא,א ובמקדש מלך שם; פרי עץ חיים שער השופר (כו) פרק א; תניא פרק לא.

24 הדברים מבוארים באריכות בכמה מקומות בחסידות. ראו לקוטי תורה במדבר סא,ד ד"ה ויעש משה נחש נחשת ועוד.

וצמצום ההשפעה הוא כדי שההשפעה תוכל להתקבל ולא תשבור את המקבל. וכאשר מתבוננים ומגלים את הטעם הזה – נמתקת הגבורה. היא לא נעשית מתוקה כמו סוכר, אבל המרירות מקבלת טעם טוב ואפילו מענג.[25] זהו מיתוק הגבורות בשורשן.

זה אינו קל, כי זה אומר שצריך להיכנס אל עומק הדין, אל עומק הקושי שלו; לפעמים צריך להקצין אותו ולפעמים גם להכות אותו,[26] כדי שיגיע אל נקודת השבירה שלו. יש דברים שתיקונם הוא שבירתם, שהמבנה התחתון שלהם הוא כל כך משוכלל, שהוא מסתיר לגמרי על האור שמעבר לו, על הניצוץ האלוקי שהוא הטעם שבו, ורק בשבירתו ממש הוא משתחרר ומתגלה. והשבירה הזו אינה קלה, כי עבודתו של האדם, אחרי הכול, היא בתוך עצמו ומתוך עצמו; ואת הקושי והשבירה בדרך הזו הוא ירגיש גם בחייו ובתחושתו הפנימית.

חכמים נתנו משלים להמתקת הדין בשורשו מדרך הכנת מאכלים מרים ורעילים לאכילה. כך למשל, את המרירות של הזיתים מפיגים על ידי הכאה בהם, ואת המרירות של הבצל ממתיקים בחום האש[27] – וכך המר והחריף נעשים טעימים ואפילו מתוקים כאשר הם מגלים את הטעם המיוחד להם שהיה נסתר במרירות הגלויה.

מיתוק הדין הוא מודל מייצג לתהליך הגדול של ה'תיקון'. מושג קבלי מרכזי שעוברים העולמות בזמן קיומם, ממציאות של תוהו ופירוד למציאות של תיקון וחיבור (וכפי שיבואר באריכות בפרק על עולם התיקון). מהחיבור של החסד לדין, המתוק למר, לחיבור כל המידות ביניהן. להפיכתן מספירות וכוחות נפרדים, כל אחד לעצמו, לגוף אחד שכלול מכולם; שכל אחד מתחשב בכל אחד, שכולם יחד הם אחד. לשם הולך, דרך כל הקשיים, מיתוק הדין.

25 ראו תניא פרק כז עמ' 68.

26 וכלשון חז"ל: "להרגיז יצר טוב על יצר הרע" (ברכות ה,א).

27 ראו לקוטי תורה ויקרא ג,ד ד"ה לא תשבית מלח וגו' וביאורו.

יראה

הרגש שמרגישים אל מול מידת הגבורה הוא יראה.

הרגשת היראה שבנפש מתחילה מהתחושה שאינני לבד, שיש כאן עוד מישהו ומשהו שאיננו אני. היא ממשיכה בחשש ובפחד מפני זרותו של האחר, שאין לנו שליטה במה שיחשוב ויעשה, שיכול להשפיע על חיינו ואף לפגוע בנו עד למחיקת מציאותנו מכל וכול. היראה היא אפוא תנועה של הנפש אחורה, לחזור אל הגבולות ולשמור עליהן. היראה יכולה להופיע גם כרגש חיובי, שמרגיש טוב; לא כחרדה מפני הלא טוב, אלא כבושה מפני מי שאוהבים ומעריכים. במיוחד נכון הדבר ביראה של קדושה, כאשר הנוכחות האחרת היא האלוקית. כיראה מפני החטא, שלא לעבור על רצונו של הקב"ה, כיראה של בושה וכבוד בפני הנוכחות האלוקית, ויראה עליונה של התבטלות גמורה אל מול האלוקי. אכן, ככל שמצליחים להעלות את היראה, ומכוונים אותה למעלה מיראות העולם התחתון אל עבר האחדות האלוקית, הופכת היראה לא רק לנסבלת אלא על פי דרכה אף לרצויה ומחיה את הנפש.

אך מהי הרגשת היראה בספירות העליונות, היראה ש'מרגיש' הקב"ה? כפי שהוסבר באהבה כך גם ביראה, אין לנו דרך להבין ולחוש את המושג 'רגש' אצל הקב"ה. אנו יכולים להתייחס למעשיו ולהנהגתו, בגבורה ובצמצום התגלותו בעולמות, שבאים מכוח יראתו, אבל על ההרגשה עצמה אין לנו דרך ויכולת לחשוב. עם זאת, כפי שהוסבר באהבה, הרגשות שאנו מרגישים בתוכנו יורדות ומשתלשלות ממקור עליון שהוא ההרגשה האלוקית. וגם אם הקשר הוא כל כך רחוק שבשום אופן איננו יכולים לעקוב ולראות כיצד הוא למעלה, עדיין זו אותה יראה, שיורדת ומשתלשלת עד ליראה שלנו. ואם זו אותה יראה יש לנו רשות, אם לא להבין לפחות להרגיש ברגש שלנו, את הארת הרגש האלוקי.

אופן אחר להסתכל על היראה הוא כפנימיות הגבורה.[28] כשם שרגש האהבה הוא פנימיות החסד, הגורם לאדם להתנהג באהבה ולהשפיע

28 איגרת הקודש טו.

חסד לאהובו, כך רגש היראה גורם לאדם להגביל את השפעתו, לשים גבולות ולשמור על מקומו, בגבורה ובמידת הדין.

וכמו בנפש כך למעלה בספירות, ההנהגה האלוקית במידת הגבורה והצמצום היא חיצונית ליראה האלוקית. הקב"ה איננו ירא על עצמו כמובן, אבל הוא ירא כביכול על עולמו שברא, על תכלית הבריאה כפי שהיא צפונה במחשבתו ורצונו העליון. היראה הזו היא הגורמת לגילויי הגבורה האלוקית שלא להשפיע יותר מדי כדי שברוב השפע לא ייהרס השתיל הרך של קיום הנבראים.

כמו כן, מחיה הרגשת היראה הפנימית את מידת הדין. את תחושת היראה כשלעצמה, את האימה מפני התוהו הבלתי נשלט, אי אפשר לשאת. האופן היחיד שבו ניתן לשאת אותה הוא כאשר מצליחים להכניס את הפחדים והחרדות הללו לתוך גבולות של דין. לאמור, לרשת מסודרת של גבולות שמגדירה את הדברים, שנותנת מידה וסיבה לכל דבר. במרחב החומר, יכולים אלו להיות חוקי הטבע, במרחב האנושי החברתי אלו דיני המוסר והמשפט, ובהיקף הכולל אלו הם מכלול דיני התורה המנסחים את הדין האלוקי. היראה מפני פריצתן של מערכות חוקים אלו מלווה אותנו כל חיינו, וגורמת לנו לשמור עליהן ביתר שאת, לברר ולחדד אותן עוד ועוד.

כשם שהגבורה היא המידה השנייה, כך היראה היא ההרגשה השנייה, השנייה לאהבה. ירא הוא מי שירא לאבד את החיים והעולם והאלוקי שהוא אוהב.

יראה עילאה

בסיומו של הפרק הקודם נזכרה מידת החסד העליון, 'רב חסד' ו'אהבה רבה'. בדומה לכך גם ביראת ה' ישנה 'יראה עילאה' (יראה עליונה), שלמעלה מהיראה שדובר בה עד עתה. יראת ה' התחתונה היא היראה שלמטה מהשכל, המתייחסת אל גילויי הגבורה האלוקית בעולמות המושגים בשכל. זו בעיקרה היראה שאדם ירא על עצמו שלא יינזק. לעומתה, היראה העליונה היא היראה מפני האלוקי האין סופי בעצמו

שלמעלה מהשגת השכל, שמעבר לכל הגדרות העולם. ולא משום שהוא בלבד המחיה כל דבר ולא משום כל סיבה שהיא, אלא רק מעצם היותו, שפירושה הוא - שאין עוד דבר מלבדו! זהו תוכן היראה העליונה אצל האדם.

היראה העליונה, כמו האהבה העליונה, מיוחדת ליראה האלוקית בלבד, ליראת הנפש האלוקית (שכל גילוייה הם כלפי האלוקי בלבד[29]). היראה התחתונה יש כמותה גם בעולם, בפני מוראות העולם והאדם, בגשמיות וגם בדרגות רוחניות גבוהות ודקות. אבל המושג הנזכר בחסידות של 'יראה עילאה' אין כמותו בעולם, בהיותו מתייחס אל דרגת האלוקי שמעבר לעולם בכל דרגותיו, האלוקי שאין עוד מלבדו, ובכלל זה גם ה'אני' של האדם.

לעומת יראת ה' התחתונה שישותו של האדם אינה מתבטלת בה, והיא אף עומדת במרכזה, שלא תיפגע וכדומה, היראה העליונה היא היראה שכל כולה היא ההתבטלות הגמורה של הישות. זו יראת בושת, יראת הרוממות, יראה שאין בה שום פחד וחשש, לא על עצמו ולא על כל דבר שיהיה, שכן אין בה שום דבר מלבד העמידה מול האלוקי שאין עוד מלבדו. בדרגה זו מאוחדת היראה של מטה ביראה של מעלה, יראת האדם ביראה האלוקית, ה'אני' של האדם במהות האלוקית.

סולם העבודה המתואר בלשון הזוהר הוא "דחילו ורחימו ורחימו ודחילו" (יראה ואהבה אהבה ויראה).[30] תחילת העבודה היא היראה התחתונה, יראת העונש ויראת החטא, שמכוחה נשמר האדם מלעבור על מצוות לא תעשה. אחר כך באה אהבה זוטא (קטנה), היא אהבת עולם, אהבת ה' שהוא חיינו והוא הנותן לנו כל צורכנו בעולמנו, האהבה שמביאה לקיום מצוות עשה. אחריה באה אהבה רבה, ולבסוף יראה עילאה. נקודות הקצה של הסולם הן ביראה.

29 ראו תניא פרק ב-ד.
30 זוהר חלק ג קכג,א ואילך; תקוני זוהר תיקון ו כא,ב; לקוטי תורה במדבר כג,א עג,א; ספר המאמרים תרנ"ד קכט.

למטה היראה התחתונה שהיא נקודת ההתחלה של עבודת ה׳. ולמעלה, היראה העליונה, של ההתבטלות שאין מעבר לה כלום.

בספרים[31] מבואר כיצר עוברת התפילה של כל יום דרך כל הדרגות האלו. התחלת התפילה בפסוקי דזמרה היא ביראה תתאה, כיראת העבד שאינו מבין ומזדהה עם תכלית העבודה, אלא עובד מיראת העונש. בברכות קריאת שמע וקריאת שמע העבודה היא בשתי דרגות האהבה, אהבה זוטא בברכות קריאת שמע ואהבה רבה בקריאת שמע. בתפילת העמידה מגיעה היראה העליונה, העמידה והביטול הגמור לפני ה׳ אחד. שם מגיע האדם לעבודת האהבה שהיא גם יראה (כיראת הבן שהוא גם עבד), שאחר כל המעלות של אהבת ה׳ הוא עובד ביראה הפשוטה מכול, שלמעלה מכל ההשגות וההרגשות, בַהתבטלות במילות התפילה הללו שהשכינה מידברת בפיו.

לעתיד לבוא

בדברי חז״ל מצויה התפיסה שלעתיד לבוא תהיה ההנהגה האלוקית במידת הדין, ויצחק אבינו שמידתו הגבורה ילמד אז זכות על ישראל, ודווקא לו יקראו אז ׳אבינו׳.[32] בשם האר״י ז״ל מובא שלעתיד לבוא ייטלו הלוויים השייכים למידת הדין את עבודת הכהנים ששייכים לחסד.[33] באופן שהלוויים של עכשיו יהיו הכהנים לעתיד.[34] ועוד מובא בשם האר״י

31 ראו בזוהר פרשת בלק קצה,ב בעניין שתי דרגות עבד, וראו לקוטי תורה עג,א כיצד הן ארבע הדרגות בתפילה.

32 שבת פט,ב. ראו תורה אור כא,ג; לקוטי תורה במדבר נ,ד; צא,ג; מאמרי אדמו״ר הזקן תקסח חלק ב עמ׳ תרלא ועוד.

33 לקוטי תורה (האר״י ז״ל) על יחזקאל (מד,טו), ובשער הפסוקים. וראו תניא פרק נ.

34 לשון אדמו״ר הזקן בתניא פרק נ. וראו בהערת הרבי מליובאוויטש הנדפסת ב׳שיעורים בספר התניא׳ שמסביר כיצד מתרץ אדמו״ר הזקן בלשונו את הקושיה על כך שהתורה לא תשתנה! כיצד יעבדו אז הלוויים את עבודת הכהנים? אלא שנשמות הלוויים של עכשיו, שהם מצד הגבורה, ייוולדו אז לכהנים, ולכן הגם שיהיו כהנים בייחוסם תהיה נשמתם מצד הגבורה כלוויים של עכשיו.

ז"ל, שבניגוד לזמן הזה שההלכה היא כבית הלל כנגד בית שמאי, לעתיד לבוא תהיה הלכה כבית שמאי שהם במידת הדין.[35]

טעם הדברים הוא בהבדל שבין הזמן הזה לזמן שיהיה לעתיד לבוא. בזמן הזה כאשר בני אדם אינם שלמים והעולם אינו מבורר עדיין, אין הוא יכול לעמוד במידת הדין בלבד, וכפי שהוסבר נדרשת הנהגה שיש בה את הגמישות והרכות של מידות החסד והרחמים. אך לא זו בלבד, גם מצד האדם, מכיוון שהוא פגום ואיננו שלם, אין הוא יכול להסתפק בעבודה לפי מידת הדין בלבד. בדומה לבעל תשובה שצריך לפרוץ את גבולות החובה ולעשות לפנים משורת הדין, ובכוח רב יותר מהצדיק. מה שאין כן בעולם המתוקן שיהיה לעתיד לבוא, לא רק שאין צורך בהנהגה כזו, היא יכולה גם לקלקל. בעולם מתוקן שסיים את עבודת הבירורים, שאין בו יותר תערובות של טוב ורע,[36] ההנהגה והגילוי המתאימים יהיו במידת הדין של יצחק, בשמירה מדויקת על הכלים והצורות שבהם משפיע הקב"ה.

משל לדבר, כאשר רוצים להעביר תוכן מופשט עמוק ונבדל מהמקבל, שום מספר ואיכות של מילים שיש למקבל לא יכילו ולא יבטאו אותו; האופן היחיד שבו ניתן להעביר אותו הוא כאשר הנותן בעצמו, מי שהגה את המחשבה העמוקה ורק הוא, ימצא את המילים שעומק דעתו מסכימה להן, והמקבל ישתמש באותן המילים והצורות בדיוק בלי לשנות דבר. התאמה מופלאה כזו, בין המשמעות והמילים, בין האור והכלי, יכולה להיות רק בעולם שלם ומתוקן כמו שיהיה לעתיד לבוא. עולם כזה מוכר לנו גם כעת בעולם האצילות, שכאמור בתיקוני זוהר "איהו וחיוהי חד, איהו וגרמוהי חד" (הוא והאור אחד, הוא והכלים אחד).[37] כלומר, בניגוד לעולם ולזמן שלנו שהכלי המגלה הוא תמיד גם מסתיר ומשבש את הגילוי, בעולם המתוקן שבו הכלי הוא בהתאמה מלאה לאור, אין הוא מסתיר כלל אלא רק מגלה בשלמות את התוכן

35 נזכר במקדש מלך על הזוהר חלק א יז,ב. ראו איגרת הקודש יג. וראו בהערת הרבי מליובאוויטש הנזכרת בהערה הקודמת.

36 ראו על כל זה לקמן בפרק 'עולם התיקון'.

37 הקדמה ג,ב.

שבו. ובעולם כזה כל שינוי ופריצה של גבולות הכלים והאורות רק ישבשו את הגילוי השלם שיהיה אז.

הסבר פנימי יותר נעוץ במשמעות השם 'יצחק'. יצחק מלשון צחוק בעתיד, מכוון לעונג העליון האלוקי שיתגלה לעתיד לבוא. הקשר למידת הגבורה הוא שהעונג האלוקי מתגלה דווקא מתוך מידת הגבורה. כאשר קוראים אל האלוקי מן המקום הנמוך והמצומצם בתכלית, שכבר לא נראה בו שום קשר אל האלוקי המהווה אותו – זה מעורר את נקודת העונג הפנימי למעלה, באלוקי, שימלא לעתיד לבוא את המציאות כולה.[38] ואף הגבורה שמתוכה הגיע העונג, לא תהיה אז כקליפה שנשרה ואין צורך בה. אדרבה, היא תהיה לכלי שמחזיק את העונג הפנימי בעולם, שיהיה אז בעולם תחתון וגשמי.[39] אכן, לא כגבורות קשות כפי שהן היום, אלא ככלים המדגישים את רוב הגילוי והעונג, שיצדיקו וינשאו לעתיד לבוא את כל הקושי והסבל של הגלות.

כעין לעתיד לבוא בכלל העולם, כך בנפש האדם בזמן הזה, בעבודת התפילה הפרטית. כאשר המתפלל־העובד מגיע לקצה מסלול הריצה שלו מן העולם אל האלוקי – הזיכוך, ההתעלות ומסירות הנפש בקריאת שמע – והוא שב להוריד את ההשפעה מלמעלה למטה בתפילת שמונה עשרה, הוא צריך לשנות את הילוך נפשו. מאהבת ה' שפורצת את כל הגבולות והמחיצות בינו ובין ה', להקפדה במידת הדין: להגות בדיוק את המילים בהתבטלות גמורה של ישותו – "ה' שפתי תפתח ופי יגיד תהלתך" – כי רק כך זה יכול לרדת בגילוי למטה, במילים שהקב"ה עצמו אומר בו.

38 בחסידות מוסבר הדבר, שהנחשב למעלה הוא דווקא מה שנעשה מלמטה. הדברים הגדולים הנחשבים למטה אינם נחשבים אצל הקב"ה, שהרי הוא העושה אותם לאין סוף ובלי מאמץ. מה שנחשב אצלו, החידוש אצלו, הוא מה שעושים התחתונים. וכדי שיהיה הדבר, שיעשו התחתונים מעצמם, לא כהשתקפות של האור האלוקי, חייב הדבר לבוא מתוך החושך של הגבורה והצמצום האלוקי.

39 כנזכר לעיל שהתכלית הראשונה של בריאת העולמות הייתה "שנתאווה הקב"ה להיות לו דירה בתחתונים". ותכלית זו היא אשר תגיע לפועל לעתיד לבוא, שיהיה הגילוי האלוקי העצמי בתחתונים דווקא.

פרק עשירי

תפארת

המידה השלישית האמצעית

המידה שאחרי החסד והגבורה, היא המידה השלישית. שלישית משום שהיא אינה מתגלה במבט ראשון, ואפילו לא בשני, רק בשלישי. במבט ראשון רואים את האור שמאיר. במבט שני רואים את הגבולות שלו. במבט שלישי אפשר לראות שזה לא רק זה או זה, אלא שיש מהות שלישית שמתגלה מביניהם. מהות שהיא יותר מהרכבה של השניים, שהיא מהות שלישית לעצמה, הנקראת 'תפארת' ו'רחמים'.

שלא כמידות החסד והגבורה המובחנות זו מזו בממד הרוחב שבין שמאל וימין, מידת התפארת מתייחדת מהן גם בממד האורך - מעלה ומטה.

כפי שכבר הוסבר, עשר הספירות מסודרות בשלישיות רוחביות,[1] והן גם יוצרות שלושה קווים אנכיים: קו הימין, קו השמאל וקו האמצע. קו האמצע הן הספירות כתר (או דעת) תפארת, יסוד ומלכות. לקו האמצעי ייחוד ויתרון לגבי שני הקווים האחרים, שכן הוא מגיע עד הכתר

1 חוכמה, בינה, דעת (חב"ד); חסד, גבורה, תפארת (חג"ת); נצח, הוד, יסוד (נה"י).

שלמעלה מחוכמה ובינה ונמשך עד היסוד והמלכות שלמטה מהנצח וההוד. המשמעות היא שהקו האמצעי איננו רק ממוצע והרכבה של שני הצדדים, אלא מהות לעצמה, מהות שלישית.

במאמר הידוע 'פתח אליהו' שבתיקוני זוהר,[2] מתוארות כל הספירות על דרך משל כאיברים בגוף האדם. נאמר שם שהחסד הוא זרוע ימין, הגבורה היא זרוע שמאל והתפארת היא הגוף. כמו בגוף הגשמי, הגוף איננו הגוף של הידיים, להפך, הידיים הן הידיים של הגוף, המשמשות את הגוף. בהגדרה זו של התפארת כגוף היא נתפסת לא כפשרה ממוצעת אלא כמרכז.

אם להמשיך את כיוון המחשבה הזה, התפארת נמצאת במרכז לא רק בין שמאל וימין אלא גם בין מעלה ומטה. הצטלבות כל הקווים במידת התפארת השלישית מורה על מרכזיותה כגוף ועיקר לכל צד ותנועה. אין היא מטמיעה את הקצוות בתוכה עד שהם מפסיקים להיות קצוות, אלא באופן שמגלה ואפילו מדגיש אותם, שמשתמש בניגודיות ואפילו בסתירות שבין הקצוות כדי לבטא את המרכז. התפארת אינה באה אחר הניגודים כדי לפשר ביניהם אלא משורשם, מן המרכז והפנימיות; היא עצם הדבר, שהקצוות לכל הכיוונים רק מגלים אותו. החסד בקצהו אינו מגלה את עצמו אלא את התפארת. כמו שביטויה הפנימי של היד מבטא את הגוף ולא את היד. כך צד הימין והשמאל, וכך המטה והמעלה - מבטאים בפנימיותם את המידה השלישית, את המרכז שהוא הגוף של כולם.

מרכזיותה של התפארת אומר שאין היא יכולה להיות שום דבר יותר משהיא בדבר אחר. היא חייבת להיות באיזון תמידי, עם תנודות השקולות כנגד הפכן. כמו הארץ שהריה שקולים לתהומותיה, כמו תנודות הנפש שיוצרות את החיים - את העניין, המתח, והתכלית - אבל לא שוברות אותם. כוחה של התפארת לשמור את האיזון החי הזה, הוא יותר מכוח של גישור ופשרה, הוא נובע מגילוי העומק שבשורש כולם, כמו עומק האוקיינוס לאין ערוך מתחת לתנועות הגלים שעל פניו.

ביטוי למרכזיותה של מידת תפארת הוא שם ה' השייך למידה זו.

2 הקדמת תיקוני זוהר יז,א.

כבר נזכר[3] שלכל אחת מהספירות מתייחס שם משמותיו של הקב"ה, והשם השייך לספירת התפארת הוא שם הוי"ה (י-ה-ו-ה). שם הוי"ה הוא השם המקודש ביותר, השם הפנימי, המרכזי לגבי כל שאר השמות, המתייחס לאלוקי בעצמו בעוד שאר השמות מתייחסים רק לגילויו ופעולותיו. ויחד עם זאת, שם הוי"ה הוא גם השם הפרטי של ספירת התפארת, מה שמורה על היות התפארת הספירה המבטאת את פנימיות האלוקות שבכל הספירות.

אם יש בעולם שלנו פרט כלשהו, המבטא בקיומו ובפעולתו בעולם מהות פנימית כזו, כמו התפארת בספירות - זהו האדם. היצור הזעיר והפלאי שיש בו הכול: מן השמאל והימין, מן העליונים והתחתונים, גוף שהוא מן העפר שלמטה מהכול ונשמה שהיא (כמו האור, כמו שם הוי"ה) חלק אלוקי ממש. אכן רוב בני האדם אינם מממשים את ההיקף והשלמות האלו בחייהם, אך היו אנשים בהיסטוריה שגילו ומימשו זאת באישיותם וגם בחייהם הפרטיים הארציים. היה אדם הראשון, שנברא על ידי הקב"ה בכל השלמות האפשרית, והיו שלושת האבות, אברהם יצחק ויעקב, שהיו כל אחד מהם 'מרכבה', נושא ומבטא בשלמות מידה אלוקית בחייו בעולם הזה. וכמוהם היו נביאים וצדיקים בכל הדורות, שכל אחד בדרגה ובאופן שלו. כשמסתכלים באדם כזה, בהכרתו ובהתנהלותו, אפשר להיווכח במשהו ממהותה של מדת התפארת.

את המהות הזו הורישו האבות לבניהם אחריהם, והיא קיימת בכל אחד מבני ישראל, אם לא בפועל אז בכוח. בחסידות מבואר שנקודה זו היא הנקראת 'נקודת פנימיות הלב' שבאדם.[4] בלב שוכנות המידות[5] שמרכזן ופנימיותן היא מידת התפארת. גילוי נקודה זו באדם, שהופך ומעלה את כל חייו וסביבתו, יכולה להמחיש עוד יותר את מהותה השלישית המרכזית של ספירת התפארת בעולמות. וכמו נקודת הלב

3 בפרק על הספירות.

4 ראו איגרת הקודש ד; לקוטי תורה ויקרא מ,א ועוד. וראו מאמרים מלוקטים חלק ד ד"ה לך אמר לבי וכו'.

5 תניא פרק ג.

שבכל אחד מישראל, כך עם ישראל נמשלו ללב של העולמות,[6] כמידת התפארת הנושאת את שם הוי"ה הפנימי לכל השמות, שבו נקרא כאמור הקב"ה בעצמו שבתוך ומעבר לכל העולמות.[7]

יש חלקים בתפילה שבעומדנו בהם אנו רואים בתוכנו את תפילת כל יצורי העולם. מרגישים כמו הצמחים שנפתחים ומשבחים את בורא העולם, כמו בעלי החיים ששרים לו בכל מאודם, וכמו כל בני האדם שמבקשים רפואה ופרנסה ואהבה. אנו יודעים גם לדלג משם אל האלוקי, זה שמנהיג ומכוון את הכול. ובימים בהירים אנו יכולים לראות גם את האלוקי בעצמו שמעל לרקיע, שמהווה הכול מאין ואפס, זה שקוראים לו בשם הוי"ה.

אי אפשר להבין זאת בשכל אלא רק בתמונה הפנימית שבנפש המתפללת, בנקודת הלב שאינה מלובשת בשום חלק וצד בעולם, שרק ישנה שם באמצע. אין אותיות לחשוב עליה, רק להרגיש את היופי שבה.

תפארת

התפארת שמשלבת בין השונים היא היָפה, היופי של ההרמוניה. מה שהופך דבר נכון, מועיל או מהנה, ליפה הוא התוספת שאינה ממינו. לא יותר כוח, דיוק ויעילות, לא תוספת מאותו דבר, אלא משהו מכיוון אחר, מצבע אחר, מטון אחר. אי אפשר לעשות מוזיקה עם תו אחד, אי אפשר לצייר תמונה עם גוון אחד; הוא יכול להיות טהור וחזק, אבל כדי שיהיה יפה צריכה להיות שונות, שההרמוניה תהלך בין קצותיה. היא יכולה להשלים בין השונים וגם להקצין, לרחק ולקרב, לרכך ולהדגיש - אבל תמיד תשמור על קשר והתאמה בין כולם.

תחושה של הרמוניה שמגיעה מחוץ לנו קשורה ליחסים הרמוניים

6 ראו תורה אור ז,ד.

7 ראו תורה אור פג,ב-ג.

שנמצאים בתוכנו, בנפשנו וגם בגופנו. עוד מהזמן העתיק היו ידועות נוסחאות מתמטיות המגדירות את מה שקראו 'חיתוך הזהב', של יחסים שעל פיהם יצרו פסלים, מבנים וגם יצירות מוזיקליות. מה שמתאים ליחסים פנימיים קיימים אלה הוא הנאֶה, הנוח והמתאים לנו. אבל אין די בזה כדי ליצור את יתרון היופי האמיתי, הייחודי, של ספירת התפארת. התפארת מכילה לא רק את ההרמוניה שבין הפרטים, אלא גם את הדיסהרמוניה. לא רק את הנאה והמושלם, אלא גם נגיעה כלשהי של פגם ואפילו כיעור. לדוגמה: בובה שאדם או מכונה יצרו אותה בשלמות לפי כללי היופי היא נאה, אבל בפסל שיצר אמן גדול יש יופי שהוא יותר מזה. שום אדם איננו סימטרי לגמרי, יש בו 'פגמים', וזה מה שעושה אותו יפה באמת עם המסתורין ו'השיגעון' שביופי ועם הילת השגב שאינה בלתי מושגת. זה נכון בבני אדם, נכון ביצירות אמנות גדולות ואפילו בְריחות. מהנדסי ריחות יודעים שכדי לייצר בושם עם משיכה מיוחדת צריך להכניס בו גם נגיעה של ריח גס,[8] ובכך להפוך אותו מריח נעים לריח שיכול להפוך את הקרביים.

מהו סוד היופי היתר של ספירת התפארת? נראה שהסוד הוא הגרעין האלוקי, נושא האין סוף עצמו, שדווקא ספירת התפארת, בהליכתה בין כל הקצוות, נוגעת ולא נוגעת - מרמזת אליו. כמו אישה הרה, שכל קסמי הבעותיה מרמזות אל המציאות האחרת שבה, שמעבר לכל מידותיה, מעבר ל'חיתוך הזהב' שביניהן, מעבר למה שהיא.

יופייה של התפארת יוצר התעוררות נינוחה בנפש. תחושה שבתוך כל התנודות מקצה לקצה, היא אומרת לנו - זה הכול אנחנו! אכן, יש בה גילוי של האין סוף עצמו, שצריך לחתור אליו תמיד מעבר לכל מה שהגענו אליו, וזו ההתעוררות. אבל לא צריך ללכת לשום מקום אחר - וזו הנינוחות.

למשמעות פנימית זו של היופי, הכוללת את האמת ואת הטוב, יש ביטוי בולט באחד מספרי המדרש, 'תנא דבי אליהו'. לאורך כל הספר

8 חז"ל אומרים שגם בקטורת שהיו מקטירים בבית המקדש היה סם אחד שריחו 'רע', הוא החלבנה (ראו רש"י שמות ל,לד).

מכנה המדרש מעשים טובים ורעים כ'יפים' ו'מכוערים'.[9] המשמעות היא שהוא רואה ביופי ביטוי לטוב ולנעלה שבאדם, בדרגה פנימית כזו שאין לה ביטוי הולם אלא בלשון זו של יופי.

כבר דובר על כך ש"תפילות אבות תקנום", הם פסוקי האהבה ופסוקי היראה והרחמים, שהתפילה מורכבת מהם. האם יש גם פסוקי 'תפארת'? אכן יש. אבל עיקר התפארת מתגלה בהילוך בין הפסוקים – מיראה לאהבה ומאהבה ליראה ולרחמים.[10] בתפילה העוברת מזה לזה מתגלה היופי של היתכללותם יחד, שמתאים ליופי של תמונת איברי הגוף והנפש המשלימים יחד את תמונת האדם.[11] אמירת הפסוקים של אהבה ושל יראה ורחמים הופכת ל'פסוקי דזמרה', לשירת המקהלה היפה שבוקעת את השמיים.

רחמים

עד כה דובר על ספירת התפארת, כשלישית הממוצעת בין החסד והגבורה. ואולם עיקר התייחסותה ופעולתה של ספירה זו הוא כלפי מטה, אל המסקנות הרגשיות והמעשיות, בהתייחסות ובהשפעה אל המציאות התחתונה. היבט עיקרי זה של התפארת נקרא 'רחמים'.

אכן מידת החסד היא כאמור עיקר מידת הגילוי וההשפעה כלפי מטה, ואולם למידת החסד יש הגבלות שאינן מאפשרות להשפעתה להגיע מעבר למידתה שלה. הפריצה המשמעותית של גבולות ההארה, זו שהופכת אותה מביטוי עצמי בלבד לביטוי שמשנה ומשפיע באמת על המציאות – היא במידת הרחמים. לעומת נתינת החסד שהיא מצד טבע

9 לדוגמה: "שלא יאמר אדם בעצמו, אלך ואעשה דברים מכוערין ודברים שאינן ראויין" (אליהו רבה מהד' איש שלום, פרשה ז) "פלוני למד תורה ראו כמה נאים מעשיו כמה יפין דרכיו" (שם, פרשה כו).

10 ראו לקוטי תורה דברים ה,ב.

11 שעליה נאמר: "שופריה דיעקב מעין שופריה דאדם הראשון" (יופיו של יעקב מעין יופיו של אדם הראשון) – בבא מציעא פד,א. וראו אור החיים דברים לב,ח; איגרת הקודש ז.

הנותן בלבד, משום שהוא רוצה ומשום שזה טבעו, באה מידת הרחמים ונותנת בגלל המקבל; בגלל שחסר לו, בגלל שהוא רחוק.

מידת החסד היא בעיקרה חד־צדדית, ביטוי של ה'אני', שהוא אוהב והוא רוצה להשפיע, ומשום כך אף התייחסותה אל האחר היא במידות של האני ולא של האחר. אנו אוהבים את מי שהוא דומה לנו. וגם כשאוהבים את השונה, לדוגמה בעל חיים, אנו אוהבים בו את הדומה לנו, את התכונות הכמו אנושיות שהוא מגלה. מה שאין כן כלפי השונה והנבדל לגמרי, אין האהבה והחסד חלים. לעומת זאת, הרגשת הרחמים יכולה לחול על הכול - "ורחמיו על כל מעשיו". לרחמים אין גבולות, לא של האני ולא של הדומה לאני, לא של השכל ולא של מידות אחרות; יכולים לרחם על המסכן והעלוב, גם כשלא יכולים לאהוב אותו. אדרבה, החיסרון בזולת שמביא לחיסרון באהבה, הוא דווקא יתרון במידת הרחמים. ככל שהוא חסר יותר, ככל שהמרחק גדול, הוא מעורר יותר רחמים ושואב אליו יותר השפעה כי הוא זקוק לזה יותר. ביתר שאת הדברים אמורים ביחס לרחמים האלוקיים, שהרי כל הנבראים הם חסרים לגבי האלוקי שהוא שלם לאין סוף, ומשום כך ראויים לרחמים ומקבלים רחמים.

המידה ההפוכה לאהבה, המגבילה ועוצרת אותה, אינה השנאה אלא האדישות, חוסר האכפתיות. וכך גם ביראה, הפכה אינה האהבה אלא חוסר היחס וחוסר הכבוד. ההגבלה הזו של הרגש היא גם הגבלה של ההשפעה, שאינה עוברת את המחסום הזה; הן מצד האהבה והן מצד היראה. רק הרחמים עוברים את הכול, גם את האדישות וגם את חוסר הכבוד. איננו אוהבים את הבזוי והמסכן וגם איננו יראים ממנו, אבל אנו יכולים לרחם עליו; בין אם הוא אדם או כלב צולע ואפילו חיפושית על הרצפה.

מידת הרחמים היא המידה שנשארת. שאינה רק שלב בתהליך, אלא זו שמסיימת אותו ונשארת אחריו. היא כמו הסינתזה שמתקיימת אחר התזה והאנטיתזה. הסינתזה מתחשבת במגבלות של כל אחד מהצדדים ויוצרת דבר שלישי, שיש בו גם את יתרונות הצדדים שקדמו לו וגם משהו נוסף שהולך מעבר לגבולות של שני הצדדים הראשונים. הקיצוניות, שהיא יתרונה של כל מידת קצה, היא גם חסרונה והיא זו שתביא לקיצה.

מי שאוהב את כולם, כמו גם מי שדוחה את כולם, אינו יכול להתקיים. הוא יישבר. מה שאין כן במידת הרחמים, משום שהיא לעולם מתחשבת גם בצד האחר היא לעולם אינה מגיעה עד לקצה, ולכן היא זו שנשארת להתקיים.[12]

עם זאת, מידת הרחמים אינה באה במקום המידות האחרות. גם כשהיא נשארת היא איננה מחייבת את השתקתן. ולא זו בלבד שהיא מתקיימת לצידן היא אף מעוררת ומחיה אותן; אפילו מחייבת את גילוין בצידה. בספרי חסידות[13] מבואר על הכתוב "יעקב אשר פדה את אברהם" (ישעיהו כט,כב), שיעקב שמידתו מידת הרחמים פודה את 'אברהם' שמידתו מידת החסד והאהבה. כאשר מרחמים, גם על מי שקשה לאהבו, יוצרים יחס, והיחס הרגשי הזה, במיוחד כאשר הוא מלווה בנתינה, יכול להתגבר על הרתיעה ועל חוסר היחס ולהפוך גם את החיסרון לגורם של משיכה ואהבה.

בעבודה שבלב אוהבים את הקב"ה ויראים ממנו, האם אפשר לומר שמרחמים עליו? ובכן, לא באותו אופן, אבל כן. מצד אחד, אי אפשר לומר שמרחמים על הקב"ה שהרי אין הוא חסר דבר. מצד שני גם לא נכון שאדם ירחם על עצמו בתפילה. האופן הנכון של הרחמים בתפילה הוא לכן מורכב משניהם, וכך מוסבר בחסידות: מאחר שהקב"ה בורא ומקיים אותנו באהבתו הפנימית בכל עת, כאהבת אב לבנו יחידו, משהו ממשי ממנו נמצא בנו בכל עת, וכשאנו רחוקים כל כך ממנו במחשבותינו והרגשתנו, לא חושבים עליו ולא מרגישים אותו – יש מקום לרחם על שכינתו שבנו. ככל שמחשבתנו רחוקה ממנו יותר, כך הרחמים 'עליו' כואבים יותר, צועקים יותר.

לכאורה זה נראה רחוק מאיתנו, וכי אנו בדרגה רוחנית לרחם

12 ביטוי לכך נמצא בתלמוד פסחים פח,א, על בית המקדש השלישי שנבנה בזכות יעקב (היא מידת התפארת והרחמים). ויתרונו של בית המקדש השלישי יהיה שלא יחרב, לעומת בית המקדש הראשון והשני שכנגד אברהם (חסד) ויצחק (גבורה) שחרבו (ראו לקוטי תורה במדבר פג,ג-ד).

13 ראו תניא פרק מה.

על השכינה? אך בחסידות מבואר שהתפילה כוללת בתוכה גם את ההכנה לתפילה. ואם אדם אינו נמצא במקום ובדרגה שהוא יכול להתפלל, הוא יכול להביא את עצמו לאותו מקום. דהיינו, להתבונן לפני התפילה ואחר כך בפסוקי דזמרה ובברכות קריאת שמע, בגדולתו ובטובו של ה׳, ובכך שבליבו זה אינו ניכר, ועל ידי זה ירגיש את הרחמים על פנימיות ליבו המאוחדת בשכינה. התבוננות זו תכוון גם את הרחמים שבחיצוניות ליבו אל האלוקי שבפנימיות לבו. באופן שהם יקבלו את כוח הממשות הטבעי של רחמיו העצמיים ויקשרו אותו אל האלוקי, האין סופי. אלו הרחמים בעבודת התפילה.

שלוש עשרה מידות הרחמים

כמו בחסד ובגבורה שיש להם שורש עליון למעלה מהשכל (׳אהבה רבה׳ ו׳יראה עילאה׳), כך גם במידת הרחמים ישנם רחמים עליונים הנקראים ׳רחמים רבים׳ ו׳שלוש עשרה מידות הרחמים׳.[14] שורש עליון זה אינו רק שורש, פעמים שהוא יורד ישירות אל תוך עולמנו לפעול בו כפי שהוא בעצמו, למעלה מהגבלות העולם, בהשפעה ואפילו בחוויה.

שלוש עשרה מידות הרחמים נזכרות כבר בתורה, בתיאור ההתגלות של הקב״ה למשה רבנו לאחר חטא העגל.[15] משה עולה למרום כדי לבקש רחמים על ישראל, החטא חמור מאי פעם והעיתוי בלתי נסלח. למשה כבר אין מה לומר, שום זכות קודמת שהוא יכול לבקש סליחה בגללה. ואז מגלה לו הקב״ה את הסוד של שלוש עשרה מידות הרחמים. מידות רחמים עליונות, שמרחמות ממקום עליון וקודם לכל מה שקורה, שאין שם גבול לסליחה, שנשמה יהודית אינה נמחקת שם לעולם. הוא מלמד

14 על המספר שלוש עשרה, ראו לקוטי תורה של האר״י ז״ל פרשת תולדות. ובלקוטי תורה אדמו״ר הזקן דברים יד,א כנגד שנים עשר השבטים ושבט לוי הפנימי הכולל כולם. וכמו שלושה עשר תיקוני דיקנא (שערות הזקן) כמבואר בקבלה שהשערות הן משל להמשכת האור והחיות מהכתר אל הנפש, מהמקיף אל הפנימי. מקצת מהדברים יבוארו בהמשך סעיף זה.

15 שמות לג,ו-ז.

את משה את השמות של שלוש עשרה המידות - אל, רחום, וחנון, ארך, אפים, ורב חסד, ואמת, נוצר חסד, לאלפים, נושא עון, ופשע, וחטאה, ונקה - ללמדם לכל ישראל. שבכל עת מצוק, כשלא נראית כבר שום דרך אחרת - יקראו אותן בכוונה הראויה ויעוררו את אותן מידות העליונות לפעול בתוך עולמנו; לרחם ולסלוח על כל הקלקולים בכל הדרגות, ולהזרים הארה אלוקית חדשה ורצון חדש מהכתר שלמעלה מהשכל, מהעצמות האלוקית שלמעלה מכל הקלקולים.[16]

במשך הדורות נעשה מעמדן של שלוש עשרה מידות הרחמים לבולט יותר ויותר בהוויית החיים היהודית - בתפילות, בדרשות, בעולמו של כל יהודי שמתפלל. שלוש עשרה המידות נאמרות באופן קבוע בתפילות של ימות החול, ובהדגשה ובריבוי בימי הרחמים והסליחות. בניגוד לאהבה הרבה והיראה העליונה שכרוכות במעלות אישיות שלא כל אדם זוכה להן,[17] לשלוש עשרה המידות התקבל דימוי קרוב יותר ושייך לכל אחד. הן מוכרות ושגורות בפיו של כל אדם מישראל, ותומכות ומעודדות אותו בכל מצב. פעמים נדמה שהן חדרו אף לתחומם של הרחמים התחתונים, ואנו פונים אליהן ישירות מלמטה, בכל בעיה.

אפשר להסביר זאת בכך ששלוש עשרה המידות לא נשארו למעלה אצל הקב"ה ואצל אנשי מעלה שמגיעים לשם, הן ירדו למטה ופועלות למטה מטה דווקא, לסלוח ולפעול ישועות, בלי מעצורים ובלי הגבלות. אדרבה, נראה שככל ששורשם של הרחמים גבוה יותר הם יורדים נמוך יותר - גם לאלה שחטאו ופגמו, גם לאלה שאפילו זכות אבות אינה עומדת להם.[18] כל אלה שכבר אין להם דבר מלבד שהם צריכים אותן, שצועקים וקוראים לו בהן ואינם יכולים בלי שלוש עשרה מידות הרחמים.

מה בין שלוש עשרה מידות הרחמים שלמעלה מהספירות, למידת הרחמים שבספירות שלמטה מהשכל? לעיל הוסבר שמעלות ה'אהבה רבה' וה'יראה עילאה' מתייחסות אל האלוקי בעצמו שלמעלה מגילויו

16 ראש השנה יז,ב.

17 רק מי שיש לו שורש נשמה גבוה, ומי שעבד ככל יכולתו באהבה ויראה התחתונה - זוכה אם יהיה רצון למעלה, לאהבה וליראה העליונות.

18 ראו ראש השנה יז,ב; רש"י שמות לג,יט.

ופעולותיו בעולמות. כך גם הרחמים העליונים שבשלוש עשרה מידות הרחמים. שלא כמידות שבאצילות, הנותנות את המידות לעולם, מידות הרחמים העליונות נותנות מידות לאין סוף עצמו שמעבר לעולם, שבהן הוא נכנס ופועל בעולם כאין סוף. מידות עליונות אלה שייכות לרחמים ומספרן שלוש עשרה. שייכות לרחמים, שכן כפי שהוסבר דווקא לרחמים אין מידה והגבלה, לא למעלה ולא למטה, לא מהיכן הם מגיעים ולא להיכן הם מגיעים, אחרת אין אלו רחמים. ומספרן שלוש עשרה, שהן כנגד שנים עשר השבטים ושבט לוי הכולל את כולם.[19] ההשפעה לישראל כפי שהם מחולקים לשנים עשר השבטים, מתייחסת ונמדדת לפי מעשיו של כל אחד בפרט, ועם שבט לוי הכולל את כולם מתווספת הארה מלמעלה מכולם, משורשם האחד שכלול בקדושה האלוקית שמעבר.

שלוש עשרה מידות הרחמים הן הברית[20] שקושרת את העצמות האלוקית האין סופית עם נשמות ישראל[21] שלמטה בגוף הגשמי. הקשר שהתגלה אז למשה רבנו, שהוא למעלה מהעולמות ומהחוכמה והמידות שבעולמות, ואף למעלה מחוכמת התורה שבעולמות, ולכן בהן נמצאת הסליחה והכפרה, על כל מה שעומד בין נשמות ישראל ובין האלוקי.[22]

לתפילה בשלוש עשרה מידות הרחמים נלווית כבדות ורצינות יתרה. אין זו תפילה שאפשר להתפלל בהיסח הדעת, זהו מעמד טקסי מיוחד שנאמר רק במניין של עשרה מישראל. ה'מניין' שמייצג את המהות של כלל ישראל והשכינה הקדושה עצמה. מעתה כבר אין זו תפילה לצורך פרטי – רפואה, פרנסה, דרגה רוחנית – אלא כמו הבקשה עבור השכינה וכלל ישראל, וכמו הפנייה הפרטית לתשובה ולסליחה אמיתית שנובעת מפנימיות ליבו של אדם ופונה אל הקב"ה בעצמו. ועם זאת היא אינה תפילה בלתי אישית, אדרבה

19 ראו לקוטי תורה דברים יד,א; לקוטי שיחות כרך ט עמ' 311.

20 ככתוב "הנה אנכי כֹּרת ברית" (שמות לד,י). וראו ראש השנה יז,ב. ובנוסח התפילות לפני אמירת שלוש עשרה מידות "זכור לנו היום ברית שלש עשרה".

21 הקדושות, שהן חלק אלוקי ממש (תניא פרק ב).

22 כמאמר הנביא "כי אם עונתיכם היו מבדלים בינכם לבין אלקיכם" (ישעיהו נט,ב).

היא כל כך אישית פרטית שהיא נוגעת בגרעין הפנימי המשותף לכולם. פנימה יותר מכל דאגות העולם החיצוני, פנימה יותר אפילו מדאגת העוונות שעברו על הרצון והחוכמה האלוקית שבתורה – אל חשיפת הקשר והברית שאין בה שום מחיצה – לשם חותר האדם שמתפלל בשלוש עשרה מידות הרחמים.

משפט

במאמר מתיקוני הזוהר הנקרא 'פתח אליהו'[23] נזכר ה'משפט' ככינוי נוסף לתפארת. כשם שהרחמים הם המשך ושכלול של מידת החסד מימין, כך המשפט הוא המשך ושכלול של מידת הדין משמאל.

אפשר לדמות את הדין לספר החוקים, ואת מידת הדין למי ששומר על החוקים שיקוימו במציאות בדיוק לפי הספר. לעומת זאת, המשפט הוא מידת הדין כאשר היא מתקיימת באדם ובעולמו הממשי. עצם ההכרה של המשפט במציאות התחתונה שהדין חל בה גורמת לכך שהדין לא נשאר מנותק, והדבר משפיע בהכרח על הכרעת הדין. המשפט שמוריד ומתאים את הדין למטה כבר איננו הדין הנקי של מעלה, הוא מורכב ומרוכך. וגם אם אינו הופך את הדין לזכות גמורה הוא הופכו לַזכות שבדין (כמו הגבורה שבחסד), לדין שמתקן ולא מעניש ובאופן שיכול להתקבל ברצון.

בכך מבטא המשפט את הפלא של הרחמים שיכולים לשנות את גזרת הדין, לרחם ולסלוח ואפילו לאהוב. לשם דוגמה, פעמים נעשים דברים שלא כראוי למטה שמותחים עליהם את הדין למעלה, דין קשה ללא פשרות, אך כאשר נעשה משפט למטה - נרפה הדין המתוח למעלה. כך גם בעבודת ה' האישית של אדם. כאשר הוא עושה משפט עם עצמו

23 הקדמת תיקוני זוהר יז,א והלאה. קטע יסודי זה המתאר את כל הספירות נדפס גם בסידורים רבים, ונוהגים לאומרו לפני תפילות. וכך נאמר שם: "דין איהו גבורה משפט עמודא דאמצעיתא" (דין הוא גבורה, משפט העמוד האמצעי). וראו שער היחוד והאמונה סוף פרק י.

בחשבון נפש אישי וכן,[24] כאשר הוא שופט את עצמו להתקדש במותר לו, לעשות יותר ממה שנתחייב מלמעלה. או באופן אחר, כשהוא מקבל עליו ברצון (ומכל שכן בשמחה) את המשפט שנעשה עימו מבחוץ - בין בבית הדין של מעלה ובין בבית דין של מטה - הוא ממתיק את מידת הדין במידת הרחמים.[25]

הרעיון הוא שכשם שהתפארת והרחמים מעבירים את השפעת החסד והגבורה אל הספירות והעולמות שלמטה, ואל המסקנה ואל הפועל, כך המשפט מעביר את הדין הטהור התיאורטי אל הפועל בעולם הזה. הדין כשלעצמו 'שבוי' בתוך גדריו כדין, מבלי יכולת להגשים את עצמו, מבלי יכולת לצאת מן הכוח אל הפועל, כפי שהוא רוצה וכפי שהוא צריך. עשיית המשפט פודה את הדין משביו, מוציאה אותו לחופשי.[26] המשפט שנעשה למטה לא משנה את הדין שלמעלה, אבל הוא משחרר אותו באופן שלו, הוא מורה לו את הדרך שבה ייגאל ויצא אל הפועל.

בספר התניא[27] מובא משל חריף במיוחד למשפט האלוקי: כמו אב הרחמן הרוחץ צואת בנו וכו'. הרחמנות של האב יורדת למקום הנמוך ביותר, לרחוץ את צואת בנו. הנמשל הוא: כשאדם עובר ייסורים וקשיים, וקשה לו והוא אינו יכול לסבול יותר, אם יעשה משפט עם עצמו, ויבין שהוא חייב בזה ובזה, הוא יתחיל לראות אחרת את הדינים והקשיים שהוא עובר. לא עוד כעונש ונקמה אלא כניקיון וכזיכוך שהוא זקוק לו. כביטוי של אהבה ורחמים אין סופיים שמגלה הקב"ה בעצמו כשהוא יורד ממקום קודשו אל הלכלוך והקלקול שעשה; לנקות ולתקן ולהביאו אל הטוב ביותר - זהו המשפט למטה שהופך את הדין לרחמים.

24 ראו בהמשך לדברים לקוטי תורה דברים א,ג-ד על הכתוב: "ציון במשפט תפדה".

25 כעין דברי המדרש, המובא ברש"י הראשון על התורה: "בתחילה עלה במחשבה לברוא את העולם במידת הדין; ראה שאין העולם מתקיים, הקדים מידת רחמים ושיתפה למידת הדין. היינו דכתיב: ביום עשות ה' אלקים ארץ ושמים".

26 והדברים אמורים גם בחסד ובאהבה, וכמו שכתוב "ליעקב אשר פדה את אברהם" (ישעיהו כט,כב), ומבואר במקומות רבים בחסידות (תניא פרק לב, מה ובמקומות רבים בחסידות).

27 איגרת הקודש כב; אור תורה למגיד ממעזריטש אות רצא.

מקום המשפט בתפילה הוא בווידוי. בעצם אמירת המילים של הווידוי – אשמנו, בגדנו וכן הלאה – אנו מביאים את עצמנו ואת מעשינו אל המשפט. המילים מעלות ומוציאות מתוכנו את התחושות והמחשבות הסובייקטיביות, הנוטות לכל רוח, אל אמירה מפורשת, שפיטה. בעצם האמירה – אשמנו, בגדנו וכו' – כבר שפטנו את עצמנו שאשמנו ובגדנו וכו'. לא שופט כל הארץ אומר זאת, אנחנו אומרים את המילים הללו למטה, ובכך אנו משחררים אותן מהדין של מעלה. מעתה הן יכולות לעלות למעלה בכוונת הדיבור שלנו. שיהיה מאהבה ויראה, בחרטה על העבר וקבלה להבא, יעלה הדיבור הזה עצמו, וייקח אותנו ואת המעשים שעשינו מעלה מעלה. זה אמיתי, ולכן זה יכול להיות כרוך בשברון לב, במרירות ובבכי, אבל כבר לא של אימת הדין אלא של התרגשות העשייה, כזו שמרגישים בשעה שרוחצים ומבריקים את הכלים שהתלכלכו. כך הבכי רוחץ את הלב והמרירות מחזקת אותו והרחמים והסליחה מביאים לו נחמה.

אמת

ביטוי נוסף של התפארת האמצעית היא ה'אמת'.[28] ככל ביטוייה של התפארת גם האמת מיוחדת בכך שהיא אינה חד־צדדית. השקפה חד־צדדית יכולה להיות מלהיבה וגם הגיונית, אבל היא אינה יכולה להיות אמת. האמת חייבת להגיע לצד השני, היא חייבת להיות אמת מכל הצדדים, תמיד, אחרת זו אינה אמת. כל רעיון, הגדרה, חוויה – יהיו אמת רק כאשר הם נכונים גם מהצד השני (אצל האדם האחר) ומכל צד. בניגוד לפשרה שבה כל צד נדרש לוותר על האמת העצמית שלו, האמת מתבררת ומתגלה דווקא דרך האמת שיש בצדדים האחרים. בדומה למילה

28 גם לספירות אחרות (כתר, דעת ויסוד) מייחסים לעיתים את האמת (ראו למשל לקוטי תורה דברים ה,ב). כאן הובאו הדברים בהקשר למידת התפארת באופן שהם מבהירים את מהות מידת התפארת.

'אמת' עצמה המחברת בתוכה את האות הראשונה והאחרונה עם האות האמצעית בסדר האלפבית.[29]

כשם שהאמת חייבת להיות בכל דבר, כך אי אפשר שהיא לא תהיה באיזה דבר. אין דבר בעולם שאין בו נקודת אמת משלו. נקודת האמת של דבר נקראת ה'נקודה האמצעית' שלו,[30] זו המחברת תמיד את כל הקצוות; הנכון והאמיתי והמיוחד שלו בכל רגע ומצב. כמו נקודת האיזון של גופנו ששטה בתוכנו עם תנועות הגוף, לא משנה את מקומה רק הגוף ואיבריו משנים את מקומם כלפיה.

וכשם שנקודת האמת שבתוכנו קשורה תמיד בכל איבר וצד בתוכנו, כך היא מתקשרת בנקודת האמת האמצעית של כל פרט בכל העולמות. והקו שבין כל הנקודות, הוא קו האמת, העובר ושוזר את כל נקודות האמת באמת נעלמה ומופלאה אחת - הוא קו התפארת והרחמים והאמת האלוקית.

דווקא משום כך קשה לתת הגדרה לאמת. את הקצה אפשר להגדיר על ידי הנגדה אל הקצה השני, ואולם האמת איננה שום קצה שאפשר להבדילו מקצה אחר. היא איננה הפך החסד ואיננה הפך הגבורה, היא הנקודה האמצעית שאינה נפרדת ואינה שוללת שום קצה. האם ישנה בכלל הגדרה לאמת? ובכן, גם אם לא הגדרת מהות, ישנה בחסידות הגדרת מבחן לאמת. ההגדרה אומרת שהאמת היא הקבוע שאינו משתנה.[31] ומובאת דוגמה מדברי חכמים: נחל שאינו זורם בקביעות מכונה במשנה "מים המכזבים".[32] הנחל מכזב־משקר מפני שהוא משתנה - פעם יש בו מים ופעם אין בו. הכזב חייב להשתנות כי הוא קיים רק כלפי הרואים,

29 ראו ירושלמי סנהדרין א,א; לקוטים יקרים אות רפ ובמקומות רבים בחסידות (והאות מ"ם היא האמצעית כאשר כוללים באלפבית את האותיות הסופיות מנצפ"ך, כל אחת במקומה).

30 ראו תניא פרק יג.

31 בלשון זו ראו לקוטי תורה במדבר פג,ג; צג,ב ובמקומות רבים בחסידות. בכמה מקומות מובא גם בשם האר"י ז"ל מספר קול ברמה. ומעין זה ברמב"ם הלכות יסודי התורה א,ד.

32 משנה פרה ח,ט. וראו לקוטי תורה במדבר פג,ג-ד; לקוטי שיחות כרך ו עמ' 92 ובהערה 38 שם.

ולכן בהשתנות העיתים והרואים הוא בהכרח ישתנה. לעומת זאת האמת אינה משתנה, כי היא הדבר בעצמו. למשל, אם אסתכל על המים שבנחל האכזב, פעמים יראו מים ופעמים לא יראו, ולכן אין זו האמת של הנחל. אבל אם אסתכל על חפירתו בקרקע היא תיראה תמיד, ולכן היא האמת של נחל זה.

ישנה אמירה בקבלה, שהאמת תלויה בדרגת 'עתיק'.[33] מבואר לעיל בפרק 'כתר', שהכתר הוא הממוצע בין האין סוף לעולם הספירות, וככל ממוצע יש בו משתי מדרגות שהוא ממוצע ביניהן. דרגת 'עתיק' היא הדרגה הפנימית שבכתר, הנבדלת ונעתקת מלבושי העולמות והמאוחדת באין סוף. הגילוי בדרגה זו הוא לכן אור אלוקי עצמי בלבד, ללא לבוש, ללא גבול וללא הפסק. שם מושרשת מידת האמת, ומשם היא יורדת בקו האמצעי עד למציאות התחתונה. נקודת האמת שבכל דבר נעוצה אפוא בשורש שמעבר לכל לבוש וגילוי.

הגדרה זו כמעט ואומרת שאי אפשר לגלות את האמת, שכן כל מה שרואים וכל מה שמתגלה הוא לפי הגדרות אלה המתלבש והמשתנה - ולכן איננו האמת. יש מעין זה אצל כמה מבעלי החיים (ובמובן מסוים גם אצל האדם) שיכולת הראייה מתמקדת על שינויים ותנועה ואינה 'רואה' את מה שעומד ואינו משתנה. באופן פרדוכסלי אפשר לומר שהדרך לראות את מה שאינו משתנה היא כאשר הרואה בעצמו משתנה. כאשר הרואה הוא חלק בלתי נפרד מעולמו המשתנה, כאשר אין הוא משתנה ביחס אליו, כל מה שהוא רואה אכן "עלמא דשקרא" (עולם השקר), המשתנה והשקרי. ואולם כאשר הרואה בעצמו משתנה ביחס לעולמו - עולה ויורד, לומד ומשנה דעתו - הוא יכול אז להבחין באמת שאינה משתנה מסביבו, שמעבר לנראה ולנדמה. מבין כל הברואים, מי שיכול להשתנות הוא רק האדם. ולכן נקרא האדם

33 ראו פרי עץ חיים שער הסליחות פרק ח (מביא מהאדרא) ומדבר על מידת 'ואמת' משלוש עשרה מידות הרחמים (תיקוני דיקנא). וראו לקוטי תורה במדבר צג,ב; דברים ה,ב והלאה; יהל אור קיט,פט. הדברים מובאים בלשון הזוהר, אף שלא נמצאו בדיוק בלשון זו (זוהר בשלח מד,ב; אדרא קלג,ב)

בלשון הנביא 'מהלך',[34] בניגוד למלאכים (כמו גם החיות והצמחים והאבנים שלמטה) שנקראים 'עומדים', באותה דעה ומידה שנבראו בה.[35] האדם הוא מהלך ומשתנה לא משום שאין לו דעה עצמית, להפך, משום שיש לו דעה משל עצמו שאינה תלויה בעולם שסביבו. וכשהוא עובר בעולם הזה, מיום ליום וממקום למקום, הוא משתנה תדיר ביחס לנראה בעולמות. הדבר תלוי כמובן באדם עצמו, ככל שהוא ירגיש פחות את ישותו הקשורה בישות העולם שהוא בו - הוא יוכל להיצמד יותר אל האמת שמעבר, זו שאינה משתנה.

מבואר בתניא, שאהבת ה' של ה'בינוני', של האדם הרגיל השואף להיות עובד ה', היא לכאורה אינה אמת.[36] כי גם אם הגיע על ידי התבוננותו ועבודתו בתפילה להרגשה של אהבת ה', היא אינה מתקיימת אחרי התפילה, ואם כן היא לכאורה אינה אמת. אך כאן מוסיף בעל התניא את אחד החידושים של החסידות לגבי תפיסות מוסריות קודמות: הואיל ויש תמיד בכוח נפשו של האדם לחזור ולעורר אהבה זו, על ידי התבוננות פנימית ועבודה ראויה, הרי אף אהבה זו נקראת אמת! זוהי בדיוק הגדרת 'האמת לאמיתו' שלו, נקודת האמת האמצעית שנמצאת בו ובכל אחד.

האמת בעבודת האדם אינה נבחנת אפוא בחוויה בפועל, כי זו משתנה בשינויי הזמנים והמקומות ואינה בהכרח אמת, אלא בחוויה בכוח: מה רוצה האדם ומה בכוחו להרגיש. זו אינה משתנה וזו האמת שלו.

תורה

שאלת המפתח בכל תולדות הדת היא כיצד שומרים וכיצד ממשיכים את

34 על פי הכתוב: "ונתתי לך מהלכים בין העֹמדים האלה" (זכריה ג,ז).
35 אם כי בפועל, עד כמה אדם הוא מהלך, תלוי בעבודתו; עד כמה הוא מצליח לבטל את ישותו ודעתו הקודמת.
36 תניא פרק יג.

נקודות ההארה בחיינו, את נקודות המגע והאמת בינינו ובין האלוקי? האם יש להן כלים? האם ניתן להכין כלים? האם ניתן לחברן ולבנות מהן מערכת שאפשר לחיות בתוכה חיים? ואולי אין תשובה לשאלות אלו וצריך להסתפק באור, עד כלות האור או כלות הנפש. התשובה השלמה לשאלות ניתנה במתן תורה על הר סיני.

בפרקי אבות נמנים שלושה דברים שהעולם עומד עליהם: תורה, עבודה וגמילות חסדים.[37] בפנימיות התורה מוסבר שעמודים אלו, שהם יסודות עבודת ה׳, מיוסדים על שלוש הספירות: חסד, גבורה ותפארת. גמילות חסדים היא עמוד החסד; עבודה (עבודת המקדש ועבודת התפילה) היא עמוד הגבורה;[38] והתורה היא עמוד התפארת, האמת והרחמים.[39]

מכל ביטוייה של התפארת מיוחדת התורה בכך שהיא אינה מידה כלל. התורה היא גילוי אלוקי מסוג אחר, גבוה ופנימי יותר מכל המידות והספירות. הספירות הן כאמור גילוי האלוקות בעולם, בחוכמה ובחסד ובגבורה וכו׳, שבוראים ומהווים ומנהיגים את העולם. בתורה לעומת זה, הנושא הוא הקב״ה בעצמו! קשה לראות זאת בסיפורי התורה ובחוקיה הגשמיים, שבכתב ובעל פה; אבל זה הפלא הגדול של התורה: למרות שאיננו לגמרי מבינים, ואולי בגלל שאיננו מבינים, כל מה שהיא אומרת - זה אך גילוי אלוקי עצמי, טהור ומזוקק. חז״ל (שבת קה,א) דורשים את ראשי התיבות של המילה הראשונה בעשרת הדברות, ׳אנכי׳, במילים: אנא נפשי כתבית יהבית (אני בעצמי כתבתי ונתתי). ונוספת הבנה בשם הבעש״ט: אני את עצמי כתבתי ונתתי![40]

37 משנה אבות א,ב.

38 הקשר בין הגבורה והעבודה הוא שהעבודה (קרבנות ותפילה) מגיעה מהגבורה. הן הקרבנות והן התפילה הן עלייה מלמטה למעלה (בניגוד לתורה וגמילות חסדים שהם ירידה מלמעלה למטה). העלייה הזו נובעת בעיקר מהרגשת החסרון שיש למטה, של הצמצום והריחוק, והתשוקה לעלות משם אל האלוקות למעלה. זו התנועה של הגבורה, של האש שעולה למעלה בטבעה, של עזיבת החיים למטה והעלאתם ושרפתם על המזבח הגשמי ובלב הרוחני.

39 על האמת והתפארת ידובר בהמשך. והקשר לרחמים מבואר בחסידות בקשר שבין י״ג מידות הרחמים לי״ג מידות שהתורה נדרשת בהן (ראו אור תורה למגיד ממעזריטש תורה מו ובמקומות רבים בספרי חב״ד).

40 ראו בעש״ט על התורה יתרו ט; מאור עיניים יתרו לה; לקוטי תורה במדבר מח,ד;

שיוכה של התורה למידת התפארת אינו בדווקא, התורה מתגלה־מתלבשת בכל הספירות. מהחוכמה היא יוצאת כמהות של שכל שצריך להבין ולדעת, ומהשכל היא מתגלה במידות החסד והגבורה, בנתינה ובהגבלה של האלוקי ובאהבה וביראה האלוקית; אך רק בתפארת מתגלה התורה בשלמותה העצמית, כגילוי אלוקי שלם ומתקיים בתוך תבניות הנפש והעולם. כפי ששם הוי"ה העצמי מתגלה בספירת התפארת דווקא, כך התורה מתגלה בשלמותה העצמית דרך ספירת התפארת. הספירה שמרכזת ומחברת את כל הספירות, שאינה מבטאת שום צד וכוח מסוים אלא דווקא את הביטוי העולה מכולם, היא זו שיכולה להביא לעולמנו את שמו של הקב"ה כנזכר לעיל, ואת התורה המגלה בתוך עולמנו את הרוח האלוקית, את נקודת האמת הפנימית, האלוקית, בכל דבר בעולם שנעשה ומתקיים על פי התורה.

קו האמת שנחרז דרך כל העולמות והנשמות, מלמעלה עד למטה, הוא ברובו נסתר, אבל היותו אמת לא נותן לו מנוח. כמו סוד שרוחש בכל המציאות: יש אמת בכל דבר, יש משמעות, יש ייעוד לכל פרט שקיים! והכול חרדים ומשתוקקים לגילויו והוצאתו אל הפועל.[41] הכלל הוא, שכל אמת, כל ייעוד וכוח - מגיע זמנו שיהיה גם בפועל. למעלה מאלפיים שנה חיכה העולם, ואז כשיצאו בני ישראל ממצרים ועמדו על הר סיני - יצא הדבר אל הפועל. האלוקי ירד על הר סיני, ופתח את השערים בין המעלה והמטה.[42] בשערים הללו עובר מאז קו האמת דרך כל העולמות, ואף מתקיים ונוכח בכולם בכלים של אותיות ומילים, רעיונות ומעשים, שהם הם התורה.

לקוטי מוהר"ן קעג,א ועוד.

41 ביטוי לזה הוא המדרש שמביא רש"י בפירושו לבראשית א,לא: "דבר אחר, יום השישי, כולם תלויים ועומדים עד יום השישי, הוא ו' בסיון המוכן למתן תורה" (ראו גם תנחומא בראשית א).

42 כמשל המובא במדרש: "משל למלך שגזר ואמר בני רומי לא ירדו לסוריא ובני סוריא לא יעלו לרומי, כך כשברא הקב"ה את העולם גזר ואמר השמים שמים לה' והארץ נתן לבני אדם, כשביקש ליתן התורה ביטל הגזירה ואמר התחתונים יעלו לעליונים והעליונים ירדו לתחתונים, ואני המתחיל, שנאמר וירד ה' על הר סיני" (תנחומא וארא טו; מדרש רבה שמות יב,ג).

המילים והמעשים הנגלים בתורה, הם לכאורה ככל המילים והמעשים שבאותו עולם, ובכך הם יכולים לנכוח באותו עולם. ועם זאת - למקשיבים ולמתבוננים ולעושים את אותם הדברים - הם מגלים את מהות האמת שבכל דרגה ועולם, את מציאות האלוקי בו, את רצונו וחוכמתו ואהבתו, כפי שהם אצלו וכפי שהם אצלנו. הם רק נראים כחלקי אותו עולם, אבל האמת שאינם מן העליונים ואינם מן התחתונים, ששורשם מעבר לַלמעלה ולַלמטה גם יחד, ובכך הם נושאים בכל מקום את אותה משמעות עצמית בדיוק. שום דבר בכל המרחב לא יכול לעצור את הגילוי שבתורה, לא יכול להעכיר את זַכּוּתָם ושקיפותם של הכלים הללו, של התורה והמצוות; הבאים מלמעלה מעלה ומגיעים עד למטה מטה.

התורה נמשלה למים,[43] וכמו המים שואפת התורה למטה, כמה למטה שאפשר, כי ככל שהיא תרד למטה יותר, לסיפורים גשמיים ולמצוות מעשיות, עד לקצה האחרון - יגיע הביטוי של מעלה אל מיצויו. לאמור, אל גילוי האלוקי הנקי לגמרי, שגם השכל האנושי כבר לא יפריע לו. ולא רק השכל, גם הרגש ואפילו הגוף הגשמי. המנעד הבלתי מוגבל של גילויי התורה אומר שהיא מעבר לכולם יחד, שאין זה משנה לאמת שבה אם הלבוש הוא שכל עמוק או תנועת יד של מצווה, היא עוברת דרך כולם בשווה, בנקודת האמת שלהם. עבורנו, דווקא הביטוי הגשמי, הנמוך ביותר של התורה, הוא שמגלה את הסוד הגדול ביותר: שהאמת האלוקית היא מעבר לכל הגילויים וההשגות יחד, והסוד ששום דבר אינו משיג אותו הוא גם הסוד ששום דבר אינו מסתיר אותו. זו התורה, הנגלית באותיותיה, בהגיונה ובחכמיה, ששום דבר בה אינו מסתיר, הכול רק מגלה ומתגלה, את האמת שבנו ואת האמת האלוקית.

מה מקומה של התורה המופלאה הזו, שלכאורה אינה חלק מהעולם הזה, ואינה חלק גם מעולם הספירות? מה מקומה במפה הגדולה, ברצונו הקדום של הקב"ה?

הספירות מגלות את הכוחות האלוקיים, בעולמנו וגם בנפשנו; את אהבת ה' ויראת ה' שאין להן גבול. הכוחות הללו יוצרים מתח

43 בבא קמא פב,א.

שהולך וגובר לממש אותם, עד שבשלב מסוים של התגברות המתח לאין נשוא, כאשר העולם מוכן והנפש מוכנה - מתגלה התורה בתוך העולם ואל הנפש; אל המוח שמתפוצץ מאלוקות, אל הלב שכלה באהבתו לאלוקי: הנה לך המחשבה שתחשוב, המעשה שתעשה, שבו תניח את אהבתך, שיקבל אותה בכל אין סופיותה. זה מקומה של התורה, לא כחלק מהבריאה אלא כתשובה לה. כתשובה שקדמה לשאלה. כמו עצם הנפש שקדמה לכל כוחותיה, כמו עצם האלוקי המלובש ונסתר בכל ספירותיו. "איה מקום כבודו" שואלים המלאכים וכל נפש ומידה שנגלה לה הכבוד האלוקי - "מלוא כל הארץ כבודו" היא התשובה; התורה שבארץ הזו - היא מקום כבודו.

היפה בכל זה שנתינת תורה אינה סוף העולם. זה לא מסתיים שם, זה רק מתחיל. כי יותר מלבוש התורה היא כלי העבודה של הנפש וכוחותיה. שמעתה יכולה לעבוד באמת, לגלות ולממש באמת, את החוכמה, החסד, הגבורה והתפארת האלוקיים שבה.

בספרי הסוד נאמר שאחר התפילה יש לעסוק בתורה, כי התפילה היא ההכנה הצריכה ללימוד התורה שיהיה לימוד התורה בכוונה לשמה.[44] ללא התפילה, ללא התעוררות למטה בצימאון וכלות הנפש להיכלל באין סוף לבדו, לא יכול להיות לימוד התורה באמת, באופן שיהיה האלוקי מדבר בו ונמשך בו בהתבטלות גמורה של העוסק בתורה, שכלו והרגשתו ואיברי גופו. וכן נאמר בתניא (פרק מא) שגם בלימוד התורה במשך היום צריך להפסיק מזמן לזמן ל'תפילה' קצרה, להתבוננות בנותן התורה ובמהותה זו של התורה; לחדש את הצימאון וכלות הנפש ולטעון בו את לימוד התורה.

וכפי שהתורה צריכה את הכנת התפילה, כך התפילה צריכה את הֶמשכהּ באמצעות התורה. שכן השלמת עבודת התפילה אינה בהמשך העלייה וה'רצוא' שבה, אלא ב'שוב' שאחריה, בביטול הגמור

44 ראו תניא פרק מא; לקוטי תורה דברים ג,ד-ד,א, ובמקומות רבים בחסידות.

השלם לאמת האלוקית שמתקיימת רק בתורה שאנו לומדים ומקיימים כעת.

הנורא

הקב"ה הוא הגדול, הגיבור והנורא.[45] הגדול והגיבור הם חסדו וגבורתו, והנורא הוא הגילוי האלוקי בספירת התפארת. וכך אומר יעקב אבינו (שמידתו התפארת) למראה הסולם המוצב בארץ ועולה השמיימה: "מה נורא המקום הזה!".[46]

ה'נורא' איננו כהרגשה של יראה ופחד, אלא כתחושה אל מול הנשגב. קרובה לה היא היראה הנקראת 'יראת הרוממות', היראה של התבטלות האני, שאיננו מתקיים מול נוכחות הרוממות שמעל ומעבר. ואולם בהרגשת ה'נורא' של מידת התפארת יש משהו נוסף; של שלמות רב־גונית המאפשרת חיבור ואפילו קרבה אליו. משל לדבר: יש הבדל בין עמידה מול כוח עצום לאין שיעור, כמו חוכמה עמוקה מעבר למוכר לנו, ובין עמידה מול אדם שהוא חכם גדול כזה. כי האדם החכם הוא גם אוהב ומבין וכו', שיש בו שלמות מורכבת, שיכולה להתחבר אל המורכבות האנושית שבנו. התחושה הזו, עם הנועם שיש בקרבה ועם הרצינות והמחויבות הנובעת ממנה, לא תהיה יראה אלא נורא.

נורא. משום שהשלמות הזו של התפארת, בהתכללות החסד והגבורה יחד ובהתבטלות הנדרשת לשם כך מכל צד - מביאה אל התפארת את השפעת הכתר. שום דבר אינו מגביל עוד את הארת אין סוף עצמו בה, וזהו 'הנורא'.[47]

45 לשון התפילה הפותחת את תפילת העמידה. על פי דברים י,יג ונחמיה ט,לב. וראו יומא סט,א.

46 בראשית כח,יז.

47 ראו לקוטי תורה ואתחנן ה,א והלאה בביאור על מאמר וידעת היום וכו'; דברות המגיד עמ' שפח; מאמרי אדמו"ר הזקן תק"ע עמ' קלח ואילך, ובמקומות רבים בחסידות.

בהקשר למחשבות הזרות בתפילה, מובא פעמים רבות בספרי הרב יעקב יוסף מפולנאה בשם הבעש"ט הביטוי: "יחוד יראה עם נורא".[48] תפיסת הבעש"ט היא שמחשבות אלה מקורן במעשיו ומחשבותיו הלא קדושים של אותו אדם (ופעמים גם של אנשים אחרים), והן באות לאדם בשעת תפילתו לא כדי להכשיל אותו אלא כדי שיתקן ויעלה אותן אל הקדושה. העלאת המחשבות הזרות בשלושת השלבים של 'הכנעה' 'הבדלה' ו'המתקה' היא מיסודות תורת הבעש"ט.[49] בשלב הראשון של 'הכנעה', המתפלל שם לב שהוא חושב באמצע התפילה על עניינים של חול והבל גמור, והוא נבהל ונחרד ומייד בא להכנעה גמורה מכל מה שהרגיש והחזיק מעצמו. חרדה זו מביאה למה שמתאר הבעש"ט: "יתפרדו כל פועלי עוון ונעשה יחוד יראה עם נורא". כלומר, החרדה מובילה למשפט שאדם עושה עם עצמו: אכן נפלתי למחשבה של הבל וריק ('הכנעה'), אבל הרי לא תיתכן מציאות של ריק גמור ובוודאי גם במחשבה זרה זו חבוי ניצוץ של קדושה. וכשאדם מתחיל לחשוב כך, לראות את האדם שחושב את המחשבה הזרה, זהו כאמור יחוד יראה עם נורא – ומתפרדים הצירופים הלא טובים של אותיות המחשבה הזרה ('הבדלה'), ונעשים צירופים טובים שמגלים את הקדושה ('המתקה').

48 תולדות יעקב יוסף בסופו עמ' רח,ב ובמקומות רבים. וראו בעש"ט על התורה בראשית אות יא; עמוד התפילה אות קי ועוד; כתר שם טוב אות צג, קלה, קס, קסג.

49 כגון בעש"ט על התורה עמוד התפילה אות קי ובמקומות רבים. אכן אדמו"ר הזקן בתניא (תניא פרק כח) מייחד את הדברים לאנשי המעלה בלבד, שיכולים לחשוב כך במחשבה הזרה בלי ליפול בה. ולכן לבינוני שבספר התניא הוא מציע להסיח דעתו לגמרי ממחשבות אלו ולא לעסוק בהן כלל. ואכן גם בדברי הבעש"ט ישנה הסתייגות, שלא תמיד יכול אדם להעלות כך את המחשבות הזרות.

פרק אחד עשר

נצח והוד

המשולש השלישי

אחרי השכלים, חוכמה בינה ודעת, ואחרי עיקר המידות, חסד גבורה תפארת, מגיע המשולש השלישי, נצח, הוד, יסוד. השלישייה השלישית שייכת אומנם למכלול המידות ולפרצוף זעיר אנפין, ועם זאת היא מובדלת מהותית מהמידות הראשונות עד שמייחדים אותה כקבוצה נפרדת. אפשר לראות זאת בנפש: אחרי ההכרה ואחרי ההרגשה באה המסקנה. המסקנה מה אומרים ומה עושים אינה רק התרחשות פנימית בין הספירות - היא שייכת ליציאה החוצה מהספירות ומהנפש.

שלושת השלבים הללו הם גם שלושת החלקים הבסיסיים של קומת האדם הגשמית והרוחנית: הראשון הוא הראש, השני הוא הגוף והשלישי הוא הרגליים.[1] הראש הוא ההכרה, ההיכרות הראשונית עם מציאות הדבר. אחר כך יש את הגוף שהוא ההרגשה, שבה חשים ומתקשרים בגוף הדבר. ולבסוף הרגליים, הן הנושאות את ההכרה וההרגשה של הדבר ומוליכות אותו אל מעבר לאדם עצמו לאנשים ולמקומות אחרים.

1 על פי "פתח אליהו" מהקדמת תיקוני זוהר.

המשולש השלישי נקרא משום כך "לבר מגופא" (מחוץ לגוף),[2] שכן כל עניינן של הספירות נצח, הוד ויסוד הוא לא להוסיף בגוף הדברים אלא להכין ולהתאים אותם אל היציאה החוצה אל נפש או עולם אחרים.

את ההבדל בין שלושת השלבים אפשר לראות בנפש ובעולם: כוחות השכל הם הכוחות הנעלים יותר בנפש, הנמצאים רק בדרגת האדם ולא בצומח ובדומם. שניים במעלה הן המידות חסד גבורה ותפארת, שהן כוחות ההתפשטות וההגבלה הנמצאים באופן מסוים גם בצומח ככוחות של גדילה. האחרונים הן המידות נצח, הוד ויסוד שהן בגדר של תחושות ודחפים בלבד בדומה לאינסטינקט שקיים גם בצורות האורגניות הפשוטות והגולמיות ביותר, ובמובן מסוים אפילו בדומם ממש. זהו אחד הטעמים לכך שנצח והוד מכונים "תרין שוקין" שכן הם כמו הרגליים שהן גסות וגולמיות ביחס לידיים וכמובן לראש. השלישייה האחרונה, נצח, הוד, יסוד, היא לפי זה הנמוכה ביותר, ואולם דווקא משום כך מתגלה בה כוח בסיסי שקרוב יותר לעצם הנפש ולכוחה העצום שלפני הגבלות השכל והתרבות הרגשית. אפשר לראות זאת בכוח ההשפעה שיש לכוחות הנפש לגרום לאדם לעשות מעשה או להימנע ממעשה. כוחו של השכל הוא כמעט חסר השפעה; כוח רב יותר יש לאהבה וליראה; וכוח עצום לאין ערוך נמצא דווקא בכוחות הטבעיים שאינם מוגבלים בטעם שכלי או רגשי, אלא הם מונעים מכך שזוהי טבעה הבסיסי של הנפש ואי אפשר כלל אחרת.

כאן יש מקום להבחין בין שתי הספירות נצח והוד, שבהן יעסוק הפרק הזה, ובין ספירת היסוד שבה יעסוק הפרק הבא. הנצח וההוד הן מידות פנימיות שמכינות את התוכן הפנימי לקראת היציאה לחוץ. לעומת זאת היסוד הוא ההתקשרות אל החוץ ממש, ועליו ידובר בפרק הבא.

הספירות נצח והוד הן בדומה לחסד ולגבורה שבמשולש השני – אחת בקו הימין ואחד בקו השמאל. אלא שבהיותן כוחות גולמיים ופשוטים יותר הן קרובות זו לזו מבחינת המהות וכמעט זהות במטרות ובדרכי

2 ראו לקוטי תורה במדבר צ,ג.

הפעולה. משום כך צורפו המידות נצח והוד בפרק אחד כדי לראות יחד את המשותף ביניהן וכדי להעמיד את השונה ביניהן זה מול זה.

גם בעבודת התפילה יש חלוקה משולשת: ההתבוננות שלפני התפילה ובתוכה (חוכמה, בינה ודעת); האהבה והיראה שבהן מתייחסים אל האלוקי בזמן התפילה (חסד, גבורה ותפארת); וההשלכות של העבודה הפנימית הזו אל מעבר לזמן התפילה (נצח, הוד ויסוד).

שחקים וכליות יועצות

הספירות נצח והוד הן הספירות המכינות את הפנימיות אל החיצוניות. הכנה זו מיוחדת בכך שאין היא עוסקת בתכנים הפנימיים עצמם אלא בדרך להעביר ולהתאים אותם לסביבה אחרת. המעבר הזה מציב אתגרים אחרים, וכוחות הנפש הנצרכים לכך הם מסוג אחר. רואים את זה בין אנשים. יש אנשים שכוחם יפה להגות רעיונות חדשים; יש אנשים שכוחם יפה לפתח את הרעיונות עצמם ולבסס את הרגשות אליהן; ויש אנשים שכוחם רב לעבד את אותם הרעיונות כדי שיתאימו לאנשים אחרים ולעולמות מחשבה אחרים. כך גם בספירות העליונות. עולם הספירות, עולם האצילות, הוא כביכול עולמו הפנימי של הקב"ה; מה הוא מבין, איך הוא מרגיש בינו לבין עצמו. במילים אחרות זהו העולם שמגדיר את המושגים מתחילה - חוכמה, אהבה, יראה וכן הלאה. המעבר לעולמות הנבראים כבר איננו עוסק ביצירת המושגים אלא בהתאמתם לסביבה חסרה שאין בה כמעט דבר מהסביבה המקורית. לבנות כלים וקשרים מתוך הסביבה האחרת שעדיין יבטאו לפי ערכם את אותם המושגים. זו המהות והתפקיד של הספירות נצח והוד.

בחסידות מובא לכך משל על אב הרוצה להסביר דבר לבנו הקטן.[3] אם יאמר לו את הדבר כפי שהוא בשכלו שלו, לא יוכל הבן להבין. לכן

3 איגרת הקודש טו ובמקומות רבים.

צריך לחשוב ולהתייעץ ולהתחשב בשכלו הקטן של הבן כיצד לסדר את הדברים אחרת - בצמצום, בחלוקה לפרקים קטנים, בדוגמאות ובמשלים - כדי שהבן יוכל להבין אותם. התייעצות היא תמיד עם אחר ואף כאן ההתייעצות של הנצח וההוד היא עם החוץ והאחר שצריך לקבל את הדברים: איך אתה מבין את הדברים? אלו כלים ויכולות יש לך? מה העולם שלך שממנו אפשר להביא דוגמאות ומשלים? על כך נקראות הספירות נצח והוד 'כליות יועצות' שהן המתייעצות כיצד להעביר את המחשבות לאחרים.[4] הן גם נקראות 'תרין ביעין' (שתי ביצים) מפני שהן מבשלות את הזרע ומכשירות את הנקודה הפנימית המיועדת לעבור אל האחר. כינוי נוסף שלהן הוא 'שחקים', הם הרקיעים ששוחקים, כמו אבני רחיים הטוחנות ומחלקות את הרעיונות הגדולים לחלקים קטנים.[5] פעולת השחיקה מחלקת את הרעיונות הגדולים ומכניסה אותם לכלים קטנים, מוגדרים ומוחשיים כך שיהיה אפשר לקלוט אותם. העבודה הזו של הנצח וההוד היא בכללה כמו עבודה חינוכית, ובה נדרשת הקשבה והתייחסות אל התלמיד, מה הוא צריך וכיצד הוא יוכל להבין ולהרגיש את הדברים.

ההוצאה של התוכן הפנימי החוצה לא משפיעה רק על האחר שמקבל, אלא גם על הנותן שרק בכך הוא משלים את עצמו. היכולות של אדם להוציא את הדבר מעצמו ולהעביר לאחר, גם הן חלק מקומת האדם השלמה. ואם הוא לא מצליח להעביר את הדברים, הוא יישאר 'בעל מום', קומת אדם לא שלמה. ומתברר שדווקא החלק התחתון, של הנצח וההוד, הוא הקשה יותר להשלמה.

כך גם בספירות למעלה. הנצח וההוד משלימים את שיעור הקומה של מעלה בכך שהם משלימים את תכלית בריאת כל העולמות להוות את המציאות התחתונה שהיא כל כך תחתונה עד שנדמית כנפרדת ואחרת כביכול מהאלוקי. ויודגש, השלב של השלמת הקומה איננו רק השלמה של עוד נדבך. הוא השלמת התכלית של כלל הקומה, שתהיה

4 המושג בברכות סא,א ועוד; תיקוני זוהר (קמ,ב); איגרת הקודש טו.

5 על פי חגיגה יב,ב. וראו פרדס שער כ פרק יב; שער הכוונות דרושי חג הסוכות ועוד; איגרת הקודש טו.

לקב"ה דירה בתחתונים דווקא,[6] ובלעדיה כל הנדבכים הקודמים הם חסרי משמעות. ובקומה האלוקית של עולם האצילות הספירות הפועלות את הירידה זו הן נצח והוד.

המכלול של עבודת ה' לא רק נפעל בכוחות הנפש, הוא גם בונה את כוחות הנפש. כשאדם מתבונן בגדולת ה' הוא בונה את שכלו וראשו האלוקי; כאשר הוא אוהב את ה' הוא בונה את ליבו האלוקי; ובצמצום ההשפעה שבו והכנתה לאחר הוא משלים את בניין נפשו.

לכאורה איזו מין השלמה היא זו שרק מגבילה ומעלימה את האור שבו? אך באמת, מה נפלא יותר מאותו אדם שכל פנימיות נפשו מכוונת לתת לאחר. כשאין הוא מכוון יותר להגדיל ולהעשיר את נפשו, אלא להפך, לצמצם ולהתאים את מה שיש בו אל נפשם של אחרים, גם אם הם כל כך רחוקים שלעולם לא ישיגו את מעלת נפשו.

התגברות על המניעות

כל שינוי ומעבר מעולם אחד לעולם אחר יוצרים התנגדויות. כך זה בטבע האדם ובטבע בכלל, ששואפים תמיד לשמור על הקיים. וככל שהשינוי הוא קיצוני ומהותי יותר תהיה ההתנגדות רבה יותר. המעברים בין הספירות שמעל הנצח וההוד לא היו מהותיים, שכן אלו שינויים פנימיים בתוך מערכת הספירות העליונות, ולכן גם לא הייתה להם התנגדות של ממש. מה שאין כן בדרגת הנצח וההוד, כאשר המעבר אמור להיות אל עולם אחר, ההתנגדות היא קשה יותר, עד כדי מלחמה של ממש שרק מידות הנצח וההוד יכולות לנצח בה.

הכוחות בנפש להתגבר על התנגדויות אלה הם כרגיל כוחות השכל והרגש. השכל שמבין את הצורך והתועלת שבשינוי, והרגש שרוצה

6 תניא פרק לו.

ומשתוקק לכך. ואולם הבעיה במעבר לעולם אחר היא שהשכל והרגשות של עולם אחד אינן אלו של העולם האחר. בעת המעבר, כאשר השכל והרגש של המקום החדש עדיין אינם פועלים על הנפש, היא תמשיך להיתלות בשכל וברגש המוכרים לה מהמקום הישן ולא תוכל להתגבר על ההתנגדות למעבר. על התנגדות כזו יכולים להתגבר רק באמצעות כוחות הנצח וההוד, שכאמור אינם מותנים בטעמים שכליים ורגשיים, אלא יכולים להשפיע ולהזיז את הנפש בכוח בסיסי יותר, לא מודע, המקבל ישירות מהמהות העצמית שהנפש מוטבעת בה. אלו כוחות שאינם פועלים כלל במישור של השכל והרגש, של שכנוע ופיתוי פנימי, אלא במישור של כפייה חיצונית, ושל קשיחות ועיקשות. קשיחות שלא להקשיב להתנגדויות שבאות מהעולם הנוכחי, ועיקשות להמשיך אל האחר למרות הכול; לא משום שיש לכך סיבה וטעם אלא בקשיות עורף משום שככה צריך.

ההתגברות על התנגדויות אלו היא לא רק אפשרות של המערכת, היא חיונית לקיומה כמו ההתנגדויות עצמן. כך טבעו של העולם וכך דרכה של הנפש. זה נכון לגבי גרעין הטמון באדמה שכדי לצמוח הוא צריך להתגבר על שכבות אדמה ואבנים שמפריעות לו, כי אם הוא לא יצא הוא יירקב באדמה ולא יגיע להשלמתו. וזה נכון לגבי אדם שיכול להיות מושלם מבחינה אינטלקטואלית ומפותח מבחינה אמוציונאלית ואיננו מסוגל לצאת מעולמו המושלם, אבל אם הוא לא יצא החוצה כל הפְּנים הזה יהיה חסר משמעות.

בפיוט הידוע 'בר יוחאי'[7] נקראות הספירות נצח והוד "עצי שטים עומדים". כמו קרשי המשכן שאין להם תפקיד אחר מלבד היותם עומדים וממשיכים לעמוד תמיד. המדרש מספר שאת עצי השיטים למשכן שתל יעקב אבינו כשירד למצרים עוד קודם היות עם ישראל. כלומר, יש משהו בסיסי בעצי השיטים העומדים הללו, שקדם לכל המדרגות והלבושים של עם ישראל, משהו שמגדיר את הבסיס שבבסיס שאין לו עדיין שום מדרגה מלבד היותו עומד ומעמיד. דימוי נוסף לנצח והוד מצוי בהקשר

7 שיר עתיק מהמאה ה־16 בשבחו של רבי שמעון בר יוחאי בכל עשר הספירות.

לארבעת המינים שנוטלים בחג הסוכות. ארבעת המינים מכוונים בקבלה כנגד שבע המידות, ומתוכם שתי הערבות הן כנגד נצח והוד.[8] במדרש חז"ל הידוע אפיינו את ארבעת המינים לפי הטעם והריח שבהם: לאתרוג יש טעם וריח, ללולב יש טעם, להדסים יש ריח, ולערבות אין טעם ולא ריח.[9] בחסידות מוסבר שארבעת המינים הם כנגד ארבעה סוגי יהודים, ומבואר שבעלי הטעם הם העוסקים בתורה ובעלי הריח הם העוסקים במצוות שהם המקיפים בנפש.[10] במובן זה, הנצח וההוד הם כוחות נפש שאין בהם טעם ואין בהם ריח, שאינם פועלים מכוח השכל או הרגש ואף לא מכוח סביבתו של האדם ומעשיו, אלא מכוח עצם היותם. וזהו הכוח היחיד שיכול לעמוד כנגד כל המניעות המנומקות והמפתות.

משל ידוע המסכם את מהות כוחם של הנצח וההוד, הוא ביתרון כוח הבהמה על כוח האדם.[11] היתרון הזה מתגלה דווקא במציאות נמוכה שהשכל אינו נחשב בה. כגון, כשצריך למשוך את העגלה מהבוץ כוח הבהמה רב ויעיל יותר מכוח האדם. הכוחות הלא מתוחכמים הללו, שאינם מתבטאים במילים יפות אלא בצעקות, שאינם חושבים מחשבות מורכבות אלא פשוטות, שמבטאים רצון חד־ממדי - הם אלו שבוקעים את ההתנגדות של החוץ. הטעם הפנימי לכך הוא שכוח הבהמה הרוחני איננו שכלי, ולכן הוא גם אינו מוגבל בשכל והוא יכול לקבל את האור האלוקי שלמעלה ומעבר לשכל.[12] אכן הכוחות הבהמיים הם כמעט עיוורים וחירשים, ואינם יכולים לפעול באופן עצמאי. אבל כאשר הם מונהגים על ידי כוחות השכל הגבוהים הם נעשים כמו הרגליים שמוציאות את הגוף והראש מן הבוץ, וכמו הבהמה שמוליכה את האדם שרוכב

8 ההקבלה המלאה היא: שלושת ההדסים - חסד, גבורה ותפארת; שתי הערבות - נצח והוד; לולב - יסוד; אתרוג - מלכות (ראו פרי עץ חיים שער הלולב פרק ב).

9 פסיקתא דרב כהנא פרשה כח; ויקרא רבה פרשה ל; זוהר חלק ב קפו,ב ועוד.

10 ראו שיחת הרבי מליובאוויטש ליל שמחת תורה תשכ"ט.

11 הובא לעיל בפרק 'המידות' סעיף'בהמה רבה'. שם הובא כמשל ליחס שבין השכל למידות. כאן המשל מדויק יותר ליחס שבין השכל למידות הנצח וההוד. המשל קשור בדרך כלל למושגים הקבליים של תוהו ותיקון: התיקון כ'אדם' לעומת התוהו כ'בהמה' (וראו גם תורה אור תחילת פרשת משפטים)

12 ראו איגרת הקודש ד.

עליה ומנהיג אותה. זהו התיקון וההשלמה של יחסי השכל והמידות באדם ובספירות.

> כאשר אדם מתגבר ומנצח את המניעות וההסתר של האלוקי, מחזיק בדתו ועושה רצונו וחוכמתו של הקב"ה למרות שאינו רואה – אזי נקרעים כל המסכים מלמטה עד למעלה מעלה, ונמשך אור וחיות אלוקיים מלמעלה מהשכל להחיות את נפשו ולהמשיך לו בחינת דעת והתגלות חדשים באלקות.[13]

צבאות

בספרי המקובלים נאמר שהשם השייך לנצח ולהוד הוא שם 'צבאות'.[14] הצבא עושה מלחמה, ומלחמה עושים רק מול התנגדות קיצונית הנוגעת לעצם הקיום כאשר אין יותר מקום לפשרות. במלחמה על עצם הקיום יש רק שתי אפשרויות: לנצח או למות. למות זו לא אפשרות שבוחרים בה, ולכן כאשר בוחרים לצאת למלחמה בוחרים לנצח! הכוח לנצח כי אין אפשרות אחרת שייך לספירות נצח והוד.

עבור המלחמה הזו נותנים את הכול, בלי חשבון, כל הרכוש וכל הכוחות; כי אם לא מנצחים, כבר אין למי ולמה להשאיר. בספרי החסידות מובא משל למלך שבשביל הניצחון במלחמה פתח את כל אוצרותיו. כל הכסף והזהב והאבנים היקרות שהכין בעצמו וגם כל האוצרות שאספו אבותיו במשך הדורות, את הכול הוא הוציא ובזבז עבור ניצחון המלחמה.[15] בנמשל, אלו הם אוצרות הרוח הפנימיים המחיים את האהבה והיראה והאמונה.[16] האוצרות של השגה פנימית שאדם צבר בחייו, הבנויים על

13 על פי לקוטי תורה דברים יט,ג.

14 ראו ספר שערי אורה השער השלישי והרביעי. ובספר 'באתי לגני' בהערה הבאה. וראו בפרק על הספירות, על הקשר בין הספירות והשמות.

15 לכל האמור לקמן ראו 'באתי לגני' תש"י סעיף יא והלאה. ובמאמרי הרבי מליובאוויטש על סעיף זה תשכ"א (א-ב). וראו מאמר יט כסלו תשי"ד סעיף ח ועוד.

16 ראו איגרת הקודש כז שכסף וזהב ואבנים טובות הם אהבה ויראה ואמונה בהתאמה.

מסורת הדורות של פנימיות התורה. אכן בעבר רק יחידי סגולה זכו לטעום מפנימיות התורה. היה צורך לשומרה בטהרתה, כדי שלא ייפגמו בה הבנות ותפיסות עולם שלא מצד הקדושה. לכן כמתואר באותם הספרים, היו אוצרות אלה שמורים במשך הדורות בכמה תקנות והרחקות, שלא כל אחד יוכל להגיע אליהן. אבל משגברה המלחמה הרוחנית בדורות האחרונים ולא היה די בתורה הנגלית כדי להזין ולחזק את הנפש, החלו לגלות יותר ויותר את אוצרות פנימיות התורה. במשל, ניתנו האוצרות בעיקר לחיילים הפשוטים הלוחמים בחזית, היכן שמוכרעת המלחמה. ובנמשל, המשמעות היא שיש להוציא את פנימיות התורה מהיכלות המקובלים ולתיתה לכל היהודים שחיים בעולם הזה ונלחמים ומסתכנים במלחמות הרוח. להעשיר את הנפש, ולתת לה את הכלים והכוחות לעמוד מול עוצמת התנגדות וההסתר של הזמנים האלה.

נמצא שדווקא צבאות הנצח וההוד היוצאים למלחמה, הם המביאים להתגלות האור הפנימי שלמעלה מההשכלה וההרגשה, מעל ספירות החוכמה והבינה.

אמונה

מהיכן מקבלים הנצח וההוד את כוחם להתגבר למרות שלא מבינים ולא מרגישים את הצורך בכך? אם הם לא מקבלים זאת מהשכל ומהרגש מוכרחים לומר שהכוח לכך מגיע מהכתר שלמעלה מהשכל.

כדי להבין זאת, יש לזכור כלל, שכבר דובר בו בקשר לכלל המידות. לכל ספירה באצילות יש שורש נעלם בכתר שמעל האצילות, וייתכן שלספירה נמוכה יהיה שורש גבוה יותר מהספירה שמעליה. כלל נוסף הוא שככל שאור מגיע לדרגה נמוכה יותר סימן ששורשו גבוה יותר, ולכן הוא יכול להגיע נמוך כל כך. אם כן, בהתגלות כוחות הנצח וההוד למטה מגדרי השכל והרגש, מתגלה שורשם בכתר שהוא מעל ספירות השכל.[17] שורש זה שבכתר הוא שנותן לנצח ולהוד את הכוח להתגבר

17 ראו לקוטי תורה ויקרא כא,ב; במדבר צ,ג-ד.

על ההתנגדות העצומה ליציאה החוצה, מה שהשכל ומידות האהבה והיראה אינם יכולים.

לכוח הפנימי הזה שמקורו בכתר העליון לכל הגילויים, והתגלותו למטה מכולם, קוראים אמונה. האמונה היא כוח נפש בסיסי שקיים בכל אדם מישראל.[18] גם מי שלא השכיל בגדולת ה' ובטובו ושלא הרגיש בחייו יראת ה' או אהבתו, הריהו מאמין בה' באמונה ממשית כל כך שהוא יכול אף למסור את נפשו על כך.[19] עם זאת, משום שהאמונה נובעת מדרגת הכתר המקיף לכל הכוחות, שמעבר לשכלי ולרגשי גם יחד, השפעתה על השכל והמידות היא בהעלם ולא בגלוי.[20] רק בכוחות הנפש הנמוכים, בנצח ובהוד שמנצחים בשביל לנצח ומודים בשביל להודות ולא משום טעם אחר - יכולה האמונה להתגלות ולפעול בכל כוחה הבלתי מוגבל. היא עדיין כוח פנימי ונעלם, אבל הנצח וההוד אינם צריכים יותר מזה כדי לפעול על האדם. אם נותנים להם לפעול ולא מפריעים להם, הם יבטאו בפעולתם את האמונה הנעלמה, את רצונה הבסיסי של הנפש עצמה להתקיים ולהתגלות במהותה העצמית, בכל מחיר וללא שום תנאי.

לאמונה יש גם ביטוי גבוה שבו יכול אדם להתייחס לדרגות גבוהות למעלה מיכולתו של השכל להשיג. אין זו השגה המתלבשת בכלי הנפש כמו השכל, אלא תפיסה מקיפה ברוח הדברים ומציאותם. אבל לא ברפרוף של תחושות אלא בוודאות שיכולה להיות חזקה מכל הבנה שכלית. אמונה שבה בוטחים וממנה מקבלים את הרוח לעשות את הדברים שלמעלה מההשגה רק בשל האמונה החזקה שזה הנכון. ואמונה זו היא היורדת להתגלות בנצח ובהוד, ברגליים שאוחזות בקרקע ונושאות את כל הגוף והנפש עליהן.[21]

18 כמאמר רז"ל: "ישראל מאמינים בני מאמינים" (שבת צז,א; שמות רבה ג,יב). כלומר האמונה היא *מהותית* בנשמות ישראל, לא נקנית אלא קיימת בהם כירושה מאב לבן.

19 תניא פרק יט.

20 בספרי חסידות מובא משל לזה ממאמר חז"ל בעין יעקב מסכת ברכות: "גנבא אפום מחתרתא רחמנא קריא" (הגנב לפני שגונב מתפלל לקב"ה שיצליח בגנבה זו). ושואלים, אם הגנב מתפלל סימן שהוא מאמין בקב"ה, ואם כן למה הוא גונב? ומוסבר שהוא רק מאמין, והאמונה היא מקיפה ולא מחייבת אותו שלא לגנוב.

21 ראו איגרת הקודש א.

כמו הספירות, גם האמונה אינה רק בנפש אלא היא גם באלוקות. במה מאמין כביכול הקב"ה? על דרך שנאמר בכמה ספירות אפשר לומר שהקב"ה מאמין בישראל. הקב"ה ברא את העולם התחתון לתכלית נעלמה, והשרה שכינתו בתוך אותו עולם מתוך אמונה בשכינתו, היא כנסת ישראל, היא עם ישראל, היא נפש כל אדם מישראל - שרוצים ויכולים לנצח ולהודות, עם העולם כולו, באחדותו המוחלטת.

האמונה של מעלה, של הקב"ה בנו, היא השורש לאמונה של מטה - האמונה שלנו בו. כשחושבים על כך שהוא מאמין בנו, זוהי נתינת הכוח שלנו לעבוד אותו בכוח האמונה בלבד, בניצחון והודאה.[22]

יניקת הנביאים

לנצח ולהוד ישנו צד נוסף שהוא לכאורה בכיוון שונה ממה שדובר בו עד עתה. בספרי הקבלה ובפיוטים עתיקים מופיעה התפיסה שיניקת הנבואה היא מספירות נצח והוד.[23] כלומר, הנביאים מקבלים את הארת הנבואה לא מספירות השכל ולא מספירות החסד הגבורה והתפארת, אלא דווקא מספירות הנצח וההוד.

מה הסיבה לכך? כפי שנזכר לעיל נצח והוד הן הספירות הפונות החוצה. בנפש האדם, השכל והמידות הן מה שאדם מבין ויודע ומרגיש בעצמו, והנצח וההוד הן המידות שבהן הוא מעבד ומכין את הבנתו והרגשתו עבור האחר. אין בהן תוספת על תוכן ההשכלה וההרגשה אלא

22 היה יהודי חשוב באחד הקיבוצים שבסוף ימיו חזר בתשובה שלמה לאמונה וקיום המצוות. והוא סיפר שמה שהביא אותו לכך היה פסוק אחד בספר איוב: "למעשה ידיך תכסף". וכך אמר: כשאני חושב על כך שהקב"ה נכסף אליי, איני יכול עוד לעמוד מהצד.

23 תניא שער היחוד והאמונה פרק ה; איגרת הקודש יט ועוד, על פי לקוטי תורה של האר"י ז"ל פרשת כי תשא, ובשער הנבואה. בפיוט 'אל מסתתר' נאמר: "מימין ומשמאל יניקת הנביאים, נצח והוד בהם נמצאים". ובפיוט 'בר יוחאי' נאמר בהקשר של נצח והוד: "למודי ה' הם לומדים".

רק עיבוד והתאמה שלהם אל שכלו ומידותיו של האחר. כך מעבירים ידע וחוויות מרב לתלמיד ומדור לדור, לא ישירות אלא דרך שלב ביניים של צמצום והתאמה לאחר. וכך גם עובד כל סדר ההשתלשלות למעלה: המעבר מספירה לספירה, משכל למידות ומעולם לעולם, נעשה דרך הנצח וההוד של המדרגה העליונה שמתלבשים בשכל ובמידות של המדרגה המקבלת.[24] המיוחד בדרך העברה זו, הנקראת השתלשלות, הוא שחלק ממשי של המשפיע - ולא רק ידיעה עליו (המכונה 'הארה' בלשון החסידות) - עובר אל המקבל. כך עוברת גם הנבואה: הנביא לא רק מקבל אינפורמציה מלמעלה, אלא משהו ממעלה מתאים את עצמו ומתלבש בתוך השכל והרגש האישיים שלו. כל נביא, לפי דרגתו ואישיותו ואפילו לפי מצב רוחו באותה עת, נעשה כלי לעליון בעצמו. וגם מי שמקבל מהנביא את הנבואה, לא שומע את התרשמותו והבנתו האישית של הנביא, אלא את האלוקי בעצמו, את הנצח וההוד האלוקי שעוברים דרך הנביא אל המקבל ממנו. אכן כל השפעה מתקבלת לפי דרגתו ועניינו של המקבל, גם אצל הנביא וגם אצל המקבל ממנו, אך זהו רק לבוש לנבואה. מהות הנבואה, כוחה לעבור הוא אין סופי ואיננו תלוי בשכל ובדרגת המקבל, וגם אחר דרגות רבות של מקבל ממקבל הנבואה עצמה נשארת מסר אלוקי ממש.[25]

באחת מאיגרותיו מסביר אדמו"ר הזקן את ההבדל בין הנבואה לחוכמה.[26] הוא שואל איך יכול להיות שהנבואה, ובכללה נבואת משה רבנו, היא רק מדרגות נצח והוד,[27] בעוד שחכמי המקובלים מדברים על דרגות גבוהות בהרבה? הסברו הוא שהשגת המקובלים היא השגת החוכמה שמשיגה ידע על דברים, אבל לא את הדברים עצמם. משום

24 בלשון הקבלה הדבר מתואר שנצח, הוד ויסוד שבעליון נעשים מוחין לתחתון. כגון נצח, הוד ויסוד דאבא ואימא נעשים שׂכלים לזעיר אנפין. ראו עץ חיים שער הזיווגים פרק א–ב; שם שער פנימיות וחיצוניות דרוש ח, ובמקומות נוספים. וראו לקוטי תורה בשלח ב,ד; שם במדבר נג,א.

25 ראו רמב"ם הלכות יסודי התורה פרק ז והלאה.

26 איגרת הקודש יט.

27 ואף לא מעולם האצילות אלא מבריאה ולמטה, כמובא שם בפירוט מכתבי האר"י ז"ל (ראו לקוטי תורה להאר"י ז"ל פרשת כי תשא ובשער הנבואה).

כך יכולה החוכמה להשיג גם דרגות ועולמות רחוקים ונבדלים לגמרי ממציאות המשיג. לעומת זאת בנבואה הנביא משיג את המציאות שהוא נמצא בה וחווה אותה ממש בכל עוצמתה. ולכן הוא איננו יכול להשיג מעבר למידתו, כי השגה מעבר למידתו תפרק אותו. ההבדל הוא, על דרך משל, כמו בין מי שקורא בספר על ארץ רחוקה ובין מי שנמצא שם ממש. מי שקורא יכול לקרוא הכול, על ארץ רחוקה ועל כוכב רחוק אלף שנות אור. מי שנמצא שם בוודאי חווה את הדברים מעבר לכל מה שאפשר לתאר ולקרוא בספר. עם זאת, כשחם שם חם לו, אם יורים שם הוא יכול להיהרג; ובכלל כמה רחוק כבר יכול אדם ללכת ברגליו ובזמן שיש לו. כך יש להבין את מעלת הנבואה שהשגתה אומנם מצומצמת בנצח ובהוד אבל אלה הם הנצח וההוד האלוקיים ממש.[28]

בעבודה שלנו (שאיננו נביאים) משמעות הדברים היא בדרך ההתייחסות שלנו אל דברי התורה וכתבי הקודש, ואל התשבחות והתפילות ששמו הנביאים בפינו. אלו מילים שחצובות מהקודש עצמו, שהן עצמן חלקי קודש. לעולם איננו יכולים להבינן לגמרי, ככל שנעלה איתן בהשגה ובתחושה נגלה יותר כמה איננו משיגים. ויחד עם זה הן מגיעות לכל אחד, תמיד, בכל מצב ומקום שיהיה. מדברות אליו, מחזקות ומנחמות ומעלות אותו; וגם, נותנות לו ביטוי כלפי מעלה, מעל מעבר למה שיכול לשער בדעתו.

בין הנצח וההוד

למרות שעניינם של הנצח וההוד הוא אחד יש גם הבדלים ביניהם, והם

28 יש להבין, שהנבואה היא מצב נפש יותר משהיא מהות נפש. ולכן הנביאים יכולים להיות גם חכמים, ולהפך. באופן אישי יכול הנביא להיות חכם גדול ולהבין בחוכמתו גם בדרגות גבוהות יותר, אבל לא באופן של נבואתו שהיא רק עוברת דרכו. וכמובא בהערה לעיל בשם המגיד הגדול ממעזריטש על הכתוב "והיה כנגן המנגן". ומוסבר שהדברים מכוונים אל הנביא עצמו: כאשר הוא כמו "מנגן", כמו כלי הנגינה שאין לו דעת משל עצמו אלא רק משמיע את המנגן בו – אז שורה עליו הנבואה.

כמו שני צדדים של עניין אחד: הנצח כצד הימין, צד החיוב והפעולה; וההוד כצד השמאל, צד השלילה והעמידה כנגד השינוי. בסעיף זה ידובר על ההבדלים הללו שבין הנצח וההוד.

נצח

הנצח כמשמעו הוא המידה והכוח של הניצחון - לנצח את המתנגד. לא מפני איזשהו טעם שכלי או רגשי אלא רק כדי לנצח ולהתגבר על ההתנגדות. בנפש נמצא הכוח הזה בכל אדם כבר ברבדים הנמוכים ביותר שלו. אפשר לראות ביטוי לזה בכל יום על הכבישים. מישהו השיג ועבר מישהו, ואז - וזה קורה גם לאנשים משכילים ומיושבים בדעתם - אותו האדם שהשיגו אותו נכנס לסוג של שיגעון: להשיג את השני, לא לתת לו להשיג אותי! משתמשים בכוח הזה אצל ספורטאים. כשרוצים להוציא מהם ביצוע שמעבר לכוחם הרגיל נותנים להם מישהו שיתחרה בהם ושכמעט ישיג אותם, וזה מעורר בהם כוחות נוספים שלא הכירו בעצמם. עצם האתגר שבקושי מעורר בנפש כוחות שמעבר לקושי, מדרגה שהיא פנימית לאחיזתו של הקושי ושיש לה את היכולת לגבור עליו.

הסבר פנימי לזה, המופיע בספרי חסידות, הוא שכוח הניצחון נוגע בעצם קיומו של האדם. כאשר קיומו נתון בסכנה אין אצלו דבר חשוב יותר מהניצחון, והריהו מוכן לתת עבורו את כל כוחותיו ואת עצם חייו. בנשמתו של יהודי, הנקודה של עצם החיים נעוצה בחיבור לאלוקי, ולכן כאשר יש איום על עצם החיבור לאלוקי הוא יצא למלחמת חורמה על מנת לנצח.

לנצח יש גם משמעות של נצחיות. נצחי הוא מה שקיים כל הזמן אבל עדיין קיים בזמן, כי למעלה מהזמן גם הנצחי הוא חסר משמעות.[29] הנצח יורד אל תוך הזמן ופועל בתוכו. אבל הוא עצמו אינו משתנה עם הזמן, שכן אין בו סברות שכליות ומניעים רגשיים, ולכן הוא יכול לנצח ולשרוד דעות ורגשות שמשתנות עם הזמן והנסיבות. או כפי שמוסבר במקומות אחרים, שורשו של האור המתגלה בנצח הוא למעלה מסדר

29 ראו לקוטי תורה דברים סז,ג.

הסיבתיות (והסיבתיות היא שורש הזמן, שכן הסיבה קודמת למסובב ממנה[30]), ולכן יש בכוחו לגבור על מניעות ונימוקים של סיבתיות שבשכל ובמידות.[31]

למעלה באלוקות, מתבטאת נצחיות זו במאמר חז"ל "והנצח זו ירושלים".[32] אחד ההסברים למאמר זה הוא שהבטחת הגאולה העתידה לבוא, הקשורה לביאת המשיח ולבניין ירושלים, היא הבטחה נצחית שקיומה אינו מותנה במעשיהם הזמניים של ישראל אלא בשורש מהות ישראל (שתביא אותם באופן כזה או אחר לתשובה) ובייעוד האלוקי לעתיד הטוב והשלם שיתקיים דווקא בתוך הזמן.

בעבודת התפילה הנצח הוא הכוח לנצח את המניעות בתפילה. התפילה דורשת שהמוח והלב יהיו פתוחים לאלוקות, אבל פעמים רבות יש מחסומים המונעים זאת. הדרך לנצח את המחסומים הללו ולפתוח את הלב אינה בהתמקחות השכלית איתם אלא בכוח הפשוט לנצח הניזון מהאמונה החזקה שזה אפשרי, שזה מוכרח להיות, שכל מילה שאני אומר בתפילה בהכרח תישמע ותיענה למעלה. בשם הבעש"ט מובא שאמר ביחס לתפילה שנעשית באופן של התכוונות והתקשרות בעצם אמירת המילים: ש"צריך אמונה גדולה לזה".[33] זוהי האמונה שהמילה עולה - נגד כל המניעות, למרות שלא רואים ובגלל שלא רואים - כי רק בכוח האמונה מנצחים.

הוד

כאמור, ההוד והנצח הם שני הצדדים, השמאל והימין, של אותו כוח.

30 לא בזמן אלא במה שנקרא 'סדר זמנים'. הזמן ממש מתחיל במלכות, אבל 'סדר זמנים' היה כבר באצילות (המושג סדר זמנים בראשית רבה ג,ז. וראו עץ חיים היכל א"ק ענף א החקירה ב; דרך מצותיך מצוות האמנת אלוקות נז,ב).

31 ראו לקוטי תורה ויקרא כא,ב.

32 ברכות נח,א.

33 צוואת הריב"ש אות עה; בעש"ט על התורה פרשת נוח עמוד התפילה אות טו.

לעומת הנצח שבימין, של הפעולה וההתגברות, ישנה העמידה של ההוד, של לא לעשות, לא לוותר, אפילו כשאין סיכוי לנצח. הנצח שואב את כוחו מהאמונה ביכולת לנצח, למרות הקושי. ההוד מוותר גם על זה. אם המלחמה של הנצח היא עד הניצחון, המלחמה של ההוד היא עד המוות.

ההוד מביא את הכוח שלא להיכנע עד לקצה ומעבר לקצה. זה לא רק שאדם אינו מוכן להפסיד ושהוא נותן את הכול כדי לנצח, אלא שהוא איננו נכנע בשום תנאי. כמו הנצח גם ההוד אינו רציונלי, אבל בהוד זה תקיף יותר, הולך עד הסוף. וכמו בנצח, דווקא ההתנגדות והלחץ הם המעוררים את הכוח הזה. ואכן קורה שכאשר הלחץ הוא שקט ואיטי אנשים מוותרים, אבל כאשר הלחץ הוא מיידי וחד־משמעי הם בשום אופן לא ייכנעו.

בספר שיצא בסמוך לגירוש ספרד, בשם 'שבט יהודה', מסופר על יהודי ששכר אונייה קטנה כדי לברוח מספרד לצפון אפריקה, הוא ואשתו ובנו ובתו. כשהיו בלב ים ניסה אחד המלחים לאנוס את הבת, האח ניסה להגן עליה והמלחים הרגו אותו וזרקו אותו לים. לבסוף הם אנסו את הבת וגם את האישה, וגם אותן זרקו לים. בו נהגו במידת ה'חסד' והורידו אותו לחוף שומם. ומסופר שם איך שהוא יורד לבדו לחוף ואומר: ריבונו של עולם, עשית הכול כדי שאני לא אאמין בך, אבל אני לא אוותר! זוהי מידת ההוד.

איזו הגדרה יש לכוח הנפש של האנשים במצדה, או של האנשים הנשים והילדים שנשחטו בזמן מסעי הצלב כי סירבו להמיר את דתם ולאבות שבירכו תחילה ושחטו את ילדיהם ואת עצמם? אנשים אלה לא היו בהכרח החזקים והחכמים יותר, כי הכוחות האלו אינם באים מן השכל והידע וגם לא מהרגשת הכוח והיכולת. הם באים מהנקודה האחרונה של ההוויה, מהשורש עצמו שכבר אין בו שום התייחסות למציאות החיצוניות, שלא נכנע ולא מוותר על האחיזה בעומק הנעלם של עצמיותו. זוהי מידת ההוד.

אפשר להוסיף שההוד היא הייחודיות שיש בכל אדם, שאין כמותה בשום אדם ועולם. כי אחרי שהוא נתן הכול ולא ניצח, מה שנשאר זה רק ההוד.

הודאה

בחסידות מקובל להבין את ההוד כהודאה בנכונותו של דבר למרות שאין מבינים. לדוגמה, מובא הביטוי מלשון חכמים "מודים חכמים לר' מאיר".[34] החכמים חולקים על רבי מאיר, כי הם חושבים אחרת, אבל הם מודים (במקרה מסוים) שהוא צודק.[35] וכך בהיקף רחב יותר מובן מה שאומרים בתפילה "מודים אנחנו לך שאתה הוא ה' אלוקינו". כלומר, למרות שאין אנו משיגים זאת (איך יכול הוי"ה האין סוף להיות גם אלוקינו) אף על פי כן אנחנו מודים לך שאתה הוא הוי"ה אלוקינו. וההסבר הוא שלמרות שאיננו יכולים להשיג זאת אנו מבטלים את דעתנו ומודים שככה זה. זה הכוח המיוחד שאין דומה לו של ההוד, של אמון בלי גבולות, שמניע את הדילוג הלא רציונלי של ההודאה.

ההודאה הבסיסית ביותר, המובאת בספרי החסידות כדוגמה ויסוד לכל ההודאות, היא כך: הבנתנו הבסיסית היא שאנחנו ועולמנו זה ה'יש' ומה שמעבר לעולם ומעבר ליכולת השגתנו זה 'אין'. ומצד הקב"ה זה ההפך, הוא היש האמיתי היחידי והעולמות הם 'אין'.[36] לכאורה יש כאן מחלוקת, אנו רואים כך והקב"ה רואה אחרת. ואף על פי כן אנו מודים לו שהאמת איתו ושאין עוד מלבדו. לא משום שאנו מבינים, איננו יכולים להבין זאת, אבל אנחנו יכולים להודות לו. ההודאה הזו אינה רק דוגמה של הודאה, היא מהות ההודאה: להודות לא רק במה שכעת איננו משיגים, אלא להודות במה ששום אדם ושום נברא לא יוכל לעולם להשיג. להודות שאנו אין - זוהי תמצית ההודאה.

ההודאה האמורה היא הודאה במה שלמעלה מהשכל, כנקודת שיא בתהליך ההשגה שבו משיגים שאי אפשר להשיג יותר. אבל ישנה

34 כגון משנה מנחות ב,ה; בבלי בבא קמא כט,א.

35 ראו לקוטי תורה דברים א,א ובמקומות רבים. במקומות מסוימים אף לוקחים את הדוגמה של רבי מאיר רחוק יותר (בתחום החסידות), בהקשר של "לא יכלו חכמים לעמוד על סוף דעתו של רבי מאיר" (עירובין יג,ב), שדעתו של רבי מאיר היא למעלה מטעם ודעת (ראו תורת מנחם תשמ"ה ד עמ' 2433).

36 לעניין זה ראו בפרק 'דעת' סעיף 'דעת עליון ודעת תחתון'.

הודאה גם למטה מהשכל ולמטה מהרגש, שיכולה לפעול על האדם גם לפני המחשבה וההבנה שלו. מה שאומר שכל אחד, בכל זמן ובכל מצב רוח, יכול להודות וחייב להודות, ואין מקום להתנצלות שזה למעלה מהשגתו וכוחותיו.

קודם לכל עבודה, מייד בקימה מהשינה, לפני נטילת ידיים, לפני שאדם מבין איזה דבר, הוא אומר: "מודה אני לפניך".[37] אך בכך לא מסתיימת עבודת התפילה. התפילה ממשיכה בדרך ארוכה של אמירה והתבוננות בפסוקי דזמרה, ברכות קריאת שמע וקריאת שמע, ולבסוף ברכות תפילת שמונה עשרה, ושם לקראת סוף התפילה חוזרת שוב ההודאה בברכת 'מודים'. מכאן שאין להסתפק בהודאה למטה, שבתחילת התפילה, כי הצורך בהודאה מגיע עד למעלה מעלה. לאחר כל ההתעלות, השכלית והרגשית, בכל שלבי התפילה, מגיעים שוב להודאה והתייחסות לאלוקי שמעבר לכל מה שהשגנו והרגשנו, שאי אפשר להבין יותר אלא רק להודות.

הדברים רק מדגישים את עיקר העבודה שבאמצע. ההודאה שלמטה ולמעלה היא כמו אור מקיף שמשמר את המסגרת והרקע לכל מה שיש. הוא חיוני להתחלה והוא חיוני לסיום, אבל הוא לא משנה את התוכן שבפנים. עיקר העבודה היא זו שבפנים, הן בתפילה והן בחיי האדם בכלל למלא את מעטפת ההודאה באור פנימי – בהבנה ובדעת, באהבה וביראה וברחמים ובמעשים טובים בנו ובעולמנו.

הוד והדר

זה אולי מפתיע, אבל דווקא בהוד יש קו של יופי, של הדר. זה לא הדר ויופי של אושר וכבוד, וזה גם לא היופי של טרגדיה, אבל זה כנראה קשור לאפשרות של הטרגדיה. כאשר אדם מכניס את עצמו במודע

37 ראו בקונטרס 'עניינה של תורת החסידות'.

ובאומץ למצב שיכול להסתיים בטרגדיה; כשהוא הולך ומוסר את הנפש בידיעה שהוא לא ישרוד וגם לא ייזכר - יש בזה הדר. כשעולים למצדה וחושבים על כך שהיו שם אנשים, נשים וילדים, והם כולם החליטו שהם יתאבדו ולא ייכנעו לאויב - זה לא יפה ונחמד, אבל יש בזה רוממות ויש בזה הוד.

מסופר בנביא על שאול המלך שהלך למלחמה האחרונה שלו. הוא ידע שהוא הולך למות, שמואל הנביא המת אומר לו: "מחר אתה ובניך עמי".[38] ואף על פי כן הוא לובש את מדיו והולך זקוף קומה כמו מלך לקרב שלא ישוב ממנו הוא ובניו. המדרש מספר שבאותה שעה קרא הקב"ה למלאכיו ואמר להם: "בואו וראו בריה שבראתי בעולמי!"[39] אפילו הקב"ה מתפאר באדם שעושה כך. כאמור, ההוד וההדר אינם משום שזה נגמר במוות, אלא בשל הנכונות להמשיך גם אם זה ייגמר כך. על חנניה, מישאל ועזריה שנכנסו לכבשן האש ונעשה להם נס ולא שלטה בהם האש,[40] נאמר שהנס נעשה דווקא משום שלא סמכו על הנס אלא היו מוכנים למות בה, ולכן נעשה להם הנס ולא מתו.[41]

גם בספירות של מעלה, של הקב"ה בעצמו, יש הוד והדר, וכך מתואר במסכת יומא (סט,ב): "אתא (בא) משה אמר: 'האל הגדול הגבור והנורא'. אתא ירמיה ואמר: נכרים מקרקרין בהיכלו איה נוראותיו? ולא אמר 'נורא'. אתא דניאל אמר: נכרים משתעבדים בבניו איה גבורותיו? ולא אמר 'גיבור'. אתו אינהו (באו הם, אנשי כנסת הגדולה) ואמרו: אדרבה זו היא גבורת גבורתו שכובש את יצרו, שנותן ארך אפים לרשעים.

הודו של הקב"ה מתגלה בכל הדרו דווקא בעצם מציאות העולם הזה. העולם שברא הקב"ה בסופו של כל סדר ההשתלשלות, שלא רואה ולא זוכר את האלוקי, שבאותה שעה מחיה ומהווה אותו מאין גמור. לקיים עולם כזה, כנגד הכוחות העצומים ביותר, של ההיווי והאיון גם יחד, בלי להתערב ובלי לגלות דבר - זה הודו ופארו של הקב"ה, ובזה

38 שמואל א כח,יט.
39 ויקרא רבה כו,ז.
40 דניאל ג.
41 ראו רש"י ויקרא כב,לב.

ניכרים נוראותיו וגבורותיו באמת. ואולם הדמיון להוד האנושי מוליך את ההבנה הזו לשלב פנימי עוד יותר. כמו ההוד וההדר שיש באדם שהולך למות ולא להיכנע וגם על הנס איננו סומך, כך בהיעלמותו של הקב"ה בתוך מציאות העולם הוא מקבל כביכול את הסיכון שלא יחפשו אותו וממילא גם לא ימצאו אותו ולא יעשו לו 'דירה בתחתונים' - וזהו ההוד וההדר של הקב"ה בעצמו.

מהו הכוח בתוכו של אדם שיכול להניע אותו למסירות נפש כזו? כבר דובר על האמונה שהיא כוח בנפש שמעבר לשכל ולרגש, כוח פנימי כל כך שלזהות האישית כבר אין שום ציור חיצוני, שכלי או רגשי, אלא רק זהות פנימית אחת ושל האחדות באלוקי. האמונה הזו מתלבשת באדם רק בכוח האחרון שבנפש, הוא כוח ההוד, ולכן בהוד הוא ימסור את הנפש שלא להיפרד מהאלוקי. אדם כזה, אין ברייה יכולה לעמוד במחיצתו, וזה הדרו.

כבר נזכר שהאמונה עצמה היא כוח מקיף לנפש, השפעה שקיימת סביב, כמו האוויר והאור וכוח המשיכה של הארץ, וכמו כל דבר שהוא מובן מאליו, שמבלי דעת מביא את האדם לחשוב ולהרגיש ולנהוג באופנים מסוימים. את ההיקף והסביבה הזו אין האדם יכול ליזום ולייצר בעצמו, כי הם באים מלמעלה ממנו, אבל אפשר לו לחזק ולגלות אותם בתוכו על ידי מעשים ודיבורים מסוימים, שהם כמו הבחירה באיזה מקום להיות.

באגרותיו לחסידים מציע אדמו"ר הזקן שתי דרכים כיצד לעשות זאת.[42] האחת היא העיסוק במצוות המעשיות, בלימוד ובמעשה. בספרים מבואר שהמצוות המעשיות הן לבושים. לבושים לאדם שעושה את המצווה, וגם לבושים לקב"ה כביכול, שרצונו נעשה במצווה.[43] לבושים הם מקיפים מסביב, הם הארה שאי אפשר

42 איגרת הקודש א ועוד.

43 ובלשון הזוהר (תיקוני זוהר תיקון ל [עד,א]): "דרמ"ח פיקודין אינון רמ"ח אברים דמלכא" (רמ"ח המצוות הן רמ"ח איברי המלך, הקב"ה). כמו האיבר שהוא לבוש לכוח הנפש, כך המצווה הנעשית למטה היא איבר ולבוש לרצונו של הקב"ה.

להשיגה אלא רק להיות בתוכה. אלא שכאשר האדם עושה את המצווה בגופו ובנפשו הוא כבר מייחס אליו את המעטפת הזו. הוא נכנס אליה וגם מכניס אותה אליו, בהשפעה שמגיעה לפנימיותו. דרך נוספת היא התפילה, ובייחוד התפילה בציבור. הציבור הוא המקיף של הפרט; ובתפילה, החושפת את פנימיותה של הנפש, חודרת האמונה המקיפה אל מוחו וליבו וכל איבריו של המתפלל בציבור.

פרק שנים עשר

יסוד

המידה האחרונה

היסוד היא המידה האחרונה, המסכמת את השפעת כלל המידות. ועם זאת, היא הספירה הראשונה שנפרדת מהעצמי האלוקי ומתקשרת אל האחר. לא שיש אחר חוץ מהאלוקי (שאין עוד מלבדו), אלא שישנו כוח אלוקי של התקשרות המחייב את היות המציאות האחרת כביכול שמתקשרים אליה. ההתקשרות הזו שבין לבין, ששואפת את כל ההשפעה האלוקית ונושפת את כל מציאות העולמות - היא מידת היסוד.

במפת הספירות, היסוד הוא המידה השלישית במשולש השלישי: נצח, הוד ויסוד. כמו הנצח וההוד גם הוא מידה לא שכלית ולא רגשית, כעין אינסטינקט ראשוני, כמו הכוח לגדול ולשרוד שנמצא אפילו בצומח. את האהבה והיראה אנו מרגישים ויודעים בשכלנו, אבל ביסוד, כמו בנצח ובהוד, אין הרגשה. אנו פועלים מכוחם אבל אין לנו הסבר מה ולמה. ועם זאת ובשל זאת, אלו כוחות תקיפים מאוד, חזקים ועמידים אף יותר מהכוחות הגבוהים והמודעים, שכן הם אינם מוגבלים בשום נימוק שכלי או רגשי. על הנצח וההוד דובר בפרק הקודם, ככוחות הפנימיים שמכינים את התוכן הפנימי להשפעה החוצה, שמתגברים על ההתנגדות

להשפעה ולא מוותרים עד שהמשפיע מוכן והשפע מוכן. מה שנשאר מעתה הוא להתקשר אל המקבל ולהתכוון אליו בכוח המיוחד שיש בהתקשרות - וזהו היסוד.

היסוד כספירה השלישית עומד בקו האמצעי, בין הנצח מימין וההוד מהשמאל. וכפי שהוסבר בספירות הדעת והתפארת שבקו האמצעי, כך ביסוד - מתגלה עוצמה רבה יותר מאשר בקווים שמימין ומשמאל. הן בכך שהוא קושר וכולל את הימין והשמאל, והן בכך שהוא מאחד את המעלה והמטה; ולא רק בין הספירות עצמן אלא אף בין כלל הספירות לבין הכתר שלמעלה מהן והעולמות שלמטה מהן. בלשון הזוהר נאמר על ספירת היסוד "דאחיד בשמיא ובארעא",[1] שהוא המחזיק והמאחד את השמיים והארץ, וכן את כל הקצוות של הקיום.

איזו הרגשה יש ביסוד אחרי הרגשות שבכל המידות: האהבה והיראה והרחמים, התרגשות הניצחון ורגש ההודאה? יש ביסוד מכל אלה יחד, אך מעבר לכך יש ביסוד עונג פנימי שמרעיד את הקומה כולה. שכן כל התקשרות בין המידות השונות נובעת מהארה שלמעלה מהמתקשרים, והיסוד שהוא ההתקשרות עצמה, מלמעלה מעלה עד למטה מכל הספירות - הריהו מקבל מהעונג שלמעלה מכל הספירות.[2]

המידה האחרונה אף היא מידה בנפש, אבל איננה עוד מידה ככל המידות. בהיותה אחרונה היא בהכרח כוללת את כולן, אבל עם תוספת ההתקשרות למי שאוהבים וכלפי מי שיראים אותו וכן הלאה. מה שמוסיפה ההתקשרות לכל המידות הוא העונג האמיתי שיש בהן. לא רק עונג של אהבה כי נעים לאהוב, אלא העונג שיש באהבה הנוגעת באלוקי עצמו. העונג הזה הוא לאין שיעור יותר מבמידות כשלעצמן. על דרך משל, לאהוב זה נפלא, אבל לאהוב מישהו זה נפלא וממשי ומרתק לאין שיעור יותר.

1 זוהר חלק א לא,א ועוד. ראו לקוטי תורה דברים טו,א שהוא תרגום הכתוב "כי כל בשמים ובארץ" (דברי הימים א כט,יא). ו'כל' הוא ספירת היסוד.

2 העונג שהוא תחושת פנימיות הכתר, כמבואר בפרק 'כתר'.

כי כל בשמים ובארץ

בפסוק המונה את שמות הספירות - "לך ה' הגדלה והגבורה והתפארת והנצח וההוד כי כל בשמים ובארץ לך ה' הממלכה"[3] - לא נזכרת ספירת היסוד בשמה אלא נרמזת במילה "כל".[4] אולי בשל הצניעות שקשורה למידה זו ול'סוד' שיש בה שהיא אינה שום דבר מפורש אלא רק הקשר שמעביר הכול.

המשמעות הפשוטה של 'יסוד' היא הבסיס והשורש הנסתר למה שיש, כמו יסוד הבניין שמחבר את הבניין לאדמה ובעצמו הוא נסתר מן העין וכמו יסוד המשפחה שהוא חיבור האיש והאישה. היסוד וההתחלה של כל אלו הוא שאחד מתקשר באחר ושיש מעבר מאחד לשני. בזוהר מופיע הביטוי ש"אֵל אחר אסתריס ולא עביד פירי",[5] ופירושו שהסטרא אחרא, כוח ההרס והחורבן, הוא מסורס ואינו עושה פירות. מסורס במובן זה שהוא אינו מתקשר לאחר ולכן אינו עושה ולדות. לעומת זאת כוחות הקדושה הם כוחות של בניין ויצירה שעומדים על היסוד הזה דווקא, על הרצון היכולת לבנות קשרים, לתת ולקבל, להוליד וליצור.

במילים של הקבלה, כל בריאה חדשה מתחילה בזיווג: זיווג וחיבור של האבא והאימא, של המשפיע והמקבל, של השמיים והארץ. יסודו ועיקרו של הזיווג איננו בתוכן שעובר, אלא בעצם זה שיש חיבור ובעצם והשפעה. המהות שעוברת היא נעלמה, היא הסוד שביסוד, שלעת עתה אין יודעים מהו ולאן הוא הולך. הדברים נקבעים ומוגדרים רק אצל המקבל שהוא ספירת המלכות הנקראת 'כלה', אבל כשהם אצל היסוד הם עדיין בגדר 'כל' הכולל את כל האפשרויות.

היסוד נקרא גם 'טוב'. כי כל ההשפעה, שהיא טובה בכללה, עוברת דרך היסוד. ונקרא גם 'שלום', כמו השלום המחבר בין הניגודים: בין

3 דברי הימים א כט,יא.

4 פרדס ערכי הכינויים ערך 'כל'. כי היסוד מרכז את כל המידות ומעבירם למלכות. ובתורה אור קי,ב מבואר ש'כל' בגימטריה 50, שהם חמישים שערי בינה המגדירים את כל מה שניתן מהאין סוף.

5 זוהר חלק ב קג.

המעלה והמטה ובין המשפיע והמקבל. וזאת משורשו שבכתר, הנקרא גם הוא 'שלום', שבהיותו למעלה מכל חלקי המציאות הריהו כולל את כולם ובהשפעתו בהם דרך היסוד עושה שלום ביניהם.[6]

עוד כינוי של היסוד הוא 'ברית',[7] כי את ברית המילה עושים באיבר הגוף המציין ליסוד,[8] ומבואר בחסידות שעניין הברית הוא שהיא המקשרת בין שניים בקשר אמיתי ועצמי שאינו תלוי בדבר שמחוץ להם.

כוח ההשפעה

כאמור, היסוד בגוף האדם הוא איבר הזיווג וההשפעה. וכן בנפש הוא הכוח שדרכו עוברת ההשפעה מאדם לאדם ואף בין כוחות הנפש באדם עצמו.[9]

הכוח להשפיע מקבל מהרצון והעונג שבהשפעה. ואף יותר מזה הוא כעין כורח פנימי להשפיע. הכוח הזה יוצא אצל אנשים שונים בצורות ובאיכויות שונות: פעמים בצורות גשמיות ונמוכות, ופעמים בצורות רוחניות ונעלות. יש אנשים שהצורך הזה כמעט ואינו ניכר בהם. גם אם הם עשירים ובעלי ידע ויש להם מה להשפיע, הם שתקנים ומתבודדים באופיים. ויש אנשים שזה בוער בהם והם אינם יכולים להתאפק מלהשפיע - לתת, ללמד, לכתוב ולייצר בכל התחומים.

אחת הדוגמאות למשפיע ומקבל החוזרות לרוב בחסידות היא של רב ותלמיד. ברור למה התלמיד רוצה ללמוד, כי הוא מרוויח משהו, אבל למה הרב רוצה ללמד? מתברר שיש כוח פנימי שגורם לרב ללמד את התלמיד. כוח שהוא לא פחות חזק - ואולי אף יותר - מרצונו של התלמיד ללמוד, וכמאמר חכמים שיותר משהעגל רוצה לינוק הפרה

6 ראו בפרדס ערכי הכינויים ערך 'שלום', וכן בקהלת יעקב בערך זה.

7 ראו לקוטי תורה דברים טו,א.

8 תיקוני זוהר פתח אליהו.

9 ולכן מדובר בקבלה על 'יסוד אבא' או 'יסוד אימא' וכן הלאה - שבו משפיעים החוכמה או הבינה וכו' לחלקי הנפש הנמוכים מהם.

רוצה להניק.[10] הכוח הזה להעניק לפלוני הקשור אליי הוא כוח היסוד. כל מחזור ההשפעה, ההפריה והרבייה, לא יכול היה להתקיים בעולם, ללא הגורם הזה של היסוד; של הצורך הפנימי לתת למישהו, ללמד ולהשפיע בכל התחומים. לולא זה, היו האנשים החכמים נשארים בחוכמתם לבדם, במקום לבזבז את זמנם וכוחם כדי להשפיע וללמד את הבורים והקטנים. הכוח הזה הוא המקשר ומעביר את ההשפעה בין כל המציאויות וההדרגות בעולם, ומכוח זה מתקיים העולם.

מה ההבדל בין היסוד והחסד? שתיהן ספירות של השפעה, אלא שהחסד היא הנתינה וההשפעה הנובעת מדחף פנימי של האהבה. הנותן נותן כדי למלא צורך עצמי של אהבתו, לתת ולהשפיע למי שהוא אוהב. לעומת זאת, ביסוד מוקד ההשפעה איננו בהרגשת ה'אני' של הנותן אלא בקשר שלו אל האחר. הנתינה של החסד איננה מחייבת כלל שיהיה אחר ויהיה קשר אליו, בעוד שביסוד הקשר אל האחר הוא העיקר והנתינה היא רק האופן של יצירת הקשר. הנובע מזה הוא שהשפעת היסוד איננה של דבר מסוים, חפץ או ידע או הרגשה בלבד שנותנים ומקבלים, אלא היא העברה של מכלול העצמי אל האחר. כמו בזיווג של איש ואישה שהאיש נותן את התמצית שמייצגת יותר מכל את העצמי שלו.

בכל מצווה שעושים יש שתי דרגות של כוונה. האחת היא הכוונה המסוימת הקשורה לאותה המצווה שעושים, והשנייה היא הכוונה הכללית בעצם קיום רצונו של הקב"ה. וכמו במצווה כך בכל תפילה, ישנה כוונה הקשורה למילים המסוימות שאומרים, בקשה או שבח וכיוצא בזה, וישנה הכוונה הכללית בעצם הדיבור אל הקב"ה. לא רק המחשבה עליו או הבקשה ממנו אלא ההתקשרות אליו; שאנחנו מדברים והוא שומע, שהוא עונה ואנחנו מתרגשים.

10 פסחים קיב,א.

ההתקשרות

כאמור, פנימיותו של ה'יסוד' איננו ההשפעה שהוא פועל, אלא עצם ההתקשרות. מהי התקשרות זו?

כדי להמחיש את חלקה של ההתקשרות בהשפעה נשוב למשל הרב והתלמיד. אם הרב ידבר לעצמו ולא ידע שהתלמיד מקשיב, ואם יקשיב התלמיד ולא ידע מי הדובר - הוא לא יקבל מסר פנימי שישנה אותו מכפי שהיה קודם. מה שחסר הוא ההתקשרות וההתכוונות של אחד כלפי השני. כשהרב יתקשר לתלמיד, וייפתח אליו, והתלמיד ייפתח אל הרב - ההשפעה תהיה מעצמה במילים הנכונות ובדרך המחשבה והמושגים המתאימים. וגם אם לא ישתנו המילים, עצם ההתייחסות וההרגשה של החיבור, תפתח את הנפשות מזה לזה להשפיע ולקבל.

ואולם מושג ההתקשרות הוא רחב ובסיסי יותר מהיות רק כלי להשפעה מסוימת. ההתקשרות היא עצמה היסוד המקיים את כל המציאות, הגשמית והרוחנית. לכל הוויות במציאות יש צורך לא רק להתקיים כדבר עצמאי אלא גם להתקשר להוויות אחרות, שכן הקשרים הללו מקיימים גם את הקשר אל האחדות שביסוד הכול, שממנה יסוד וחיים לכל המציאות. כמו בגוף החי שעצם הקשר בין האיברים הוא יסוד קיומו ובריאותו של הגוף בכללו.[11] הצורך לבנות קשרים הוא לפיכך צורך חיוני לאדם; לדבר עם מישהו בצד השני, לשתף אותו במה שיש בתוכו. כשאין לו למי לספר, הוא ירגיש שזה חונק אותו, וגם העצה לספר לקיר לא תועיל לו, כי הצורך האמיתי הוא להתקשר עם האחר ולהעביר אליו את הדברים.

כוח ההתקשרות עומד מול כוח ההיבדלות, ההישרדות והפעולה של הפרט למען עצמו. אלו שני כוחות בסיסיים הפועלים על כל פרט. הכוח המבדיל את ההוויות לעצמן הוא מובן יותר, שכן הוא המשמר את קיומו הייחודי של כל פרט, מאפשר לו לשרוד בתוך סביבה שרומסת את הפרט ובין פרטים שרוצים לשרוד על חשבונו. מובן פחות הוא

11 ראו איגרת הקודש לא.

הכוח המנוגד לו, כוח ההתקשרות. למה נושא אדם אישה ומוליד ילדים ומשקיע את כל זמנו וכוחו לגדל אותם? למה הוא מחייך לאדם אחר? למה הוא נותן לו? דברים אלו מנוגדים לכאורה לכל האינטרס של פיתוח עצמו ושמירתו. אומנם בהיקף רחב יותר יש בזה גם אינטרס אישי, אבל בשעה שאדם עושה מעשים אלו הוא לא בהכרח חושב על ההשלכות העתידיות הללו, אלא עושה אותם משום שטוב לו כרגע לעשותם. ואכן, ההתקשרות היא כוח אחר בנפש שמניע את האדם לעשות גם ההיפך מהישרדותו וטובת עצמו.

לא רק בנפש, ההתקשרות היא כוח קוסמי שפועל על המציאות וכופה את כל הנפשות והעולמות להתחבר זה לזה, להעביר כוחות, להעביר מידע, לשתף רגשות ולתת, אפילו על חשבון העצמי. ומשום שהכוח הזה מנוגד לכוח הבסיסי של ההיבדלות והשמירה העצמית, הוא טעון ברגשות עזים כל כך - בתשוקה, בעונג, וגם באימה מפני הבדידות והניתוק.

בעולם בעלי החיים ישנם השומרים בקנאות על הטריטוריה שלהם עד כדי הריגת כל זר שיתקרב, חוץ מעונת הרבייה שאז אחד נכנס לתוך תחומו של השני. באותה שעה מתגבר בתוכם הכוח האחר - הלא פחות חזק - של ההתקשרות, המושך אותם זה אל זה לצאת כל אחד מעצמו ולהתחבר לאחר. הכוח הזה שומר על החיה הטורפת שלא תאכל את הוולדות שלה ועל הפרה שתרצה להיניק את העגל שלה. על כוח זה בנויה המשפחה והעדה. זהו כורח טבעי, ראשוני, שאצל חלק מהיצורים קשור בעונג ואצל חלקם גם זה לא.

זו שניות בסיסית בטבעו של העולם בכלל, אפילו אצל החומר הדומם. מצד אחד יש כלל שכל מערכת הולכת ומתפרקת למרכיביה, זהו הכלל שמוליך למוות ולחורבן של כל המבנים האורגניים והלא אורגניים. ומצד שני ישנו כלל בסיסי וכוח הפוך שמכריח את הדברים להתחבר אחד עם השני. ליצור ולקיים מערכות, לגדול, ולהשתכלל עוד ועוד.

אפילו המלאך הרוחני, שיותר מן האדם הוא הוויה נבדלת ומושלמת בפני עצמה, גם הוא צריך את ההתקשרות והנתינה. "וקרא זה אל זה ואמר", מיכאל לגבריאל וגבריאל למיכאל, צריכים לדבר זה עם זה. כי

גם אצל המלאך ישנו הצורך להעביר ולמסור למלאך אחר. הצורך הזה הוא המחבר את השמיים והארץ, הזכר והנקבה, המשפיע והמקבל, שלא ייפרדו; והוא היסוד המחזיק בקשר את כל העולמות - "כי כל בשמים ובארץ".

בתפיסה של העולם כחלק ממערכת רוחנית־אלוקית שיש בה משמעות ותכלית לכל דבר, מבטאת ספירת היסוד את הכוח המקשר. שכן היסוד לכל משמעות הספירות - כמו גם למשמעות כל הדברים בעולם - מתגלה ומתפתח רק בקשר ביניהם.

אדם יכול להרגיש טוב או רע, והוא יכול לבטא את הרגשתו במילים: להתחנן, לצעוק, לשבח ולהודות. אבל האם יש מישהו בצד השני ששומע? יש אומרים שהשאלה הזו לא חשובה. אדם פותח את ליבו, מוציא ומפרש את מצוקתו וסערות רגשותיו, ודי בכך. תפיסת ה'יסוד' היא שונה, וכל תפיסת התפילה היא שונה. אין משמעות לתפילה אם אין מישהו בצד השני ששומע ומגיב! יסוד כל התפילה היא האמונה החזקה שהקב"ה שם, שהוא בקשר ושומע כל מילה שאנו אומרים, שאכפת לו והוא יודע ודואג יותר מאיתנו, כמו אב לבנו. על דרך משל, הפסקת צליל החיוג המעידה על פתיחת הקו מהצד השני, היא אות הפתיחה לתפילה האמיתית.

חלק מההתקשרות היא גם מהצד השני, מלמעלה מלמטה. הקב"ה רוצה את הקשר איתנו לא פחות משאנו רוצים, ואפילו יותר. לכן הוא ברא את כל העולמות עד אין מספר, כדי שאחרי כל הררי החושך, בקצה השני תעמוד איזו ברייה שפלה ותצליח להחזיר שדר קלוש – שמעתי! אחרי שיש תקשורת, אפשר לבקש, לבכות, להודות, לשיר ולשבח, אפשר להתפלל.

ברית

אם מסירים מההתקשרות כל אינטרס ורציונל מגיעים למושג של

׳ברית׳, שכנזכר גם הוא כינוי של ספירת היסוד. יש שני סוגים עיקריים של התקשרות: האחד, כמו התקשרות עסקית בין מוכר וקונה וכיוצא בזה. והשני כמו קשר של נישואין או קשר של ידידות אמת. ההבדל בין שני הסוגים הוא שלהתקשרות עסקית או פוליטית יש רווח אישי משני הצדדים. הרווח הזה הוא הסיבה של ההתקשרות המקיים את ההתקשרות, וכשהוא מתבטל בטלה גם ההתקשרות. התקשרות כזו אינה אפוא התקשרות אמת בין שניים, אלא רק מפגש של אינטרסים אישיים, של כוחות ההישרדות והבידול משני הצדדים. לעומת זאת, התקשרות אמיתית היא כמו שאמורים להיות הנישואים ואפילו כמו שיכולה להיות ידידות אמת. התקשרות כזו היא הברית.

הברית מוגדרת כקשר שאינו תלוי בשום דבר שמחוץ לו, לא בתועלת ולא בהנאה. היא קשר שהוא קשר עצמי בין הנקודה העצמית שבשני הצדדים, עד כדי כך שאפשר לדמותו רק לקשר שיש לאדם עם עצמו. אדם קשור ומחויב לעצמו בלי תנאי, תמיד ובכל מצב; וכך בברית שבין שניים הם הופכים להיות כמו אחד. מטעם זה נקרא הקשר בינינו ובין הקב״ה ברית, כי שורש נשמתו של האדם מישראל היא אחת עם הקב״ה, ושום דבר שנחשוב ונעשה בחיינו לא ישנה זאת. את קשר הברית הזו אין אפשרות תקנית לנתק אלא רק בהפרה ושבירה של הברית, שפירושה שנפסיק להיות אנחנו. כי אנחנו, זה עצם הקשר אל האלוקי. הגדרה זו היא הסיכום שמסכם היסוד את כל כוחות הנפש שמעליו. אחרי כל מה שמשיגים ומרגישים - בחוכמה ובינה, באהבה ויראה - מתנקז הכול בהתבטלותו בהתקשרות.

במובן זה של הברית מדברים גם על ׳פגם הברית׳. פגם הברית הוא יותר מפגם מקומי, בפרט כלשהו במערכת, אלא הוא פגם בעצם הקשר, ולכן הוא כל כך חמור. ׳פגם הברית׳ הוא עבירה שקשורה בברית, בעצם התקשרות ובכלי ההתקשרות, בין אדם לאדם ובין אדם למקום. ולכן גם תיקון הברית חייב להיות בעצם ההתקשרות. כלומר, כאשר האדם חוזר ומתקשר לא מסיבה כלשהי, לא מאהבה ולא מיראה, אלא רק באופן של מסירות נפש על עצם ההתקשרות יהיה מה שיהיה.

בספרים מבואר שברית המילה שעושים לתינוק שנולד איננה ברית חדשה אלא היא חידוש וגילוי הברית הקיימת בנו מכבר.[12] הסרת העורלה ולאחר מכן פעולת הפריעה (חיתוך וגילוי העור הדק המכסה על האיבר) משמעותן ברוחניות היא הסרת הקליפה הטמאה וקליפת נוגה המכסות את איבר היסוד המתקשר והמשפיע. השפעה יסודית זו, שהיא כעין כריתת ברית שאינה לפי ערך המשפיע והמקבל ושאין לה טעם וסיבה גלויים, צריכה ברית לשומרה שלא יינקו ממנה הקליפות. הקליפות הן הצד החיצוני של רעיונות והרגשות השואבות אליהן את פנימיות הרעיון ומבזבזות אותו על דברים שאינם עיקר, ואפילו הפוכים מהעיקר המכוון. את הקליפות האלו מסמלת העורלה שעל איבר היסוד, ובהסרתה מקיימים את הקשר העצמי של הברית.

המילה והעורלה אינם רק בגוף הגשמי. מדברים גם על 'עורלת הלשון' ו'עורלת הלב' שהסרתן אינה בחיתוך גשמי של עור אלא בעבודה רוחנית. העבודה של ברית הלשון היא שמירת הדיבור מכל התבטאות חיצונית שאינה ראויה. ובברית הלב מסירים מההרגשות שבלב את לבושי העולם שהם אהבות זרות וחרדות של שווא, ומגלים את ההתקשרות של פנימיות הלב שבכל אחד אל האלוקי.

יסוד דדכורא יסוד דנוקבא

בספרי הקבלה מדובר לא רק על היסוד המשפיע אלא גם על היסוד המקבל. ובלשון הקבלה: "יסוד דדכורא' ו"יסוד דנוקבא' (יסוד הזכר ויסוד הנקבה).

כמו הצורך הגופני והנפשי להתקשר ולהשפיע, כך ישנו הצורך מן הצד השני להתקשר ולקבל. כל זה בלי קשר למה נותנים ומה מקבלים,

12 ראו עץ חיים שער לג הוא שער ההונאה פרק ג; לקוטי תורה לאר"י ז"ל פרשת לך לך; תורה אור יב,א והלאה; לקוטי תורה פרשת תזריע; דרך מצוותיך מצוות מילה ועוד.

אלא לעצם החוויה של מסירה מצד אחד וקבלה מצד שני. תקשורת לא יכולה להיות מצד אחד בלבד, ואם לא יהיה בצד השני מקלט שיקבל את השדר לא תהיה התקשרות. יותר מזה, אם לא יהיה גם בצד השני משדר שיאשר את קבלת השדר, גם כן לא תהיה התקשרות. ההתקשרות איננה כמו השפעה: בהשפעה יש משפיע ומקבל, אך בהתקשרות גם כשיש השפעה היא אינה העיקר. ולכן יכולה אותה התקשרות עצמה להכיל גם חילוף תפקידים שמי שהיה משפיע יכול להיעשות מקבל, ולהפך.

שני יסודות אלה מתקיימים בעבודת ה', הן מצד האדם והן מצד הקב"ה. בכמה מקומות מדובר בחסידות על שלוש דרגות בעבודת ה'. האחת היא 'רתי'. בדרגה זו הנשמה, היא כמו בתו של הקב"ה והיא המקבלת, יסוד דנוקבא. השנייה היא 'אחותי רעייתי' ובה הנשמה היא כמו אחות, כביכול מאוחדת ובדרגה אחת עם המשפיע האלוקי. והדרגה השלישית היא 'אמי', שבה הנשמה היא המשפיעה כביכול לביטוי האלוקי בתורה ובספירות מאור אין סוף עצמו שהוא יסוד דדוכרא.[13]

בתחילת העבודה האדם הוא 'בתי'. הוא שקוע בעולם ולא מסוגל להתרומם, ואז הקב"ה מאיר לו ונותן בו את התשוקה והכוח לרוץ אליו בתפילה. אחר כך הוא 'אחותי', כאשר בלימוד התורה הוא נעשה שותף עם הקב"ה להיות בבחינת "תען לשוני אמרתך",[14] כמלך עצמו שמצווה את המצווה. ואחר כך הוא עולה לדרגת 'אמי', כשהוא מתעלה במסירות נפש למקור התורה, וממשיך אליה השפעה ממקורה שבאור אין סוף.

13 ראו תורה אור לו,א והלאה; המשך תער"ב חלק ג א'רמט ועוד, על פי המדרש בשיר השירים רבה על שיר השירים ג,יא.

14 תהלים קיט,קעב. פסוק זה וכן הכתוב "דברי אשר שמתי בפיך" (ישעיהו נט,כא) נזכרים בהקשר זה במקומות רבים בחסידות, למשל: תורה אור סז,ב; דרך מצוותיך מצוות קידוש החודש סט,ב ועוד.

הזיווג והפריון

הצורך שכולל את כל החי והצומח בעולם, שמניע את העולם, שחזק ומשפיע יותר מכל הבנה ורגש - הוא הצורך הפנימי להשתכפל, להזדווג ולהתרבות.

הכוח של הריבוי הוא מהכוחות החזקים והבסיסיים ביותר בנפש. הוא מטלטל את האדם יותר מכל כוח ותשוקה אחרים, ובוודאי יותר מכל הבנה והרגשה מודעת. הוא כל כך חזק עד שהוא משתווה אולי רק לכוח של עצם החיים והקיום. יש בעלי חיים וצמחים שאפשר לראות כיצד הכוח הזה גדול גם מכוח החיים שבהם. יש למשל, צמחי קקטוס שלוקח להם שנים לגדול, ואז הם מוציאים תפרחת נושאת זרעים, גדולה ונהדרת שיונקת את כל הכוחות שבהם, והם מתים. מעין זה יכול לקרות גם אצל האדם. הוא יכול ללכת עם הכוח והתשוקה של החיבור והפריון אף נגד כל מה שחשוב לעצמו, כמו קריירה וכסף ומעמד ובריאות, כדי להוליד ולגדל את הילד שיגדל ויתרחק ולבסוף ייפרד ממנו. נכון שבהיקף הגדול הילד ממשיך את הוריו כמו שהזרע ממשיך את הקקטוס, אבל בתוך המערכת האישית של האדם, מה שקורה הוא שהזיווג והילד באים במקומו ועל חשבונו.

הפריון הוא תוצאה של הזיווג. רק הזיווג, החיבור האמיתי בין יסוד הזכר ליסוד הנקבה, יכול להוליד הוויה חדשה. כדי ליצור יצירה חדשה אין די בהעתקה עצמית של המקור. העתקה כזו מעבירה רק את החיצוניות שלו, אבל כדי שייווצר משהו חדש עם ייחודיות פנימית שאינה זהה לשום יצור אחר צריך את הזיווג בין הזכר לנקבה. והטעם המוסבר בספרים הוא שבכל מקום שיש איחוד בין נפרדים נמשכת מדרגה עליונה מהשורש של אותם נפרדים שבה הם מתבטלים מייחודם ומולידים את ההוויה החדשה.

אצל האדם, באופן חריג, ישנה הפרדה מסוימת של הזיווג מהרבייה, שכן הזיווג מופיע כתשוקה בפני עצמה גם ללא קשר לרבייה. יש בכך הדגשה חשובה של שלב הזיווג כשלעצמו שחשיבותו ונחיצותו אינה רק לרבייה הגשמית של הולדת ילדים, אלא גם ליצירה הנפשית־הרוחנית של

האדם. כך למשל בהוראה לתלמידים צריכה שתהיה התקשרות בין הרב לתלמיד. כך גם בספרים ורעיונות, בתנועות רוחניות וכיוצא בזה, שכל אלה חייבים לנבוע מזיווג והתקשרות אמיתיים בין משפיע ומקבל.

כמו בעולם התחתון, כך גם באלוקות למעלה קיים זיווג בין הספירות השונות ובין שמותיו של הקב"ה המבטאים את הגילויים האלוקיים בכלליהם ובפרטיהם. חיבורים אלו ממשיכים את האור האלוקי העצמי שמעבר לספירות, ומולידים השפעות חדשות לעולמות. יכולת החיבור בין הספירות מורה על כך שבכל ספירה יש נקודה של יסוד, שהיא היכולת והכוח של הספירה להתחבר לספירות אחרות ולעולמות אחרים, להשפיע ולקבל.

האופן הכללי ביותר של הזיווג והייחוד בעבודת ה' הוא הנקרא: "ייחוד קוב"ה ושכינתיה". בספרי הקבלה והחסידות נזכרים אומנם ייחודים פרטיים רבים, אך כלל כולם הוא איחוד הקדוש ברוך עצמו שמעבר לעולם עם שכינתו שנמצאת בתוך העולם ומחיה כל דבר בו. כנסת ישראל, ובפרט כל אחד מישראל, מייצגים את השכינה שבתוך העולם,[15] וכאשר אנחנו עושים מצווה, אנו מחברים את הקב"ה מְצַוֶּוה המִצווה – שהוא למעלה ומעבר לכול – עם שכינתו שבנו ובעולם שבו מתקיימת המצווה. הייחוד נעשה גם בעבודת התפילה, למשל כאשר אנחנו חושבים בשכלנו ובנפשנו על מה שאנו אומרים – "ה' אחד" – שמעבר לעולם, זהו ייחוד קב"ה ושכינתיה.

כמו הייחוד הגשמי כך הייחוד הרוחני, כדי שתיוולד פנימיות צריך להיות נסתר, בלי נראוּת ונגיעה חיצונית אלא ייחוד בין עצם לעצם בלבד עד היותם אחד בלבד. רק כך הוא הייחוד שמוליד אור פנימי מלמעלה מעלה, אור חדש שלא היה אפילו במוליד עצמו.

בספרים מדובר על שני מיני זיווגים המשפיעים את חיי העולמות – פנימי וחיצוני.[16] הזיווג החיצוני שלצורך עצם קיום

15 ראו כל זה לקמן בפרק 'מלכות' סעיף 'כנסת ישראל'.

16 ראו סידור האר"י ז"ל כוונות קריאת שמע פרי עץ חיים שער קריאת שמע פרקים ו, יא ועוד. הובאו ונתבארו בחסידות בלקוטי תורה שיר השירים כב,ג ובמקומות רבים.

העולמות, נעשה מעצמו, בלי קשר לעבודתנו. לעומת זאת, הזיווג הפנימי שמכניס את האלוקי אל העולמות, אינו נמשך אלא על ידי עבודתנו, בהתקשרות ומסירות נפש אישית שלנו.[17]

צדיק

ספירת היסוד קשורה למושג הצדיק, וכלשון הכתוב "וצדיק יסוד עולם" (משלי י,כה). מקומו ותפקידו של הצדיק בעולם הוא כמקומו של היסוד בספירות. כשם שהיסוד מקשר בין הספירות האלוקיות לעולמות, כך הצדיק מקשר בין מעלה ומטה, בין האלוקי לשאר בני האדם שבעולם. יש דרגות וסוגים רבים של צדיקים. יש מי שהוא ראש ישראל בהיקף מסוים, ויש צדיק נסתר שאיש אינו יודע עליו. ואולם המשותף לכולם הוא היות הצדיק באיזו מידה למעלה משאר בני האדם. גופו בעולם הזה, כמו כולנו, אבל נפשו ומרכז הכובד שלו שייכים לעולם עליון. ממעמד זה הוא מעביר ומגלה את ההשפעה האלוקית אל העולם ואל בני האדם, ומעלה את התפילות והמעשים הטובים של בני האדם ואת ניצוצות הקדושה שבעולם.

זאת ועוד, הצדיק, שמובדל מיצר הרע ומהבלי העולם, הוא במידה מסוימת בעל 'רוח הקודש' ויכול לראות ולדעת דברים הנסתרים משאר בני האדם. ולא רק לדעת, כי בשל היותו בדרגת היסוד שמצוי למעלה מהמלכות, שהיא הדיבור שמהווה בפועל את העולמות, הוא יכול לשנות את המציאות בעולם. בדיבור, הדברים כבר סגורים - כך ולא אחרת. כמו דיבור ומעשה שכבר אי אפשר לחזור מהם. ולכן מתוך העולם הזה קשה עד כמעט בלתי אפשרי לשנות את המציאות שכבר הוחלטה. מה שאין כן הצדיק שנמצא בשלב שקודם לדיבור יכול עדיין לשנות צירופים של אותיות ומילים, לכוון אחרת את מהלך הדברים שיהיו. ומכאן יתרונה של תפילת הצדיק על תפילת כל אדם, לבטל גזרות ולהפוך את המציאות לטובה.

17 ראו תורת שמואל תרל"ח עמ' שפו.

בשל היות הצדיק ביסוד שלמעלה מהעולמות הוא פעמים רבות גם מראשי ישראל בפועל, שמנהיג יהודים בעבודת ה׳ ובכלל. בין שהוא נושא משרה רשמית ובין שיהודים באים אליו מעצמם לקבל עצה והדרכה. אך גם כשהצדיק נסתר מכל אדם, הריהו כצינור מפולש המעביר ומקשר בין העולמות. העולמות העליונים והתחתונים נקשרים בו ועוברים בו הגם שאין איש שמכיר בכך.

מובן מדוע דמות הצדיק ביהדות אינה של נזיר מתבודד, אלא להפך, זה שמקשר ונותן, משפיע ומדריך. דווקא בזה כוחו של הצדיק ובזה הוא נבחן: בכוח ההתקשרות ולא בדרגת הקדושה הנבדלת.

יוסף הצדיק

במסורת היהודית ובתורת הסוד, הצדיק המזוהה עם ספירת היסוד הוא יוסף.[18] יש לזה כמה טעמים. בקריאה הפשוטה בתורה יוסף הוא ׳המשביר׳ - המשפיע והזן בגשמיות את בני ישראל ואת העולם בדורו. על פי הסוד יוסף הוא העומד בין האבות והשבטים ומקשר את דרגת האבות, אברהם יצחק ויעקב שבעולם האצילות, עם דרגת השבטים שבעולם הבריאה.[19] יוסף איננו נחשב עם האבות וגם איננו נספר עם השבטים (רק בניו הם שבטים), שכן כל מהותו היא בין העולמות, כמו היסוד המקשר את האצילות אל הבריאה.

ואולם מה שמזהה יותר מכל את יוסף הצדיק עם מידת היסוד הוא הסיפור בתורה על יוסף ואשת פוטיפר.[20] הסיפור הוא סיפור של זיווג ופריון,[21] שכאמור הם מעיקרה של ספירת היסוד. ואולם נראה שהחלק

18 אפשר לראות זאת בסדר ה׳אושפיזין׳ שמזמינים בחג הסוכות הנמנים על סדר הספירות מחסד ועד מלכות: אברהם בחסד, יצחק בגבורה וכן הלאה, ויוסף הוא ביסוד.

19 השבטים הם כנגד שנים עשר הבקר הנושאים את ה׳ים׳ (של שלמה) שהוא המלכות, או כפי שהם מחולקים לארבע מחנות השכינה שבבריאה שהם החיות הנושאות את ה׳כיסא׳ (ראו תורה אור כד,א. לקוטי תורה ויקרא יז,א ועוד).

20 ראו בראשית פרק לט.

21 כך בייחוד על פי המדרש. ראו בראשית רבה פה,ב (מובא גם בפירוש רש״י בראשית לח,לט).

המשמעותי בסיפור הוא דווקא בהתגברות של יוסף שלא לשמוע לאשת פוטיפר ולא לקיים עמה את הזיווג והפריון. בכך מגלה יוסף צד נוסף בקשר בין היסוד לצדיק. בשל עוצמתו של הזיווג, המעביר מהות פנימית כל כך, ישנו תמיד חשש לזליגה מפנימיות זו אל מציאות חיצונית שאינה שייכת אליו. לפיכך חלק מעניינו של היסוד הוא לשמור על העברה זו של הברית שלא תגיע אל החיצוניות. וזה שמצליח לשמור על הברית, למרות כל פיתויי העולם הזה, נימוקיו והרגשותיו - הוא הצדיק.

כמו כל הספירות שבקו האמצעי, גם ספירת היסוד משלבת את שני הקווים: קו החסד מימין, וקו הגבורה מהשמאל. צד החסד של היסוד הוא ההתקשרות והנתינה, וצד הגבורה של היסוד הוא הכוח שלא להתקשר ולא לתת מעבר למה שאינו ראוי, אלא רק להתקשרות של אמת, זו שמולידה ומצמיחה זרע אמת. את הצד הזה מגלה יוסף בסיפור של אשת פוטיפר.

כוחו של הצדיק נובע מהתקשרותו האישית העצמית לאלוקי, התקשרות שעצמותו מזוהה בה ושמכוחה הוא רואה את האלוקי באותה בהירות שאדם אחר רואה את העולם.[22] ופעולתו של הצדיק והשפעתו על בני אדם אחרים נובעת מהתקשרותו של הצדיק בהם באותה הזדהות מוחלטת שהוא מתקשר לאלוקי, ובהתקשרות האחרים אל הצדיק. נמצא, שכל עניינו של הצדיק היא ההתקשרות.

> התפיסה בחסידות היא שבכל אדם יש נקודה פנימית של 'צדיק'. הנקודה הזו, נקודת פנימיות הלב, נסתרת בדרך כלל בשל עורלת הלב המסתירה אותה. אך לפעמים מסיר הקב"ה לשעה קלה את עורלת ליבו ואז הוא יכול להתקשר לנקודה הפנימית שבליבו ולקבל ממנה משהו מההתקשרות האמיתית לאלוקי. ועוד מבואר בחסידות שגם כשאין התגלות מלמעלה הוא יכול לעבוד על זה מלמטה - להתבונן, להתעקש, לא להסתפק באהבה ויראה, לחפש

22 כלשון המצויה בחסידות שההשגה עתה היא מציאות בפשיטות ואלוקות בהתחדשות, ולעתיד לבוא (ואצל הצדיקים כבר עתה) ההשגה היא אלוקות בפשטות ומציאות בהתחדשות.

את ההתקשרות בעצם, את הברית שביסוד – ובעצם החיפוש הוא מתחיל להתקשר. וכפי שהצדיק מגלה את ההתקשרות הפנימית, כך ההתקשרות, אפילו במעשים חיצוניים, מגלה את מהות הצדיק הפנימית שבו.

ועדיין יונקים כל הכוחות הפנימיים הללו מהיות בעולם אדם צדיק ממש. אפילו צדיק אחד בדור, אפילו מי שרק קיבל מצדיק וזוכר ומחזיק בוודאות את הקשר הזה אל האלוקי – הריהו מאפשר ופותח לכול את צינורות ההתקשרות למעלה.

פרק שלושה עשר
מלכות

המלכות היא הספירה האחרונה בספירות. כל ההשפעות שביתר הספירות מתנקזות אליה ומגלות בה פנים רבות ושונות, ואפילו סותרות.

בהסתכלות ראשונית ופשוטה, המלכות היא כל מה שישנו - מה שרואים, מה שמרגישים ומה ששומעים. המלכות היא כאן והיא עכשיו, היא הארץ הזו שדורכים עליה וכל מה שנמצא וקורה עליה כעת. בנפש, המלכות היא כל מה שמתגלה לאדם בסופו של תהליך פנימי נעלם, בשכלו ובמידותיו - במה שהוא חושב ומדבר ועושה.

עם זאת, מעבר להיות המלכות הכלי והדרגה לגילוי הספירות האחרות, יש גם גילויים וביטויים משלה כספירה וככוח נפש בפני עצמו. בביטויים אלה נתמקד בפרק זה, בניסיון לברר ולהכיר את ספירת המלכות בעצמה.

המקבלת

המלכות היא המקבלת הגדולה, וזהו עיקר עניינה. גם ספירות אחרות מקבלות מהספירות שמעליהן,[1] אבל המלכות מקבלת הכול מכל

1 אפילו היסוד שמקבל מכל הספירות לא מקבל בעצמו אלא רק מעביר למלכות.

הספירות, בקבלה גמורה שאינה מעבירה הלאה ואינה בוררת אלא פשוט מקבלת.

הכלל הוא שכדי לקבל צריך שיהיה כלי, וכדי לקבל באופן שלם צריך שהכלי יהיה ריק. היות הכלי ריק ומוכן להכיל כל דבר היא מהותו הראשונית הבסיסית של הכלי. יש כלים בדרגות שניות ושלישיות שמיועדים לחומרים ולעבודות מסוימים בלבד, ויש גם כלים רוחניים השייכים לתחום מסוים בלבד. לעומתם יש כלים ראשוניים יותר שמצד עצמם אינם שייכים לשום תוכן מסוים, שהם כלים 'ריקים' לגמרי שיכולים להכיל ולבטא כל דבר. זוהי מהותה של המלכות - היותה כלי ריק.[2]

למהות זו של המלכות יש דימויים רבים בקבלה שיש להם גם ביטויים בתפילות ובמנהגים. ביטוי ומשל למלכות המקבלת הוא הלבנה. הלבנה הולכת ומתמלאת בכל חודש, אבל לפני שהיא מתמלאת היא נחסרת ומתרוקנת עד שלא נשאר כלום, ורק אז בא המולד והיא מתחילה להתמלא מחדש. בדומה לכך, הצבע המסמל את המלכות הוא התכלת.[3] תכלת הוא הכחול הכהה על גבול השחור,[4] והוא נמצא במעבר מהחושך אל הצבע. כך המלכות היא עצם הגילוי, שבעצמו עדיין אינו מגלה דבר. ביטוי נוסף של המלכות כמקבלת הוא בסימני הניקוד. על פי הקבלה לכל ספירה יש סימן ניקוד מסוים. למשל, קמץ בכתר, פתח בחכמה, סגול בחסד וכן הלאה. ה'ניקוד' של ספירת המלכות הוא האות בלי ניקוד.[5] לאות בלי ניקוד אין מבטא משל עצמה אבל היא הכלי לקבלת כל הניקודים וכל המבטאים. כיוצא בזה גם המרְאָה נמשלה למלכות, אין לה שום אור וציור משל עצמה, ולכן היא יכולה לקבל מאחרים את כל האורות הצורות והגוונים.[6]

2 בלשון הזוהר נאמר על המלכות ש"לית לה מגרמא כלום", אין לה מעצמה כלום (זוהר חלק א קפא,א).

3 בהתאם לכך הדגל של מחנה יהודה (הקשור למלכות) היה בצבע תכלת.

4 ראו רש"י על במדבר טו,מא.

5 ראו עץ חיים שער מד פרק א; פרי עץ חיים שער השבת יט,יג; ביאורי הזוהר לצמח צדק חלק א וירא סא.

6 המראה מכונה בספרים 'אספקלריא שאינה מאירה', והיא מופיעה כמשל למלכות. ראו ביאורי הזוהר לצמח צדק חלק ב עמ' תשנב; ספר הערכים ערך 'אספקלריא'.

אל המלכות קשור מושג השם.[7] באמצעות השם של אדם אנו מתייחסים אליו - קוראים לו, מדברים וחושבים עליו. ייחודו של השם הוא שאיננו מתייחס לפעולה מפעולותיו של האדם או לגילוי מגילוייו השונים, אלא אליו בעצמו. כשקוראים לאדם בשמו לא מתכוונים למקצועו או לפעולתו אלא אליו באופן אישי. וכן הוא בשמותיו של הקב"ה, שבהם אנו מתייחסים אליו, קוראים ומתפללים אליו בעצמו.[8] במובן זה ספירת המלכות איננה כינוי מסוים של הקב"ה, תכונה או פעולה שלו, אלא עצם היות לו שם. לא שם של מישהו ומשהו, אלא עצם היות מושג השם בעולם. השם בעצמו אין לו משמעות,[9] אין לו מהות, אבל בלי שם איננו יכולים להתייחס ולדבר על שום דבר. עצם מושג השם הוא ההמצאה הראשונית ביותר המתחילה כל תרבות. ובהיקף האלוקי, ההתחלה הראשונית ביותר של כל הגדרה ומושג מן האין סוף, הוא שם ה'. בלשון הקבלה נקרא שם ראשוני זה 'מלכות דאין סוף', המלכות של האין סוף כשהוא עדיין באין סוף, שכל מה שיצא ממנו עדיין בתוכו.

כמקבלת הגדולה המקבלת את כל הצורות שבאות מלמעלה ומצטיירת בדמותן - נדמית המלכות לכל דבר. ואם יש משהו שמבטא אותה בעצמה - זו רק הפסיביות הגמורה. כאדמה שהכול דורכים עליה והיא מקבלת הכול.

הממד של הקבלה במידת המלכות מתבטא בעבודת ה' בביטול. שתהיה נפשו של האדם מקבלת את האלוקי - ברצונו את הרצון האלוקי, בדעתו את דעתו, במעשיו את מעשיו - בלי לשאול, בלי להתנות, בלי להוסיף ובלי לגרוע, רק קבלה גמורה.

כפי שלימד הבעש"ט יש לכך ביטוי באופן אמירת אותיות

7 ראו עוד על השם לעיל בפרק 'אור אין סוף' סעיף 'שמו הגדול' ובפרק 'עשר הספירות' סעיף 'השמות והספירות'.

8 'שם' לעומת אור וגילוי. האור מתייחס לגילוי כלשהו שלו במידותיו ופעולותיו. השם, שאמנם אינו מגלה דבר, אבל דווקא בשל כך הוא מתייחס אל העצם שאינו מתגלה (ראו ספר המאמרים תרס"ח עמ' פב; ספר המאמרים תש"ב עמ' 71 והלאה; מאמרים מלוקטים חלק שני עמ' יג).

9 על כל פנים לא באופן גלוי, והראיה שאנשים שונים לגמרי נושאים אותו שם.

התפילה. האותיות בכלל הן דרגת המלכות, שהרי הן מקבלות את כל התכנים הפנימיים של הנפש ומלבישות אותם בלבוש הדיבור. ומוסבר, שהכוונה וההרגשה במשמעות המילים צריכה להיות קודם לאמירה, להישאר ברקע של האמירה, אבל בשעת הגיית האותיות עצמן לא צריכה להיות כוונה כלשהי. הכלל הוא ש"האותיות בלי פירוש"[10] – ואז יכולות האותיות שאומר לקבל את כל הכוונות, גם אלה שלא חשב ולא ידע לכוון.

הנוקבא

הדימוי הבסיסי ביותר של המלכות המקבלת הוא נקבה ואישה, ובלשון הזוהר 'נוקבא'. ספירת המלכות המקבלת מכל הספירות היא הנקבה של הספירות עליונות, והיסוד למושג הנקבה והאישה בכל העולמות.

תפיסת המלכות כאישה מוסיפה משמעות עמוקה ומורכבת יותר למושג הקבלה. במיוחד ניכר הדבר במרחב האנושי שבו האישה אינה רק כלי מקבל אלא היא כשלעצמה בן אדם. היחס בין האישה לאיש הוא נושא טעון בעוצמה רגשית שאין דומה לה, והוא נוגע בנימים הפנימיים ביותר שבנפשנו. כמה אהבה, כמה כאב, כמה אושר וכמה תשומת לב סובבים את המלכות בדימוי הזה. המיוחד באישה שמעוררת את כל זה אצל האיש הוא בהיותה בשר מבשרו, צלע מצלעותיו, ויחד עם זה היא כל כך רחוקה שהיא כבר איננה הוא, היא האישה הקרובה והאחרת, המיוחדת, המסקרנת והמסתורית.

הדבר מובן גם למעלה בספירות, כי מכיוון שהיסוד והמלכות נמצאים בסוף כל הספירות הנתינה והקבלה שלהן טעונות בכל הספירות שעליהן. כולן משתתפות וכולן מביאות את כל מה שבהן אל הנתינה והקבלה שבסוף הדרך. "כל הנחלים הולכים אל הים", וכשהם מגיעים אל הים זו איננה עוד תחנה, זו התחנה הסופית. אל הים, הנוקבא, הם

10 דגל מחנה אפרים פרשת עקב בשם הבעש"ט. ולכל העניין ראו בעל שם טוב על התורה עמוד התפילה בעיקר בתחילתו.

משליכים את כל הכוחות והציפיות והתשוקות שנאגרו בהם מאודם. "והים איננו מלא" - התשוקה אינה מתמלאת, כי זו מהות הנוקבא, שהיא אינה מתמלאת, אלא מקבלת תמיד. ובעצם היותה במעמד זה, שרוצה ויכולה לקבל תמיד, היא מעוררת את המשפיע להשפיע עוד ועוד. את ההתעוררות הזו העולה מן הנוקבא אל המשפיע מבטא המושג הקבלי 'העלאת מים נוקבין', המעוררים את תשוקת הזכר להשפיע בה 'מים דכורין' ביתר שאת. זהו סוד בריאת האישה, סוד ה'מים הנוקבין' שמזיז את כל העולם, שיוצר את התנועה והזרימה של האור והחיות מלמטה למעלה ומלמעלה למטה - בתוך האדם, בין אדם לאדם ובין האדם לאלוקי.

העבודה של ההתבטלות המוחלטת לאלוקי והמוכנות לקבל הכול ממנו, היא שמעוררת בו את התשוקה לקיים אותנו ולהשפיע לנו. היא זו שמחדשת את המלוכה שלו, שיוצרת את מציאות המלכות, ואת מציאות העולם שהוא מלך עליו. ודווקא משום שקבלת המלכות אינה נובעת מהבנתנו והרגשתנו אלא מהביטול לאלוקי - היא עולה ומגיעה עד לפנימיות התשוקה של מעלה להשפיע משם.

שלטון

המובן הפשוט של המלכות הוא שלטון. לכאורה מובן זה מנוגד למה שהוסבר עד כה על עניינה של המלכות כמקבלת. ואולם, לא רק שאין סתירה בין שתי תפיסות אלו, אלא שהן משלימות זו את זו ומבטאות את שני הצדדים של המלכות: השלטון מצד אחד, וקבלת השלטון מצד שני.

מהות המלך היא שהוא מתנשא ונבדל ממלכותו, ולכן עיקר הנהגתו היא בציווי ואפילו בכפייה, למרות שלא מבינים ולא מרגישים בטעם הדבר. השלטון אינו יכול להתנהל בשכנוע ובשיתוף מלא של כל האזרחים בשיקול דעתו, הוא מעביר את המסרים והם מחייבים את הכול. במלכות שמיים כמו במלכות של הארץ, זו הדרך היחידה שבה אפשר להנהיג

ממלכה.[11] את התכונות הללו של השלטון אפשר לראות בהדגשה יתרה בהנהגת הצבא. סימניו של הצבא הם המשמעת והנכונות למסור את הנפש. ובאותו האופן צריכים כולם לנהוג מול המלך - בקבלת עול ובמסירות נפש.

יחד עם זאת, שלטון המלכות הוא יותר מרק כפייה מלמעלה. הוא איננו עבדות או בית סוהר שבהם אין לאנשים שום מעמד, שכל עניינם הוא רק לשרת אחרים ובעצמם הם בלתי נחשבים ומדוכאים כמה שיותר. למהות המלכות יש צד נוסף, חשוב לא פחות, והוא הצד של מקבל המלכות. כשם שהמלך צריך לרצות במלכות כדי שתהיה, כך העם מקבל המלכות צריך לרצות בה, וכפי שאומרים בתפילה "ומלכותו ברצון קיבלו עליהם".[12] כי אם אין רצון במלכות אין זו מלכות. עומק הדבר, כפי שיוסבר להלן, הוא שהמלכות לא נועדה רק למלך אלא בעיקר כדי שתהיה מציאות של מלכות. כלומר, כדי שתהיה מציאות עצמאית ונפרדת לכאורה מהקב"ה, ואף על פי כן תקבל ברצונה את מלכותו של הקב"ה עליה. לשם כך חייבת להיות מידה של חירות בבסיסה של המלכות כדי שיהיה אפשר לבחור לקבל את המלכות. וכמו למטה גם מלמעלה, המלכות היא בחירה של הקב"ה להיות מלך. בחירה עצמית, הדדית, של העם במלך ושל המלך בעם. אף אחד מהצדדים לא עושה זאת משום שהוא מוכרח, אלא משום שהוא רוצה בכך, שהוא קיבל על עצמו ברצונו את התנאים ואת המסגרת של המלכות - שם נפגש המלך במלכותו.

הרצון לשלוט והרצון לקבל את שלטון המלך, נמצאים גם בנפש. התשוקה לשלוט היא כוח בנפש האדם, ואחד החזקים והפנימיים שבהם. זה לא הכבוד ולא ההנאה ממנעמי השלטון, אלא הרצון בעצם השליטה וביכולת לקבוע עבור אנשים אחרים מה יעשו. זה לא בהכרח בדרכים אלימות, זה יכול להתלבש במראית עין של שכנוע ושל טובה עצומה שאי אפשר להתכחש לה, אבל התוצאה היא השליטה על העם לקבל את

11 אפילו ממשל דמוקרטי חייב לתת לנבחריו את הסמכות לנהל את המדינה גם כשהדברים לא מוסכמים על כל תושביה.

12 ברכת 'אמת ואמונה' של תפילת ערבית.

מרות השלטון. ואף קבלת המרות ושלטון האחר היא צורך ואף תשוקה בנפש, שתהיה עליו מרות, שיהיה עליו מלך שיגיד לו מה לעשות והוא לא יצטרך להחליט בעצמו. יש אנשים שהתשוקה לשלטון ניכרת יותר באופיים ויש פחות, יש שהיא ניכרת בצד של הטלת המרות ויש בצד של קבלת המרות. ואולם עצם הכוח הזה קיים בנפשו של כל אחד.

השלטון הוא אפוא הכוח והיכולת להתחבר עם אלה שרחוקים ונבדלים, שאינם מבינים ואינם מרגישים כמו השליט, לדלג על מרחבי השכל והרגש ולהתקשר אתם בכוח השלטון, בציווי ובמעשה למרות שלא מבינים. כך אפשר להבין את חשיבותה של המצווה המעשית דווקא, שהיא רצונו העליון של הקב"ה שאיננו יכולים להבין ולהזדהות אתו, אבל אנו יכולים לעשות אותו בקבלת עול מלכותו.

בעבודת ה' עוסקים בעיקר בשלטון של אדם על עצמו ועל כוחות נפשו.[13] כפי שהשלטון האלוקי הוא על העולמות שרק נראים כנפרדים מהאלוקי אך באמת אינם נפרדים ממנו, כך גם בנפש האדם השלטון הוא על חלקי הנפש שמרגישים כנפרדים. כאשר האדם כופה את חלקי הנפש הללו לעשות את הרצון הפנימי של עצם הנפש לעשות את הרצון האלוקי, זו נראית ככפייה. אבל כיוון שבפנימיותם גם הגוף והנפש הבהמית של יהודי רוצים להתחבר לאלוקי ולעשות את רצונו, זו איננה כפייה נגד הרצון אלא גילוי הרצון הפנימי.[14]

13 והוא עיקר השלטון, ככתוב במשלי: "טוב ארך אפים מגבור ומֹשל ברוחו מלֹכֵד עיר" (משלי טז,לב. וראו משנה אבות ד,א).

14 בספרי חסידות מובאת ראיה לזה מדברי הרמב"ם בהלכות גירושין (ב,כ). הרמב"ם כותב שמי שהדין נותן שכופים אותו לגרש את אשתו והוא אינו רוצה, יש להכות אותו עד שיאמר "רוצה אני". והוא מסביר שהגט אינו נחשב כגט שנעשה באונס שהוא פסול מכיוון ש"מי שתקפו יצרו הרע לבטל מצוה או לעשות עבירה והוכה עד שעשה דבר שחייב לעשותו או עד שנתרחק מדבר שאסור לעשותו אין זה אנוס ממנו אלא הוא אנס עצמו בדעתו הרעה".

דיבור

הדיבור אף הוא ביטוי של המלכות והשלטון, וכלשון הכתוב: "דבר מלך שלטון" (קהלת ח,ד).[15] דיבור במובנו הפשוט הוא תקשורת, בין אדם לאדם וגם בין אדם לאלוקי. בדיבור אנו מלבישים את שכלנו ורגשותינו באותיות ובמילים המתקיימות במרחב שבין האנשים וכך הן עוברות אל אדם אחר ומיתרגמות למחשבות והרגשות בנפשו.[16] התרגום לעולם איננו מדויק כי משמעות המילים לעולם אינה זהה לחלוטין בין אדם לאדם. ככל שהרקע התרבותי בין האנשים משותף יותר וככל שיכולות הדיבור וההקשבה משוכללות ורגישות יותר, כך התרגום יהיה מדויק יותר. ומכל מקום זה הפלא והכוח של הדיבור - להעביר תכנים פנימיים שקיימים באדם החוצה אל האחר ולקשור אנשים ותרבויות אלה לאלה.

כפי שהוסבר לגבי ביטויים אחרים של המלכות, שאין לה כלום משל עצמה, כך גם הדיבור כתקשורת אין לו תוכן משל עצמו אלא הוא רק האמצעי להעברת התכנים. משום כך אין בהכרח קשר בין יכולת הדיבור לתוכן הפנימי שיהיה בו. יש אנשים שיש להם כישרון של דיבור ויש כאלה שפחות. יכול להיות אדם שיש לו כישרון לדבר יפה וגם תשוקה לדבר, אבל אין לו שום תוכן של ממש להעביר. ויכול להיות להפך, אדם שיש לו תוכן משמעותי בתוכו אבל אין לו יכולת או רצון לדבר ולהעביר את התוכן הזה.

ואולם, למרות שלדיבור אין תוכן משל עצמו, הוא איננו חיצוניות בלבד. אדרבה, הדיבור דווקא מגיע לנקודה היותר פנימית של כל דבר. שכן כדי לקחת תוכן פנימי שקיים אצל האחד ולהעבירו אל האחר, צריך לתפוס את הדברים בנקודה הפנימית ביותר שאינה מלובשת עדיין

15 אף מבחינה לשונית מושגי הדיבור והשלטון קשורים זה לזה שכן השורש 'דבר' משמש גם במובן של הנהגה ושלטון כמו בפסוק "יַדְבֵּר עמים תחתינו" (תהלים מז,ד), שמשמעו יכניע את העמים תחת שלטוננו, וכמו בביטוי "דַּבָּר אחד לדור" (סנהדרין ח,א) שמשמעו מנהיג.

16 במובן מסוים הדבר עובד כפי שעובדות מערכות תקשורת בעולם המודרני. גלי קול או תמונות הופכים לנתונים דיגיטליים שיכולים לעבור לכל מקום ושם מיתרגמים מחדש לגלי קול ותמונות.

בלבושים כלשהם ולהעביר אותה ללבושים ועולמות אחרים. כאן טמון כוחו העמוק יותר של הדיבור שמעבר להיותו רק אמצעי להעברת תוכן הוא מגלה את פנימיותם האמיתית של התכנים העוברים בו.

ואולם הדברים עמוקים אף יותר, שכן הדיבור איננו באמת ניטרלי. כל מי שמשתמש בדיבור כדי להעביר תכנים עמוקים מגלה מפעם לפעם שהדיבור כשלעצמו - האותיות, המילים, צירופי המילים - מוסיף על התוכן שהיה במחשבה יותר ממה שהיה בה בתחילה. אנשים שיוצרים במילים - סופרים, משוררים ודוברים בכל התחומים - חיים עם התופעה הזו ומשתמשים בה. אפשר לראות זאת גם בקריאה. אדם קורא דבר, שיר ואפילו פרוזה פשוטה, וזה יכול להעלות אותו למעלה מהמובן הפשוט של המילים, למעלה מעצמו ואף למעלה ממי שכתב את המילים.

המילים מכריחות את התוכן לצאת מן הפנים ולקבל משמעות מחוץ לו, להתייחס למקבל, להשפיע ולדרוש ממנו תגובה. אפשר לומר שדיבור אמיתי הוא בהגדרתו דו־צדדי, שמצפה לקבל אות מהצד השני, שרוצה לקבל ומקבל. כי מה שמתקבל בצד השני משפיע לא רק על הצד השני אלא גם על הצד הנותן, בעילוי וגילוי מעבר למה שנתן.

מעבר להיותו טכניקה של תקשורת הדיבור הוא כוח נפש מיוחד שהוטבע באדם, כוח שאיננו קיים בשום יצור אחר בעולמנו. גילויו החיצוני של הדיבור הוא רק סימנים - אותיות ומילים נהגות וכתובות - אך אותיות דוממות אלו מקנות לאדם את היכולת לשתף ולצבור מטען עצום של ידע מעבר ליכולת של נפש פרטית ושל דור פרטי, וזהו היסוד להתקדמות האנושית בכל התחומים.

את הכתוב בספר בראשית "ויהי האדם לנפש חיה" (בראשית ב,ז) מתרגם־מפרש אונקלוס: "והוות באדם לרוח ממללא", ותהי באדם לרוח מדברת. בכך קובע התרגום שייחודו של האדם ויתרונו על שאר הברואים הוא הדיבור. כמובן אין מדובר על ביטוי צלילי הדיבור וגם לא על עצם התקשורת, שכן אלה קיימים גם בבעלי חיים, אלא על יכולת של הפשטה ויצירת סמלים שמרכיבים עולם שלם ברמה של דיבור. לשם דוגמה: בעלי חיים מתקשרים במילות קריאה, אבל אין להם שמות עצם ואין להם פעלים אמיתיים. בעלי חיים יכולים לתקשר בקריאות

כמו: בוא! לך מכאן! אני מרוצה! אני עצוב! אני עומד לתקוף אותך! וכדומה. הם אומרים את זה בזנב, באוזניים, בשערות וגם בקולות הפה, אבל הם אינם יכולים לעשות דבר פשוט ובסיסי כמו לקרוא לגבינה 'גבינה'. מהות הדיבור הייחודית לאדם היא אפוא היכולת ליצור סמלים לדברים גשמיים וגם למושגים מופשטים ולהשתמש בהם כדי להרכיב ולבנות עולם של הבנות והרגשות מורכבות ומופשטות, ובכך להעביר אותם לאנשים אחרים ואף לתרבויות ולדורות אחרים.

מקורו של הדיבור האנושי הוא בדיבור האלוקי, אך יש הבדל עצום בין השניים. הדיבור שלנו מעביר אינפורמציה על המציאות. לעומת זאת הדיבור האלוקי יוצר את המציאות, ולכן כשהקב"ה אומר "יהי אור" נהיה אור. אף על פי כן, שווים הדיבור האלוקי והאנושי בהיותם מעבירים מן הפְּנים החוצה. אצל האדם הדיבור מעביר את המחשבות והתחושות הפנימיות שלו לאדם אחר, ואצל הקב"ה הדיבור בורא עולמות וברואים הנפרדים כביכול מהווייתו הפנימית.

יתרה מזו, תורת הסוד בכלל והחסידות בפרט, מיוסדות על התפיסה שהדיבור שלנו דומה לדיבור האלוקי גם באותיות האלפבית שעליהן מיוסדת לשון הקודש. עשרים ושתיים האותיות שאנו מדברים בהן והמילים שאנו מרכיבים מהן, הן הן האותיות והמילים שבהן נבראו השמיים והארץ. לא שהקב"ה ביטא את האותיות והמילים הללו בגרון ושפתיים גשמיים כפי שאנו מבטאים אותן, אלא באותיות הדיבור כפי שהם בדרגה רוחנית אלוקית שבה הדיבור יוצר ממש את המציאות. רק בתורה, שהיא ההתגלות האלוקית בעולם שלנו, מתגלה הדיבור האלוקי בצורות של אותן עשרים ושתיים אותיות וצירופיהן, כמו בדיבור שלנו.[17]

לדברים אלה יש משמעות עצומה בעבודת ה'. כי היכולת שלנו לדבר באותן האותיות של הדיבור האלוקי אומרת שאנו יכולים להתקשר עם הקב"ה בדרגה גבוהה ופנימית יותר מהמציאות המעשית של העולם.

17 אדמו"ר הזקן מדבר בכמה מאמרים על משמעות התפילה והדיבור בכלל בשפות אחרות. הוא מדבר על היחס בין אותיות לשון הקודש לאותיות הלועזיות כיחס שבין האבן העשויה בידי שמיים ללבנה שעשויה על ידי האדם. ומכל מקום בוודאי שיש משמעות עליונה גם לתפילה בשפות אחרות (ראו תורה אור עז,ד).

כי לפני שהדיבור בורא את העולם, הוא מבטא את הקב"ה שמדבר את הדיבור, כמו אדם שמדבר קודם שהאחר שומע את דברו. באותו פרק זמן הדיבור האלוקי הוא ביטוי חופשי עדיין, שנע עם רוחו של המדבר קודם שהוא מתקבע אצל המציאות הנבראת על ידו. מכאן נובע כוחן של אותיות התפילה שהן מתחברות לאותיות הדיבור האלוקי בהיות העולם בכוח עדיין ולא בפועל, ולכן הן יכולות לשנות את המציאות שתהיה בפועל.

מעבר לדיבור האלוקי שברא את העולם ומהווה אותו, ישנו הדיבור האלוקי שבו מגלה הקב"ה את עצמו בעולם. דיבור זה הוא הדיבור האלוקי שבתורה ובדברי הנביאים ובעלי רוח הקודש.[18] הדיבור הזה מקביל בחיצוניותו לדיבור שברא את העולם, אבל הוא פנימי יותר שכן הוא מגלה לא רק את הגדולה והחוכמה האלוקית שבבריאת העולמות, אלא את האלוקי עצמו. את רצונו וחוכמתו ואת מידותיו, ובעיקר את ענוותנותו האין סופית שמכוחה הוא מתגלה אלינו במילים של עולמנו.[19]

ההבדל בין שני אופני הדיבור הללו מוסבר בספרים כיחס שבין עשרה המאמרות שבהן נברא העולם לבין עשרת הדיברות של מתן תורה.[20] בעשר המאמרות שבספר בראשית נברא העולם הזה, העולם הטבעי שבו נעלם הקב"ה, ובעשרת הדיברות שבמתן תורה, מתגלה הקב"ה עצמו בעולם לעיני כל ישראל. ועשרת הדיברות הן השורש לכל התורה שבלימודה והבנתה ובעשיית מצוותיה מתקנים ומעלים את העולם שנברא בעשר מאמרות.

גם אצל האדם ניתן למצוא הבחנה בין שני סוגי דיבור מעין אלו: בין הדיבור בענייני העולם ובין הדיבור שעוסק באלוקי, בתורה ובתפילה. האותיות הן אותן אותיות, ואפילו המילים הן אותן המילים, אבל התוכן שונה. האחד מבטא את נפשו הבהמית ואת

18 ראו תניא, שער היחוד והאמונה, פרק ה.
19 ראו מגילה לא,א. וראו עוד תניא פרק ד; תורה אור ס,א, ובמקומות רבים בחסידות.
20 ראו דגל מחנה אפרים פרשת צו; לקוטי תורה ויקרא כט,ד; שם במדבר נז,ד ועוד.

היותו חלק מחיי העולם, והשני את נפשו האלוקית ואת היותו חלק אלוקי ממש.

בספרים מוסבר שהכוונה האלוקית בבריאת כל העולמות הייתה לעשות כלי לעצמוּת האלוקות בעולם הזה, באותן האותיות ובאותן המילים של הדיבור האלוקי שברא את העולם.[21] ודבר זה נעשה כשהאדם מכניס לתוך מציאות העולם שלו דיבורים של קודש בתפילה ובתורה.

כתר מלכות

המלכות איננה רק הספירה האחרונה בסדר השתלשלות הספירות, כזו שמקבלת מהספירה שמעליה אלא כזו שעומדת בנפרד מול כל שאר הספירות. במובן זה היא כמו הקרקע שמתחת לכולן יחד שמקבלת את ההשפעות של כלל הספירות. במובן זה המלכות דומה לכתר שאף הוא אינו חלק ממערכת הספירות אלא סובב מלמעלה על כל הספירות בשווה. ואכן ישנו קשר מיוחד בין המלכות לכתר, כפי שנכתב לעיל בפרק על הכתר וכפי שיורחב כאן.

המושג המבטא את הקשר שבין הכתר למלכות הוא 'כתר מלכות' ומשמעו הרצון להיות מלך.[22] הרצון להיות מלך הוא הרצון האלוקי העליון, הביטוי הראשון העולה מתוך האין סוף של האלוקי. נקודת הרצון הזו היא חיונית לקיום כל המציאות, וכל קיום שהוא נובע מהיות הקב"ה מלך ומרצונו להיות מלך.[23] אומנם מימוש רצון זה מותנה ברצון של מטה לקבל את המלכות, ובלי זה המלכות נשארת מנגנון של ממשל בלבד.[24]

21 וכפי שהדבר מנוסח בספרים: "שנתאווה הקב"ה להיות לו דירה בתחתונים". ראו תניא פרק לו ובמקומות רבים בחסידות (על פי תנחומא בחוקותי ג; במדבר רבה יג,ג ועוד).

22 ראו לעיל פרק 'כתר' סעיף 'חיצוניות ופנימיות הכתר', שהכתר הוא כרצון הראשוני שלמעלה מהשכל.

23 ראו להלן סעיף 'אין מלך בלא עם'.

24 בחסידות מבואר זאת על הכתוב "מלכותך מלכות כל עֹלמים וממשלתך בכל דור

הכתר והמלכות הם לכאורה שני קצוות מנוגדים: הכתר שלפני כל הספירות, לעומת המלכות שאחר כל הספירות. הכתר כביטוי רצונו העליון של הקב"ה המאוחד בו עצמו, לעומת המלכות המבטאת את כוח המעשה הרחוק ביותר, הנבדל לגמרי, ממי שעושה אותו. ואולם, דווקא מרחק קיצוני זה מצביע על הקשר המיוחד ביניהם.

אופן אחד להבין את הקשר ביניהם הוא היותם הראשית והאחרית של המציאות. בין ההתחלה והסוף ישנו תמיד קשר של זהות כלשון הפיוט "סוף מעשה במחשבה תחילה",[25] ובלשון קדומה יותר "נעוץ תחילתם בסופם".[26] בנפש, ההתחלה היא בעליית הרצון העליון בנפש, ולאחר פיתוחו בכל כוחות הנפש ולבושיה הוא מגיע להשלמתו ומימושו בסוף המעשה. נמצא שרק סוף המעשה זהה לתחילת המחשבה וכל השאר הן התחנות שבדרך. בספרים מובא לכך משל: כאשר עולה ברצונו של האדם לגור בבית, תחילה הוא מברר לעצמו איזה בית הוא רוצה וכיצד יבנה אותו וכן הלאה. אחר כך הוא יתחיל בבנייה; הוא מביא חומרי בנייה, חופר יסודות, בונה קירות וכן הלאה. התהליך הוא ארוך, ורק כאשר יושלם הבית והאדם ייכנס לגור בו המעשה הזה יתלכד עם הרצון הראשון.

האם המעשה ממצה תמיד את הרצון? בפועל מתברר שכן, כי המעשה הוא מה שנשאר ופועל הלאה עד שהרצון העליון מתגשם. וכשזה נעשה מתברר למפרע שזה בדיוק הרצון הראשון. בוודאי נכונים הדברים בנמשל שלמעלה, במערכת הספירות והרצון האלוקי העליון. הרצון האין סופי, הכול יכול, שאין שום דבר שמגביל או מטעה או משנה אותו – הוא שנעשה לבסוף בדיוק כפי שרצה תחילה. אך לא רק למעלה, גם באדם למטה נכונים הדברים ביסודם אף שלא כל אדם זוכה לראות זאת.

אופן נוסף שבו מתגלה קשר הזהות שבין הכתר למלכות הוא

ודור" (תהלים קמה,יג). יש מלכות ויש ממשלה. המלכות מחיה את כל העולמות, אבל יש זמנים ויש דורות שלא מכירים ולא מקבלים את המלכות האלוקית, ולכן רק ממשלה זמנית, שמחזיקה את המסגרת בינתיים, מקיימת את אותם דורות (ראו לקוטי תורה דרושים לראש השנה נד,א; פירוש יהל אור לתהלים על פסוק זה ועוד).

25 פיוט 'לכה דודי' הנאמר בקבלת שבת.

26 ספר יצירה א,ז. וראו מאמרים מלוקטים חלק ג ד"ה ביום השני אות ד עמ' שנא והלאה על שני ביטויים אלה וההבדל ביניהם וביאור עמוק בכל האמור כאן.

במעבר בין עולמות. ידוע הכלל בסדר ההשתלשלות, שהמלכות של העולם העליון נעשית כתר של העולם התחתון. על דרך משל, כמו בין המורה לתלמיד. כדי להעביר את רעיונותיו לתלמיד צריך המורה להלבישם במילים שהוא אומר או כותב. מצד המורה זהו 'סוף מעשה', סיכום של תהליך פנימי שמתחיל בחוכמתו העצמית עד להתלבשות במילים שמאפשרות לאחר לשמוע. הדיבור איננו מכיל את כל פירוט התהליכים הפנימיים אלא רק את הסיכום המעשי, את המילים שיוצאות בסופו, וזו המלכות. מצד שני עבור המקבל שקיבל את המילים הללו, הן מהוות גרעין נעלם בראשיתו, נבדל מכוחות הנפש, שאותו צריכה הנפש לגלות ולהלביש בתוך שכלה ורגשותיה, דהיינו הכתר. נמצא שהמלכות היא הכתר והכתר הוא המלכות.

השלכה לכך שהמלכות היא הכתר היא שעבודת ה' במלכות יכולה להיות גם בכתר, כלומר עבודה של קבלה יכולה להיות גם באופן של השפעת הכתר.

לדוגמה בתפילה. כשאנו מבקשים על רפואה זו יכולה להיות תפילה מצד המלכות – תחינה מלמטה לקב"ה שישלח רפואה לפלוני. וזו יכולה להיות תפילה מצד הכתר – תפילה שבעצמה מחוללת את הרפואה, לא באופן של בקשה אלא כהמשכה כללית של רפואה, מקיפה כמו הכתר. כזו שמכניסה את הצריך לה לעולם של רפואה – וממילא הוא מתרפא.

דבר זה קיים גם בלימוד התורה. יש אופן שאדם לומד כמי שלומד ועושה את ציוויו של המלך, ויש אופן אחר של לימוד שבו הלומד בטל לתורה והתורה היא המדברת בפיו, כלשון הכתוב "ודברי אשר שמתי בפיך",[27] כמלך עצמו המצווה את המצווה.

27 ישעיה נט,כא. מובא בהקשר זה במקומות רבים בחסידות כגון תורה אור כז,א; סו,ג; לקוטי תורה ויקרא כז,ב ועוד.

האור החוזר

המעבר המשמעותי יותר של המלכות לכתר, איננו במעבר שבין עולם לעולם, אלא זה שחל באותו עולם עצמו!

מה קורה לאור לאחר שהוא ירד דרגה אחר דרגה, דרך הספירות כולן, והגיע למלכות? אין ספירה למטה מהמלכות ואין גילוי אלוקי למטה מהמלכות ולכאורה האור היה צריך להיעצר שם. אבל במקום זאת האור שאיננו יכול להמשיך ולרדת מטה, חוזר ועולה למעלה. הדבר דומה לאור גשמי שיורד דרך גופים שקופים בצבעים שונים וממשיך לרדת עד שהוא מגיע לשכבה שאיננה שקופה עוד, ואז הוא חוזר בחזרה כמו בהשתקפות של מראה. אבל כאן יש הפתעה, כי לכאורה האור שפחת ופחת במהלך ירידתו צריך היה להתבטל בשעת חזרתו לעבר מקורו כמו אור הצל שבטל באור השמש. אך במקום זאת האור החוזר ניכר ומשמעותי ככל שהוא עולה חזרה במעלות הספירות. ההסבר לתופעה זו הוא שמשהו קורה לאור בנקודת החושך של המלכות, משהו שמקנה לאור החוזר תוספת משמעותית שלא הייתה בו כשירד למטה.

אפשר לראות זאת גם בחיי הנפש שלנו. לשם דוגמה, כשיש לאדם מחשבה או הרגשה והוא מביע אותה - באמצעות מילים או בדרך של ציור או נגינה וכיוצא בזה - הוא ישים לב לשתי תופעות מקבילות שקורות. מצד אחד המסר הולך ומיטשטש ומאבד מעוצמתו; אך מצד שני מתברר שהמילים כשלעצמן, כמו גם הצורות שנוצרו במשיכת המכחול או בפריטת הפסנתר וכיוצא בזה, מעניקות חיות נוספת וכוחות חדשים שלא היו ברעיון הראשון שהגה האדם. ההתחדשות הזו היא האור החוזר מלמטה.

מה שקורה בתהליך הזה הוא שהמלכות הופכת לכתר, והמקבלת הגדולה הופכת למשפיעה. לא רק כלפי העולם שמתחתיה, אלא גם כלפי העולם שקיבלה ממנו ואף לעולמות שמעליו. המקובלים קשרו את התהליך הזה לכתוב בספר משלי "אשת חיל עטרת בעלה".[28] בסמליות

28 משלי יב,ד.

המקובלת הבעל הוא המשפיע והאישה היא המקבלת. ובספירות, הכוונה היא להשפעת הספירות (זעיר אנפין) למלכות. ואולם כאשר 'אשת חיל', שהיא המלכות המקבלת, מגיעה להשלמתה, היא הופכת להיות 'עטרת בעלה' - הכתר של הספירות שמעליה.[29] הביטוי 'עטרת בעלה' מורה שהשפעת המלכות באור החוזר היא בדרך של 'עטרה', מקיף. לעומת האור הפנימי הישר שבו משפיעות הספירות זו בזו בדרך של השתלשלות מספירה לספירה, השפעת האור החוזר של המלכות היא בצורה של אור מקיף לכל הספירות יחד ממש כמו הכתר.[30] וכך גם ביחס לכוחות הנפש, האור החוזר אל האדם מדיבוריו לא מלמד אותו שלב אחר שלב, כפי שהמורה מלמד את התלמיד, אלא מטיל אותו באחת אל מקום חדש שיש בו הבנה אחרת לגמרי.

האור החוזר הוא אור חדש. האור הישר - היורד מהמקור העליון דרך הספירות והעולמות עד לעולם התחתון שלנו - הוא אור ישן, כי האור שיש בכל דרגה הוא רק המשכה של האור מהדרגה הקודמת. לעומתו האור החוזר הוא תמיד אור חדש. הוא אינו נובע משום אור שקדם לו אלא מהחושך של העולם הזה והמלכות שאין בה אור משל עצמה. כמו האור המקיף של הכתר המאיר מהנעלם ומהאין שמעבר לכל גילוי.

כמו התהליך בעולמות של האור היורד מטה וחוזר כלפי מעלה, כך הוא גם בנשמה. הנשמה יורדת ומשתלשלת ממקורה העליון עד שהיא מתלבשת בגוף החומרי של האדם שממנו היא אינה יורדת יותר. וכשמתוך הגוף והעולם הגשמי הנשמה חושבת אלוקות במוח ובלב ועושה מצוות בגוף הגשמי - היא מחזירה את האור כלפי מעלה. האור הזה כבר איננו האור הישר שירד מלמעלה, אלא האור שמאיר מהאדם מתוך דמותו ומעשיו.

על ירידת הנשמה לעולם נאמר הכלל שהיא ירידה לצורך עלייה. כלומר, תכלית הירידה אינה הירידה אלא העלייה שתבוא בעקבותיה,

29 לכן נהוג לומר בליל שבת קודם הקידוש את פרק לא במשלי המספר במעלתה של 'אשת חיל', היא המלכות שירדה לעולמות הנבראים ועולה חזרה לאצילות בליל השבת.

30 בעניין אור המקיף ראו לעיל פרק 'כתר' סעיף 'המקיף'.

עלייה לא רק למקום שהייתה בו קודם שירדה אלא למעלה ממנו. דהיינו, לא לעוד דרגה בסולם הדרגות אלא למהות אחרת של נשמה שמעבר לכל הדרגות. כך גם הירידה של האור האלוקי עד המלכות היא ירידה לצורך עלייה, והעלייה היא אל האור האלוקי שמעבר לכל העולמות והספירות. ביתר פירוט מנוסחים הדברים בלשון הקבלה. בכתר, המחבר בין המאציל לנאצלים, יש שתי דרגות: האחת היא ראשית לכל הנאצלים הנקראת 'אריך אנפין', והשנייה היא התחתונה שבמאציל עצמו הנקראת 'עתיק יומין'.[31] האור הישר יורד ממקורו בדרגת אריך אנפין, והאור החוזר עולה למעלה ממנו לדרגת עתיק יומין.[32] כלומר, שהאור החוזר חודר את המעבר המהותי ביותר שקיים בכלל, בין המאציל לנאצלים והנבראים, בין הבריאה כולה ובין הבורא עצמו. האור נכנס כביכול אל תחומו הפנימי העצמי של הקב"ה.

הרעיון של האור החוזר מתבטא בחשיבות העצומה שנותנים ביהדות למצוות המעשיות ולעבודת ה' שמקיימים בעולם הזה דווקא. כאשר אדם יורד לעשייה הגשמית המסתירה אלוקות הוא מאבד את השגותיו והרגשותיו באלוקות. ממקום זה הוא חייב לעשות את העבודה מכוח אחר שפועל נמוך יותר במציאות, בעשייה הגשמית, אבל מקורו גבוה יותר בתוך הנפש למעלה מכוחות השכל והרגש. כוח זה הוא הכוח של קבלת עול, של רצון פשוט שאינו מותנה בשום הבנה והרגשה, ובכך הופכת העשייה לביטוי עליון יותר מכל שאר כוחות הנפש. ההסבר הפנימי יותר קשור לעיקרון שהוסבר למעלה ש"נעוץ תחילתן בסופן": רק הדרגה שבסוף הדרך מגיעה לזהות המלאה עם הרצון שבתחילתה, ורק בה ניתן הכוח הבורא שישנו רק בבורא עצמו לברוא יש מאין שהוא כאמור האור החוזר, האור החדש שלא היה קודם.[33]

31 ראו כל זה פרק 'הכתר' סעיף 'חיצוניות ופנימיות הכתר' והלאה.
32 תורה אור לג,ב.
33 כמבואר בכמה מקומות אודות כוח הצומח שבארץ שנושא את כוח הכתר לברוא יש מאין (ראו איגרת הקודש כ).

המלכות היא תפילה.[34] וכמו המלכות המאירה למעלה באור החוזר, כך התפילה היא התנועה מלמטה למעלה. התפילה היא הצינור שדרכו עולה האור החוזר מהמציאות היומיומית של כל אחד מהיכן שהוא נמצא, עד למעלה מעלה אל האלוקי בעצמו שלמעלה מכל העולמות והספירות.[35]

אין מלך בלא עם

בספרי החסידות מבטא משפט זה את הקשר המיוחד בין האלוקי לעולם שהוא ברא.[36] כפי שלא שייך לדבר על מלכות האדם על איברי גופו, שהרי אין הוא צריך לצוות להם כי הם עושים את רצונו מאליהם; וכפי שאין המלך מולך על בניו ועל שריו הקרובים למלכות שבעצמם רוצים את רצונו, אלא על העם, כך אין הקב"ה מלך אלא על ה'עם' שהם רחוקים ונפרדים מידיעתו. 'עם' הוא מלשון עמימות כמו 'גחלים עוממות' שהאש מעומעמת ונעלמת בהם. ה'עם' הוא אפוא כלל העולם שהחיות האלוקית נעלמת בו ושנראה כאילו הוא קיים ופועל על פי חוקים טבעיים משלו. במצב כזה של עמימות הגילוי האלוקי, כזו שאינה מחייבת את בני האדם לאהוב ולירא אותו ואפילו להתייחס אליו, נעשית עבודת ה' באופן של עבודת עבד למלכו בקבלת עול ואפילו בכפייה, והיא מגלה את רצונו העליון שלא רואים ולא מבינים. נמצא שדווקא מציאות ההסתר שהיא בחינת 'עם', היא שמאפשרת את ההתגלות האלוקית בלבוש המלכות ואת היות הקב"ה 'מלך'.

אך יש לביטוי זה גם צד נוסף. אין המלכות חלה על מציאות נמוכה מן האדם, אין מלך על עצים ואבנים וגם לא על בעלי חיים, אלא רק על בני אדם. על אלה שיש להם רצון ובחירה אם לקבל את המלכות או לא.

34 כלשון הכתוב "ואני תפלה" (תהלים קט,ד), ו'אני' הוא כידוע המלכות (ראו בעש"ט על התורה, עמוד התפילה, אות קכו).

35 וכמאמר חכמים שהתפילה היא "אליו ולא למידותיו" (מובא בפרדס בשם הספרי, וראו לוח היום יום י"א תשרי).

36 ראו שער היחוד והאמונה תחילת פרק ז ובמקומות רבים בחסידות.

וכפי ש"אין מלך בלא עם" כך גם "אין עם בלא מלך" - אין מציאות של עולם, שהאלוקי נעלם בו, בלי שהאלוקי יהיה מלך. רק המלכות היא זו שבוקעת את מחסום העצמי האלוקי להוות את היש מהאין ולהחיות את העולמות הנפרדים לכאורה מהאלוקי. בכך מקיימת המלכות את ה'עם' - את המציאות שהאלוקי נעלם בה.

אכן, גם הספירות וכוחות הנפש הקודמים למלכות מתייחסים ופועלים כלפי האחר שבחוץ, אלא שכולם מלבד המלכות אינם מותנים בכך; החוכמה תהיה חוכמה גם אם לא תהיה מציאות שבנויה על פיה, החסד יהיה חסד והאהבה תהיה אהבה גם אם לא יהיה אחר שיקבל את החסד ושתחול עליו האהבה, וכן בכל הספירות. מה שאין כן מידת המלכות שזקוקה לקיומה לא רק למלך השולט, אלא גם לַעם הנשלט. הרעיון של המלכות, בניגוד לספירות האחרות, הוא שהיא בנויה מתחילה על שני קטבים, ולכן רק במציאות שניהם היא מתקיימת. גם בעולם הזה שלנו קיימים מושגים כאלה שכל קיומם הוא בהתייחסות בין שניים, כמו למשל המושג שיחה, וכן המושג שינוי שחייב לכלול לפחות שני מצבים שונים, ועוד.

הרעיון של "אין מלך בלא עם", אינו מתייחס רק לעולם הזה ולבני אדם בגוף גשמי, הוא מתייחס לעולמות כולם, הרוחניים והעליונים ביותר. הוא מגיע עד לרצון העליון בנקודת היציאה הראשונית של אור אין סוף מעצמות האין סוף הנקרא מלכות דאין סוף. אלא שאף רצון זה אינו מגיע לתכליתו אלא ברצונו ומעשהו של האדם התחתון בגוף הגשמי לקבל את המלוכה.

וכפי ש"אין מלך בלא עם" כך גם "אין עם בלא מלך" - אין מציאות נפרדת כביכול מהאלוקי בלי שהאלוקי יהיה מלך. רק המלכות היא זו שבוקעת את המחסום העצמי האלוקי ומאפשרת להוות ולהחיות את העולמות הנפרדים ממנו לכאורה, את היש מהאין. בכך מקיימת המלכות את ה'עם' ואת העולם שהאלוקי נעלם בו.

הרעיון של "אין מלך בלא עם" עומד ביסוד העבודה של ראש השנה. "היום הרת עולם" - ביום הזה נברא העולם. לא רק בעבר אלא גם

ביום הזה, עכשיו. הקב"ה כביכול מחכה שאנו נקבל אותו למלך עלינו ואז יקבל גם הוא את המלוכה ברצון ובשמחה. ואם יש מלך יש מלכות ויש קיום לעוד שנה של העולם - של השמיים והארץ, הגשמים והשמש, האוויר והאוכל והבית שלנו והכול. העבודה של ראש השנה היא רצינית, כי היא בנפשנו במובן הפשוט ביותר. זו עבודה מתוחה, אפופה בחרדה קיומית, ובתחושת האחריות שהקב"ה מפקיד בידינו את חידוש המלכות. אך היא גם חדורה בשמחה עצומה, מלאה באהבה אין סופית לקב"ה שבאמונתו בנו מפקיד זאת בידינו, ובאמונה מוחלטת בו שיוציא את דיננו לזכות ולחסד.

ולא רק בראש השנה, בכל עת שאדם מקבל על עצמו עול מלכות שמיים - בעשייה של מצווה, בהימנעות מעבירה, בהתחזקות בתורה ובתפילה - הוא מחזק את מלכותו של הקב"ה ואת יסודות העולם של כולנו.

דירה בתחתונים

מה התכלית של כל זה, של היות מלך והיות עם והיות עולם? תשובות רבות ניתנו לשאלות אלו,[37] ואולם התשובה שניתנה להן בסיכום כל השיטות היא כלשון המדרש: "נתאווה הקב"ה להיות לו דירה בתחתונים".[38]

לשם כך צריכים להיות תחתונים. המושגים תחתונים ועליונים - כמו גם המושגים הכלליים של מקום וזמן - מצויים רק במלכות, שכן למעלה מהמלכות הכול נמצא באחדות אחת: העבר, ההווה, העתיד, המעלה והמטה.[39] במציאות הרוחנית ההבחנה בין התחתונים והעליונים היא

37 ראו המשך תרס"ו לאדמו"ר הרש"ב עמ' ח ואילך.

38 על פי תנחומא בחוקותי ג; נשא טז; במדבר רבה יג,ו; תניא פרק לו ובמקומות רבים.

39 אכן, בספרי הקבלה והחסידות מדובר על כך שגם באצילות שלמעלה מהמלכות ישנו מושג הנקרא 'סדר זמנים' שהוא כעין שורש לזמן, כי עצם היות סדר השתלשלות בין הספירות הוא שורש לקדימה ואיחור ולמושג הזמן שבעולמות (ראו עץ חיים שער עגולים ויושר בתחילתו, השער הראשון ענף א; לקוטי תורה במדבר ע,ג ועוד).

בגילוי האלוקי. ככל שהגילוי האלוקי מועט יותר כך המציאות היא נמוכה יותר, עד שבעולם הגשמי התחתון ביותר אין גילוי אלוקי כלל.

אבל התכלית אינה רק מציאות התחתונים אלא היות דירה לאלוקי בתחתונים, דהיינו שיהיה גילוי אלוקי בתחתונים. אכן, כל מציאות, אפילו גשמית, היא עצמה גילוי אלוקי, שהרי הוא לבדו בורא ומהווה כל דבר מאין. אלא שכאן אין מדובר על הגילוי שבעצם הקיום, אלא על גילוי אלוקי בעצמו שמתבטא בכלים של הכרה והרגשה פנימיות. לכאורה, גילוי כזה הוא היפך מהות התחתונים שהמציאות שלהם היא כזו שבה האלוקי נסתר. ואכן לא התחתונים כשלעצמם אמורים לגלות את האלוקי אלא האדם שיש לו גוף תחתון מכל התחתונים אבל גם נשמה שהיא חלק אלוקי ממש.[40] על האדם שנמצא בגופו למטה הוטל אפוא התפקיד ואף ניתנו לו הכלים לעשות מהתחתונים דירה לאלוקי.

בכמה מקומות בחסידות מתואר התהליך הזה באופן הבא: הקב"ה בורא יש מאין, ועבודת האדם היא לעשות אין מהיש.[41] דבר זה נעשה על ידי שהאדם מבטל את ישותו ובפרט את רצונו וחוכמתו ואהבותיו לענייני העולם - לקב"ה בעצמו. רק הקב"ה לבדו יכול לברוא יש מאין ורק האדם שבתחתונים לבדו יכול לבטל את היש לאין. באופן כללי, ביטול זה הוא המפנה את המקום, את הדירה בתחתונים, לקב"ה עצמו.

הביטול הזה של היש לאין, היקר כל כך, שווה את כל הירידה העצומה של האור האלוקי מהאין סוף אל היש הגמור, כי בסופו הוא המגלה את העונג האלוקי העצמי שלמעלה מכל גילויי האור, אשר לו כביכול נתאווה הקב"ה. ועדיין אין אנו יודעים לָמה נתאווה הקב"ה לכך, אלא שזו כבר שאלה שאי אפשר לשאול. מסופר על אדמו"ר הזקן שפעם שאלו אותו שאלה זו והוא השיב: "על תאווה אין מקשים קושיה".[42] כי

40 ראו תניא פרק כד; תורה אור ג,ד ד"ה להבין הטעם וכו'; לקוטי תורה במדבר כז,א.

41 מגיד דבריו ליעקב סימן יא (וראו ביאור על זה בהוצאת הרב שוחט עמ' תה, מתוך מאמרי באתי לגני חלק ב, עמ' תלה); תורה אור מא,ב ועוד.

42 ראו אור התורה לצמח צדק פרשת בלק עמ' תתקצז; המשך תרס"ו עמ' יא; באתי לגני תשל"א; לקוטי שיחות חלק ו עמ' 21.

בדרגה הגבוהה כל כך של ראשית המלכות באין סוף אין טעם וסיבה לדברים אלא רק עונג ורצון פשוט שכך יהיה.

מבואר בספרים שהיות לקב"ה דירה בתחתונים אין מובנו רק שגילוי כוחו והשפעתו יהיה בתחתונים, אלא הוא כמו דירה לאדם שמתקיימת רק כאשר הוא עצמו מתיישב בה; לא שולח תמונות ושליחים ולא כאורח לרגע, אלא כמי שמתיישב שם בעצמו בקביעות. קביעות זו מובנה שאין היא בדרך למקום אחר, אלא היא המטרה והתכלית מתחילה. ועל פי הכלל ש"נעוץ תחילתן בסופן" - רק בדרגה התחתונה ביותר יכולה להתיישב בקביעות עצמותו שלמעלה מעלה.[43] וכפי שאדם הנמצא בדירתו פושט את כל לבושיו החיצוניים, כך כביכול הקב"ה בדירתו הפרטית, כאשר תושלם לעתיד לבוא בעבודת האדם - יפשוט את כל הלבושים והכיסויים שעטה על עצמו בכל גילוייו בעולמות העליונים, ויתגלה בעצמו ממש.

את כלל עבודת האדם אפשר להגדיר כעשיית דירה לקב"ה בתחתונים. עבודה זו נעשית בשני שלבים השלובים זה בזה. השלב הראשון הוא כאמור ביטול היש לאין. לחשוב ולהתבונן כיצד העולם התחתון הנראה ממשי כל כך בטל לאין סוף האלוקי,[44] להרגיש ככל האפשר את אפסותם של העולם וכל קשרי הנפש אליו. שלב זה הוא כמו פינוי המקום בנפש מכל ענייני העולם המסתירים אלוקות. השלב השני הוא עשיית כלים לקב"ה עצמו באותו מקום. לזה נתן לנו הקב"ה תורה ומצוות, שעם היותם ממשות של מחשבה דיבור ומעשה, הם אחד ממש עם עצמותו של הקב"ה. שני השלבים הללו בעבודת ה' הם שתי התנועות של 'רצוא ושוב', שהן יסוד כל עבודת ה'.[45] הרצוא, מלמטה למעלה היא בעיקרה עבודת התפילה, והשוב מלמעלה למטה היא בעיקרה העבודה בלימוד התורה ועשיית המצוות. הרצוא קודם לשוב כמו שהתפילה בסדר היום קודמת

43 לכך שגילוי העצמות הוא דווקא בתחתונים ראו באתי לגני תשי"א.

44 מקצת מהתבוננות זו מתוארת בתניא פרקים כ-כא.

45 ראו לקוטי תורה במדבר פרשת חוקת נו,א והלאה.

לתורה ולמצוות, כי רק לאחר הביטול וההתעלות שבתפילה מוכנה נפשו של האדם לקבל את התורה והמצוות באופן שיהיו באמת המשכת אלוקות בתוכם. וזוהי ה'דירה בתחתונים'.

השבת

כל יום משֵשת ימי בראשית מבטא את אחת משש המידות: יום הראשון חסד, יום השני גבורה וכן הלאה, ויום השבת היא המלכות. כמו במלכות גם ביום השבת מוצאים את שני הצדדים: מצד אחד, את היותה המקבלת מימות החול; ומצד שני, את היותה המשפיעה לימות החול.[46]

ששת ימי המעשה הם ימים של בירור ותיקון העולם. העולם הזה איננו שלם, יש בו כלים שבורים ואורות שאינם במקומם, והעבודה היא לברר את ניצוצות הקדושה שנפלו בין הקליפות ולתקן ולסדר את הכלים כדי שיוכלו להכיל ולבטא את האורות.[47] העבודה של ימי המעשה מתנקזת אל השבת שהיא 'מעין עולם הבא'. כמו העולם הבא לגבי העולם הזה כך היא שבת לגבי השבוע שהיה - מציאות של קבלת שכר בגילוי ועונג אלוקי על העבודה שנעשתה במהלך השבוע. השבת שמקבלת את הבירורים והתיקונים שמעלים לה ימות החול מעלה אותם לשלב גבוה יותר אשר ממנו מתברכים ימי השבוע הבא.[48] וכך הולך ומיתקן העולם כולו משבוע לשבוע. בכל שבוע נברא עולם חדש בששת ימי המעשה שמגיע להשלמתו ביום השבת, אשר מולידה עולם חדש, נעלה יותר,

46 כלשון פיוט 'לכה דודי': "כי היא מקור הברכה". וראו זוהר חלק ב פח,א: "דההוא יומא מתברכאן מיניה כל שיתא יומין" (ראו גם זוהר חלק ב סג,ב).

47 על השבירה והתיקון ראו לקמן בפרק 'העולמות הקדומים' סעיף 'עולם התהו' ובפרק 'עולם התיקון'.

48 וכמו במלכות באור החוזר, כך השבת מברכת גם את ימות השבוע שהיה. שכן בעצם קבלתה את ההשפעה מהימים היא מוסיפה בהם את המעלה היתרה של הקבלה והביטול של המלכות. וכך מוסבר בחסידות, שהארת זעיר אנפין במלכות היא רק האור מהכתר, אבל קבלת המלכות מוסיפה את חיבור הכתר עצמו (ראו המשך תער"ב חלק ב עמ' א'קכ; מאמרים מלוקטים חלק ב עמ' רי).

לעבודה של שבוע נוסף בדרך לתיקון השלם של כלל המציאות שתהיה 'יום שכולו שבת'.

עבודת השבת לא מחכה עד ליום השבת, היא מחלחלת גם אל תוך ימי החול. התפילה בכל יום היא ההתעלות מענייני היומיום אל בחינת השבת שבכל יום.[49] ובכל תפילה, כמו ביום השבת, אפשר לראות את שני הצדדים של המלכות. מצד אחד הפסיביות של הקבלה – מחוויות היום, מהלימוד ומההתבוננות שלפני התפילה. ומהצד השני, את ההשפעה של התפילה על עבודת היום בתורה ובמצוות שאחר התפילה. בספרים מוסבר שהשבת עצמה היא גבוהה מכדי להעלות את הבירורים שנעשים בימי החול ולכן נצרכת התפילה בימי החול שיורדת ומעלה את הבירורים מהקליפה אל תחום הקדושה.[50]

השכינה

המלכות, השם, האור והגילוי האלוקי, כל כינויי המלכות - מתאחדים במושג הכולל והמיסתורי, הנקרא בלשון חכמים 'שכינה'. במובן הפשוט, השכינה היא האלוקות השוכנת בתוך העולם, בכלל העולמות ובכל פרט שבהם. כל מציאות שקיימת, בין שהיא גשמית ובין שהיא רוחנית, בין שהיא אדם או חפץ או מצב, השכלה או הרגשה או מילה - יש בה חיות אלוקית שמהווה ומחיה אותה כפי שהיא, והיא השכינה.

התפיסה ביהדות, והיא קיצונית בזה, שיש מקור אחד בלבד של קיום וחיים והוא הקב"ה. בכתוב בישעיהו נאמר על הקב"ה שהוא: "יוצר

49 ראו גם פרק 'גבורה' סעיף 'גבורה' בסופו.

50 השבת היא במלכות של עולם האצילות והבירורים של ימות החול הם בעולמות הנבראים, בעיקר בעולם העשייה. תפילות החול מעלות את הבירורים אל ספירת המלכות היורדת לעולמות, בליל שבת הם עולים למלכות עצמה וביום השבת הם מתעלים למעלה מהמלכות.

אור ובורֵא חֹשֶך, עֹשֶׂה שלום ובורא רע",[51] כלומר, שכולם באים ממקור אחד שהוא השכינה. אכן, ייתכן שמציאות השכינה שיש בנברא מסוים אינה גלויה, אבל אין זה אומר שהשכינה אינה מצויה שם, כי אם היא לא הייתה בו הוא לא היה.[52]

יש מקום להבחין בין עיקר השכינה ובין הארה שלה, כמבואר בספרים שבכל עולם ישנה המשכה של עיקר החיות שממנה היא מתפשטת ומאירה בכל חלקי אותו עולם.[53] וכן הדבר בכל נפש פרטית. על דרך משל, עיקר החיות באדם הוא במוחין (בדרגת השכל שבנפש) ומשם היא מתפשטת לכל אבר לפי מה שהוא. כך בכל עולם ישנה דרגה הנקראת 'קודש הקודשים' של אותו עולם ובה נגלית עיקר השכינה שבו.[54] בדרגה זו, כמו בקודש הקודשים שבבית המקדש הגשמי, גלויה קדושת השכינה, מה שאין כן בהארת השכינה בכל חלקי העולם, מלובשת השכינה בכלים שאינם שקופים לקדושה וייתכן שיהיו מסתירים את קדושת השכינה שבהם.

השכינה, המציאות האלוקית שבתוך הדברים, היא לעומת האלוקות שמעל ומעבר לכל דבר. לכאורה שני ניגודים נבדלים זה מזה; האור הפנימי חייב כאמור לשכון בכל דבר ובכל פרט שבו, והאור שמעבר איננו בשום דבר והוא נבדל מהדבר שהוא סובב אותו. במצב קיצוני יכול להיות שהאור הפנימי מגלה את העולם כולו ומסתיר את הגילוי האלוקי כולו, והאור האלוקי שמעבר מגלה את האלוקי לבדו ומבטל כל מציאות אחרת. ומשום כך דווקא איחוד שתי תפיסות אלו של האלוקות מבטא את האמת האלוקית הגדולה מעבר לכל יכולת התפיסה שלנו. האלוקי נמצא בכל מקום ובכל מצב והוא גם מעבר לכל מקום ולכל מצב. בלשון המשמשת בחסידות: הקב"ה הוא הממלא כל עלמין והוא

51 ישעיהו מה,ז.

52 ראו איגרת הקודש כה, שבו יש הבחנה בין השראת השכינה שהיא גילוייה, ובין התלבשותה שהיא בכל דבר, גם כשאינה גלויה.

53 ראו תניא פרק נב. וראו במאמר 'באתי לגני' תשי"א אודות המושג 'עיקר שכינה' לגבי כלל העולמות שהיא באין סוף עצמו.

54 ראו תניא פרקים נב–נג.

הסובב כל עלמין. האיחוד בין הממלא והסובב,[55] שהוא גם "ייחוד קוב"ה ושכינתיה" הוא תמצית הייחודים שעושים החסידים והמקובלים בדעתם ובתפילתם, ואף כל יהודי כשהוא עושה מצווה ואומר דבר בקדושה.

המיוחד במושג שכינה, לעומת כינויים אחרים שנזכרו למלכות, שהוא מבטא את הנוכחות האלוקית השוכנת בתוך המציאות, ואילו המושג מלכות יכול גם להתייחס למציאות הנראית שבה הגילוי האלוקי נעלם. לכן כשאין גילוי אלוקי במציאות אנו מצטערים ובוכים על גלות השכינה, מה שאין כן במלכות.

אם לחדד את ההבדל, אפשר לומר שהמושג מלכות מתייחס בעיקר לגילוי האלוקי שבעצם בריאת העולמות וקיומם, ואילו המושג שכינה מבטא שלב נוסף של גילוי הקב"ה בעולמות; בגילוי של משמעות ומסר אלוקיים בכלים מיוחדים של קדושה. כמו בבית המקדש ששורה בו השכינה, כמו בתורה ובמצוות שמגלים את הקב"ה עצמו כפי שהוא נכנס לשכל של העולם, לרגש, ואפילו לחומר הגשמי של העולם.

גלות השכינה

השכינה המלובשת בעולמות המעלימים אלוקות, היא בהכרח נסתרת בהם. לבושי העולם מגלים את הכוחות שפועלים בעולם אבל מסתירים את מהותם האלוקית, את הקדושה המוחלטת האומרת שהקב"ה לבדו עשה כל זאת. להסתר זה של השכינה קוראים 'גלות השכינה'.

גלות השכינה דומה לאדם שגלה ממקומו והופשט ממלבושיו האישיים המבטאים את עצמותו והולך למקום של אנשים אחרים ומשתעבד להם - חושב כמותם, לובש את לבושם ונוהג בכול כמותם. במקום לבטא את עצמו הוא מבטא ומעצים את אלה שהוא גולה בתוכם.

בהיקף הרחב של המציאות הארצית גלות השכינה מתבטאת בכך שישראל נמצאים בגלות בין האומות ומושפעים מהם: חושבים כמותם ורוצים כמותם, ונותנים את כוחם וכישרונם בבניית התרבות שלהם במקום

55 לעניין זה ראו בדרך מצוותיך, מצוות אחדות ה'.

לפתח את הזהות והתרבות העצמית שלהם. גלות זו יכולה להיות באופן של שעבוד כוחני ובאופן של השפעת טובה כביכול גשמית ורוחנית מאת האומות. בהיקף הפרטי גלות השכינה היא ירידת נשמת הקדושה של כל אדם אל חיי הגוף של העולם הזה ולתוך מציאות שמסתירה בעצם גשמיותה את אור הנשמה האלוקית.

במדרש מופיע משל קיצוני לעומק גלות השכינה: אבא מהלך בדרך כשהוא נושא על הכתפיים שלו ילד קטן. הילד רואה דבר שחושק בו ומבקש מאביו שיביא לו ואביו נותן לו, וכן בשנייה ובשלישית. לבסוף הם פוגשים אדם אחר והבן שואל אותו 'ראית את אבא שלי?'.[56] כך בני ישראל הולכים במדבר והם מוקפים כל הזמן בהשגחתו של הקב"ה עליהם, ובכל זאת שוב ושוב הם מנסים אותו ושואלים "היש ה' בקרבנו אם אין".[57] וכך גם במציאות שלנו, יכול להיות אדם הקורא לעצמו אתאיסט, שקיים וניזון ומובל מהאלוקי בלבד, ובכל זאת הוא אומר: הוא לא קיים.

אכן, אפשר לומר שבזה דווקא מתגלים כוחו וחוכמתו של הקב"ה - בפלא של בריאת עולם גדול ומשוכלל כל כך שיכול להעלים את האלוקי שמהווה אותו עד שאדם יוכל להגיד שהוא איננו קיים![58]

אף שבעצמה גלות השכינה היא מצב שאיננו מתוקן, משעה שמכירים במציאות הזו היא הופכת לנקודת הפתיחה לגאולת השכינה וגילויה, שכן בלא הקדמת ההסתר אין חוויה של גילוי ואין גילוי אמיתי. במאמרי חסידות מבואר שגילוי עצמי, גילוי של עצם הדבר, לא יכול להיות אלא כשקודמות לו הכרת החיסרון והצמא לגילוי.[59] גילוי כזה

56 פסיקתא רבתי יג,ו (מובא גם ברש"י שמות יז,ח).

57 שמות יז,ז.

58 ראו יומא סט,ב.

59 ראו סידור עם דא"ח שער הסוכות רנט,ב. וראו עוד פלח הרימון מאמרים לחדש תשרי עמ' קלו: "כמבואר במשל דבן עם האב כאשר הוא בקירוב תמיד עמו אינו מתענג בגילוי ממנו כי עונג עצמי לא יוכל לבוא בגילוי, אך כאשר נתרחק ממנו זמן רב ואחר כך נתקרב עמו אז נגלה העונג העצמי ומתענגים זה מזה בגילוי, כי כל מנגד גורם גילוי עצמית כו' וד"ל, ולכן יוכל לבוא גם ההעלם דעצמיות החבוי לידי גילוי".

הוא כמו גילוי שקיים באור הבא מן החושך ובאור החוזר שאינו מגיע מאור אחר אלא הוא אור חדש שבא מן האין.

> בעבודת ה' ההתבוננות בגדולת ה', בגדולה המתגלה בעולם הגדול – היא המביאה לאהבת עולם, היא אהבת ה' שמהווה ומחיה את עולמנו. אבל הרגשת המרירות מהריחוק יחד עם ההתבוננות בגדולת ה' יכולה להביא לאהבה רבה, שהיא אהבת עצמות אלוקות שלמעלה מכל גילוייה בעולם.[60]

כנסת ישראל

צד נוסף שיש בשכינה, שהוא משמעותי לנו מאוד בהיותו קרוב אלינו, הוא הזהות שבין השכינה לכנסת ישראל.

המושג 'כנסת ישראל' מתייחס בפשטות לעם ישראל. וליתר דיוק, למהות הרוחנית הפנימית שביסוד עם ישראל שכונסת יחד את כל נשמות ישראל בנקודה הפנימית שבכל אחד ואחד והופכת אותם למהות אחת, היא 'כנסת ישראל'. למהות זו יש משמעות כלל עולמית מעבר לנשמות שכלולות בה, מהות שמאגדת במעגלים נוספים את המציאות כולה, מהות שמזוהה כאמור עם השכינה בעצמה.

עם ישראל הוא אחד מעמים רבים, פרט אחד בעולם הגדול, הכיצד ייתכן שהוא לבדו יהיה מזוהה עם השכינה הכוללת הכול? ובכן, מציאות כזו של פרט שהוא גם כלל קיימת בעולם שלנו באופנים שונים, ברוחניות וגם בגשמיות. לשם דוגמה, הלב בגוף הוא איבר אחד מאיברים רבים, ויחד עם זה הוא איבר שקשור לכל האיברים, ואין אחד מהם שיכול להתקיים אפילו רגע בלעדיו. אם לדייק יותר אפשר לומר שהלב הוא איבר שבחיצוניותו הוא אחד מרבים אבל בתפקידו הוא כולל את כולם. כך ויותר מכך הוא עם ישראל בין האומות ובין העולמות, כמו הלב של העולם, ויותר מזה כמו הנשמה של העולם שדרכו מקבלים כל האומות

60 ראו לקוטי תורה במדבר לא,א-ב.

וכל בריות העולם את משמעותם ואת חיותם הפנימיות.[61] אופן אחר להסביר זאת היא התפיסה ש"ישראל עלו במחשבה".[62] וכשם שהמחשבה קודמת לדיבור והיא המקור שלו, כך ישראל קודמים לכל המציאות שנבראה בדיבור והם האידיאה הפנימית של הבריאה שהיא השורש והייעוד להתגשמותה.

הזהות של השכינה עם כנסת ישראל קושרת את מושג השכינה המופשט אל מהות מוחשית בתוך העולם שלנו. בין השכינה לכנסת ישראל ולעם ישראל שקיים באותו זמן בעולם ישנו קשר של זהות ממש, לא דמיון ולא קשרים סיבתיים חלקיים, אלא זהות גמורה ומוחלטת בין הפנימיות לחיצוניות שבחיצוניות. הזהות הזו אינה רק עניינו של עם ישראל, היא נוגעת והיא קריטית לעולמות כולם שכן היא נתיב היציאה החוצה של הקדושה אל מציאותו הגשמית של כלל העולם. מעין זה יש במצוות שגם בהן קיימת זהות גמורה בין הרצון האלוקי הפנימי שבפנימי, עם החלק בעולם הזה שבו נעשית המצווה: הקלף של התפילין, הצמר של הציצית, היד שהתפילין מונחות עליה. וכפי שהמצוות מציינות את החפצים והמעשים שדרכם הקדושה מתגלה, כך בהיקף בסיסי יותר הזהות של השכינה וכנסת ישראל מגדירה את עם ישראל כשלוחי השכינה בתוך העולם.[63]

מתחילתה של תנועת החסידות ניתן לתפילה מקום מרכזי. מעבר לתפיסה של התפילה כבקשה ושבח, התעצבה תפיסה פנימית של התפילה ככלי המרכזי לדבקות באלוקי, להתעלות העצמית של האדם אל הקב"ה. תפיסה זו של התפילה, אינה סותרת את התפיסה של התפילה ככלי לבקש מהקב"ה – רפואה, פרנסה,

61 ראו תורה אור פד,ב שכנסת ישראל נקראת לב.

62 בראשית רבה א,ד; זוהר חלק א כד,א; תניא פרק ב ובמקומות רבים בחסידות.

63 יש מקום להעיר כאן, שיהודי יכול להיות גם גוי שהתגייר, ובהיקף חיצוני יותר כל גוי שיפעל בכל דרך בשליחותם הפנימית של ישראל, יהיה גם הוא חלק מאותו נתיב של קדושה.

כל דבר בגשמיות וברוחניות[64] -אלא כדרגה העליונה בין דרגות התפילה המבטאת את פנימיות רצונו של האדם להידבק בקב"ה עצמו. בדרגה זו של התפילה אין היא צריכה להיות מכוונת לצרכים הפרטיים אלא על חסרון השכינה. בין שזה ברפואה ובין שזה בדעת ובתשובה ובכל דבר - ההתכוונות היא אל החיסרון בשכינה, שצריכה רפואה, צריכה אהבה, צריכה סליחה. התפילה הזו מחברת (מייחדת) קוב"ה ושכינתיה באופן השלם ביותר.

אבל התכוונות כזו אינה נגישה עבור רוב בני האדם. מושג השכינה הוא מופשט ועמום מכדי שאדם רגיל יוכל להתקשר אליו בכל יום ובכל ליבו. העצה לזה היא להתייחס לכנסת ישראל שמזוהה עם השכינה. ולמעשה, לעם ישראל ולכל אדם בישראל, שכל אחד מרכיב את הכלל, עד שאין הכלל מתקיים אם חסר בו אפילו יהודי אחד. והיינו, שמעבר להתייחסות לעם ישראל בכלל ובמופשט, לא לשכוח ולא להתעלם מאף יהודי; להתייחס אליו, לאהוב אותו בכל הנפש ולבקש עליו בתפילות. התכוונות כזו בתפילה מוציאה את מושגי השכינה וכנסת ישראל אל צורה ממשית ומוגדרת של עבודה, שניתנת לכל יהודי לעשותה בפועל.

עשרה מישראל

המושג של כנסת ישראל קשור כאמור לכינוס של בני ישראל יחד. נראה שככל שרבים יותר המתכנסים כך שלמה יותר ההתגלות של מהות כנסת ישראל, ובהקשר זה ניתן לדבר על רמות שונות של התגלות, כגון של כל ישראל ממש או של שישים ריבוא מישראל. ומכל מקום המספר המינימלי הוא עשרה מישראל. כשעשרה מישראל מתכנסים יחד הם מגלמים את הכלל, את מהות כנסת ישראל, ולכן בהתכנסות זו יש השראת שכינה. כשיש פחות מעשרה הם נחשבים לאנשים פרטיים, וגם אם הם במעלה אישית גבוהה הם חסרים את הביטוי השלם של 'כנסת ישראל'. אם לתת

64 ראו שורש מצוות התפילה בתחילתו.

לזה משל: אותיות שאינן מצטרפות למילה הן רק אותיות בלי משמעות. אבל ברגע שהצטרפו האותיות ונשלמה מילה, מתגלה ומאירה המשמעות של המילה שהיא מעבר למה שהיו האותיות בפני עצמן; וככל שמרובות האותיות והמילים כך נשלמת יותר המשמעות. עשרה מישראל הם אפוא ה'עדה' בלשון התורה, וה'מניין' בלשוננו. זהו הצירוף המינימלי שיכול לבטא את השראת השכינה בשלמות, מעבר לתחום החלקי של הנפש הפרטית. לכן רק כשיש עשרה מישראל אפשר לומר דברים שבקדושה (כגון תפילה בציבור, קדיש וקדושה ועוד), המבטאים בגלוי את נוכחות השכינה באותו מקום.[65]

חז"ל אמרו ש"כל בי עשרה שכינתא שריא" - כל מקום שיש עשרה מישראל השכינה שורה.[66] משמעות האמירה הזו מרחיקת לכת - השכינה שורה בכל מקום שיש בו עשרה מישראל לא משנה מה הם עושים באותה שעה. זו עובדה כמו חוק טבע, וזה קורה בין שרוצים ומוכנים לכך ובין שלא. אכן השראת השכינה הזו היא באור מקיף המקיף על הכול - מניין בבית הכנסת, וגם עשרה יהודים שיושבים בבית קפה ובמגרש כדורגל. זה לא פשוט, וייתכן שצריך להיזהר בזה, כי אם השכינה שורה והציבור אינו מוכן לכך - מפני שאינו יודע או שאינו רוצה בה כעת או גרוע מכך, מפני שלא אכפת לו - זה עלבון לשכינה!

יחד עם זאת, מבואר שמלבד השראת השכינה במקיף, שהיא בעשרה, יש דרגות רבות של גילוי שכינה שלא במקיף - בשלושה, בשניים וגם ביחיד.[67] אך מכיוון שהוא אור פנימי גילויו תלוי במה שעושה האדם. כשהוא עוסק בדברים שבקדושה - בלימוד התורה, בתפילה, במצווה או סתם חושב על הקב"ה - נעשה אף הוא כלי לגילוי השכינה.

יותר מזה, בחסידות ישנה תפיסה שאפילו ביחיד יש סוג של 'מניין' המייצג את הכלל של 'כנסת ישראל'. כאשר אדם משתף

65 רמב"ם הלכות תפילה פרק ח; שו"ע אורח חיים נה,א; קכח,א.

66 סנהדרין לט,א. וראו תניא פרקים ג, לה; איגרת הקודש כג.

67 ראו משנה ברכות ו,א; אבות ג,ו; גמרא סנהדרין לט,א ועוד.

בתפילה או בלימוד התורה שלו את כל עשרת כוחות הנפש שבו - יש בזה מעין המשמעות והכוח של השראת השכינה במניין.[68]

גאולת ישראל, משיח בית דוד

כשם שעם ישראל הוא ביטוי של השכינה, כך גלות ישראל בין האומות היא ביטוי של גלות השכינה. מכאן מובנים דברי חז״ל: ״גלו למצרים שכינה עמהם... גלו לאדום שכינה עמהם...״.[69] וכן בגאולה וביציאה מהגלות דרשו חז״ל את הפסוק ״ושב ה׳ אלהיך את שבותך״:[70] ״׳והשיב׳ לא נאמר אלא ׳ושב׳, מלמד שהקדוש ברוך הוא שב עמהן מבין הגליות״.[71]

השכינה היא כאמור המלכות, וכשם שהשכינה גולה גם המלכות גולה. הביטוי לזה בגלות ישראל הוא באובדן המלכות מישראל. בגלות כל קהילה לעצמה, כל יהודי לעצמו, אין הנהגה אחת וממילא כל המבנה היהודי השלם שאמור לשקף את גילוי השכינה בשלמות, פגום ולא יכול למלא בשלמות את ייעודו. גאולת השכינה קשורה אפוא לגאולת ישראל ולחידוש מלכות ישראל. את מלכות ישראל האמיתית והפנימית מייצגת מלכות דוד ושלמה, כי רק ברצון ובבחירה האלוקית בבית דוד - אשר מצידו רצה וקיים בשלמות, בקבלת עול ובענווה, את המלכות האלוקית - מתקיימת מהות המלכות הפנימית בישראל. דהיינו, המלכות של הקב״ה בעצמו שדוד הוא המייצג אותה. שאר המלכים שהיו בישראל, כמו מלכי עשרת השבטים והחשמונאים, הנהיגו סוג של ממשל בפועל, ורק מלכות בית דוד הייתה מלכות אמת המשקפת את מלכות השכינה בעולם. לכן בגאולה העתידה לבוא תהיה המלכות על ידי המלך המשיח מבית דוד. ואז תהיה מלכות שלמה שתאחד בין המלכות שלמטה ובין המלכות שלמעלה.

68 לקוטי תורה דברים מג,ד.
69 ספרי במדבר ד,ד; במדבר רבה ז,י.
70 דברים ל,ג.
71 מגילה כט,א.

איננו יכולים להגיע לגאולה השלמה לבדנו, אבל אנחנו יכולים לעשות ככל יכולתנו להביא לזה, להביא לימות המשיח. לייצר בתוכנו ובסביבתנו הקרובה מלכות של קדושה, של תשובה, של קבלת עול מלכות שמיים, של אווירת גאולה. כאשר אדם עושה את חלקו בשלמות רצונו וככל יכולתו הוא מכריח כביכול את הקב"ה למלא את חלקו – לפתוח את הדלת ולהיכנס אל המקום שהכין האדם.

שער
העולמות הקדומים

פרק ארבעה עשר

הצמצום

קודם לספירות, בינן ובין האין סוף עצמו, ישנו מרחב גדול ועמום שבו מתרחשים דברים, ובראשם הפלא הגדול של המעבר מהאין סוף האלוקי אל המציאות המוגבלת, מהאחדות המוחלטת אל הריבוי והגיוון של הספירות והעולמות. כיצד מעבר זה קורה? וכיצד הוא בכלל אפשרי?

לעולם לא תהיה תשובה ברורה לשאלות אלו, שכן המרחב הזה הוא מעבר להשגת השכל. עם זאת, באופן מסוים עוסקים ספרי הקבלה והחסידות גם במרחב הזה בהיותו השורש של העולמות המוכרים לנו, כמו רצון פנימי שעולה בנפש קודם שהוא ממומש.

הצמצום

בכמה מספרי הקבלה מתוארת התחלת הבריאה במילים אלו: "כשעלה ברצונו הפשוט להאציל הנאצלים... ואז צמצם עצמו באמצע האור שלו... אל הצדדים והסביבות ונשאר חלל בינתיים".[1]

1 אוצרות חיים בתחילתו. וראו עץ חיים שער הכללים בתחילתו שער ההקדמות שער א הקדמה ד; ליקוטי תורה הוספות לויקרא נא,ב.

עם האין סוף לא תיתכן שום מציאות אחרת שהרי הוא ממלא את כל החלל לאין סוף. וכדי שתוכל להיות מציאות של עולם שיש לו גבולות והגדרות צריך היה הקב"ה לבצע נסיגה לכאורה משלמותו הגמורה, לצמצם את מציאות האין סוף וליצור מקום כביכול פנוי ממנו - זהו הצמצום.

מעין דמעין זה יש גם באדם. כאשר אדם צריך לחשוב או ללמוד עניין אחר מכל מה שחשב והבין קודם, הוא חייב לצמצם את עצמו ממחשבתו והבנתו הקודמת, להשתיק ולהעלים אותה, ורק אז הוא יכול להתחיל לחשוב ולהבין את העניין האחר.

צמצום כזה ישנו גם בעבודת ה' של אדם. כאשר מתפשטים כל כוחות נפשו בענייני העולם הזה, הגשמיים והחשובים והדחופים כל כך, עד שאין עוד מקום בנפשו ואין זמן ביומו להתייחס אל האלוקי. אז, צריך הוא לצמצם את עולמו הגשמי וליצור חלל פנוי מכל עיסוקיו ותחושותיו באותו עולם. באותה שעה נוצר מקום וזמן פנוי – לעבודת ה'.

החלל הפנוי

כאשר הקב"ה צמצם את עצמו נוצר מקום שפנוי ממנו כביכול, והוא המכונה החלל הפנוי. אפשר לומר שהחלל הוא הבריאה הראשונה של הקב"ה.[2] לא ממש בריאה אלא קדם בריאה, הכנת המסגרת שבה יהיה העולם. ולא רק העולם שלנו אלא כלל העולמות האפשריים.

החלל הפנוי עצמו הוא כמשמעו - ריק מכל דבר. אין בו שום דבר שממנו יכול להשתלשל העולם שלנו. אפשר לראותו כעין המקום שבו נברא העולם, כרקע אשר מאפשר את היתכנותו של העולם, כי על רקע האין סוף הוא לא ייתכן כלל.

2 בהקשר לכך היו שביארו את המונח 'בריאה' במובן של פינוי מקום, כמו בכתוב ביהושע (יז,טו): "עלה לך היערה וּבֵרֵאתָ לך שם", שמובנו עשיית שטח נקי מעצים.

העולם כולו הוא דיבור אלוקי, ודיבור חייב להיות מורכב מקול ושתיקה לפחות, זה הבסיס.[3] החלל הפנוי הוא במובן זה ה'בריאה' של השתיקה, אשר עם הקול של אור אין סוף ניתן מעתה לדבר ולספר סיפור על עולמות ונבראים, על נשמות ובני אדם.

מהו החלל הפנוי כשלעצמו? האם הוא כלום, אין ואפס? האם בכלל ניתן לדבר על קיום של אין גמור? אין לנו תשובות לשאלות אלה, אבל הן מייצגות את מהות החלל הפנוי כשלעצמו כמרחב שנמצא מחוץ לתחום עבורנו. החלל הזה, אפילו אם הוא רק מסתיר את אור האין סוף ולא מסלק אותו,[4] הוא בהכרח אין סופי בעצמו. שכן רק אין סוף של אין וריק יכול להסתיר את האין סוף של ההוויה.

העבודה שיש ביחס לחלל הפנוי היא לא להיכנס לשם. כמו שצריך לעשות כלפי שאלות שבמהותן אין להן תשובה, או למחשבות ששוקעות ואינן מסוגלות לחלץ את עצמן. זה לא מובן מאליו. בני אדם צריכים ללמוד שלא הכול אפשרי ולא הכול מותר. יש דרכים שמביאות את האדם אל פי תהום והדבר היחיד שניתן לעשות הוא לא ללכת בהן.

הצמצום שלא כפשוטו

קשה להבין את מושג הצמצום כפשוטו.[5] איך אפשר לומר שהקב"ה מצמצם את עצמו ממקום מסוים, שהוא לא נמצא שם? הרי כל תפיסת

3 על דרך משל, השפה של המחשבים בזמננו היא שני סימנים 1 ו־0, וכל השאר כבר נובע מזה.

4 ראו בסעיף הבא אם הצמצום הוא כפשוטו או לא.

5 הדברים אמורים כאן לשיטה שהצמצום אינו כפשוטו. אכן גם לשיטות המקובלים הסוברים אחרת יש על מה לסמוך (וכן אמר הרבי מליובאוויטש בסעודת שמיני עצרת תשל"א. ומסביר שם שהיו ביניהם מגדולי ישראל וקשה לקרותם 'טועים'; ועוד שבמקום העליון שלפני הצמצום הכול הוא למעלה מהשכל, ולכן הקושיות שעל פי השכל אינן שייכות לדרגה זו). ומכל מקום, הדברים כאן לא נועדו לדון בשיטות השונות אלא רק לברר ולהסביר במילים פשוטות את שיטת ההולכים בדרך החסידים.

האלוקי ביהדות היא שהוא נמצא בכל מקום ומעבר לכל מקום. כל מציאות, ובכלל זה הזמן והמקום, אינו קיים אלא בקיומו, אז איך אפשר להבין מושג של חלל פנוי ממנו?

בשאלה עקרונית זו דנו מקובלים וחסידים במאות השנים האחרונות.[6] במשך הזמן הפך הנושא לטעון בשל התגבשות הדעות השונות סביב המחלוקת בין חסידים ומתנגדים, אבל חילוקי הדעות בנושא היו קיימים בקבלה עוד לפני החסידות. הדרך שהלכו בה החסידים, בעקבות חלק מהמקובלים, הייתה להבין את הצמצום שלא כפשוטו. במושגים של זמננו אפשר לנסח את השאלה כך: האם הצמצום הוא אובייקטיבי או סובייקטיבי; האם החלל הפנוי הוא אכן ריק ממש, שאור אין סוף איננו שם, או שהוא פנוי רק בראיית הנבראים? ובלשון ספרי חסידות: האם הצמצום הוא הסתלקות האור או רק היעלמותו מהנבראים?

משל המובא לזה בספרים היא המחשבה של אדם שיש בה נסתר וגלוי.[7] למשל, אדם למד מסכת בתלמוד ויודע אותה היטב, וכל ענייניה וסברותיה מונחים אצלו במחשבתו. ואולם כאשר הוא עוסק במסכת אחרת או בעניין אחר או סתם אינו חושב על זה, מסתלקת לכאורה כל ההשכלה שהייתה לו ממחשבתו עד שאם ישאלו אותו שאלה מאותה המסכת לא ידע להשיב באותו רגע ויידרש לו זמן כדי לחזור ולהעלות את הדברים בדעתו. משמעות הדבר איננה שהידע הזה אינו נמצא כלל במחשבתו, אלא שהוא אינו גלוי בה באותה שעה. הוא נמצא בדעתו

6 בכתבי האר"י אין ראיה לכאן או לכאן. בין ראשוני המקובלים שעסקו בשאלה זו אנו מוצאים את רבי אברהם ארירא בספרו 'שער השמים' מאמר ה פרק יב. רבי עמנואל חי ריקי (בעל משנת חסידים) צידד בדעה שהצמצום כפשוטו ולעומתו תלמידו רבי יוסף אירגאס חשב שאינו כפשוטו, וכן הביעו דעתם בזה רבי יהונתן אייבשיץ ורבי חיים מוולאז'ין ועוד. בעניין המחלוקת בין החסידים והמתנגדים כותב הרבי מליובאוויטש (אגרות קודש כרך ג איגרת תקנא): "רבנו הזקן אוחז בשיטת המפרשים את הצמצום דלא כפשוטו, ודוחה בהחלט את הדעה המנגדת (בשער היחוד והאמונה ספ"ז). הגר"א פירש הצמצום כפשוטו (לקוטים בסוף פירושו לספרא דצניעותא). והגאון רבי חיים מוואלאזין פירש את הצמצום דלא כפשוטו (נפש החיים ש"ג פ"ז). ולא הזכיר שזהו כדעת ה'כת' (החסידים) ולא כדעת רבו".

7 ליקוטי תורה הוספות לויקרא נב,ג-ד; שער היחוד אות יב.

אבל למעלה מהתגלות באותיות המחשבה והדיבור. וזו בדיוק הגדרת הצמצום, שהסתלק האור מהאותיות ואינו מתגלה ומאיר בהן.

משל נוסף, אדם מדבר עם אדם אחר ומשתף אותו במחשבותיו. כאשר הוא מפסיק לדבר - אין כלום, החלל פנוי מצידו של השומע, בעוד שאצל החושב לא השתנה דבר, החלל איננו פנוי כלל והוא מלא באותיות מחשבתו בדיוק כפי שהיה כאשר דיבר.

שאלת הצמצום כפשוטו ושלא כפשוטו הוסברה אצל חסידים גם במושגים של אור ומאור.[8] אור ומאור הם מושגים הנגזרים ממושגי הראשית שנזכרו בפרק הראשון - ה'אין סוף' הוא בחינת המאור, ו'אור אין סוף' הוא האור הנובע ממנו. ההבחנה ביניהם מסבירה את מושג הצמצום שלא כפשוטו בכך שהיא מייחסת את מושג הצמצום לאור בלבד ולא למאור. אין צמצום ואי אפשר לדבר על צמצום בהקשר של האין סוף האלוקי בעצמו, הוא יהיה תמיד כפי שהוא, בלי שינוי, בין שיש עולם ובין שאין עולם. אבל אפשר לדבר על צמצום באור האין סוף שהוא הגילוי האלוקי, שיהיה נסתר ולא יתגלה. אכן, גם באור אין סוף אין מדובר אלא על הצמצום שלא כפשוטו. שהרי גם האור האלוקי הוא אין סופי, הוא כלל הגילוי האלוקי בכל הדרגות והזמנים וההוויות, בין באור ובין בחושך המסתיר את האור, ולא ייתכן דבר מחוץ לו. אלא שבגילוי עצמו ייתכנו דרגות שבהן יהיה הגילוי נסתר.

סיכום הנושא נמצא בכתביו של הרבי מליובאוויטש זי"ע, המונה ארבע אפשרויות בהבנת הצמצום:[9]

א. שהצמצום כפשוטו היה באור וגם במאור.
ב. שהצמצום כפשוטו היה רק באור אבל לא במאור.
ג. שהצמצום היה שלא כפשוטו באור וגם במאור.
ד. שהצמצום היה רק באור, ואף שם היה הצמצום שלא כפשוטו. ומוסבר, שדרך החסידים היא על פי ההבנה הרביעית.

8 ראו תורה אור יב,א; ליקוטי תורה הוספות לויקרא נב ג-ד ועוד.
9 איגרות קודש כרך א, יא.

המחלוקת בעניין הצמצום איננה רק מחלוקת בשאלה מטפיזית מופשטת. התורה היא תורת חיים והרבה מההבנות ותפיסות העולם המופשטות שבתורה מכוונות על ידי החיים בעולם הזה. משום כך למאורעות חייו של אדם, לסביבתו ולהשקפת עולמו יש קשר והשפעה גם על ניסוח העקרונות של מעלה. יש בכך כדי להסביר קיומן של מחלוקות עתיקות ללא הכרעה שמתקיימות למשך דורות, כאשר הרקע למחלוקת נעוץ בדרכי עבודת ה׳ ובמהות הנפשות והתנועות החברתיות והרוחניות ההולכות בדרכים שונות.

יש משהו מאיים בחלל הפנוי אם הצמצום האלוקי הוא כפשוטו, אבל אם הצמצום האלוקי אינו כפשוטו, והחלל הפנוי הוא רק בדעתנו, פירושו של דבר שגם כל הפחדים הנובעים ממנו הם רק בדעתנו. שום דבר איננו מכריח אותנו לפחד ולהתייאש, כי זה איננו כך באמת אלא כפי שנרצה ונוכל לפרש אותו, שהקב״ה באמת נמצא גם שם, בהשגחתו ובאהבתו אותנו. הצדיקים הגדולים בדעתם אכן יכלו באמת לשנות את המציאות במחשבה כזו. ואנחנו יכולים, כל אחד לפי שיעור דעתו, למצוא בנפש משהו מזה בשעת התפילה ובכל שעה של פתיחת הלב.

הרשימו

מה נשאר בחלל הפנוי אחרי הצמצום? בספרי הקבלה יש הקוראים לזה ׳רשימו׳. הרשימו הוא מושג סתום שאין מדברים בו הרבה.[10] ובכל זאת, מנסים למצוא לו דימויים. יש המדמים זאת לרושם שנשאר במקום שנכחה שם מהות של קדושה והסתלקה; נשאר ׳ריח׳, אווירה שהשתנתה בגלל הנוכחות שהייתה. כי מה שהיה לעולם אינו נעדר עוד לגמרי. גם

10 בעץ חיים נזכר אבל לא מבואר עניין הרשימו, רק בספר עמק המלך מבואר שהוא בחינת אותיות, ברל״א שערים פנים ואחור. דהיינו, שהצמצום פעל שלא יהיה גילוי האור אין סוף באותיות. ולאחר הצמצום נשארו האותיות לבד, בלי גילוי האור (ליקוטי תורה ויקרא מג,ב וראו גם שם נג,ג).

בנפש האדם יש מעין זה, אדם שידע או הרגיש דבר גם אם הוא שכח זאת, אין הוא חוזר לחלוטין למצב שהיה לפני כן, משהו השתנה בכלי הנפש שלו והשינוי יכול להיות גם בסיס לאפשרות שהדברים יחזרו.

דימוי אחר שמובא בספרים הוא של אותיות שבהן כותב אדם רעיון עמוק.[11] גם אם האדם כבר איננו כאן האותיות ממשיכות להתקיים. ובאותיות רשומה בהעלם כל החוכמה שהתגלתה בדעתו של זה שכתבה, והן עדות למה שהיה והיתכנות למה שיכול להיות.[12]

הרשימו שהשאיר הצמצום מבטא את כוח ההגבלה האלוקי שמגביל אפילו את האין סוף, ומובן שאף הוא כוח אין סוף. אומנם, המשמעות העמוקה של קיום כוח כזה אינה עצם ההגבלה של אור אין סוף, אלא בעיקר בעובדה, המשמעותית כל כך עבורנו, שהאין סוף עצמו נמצא גם בתוך ההגבלה. וכפי שהוסבר, שכשם שיש באין סוף הכוח להתפשט לאין סוף, מעבר לכל הגבולות, כך יש בו את הכוח להתלבש ולהיות בעצמו בתוך הגבולות והמידות.

הכוח הזה שמגלה הרשימו הוא המאפשר לנו להתפלל "אליו ולא למידותיו".[13] כלומר, לכוון אל האין סוף בעצמו ולא רק לגילוייו, להתפלל באותיות ובמילים שמגבילים את האור והכוונה ואף על פי כן להתכוון למהותו ועצמותו ממש. שכן האין סוף נמצא בכלים ובאותיות ובהגבלות ממש כפי שהוא נמצא מעבר להן.

בספרי חסידות נאמר שלאחר התפילה נשארת רק השפלות.[14] וכמו הרשימו שאחר הארת האין סוף, כך השפלות שאחר התפילה היא הכלי למה שמעבר להשגת הנפש.

11 ראו לקוטי תורה הוספות לויקרא ד"ה להבין מה שכתוב באוצרות חיים נג,א והלאה, ביאור עניין הצמצום והרשימו באותיות.

12 כתפיסה של הרשימו הנמצאת בספרים כמו תוכנית של בניין, שלפיו בונים אחר כך את הבניין עצמו.

13 נתבאר בפרדס שער לב (הכוונה) פרק ב בשם הספרי. ראו שורש מצוות התפילה פרק ז; לוח היום יום י"א תשרי.

14 סידור עם דא"ח טז,ב; מאמרי אדמו"ר הזקן עניינים עמ' תלד.

פרק חמישה עשר

אורות וכלים

עיגולים ויושר

בתוך החלל הפנוי התגלו תחילה שני סוגים בסיסיים של אור הנקראים: עיגולים ויושר. אלה הם שני האופנים שבהם מתגלה האלוקי בעולמות מאז ומעולם, ודרכם הוא משפיע ומקיים את המציאות כולה.

הראשון הוא אור העיגולים. העיגולים הם סוג של השראה מן העיגול המקיף הגדול שגובל את אור האין סוף בצמצום. כעין השלכות שהולכות ומתרחקות ממנו, הולכות ומצמצמות את היקפן ואת איכות הגילוי מאור אין סוף שבהן. במובן מסוים מקביל סדר העיגולים לסדר הספירות, עיגול של חוכמה, של בינה וכן הלאה. העיגולים במהותם הם הוויות שמעבר להגדרות של השכל ומילים. עם זאת, יש להם נוכחות והשפעה כאורות והשפעות מקיפות בכל הדרגות של סדר ההשתלשלות, והם מהווים חלק בלתי נפרד מכל קיום במציאות. השני הוא אור היושר, המאיר כקו של אור בתוך החלל הפנוי. אור הקו הזה יוצא מנקודה מסוימת במקיף הגדול של אור אין סוף שסביב הצמצום ומסתיים למטה בנקודה מסוימת בחלל הפנוי.

היחס בין שני סוגי האור, העיגולים והיושר, הוא מורכב. מצד אחד

אלו הן שתי מהויות שונות לחלוטין שאין להם שום חיבור. שכל שמשיג יושר לעולם לא ישיג מקיף ועיגול, והעיגול אינו יכול להתייחס אל שום מציאות שעל הקו.[1] עם זאת ישנן השפעות ביניהם. מצד אחד העיגולים מקבלים מהמקיף העליון דרך הקו הנמשך ממנו; בכל דרגה בקו נמשך עיגול המבטא באופן של מקיף את אותה דרגה שבקו. מצד שני דרגת המקיף שבעיגול משפיעה על הקו, שכן אף שהעיגולים מקבלים מהקו הם קשורים תמיד ומקבלים משורש מהותם שבאור אין סוף המקיף הכול שלמעלה מהקו בכללו. מורכבות כזו, שבה דרגה גם מקבלת וגם משפיעה כלפי דרגה שלמעלה ממנה, מלווה את כל סדר ההשתלשלות, כפי שהתבאר בכמה מקומות בפרקי הספר הקודמים. כגון, כאשר ספירות בדרגה נמוכה יותר מקבלות מהמקיף שלמעלה מהספירות המשפיעות בהן.[2] וכן בקשר שיש בין הכתר למלכות של 'נעוץ תחילתן בסופן'.[3]

העיגולים והיושר אינם נפרדים אפוא לעולם, והם תמיד משלימים זה את זה. העיגולים מכילים את הנסתר ואת כל מה שנמצא מעבר, והיושר את הגלוי, המושכל והמורגש, ואת כל מה שנמצא בתוך גדרי עולמנו ונפשנו. משום כך, ספרי הקבלה והחסידות עוסקים בעיקר באור של היושר, אור הקו, והעיגולים המקיפים נמצאים ברקע של הדברים.

אפשר לראות את העיגולים והיושר גם בנפש האדם, בדרך שהוא משיג השגות חדשות. תחילת כל השגה היא בעיגול. כאשר אדם רואה או שומע דברים חדשים הקליטה היא בדרך של מקיף; הוא קולט שיש משהו אבל הוא עדיין איננו יכול להגדיר ולהסביר מהו. כפי שאדם שנכנס למקום חדש מרגיש מיד את האווירה, הריחות והאחרות שם. ורק בשלב

1 בדומה ליחס שבין העיגול והקו הישר במובן המתמטי. העיגול לא יכול להיתרגם למספר. ה־π, שמבטא את היחס בין היקף המעגל לקוטרו, הוא מה שנקרא מספר טרנסצנדנטי, כלומר הוא לא יכול להתייחס לשום שיטת מספרים באשר תהיה, מפני שהוא שייך לגדר אחר לגמרי.

2 ראו פרק 'המידות' סעיף 'בהמה רבה'.

3 ראו באריכות פרק 'מלכות' סעיפים 'כתר מלכות', 'האור החוזר'; פרק 'כתר' סעיף 'כתר מלכות'.

נוסף של זמן והתפתחות הוא מתחיל להבין ולהגדיר את הדברים, בהבנה והרגשה מסוימים, ואז ההשגה היא באופן של יושר.[4]

עיגולים ויושר הם שתי דרכים בעבודת ה', שונות בהחלט אבל משלימות זו את זו. הדרך של היושר היא עבודת ה' כסדרה בלימוד תורה מן הקל אל הכבד, ובקיום המצוות כסדר זמנן ומקומן. עם הדרך של העיגולים נפגש האדם כאשר הוא יוצא מהסדר. אם אדם חוטא ומקלקל את הסדר הוא צריך לעשות תשובה שהיא עבודה שלמעלה מהסדר, ואז ה' סולח לו בהתייחסות שלמעלה מהסדר. דרך זו של עבודה מצויה גם באופן של לכתחילה, כאשר אדם עושה עבודה שהיא מעבר ליכולותיו הרגילות. כמו ביגיעה שמעבר להרגלו בגמילות חסדים, בלימוד התורה ובעיון התפילה באהבה רבה ובמסירות נפש. העבודה הנדרשת מכל אדם היא אפוא בשני האופנים הללו: גם עבודה מסודרת, שלב אחר שלב, וגם עבודה שיוצאת מן הכלל; אשר, כמו בהוראת שעה, עוקפת את הסדר, ופותרת בעיות באופן שאינו אפשרי על פי הסדר.

הקו

בספרי הקבלה מתואר הקו כך: "אז דרך צד אחד מן החלל העגול הזה המשיך אור דרך קו אחד ישר, דק כעין צינור אחד, אור הנמשך מן האין סוף אל תוך החלל וממלא אותו".[5]

קו האור הזה הוא אור היושר, שהוא אור חדש שיכול היה להופיע רק אחר הצמצום. החידוש שלו שהוא איננו אין סופי אלא אור שיש לו התחלה וסוף והוא הולך ומשתנה לאורכו. הקו יוצא מהאין סוף שמקיף את החלל, אבל הוא איננו מגיע לאין סוף שבעברו השני (שהרי אם היה מגיע לאין סוף שבצידו השני הוא היה בעצמו אין סוף). הבדל זה בין

4 ראו ליקוטי תורה במדבר לז,ד; מאמרי אדמו"ר הזקן עניינים חלק ב תלב ואילך.

5 אוצרות חיים בתחילתו.

קצות הקו יוצר ממד של כיוון בקו שהוא השורש להבחנה בין מעלה ומטה, מוקדם ומאוחר.[6] בציור שמופיע בספרי הקבלה הוא נראה כך:

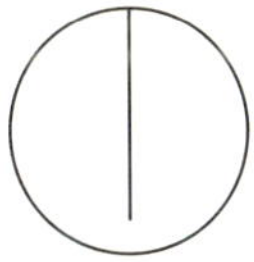

תכליתו של אור זה אינה לגלות את אור האין סוף אלא את מקום הצמצום. כפי שהוסבר, צמצום האין סוף איננו ריק אלא ממד אחר של נוכחות אלוקית, של כוח ההגבלה והצמצום. לעומת האחדות שבאור האין סוף ההגבלה יוצרת הוויה של ריבוי לאין ספור אפשרויות של הגדרות ועולמות. אל תוך הוויה זו נכנס אור הקו להאיר ולגלות בפועל קו אחד מאותן הגדרות ועולמות שבכוח. מהותו של הקו שהוא אור מוגבל, ולכן הוא יכול להתייחס אל מידות והגבלות ולהאיר אותן. אין הוא מבטל את הפרטים והגוונים שהוא מאיר אלא מגלה אותם ומוציא אותם אל הפועל בייחודם, בשונותם ובריבויים.

אור הקו יוצא כאמור מאור האין סוף ומשם הוא יורד בהעלם האור דרגה אחר דרגה. כל דרגה היא עולם, ובין עולם לעולם יש מסך וגבול שמסנן את האור ומגביל אותו עוד ועוד. כמה עולמות ודרגות יש? לא אין סוף אבל אין מספר;[7] רבים ונעלמים שאין אנו יכולים לספור אותם.

בין כל העולמות הללו, עולמנו הוא השפל והנמוך ביותר.[8] זה לא מקרה, זו הגדרת מהות העולם שלנו: שהוא הרחוק והמוסתר ביותר עד שאין רואים בו אלוקות, וניתן אף להכחיש בו את קיומו של הקב"ה ואת השגחתו. אך אם לדייק יותר, עולמנו הוא המקום הנמוך ביותר שעדיין אפשר לעלות ממנו. למטה מהעולם שלנו תיתכן רק מציאות של קליפות שנשרו מעולמנו, שנדמות לעולמות אבל ללא שום ממשות וללא רצון אלוקי בהן שמהווה אותם כעולם וכהוויה לעצמם. האיזון בין שני קצוות

6 ראו ספר המאמרים תרס"ט עמ' קמג; תרפ"ו עמ' רפז.

7 על המושג 'אין מספר' ראו ליקוטי תורה במדבר סז,ד אות ד והלאה.

8 איגרת הקודש ה. וראו גם תניא פרקים ו, לו.

אלה - המקום שהגילוי כבר אינו ושהיכולת לגלותו עדיין קיימת - זו מהותו וגם יתרונו של עולמנו על כל העולמות.[9] והיתרון הוא שהעלייה בו היא מכוח התחתונים ולא מגילוי העליונים, והוא המקום היחידי בסדר ההשתלשלות שמחזיר אור כלפי מעלה.[10]

במובן זה קצהו הנמוך של הקו איננו רק תוצאת לוואי של האורות והכוחות האין סופיים שקדמו לו, אלא התכלית שלהם. כי עם היותו בלתי נחשב בגודלו ביחס לעולמות העליונים הוא מבטא דווקא באורו המוגבל והמורכב את שני הכוחות יחד - את אור האין סוף ואת צמצומו והסתרתו, כי על אף ההסתר המוחלט שהוא נמצא בו הוא מגלה דרכו את האור האלוקי. בכך, אפשר לומר, הוא מגלה את המהות שמעבר לגילוי ולהסתר גם יחד.

כיוונו של הקו הוא כירידת הנשמה אל הגוף ואל חיי העולם הזה, וכהליכה שלנו מן השבת והחג אל ימי המעשה, ואף כיציאתנו בכל יום מתוך התפילה אל חיי המעשה. תנועה זו של הקו מלמעלה למטה מלמדת על הרצון האלוקי העליון שרוצה דווקא את המטה. את המעשה האנושי בחומר שאינו מגלה אלוקות ואת הבחירה החופשית שבאה מלמטה דווקא ועולה למעלה מהרגש והשכל, אף למעלה מראשית הקו.[11]

הכלים

יחד עם אור הקו הנמשך אל תוך החלל מתגלים גם מהויות מסוג אחר, הם הכלים. הכלים מגבילים את האור ובכך מגלים אותו. לפיכך הם המרכיב השני היסודי של המציאות מלבד האורות. אור כשלעצמו אינו מתגלה ואינו פועל דבר, הכלי המגביל אותו מתאים אותו אל העולם שהוא בו, ובכך הוא מאפשר לו להתגלות ולפעול באותו עולם.

9 ראו תניא פרק לו.

10 ראו לעיל פרק 'מלכות' סעיף 'האור החוזר'.

11 שהיא נקודת החוכמה הכללית, ראשית השכל.

המושגים של אור וכלי קיימים בכל העולמות, הן בעולם הגשמי והן ברוחני. האור והכלי יכולים להיות שניהם בעולם החומרי כגון סיר למרק, ושניהם יכולים להיות בעולם הרוחני כגון מילים ומושגים שהם כלים המאפשרים לרעיונות המופשטים להתגלות, וכמו העלול לעילתו, המקרה הפרטי לעיקרון ועוד. וייתכן גם שהכלי ישתייך לחומרי והאור לרוחני כמו נפש בגוף. פעמים שהכלי קודם לתוכן שנכנס לתוכו, ופעמים להיפך. לשם דוגמה, במשך מאות שנים היה רעיון שדבר כבד מן האוויר יעוף. הרעיון חי בעולמות הרוחניים עד שנוצר לו כלי חומרי הוא המטוס. ויש כלים שקיימים בעולם עוד לפני האור, כלים שמשמשים אורות מזדמנים עד שמגיע האור המיועד להם. לדוגמה, הכלים המתמטיים לתורת היחסות של איינשטיין היו קיימים עוד לפניה, אך רק משעה שעשה בהם איינשטיין שימוש לבטא את התיאוריה שלו הם קיבלו משמעות ששינתה את העולם.

מושג רחב יותר, הנגזר ממושג הכלי, הוא מושג העולם. כל עולם הוא כלי גדול הכולל כלים ואורות פרטיים רבים במסגרת מסוימת של כללים. יש עולמות רוחניים שמגדירים מרחבים בתחום הרוח, ויש עולמות גשמיים שמגדירים חלקים גשמיים כמו עולם המעשה שלנו. ובתוך העולם הגשמי שלנו יש שוב עולמות שונים, כמו ארצות שונות, מוסדות ואפילו מבנים שמכילים עולם קטן בפני עצמו.

מהו שורש הכלים? השורשים תמיד נעלמים, אבל שורשי הכלים נעלמים אף יותר משורשי האורות. שורש האורות הוא כאמור באור אין סוף שלפני הצמצום שהוא מהות בלתי ניתנת להשגה אבל שייכת מכל מקום למהות של אור. לעומת זאת שורש הכלים הוא מהצמצום שמהותו היא ההעלם שקדם לאור הישר. אך מכוח ההעלם בלבד לא יכול להיות גילוי, אפילו גילוי של כלים. שהרי הכלי איננו הגבלה בלבד, אלא הוא קיום לעצמו של הגבלה והגדרה בעלי אופי וצורה מסוימים, ובהכרח יש בו גם אור בפני עצמו, האור של הכלי. אכן מבואר בספרים שהתהוות הכלים היא מהחיבור בין אור הקו לכוח ההעלם (הרשימו של העלם אור

האין סוף בצמצום), שנעשים לחומר ולצורה של הכלים עצמם.[12] רק לאחר מכן מתלבש אור הקו בכלים הללו ומאיר בהם - כאורות בכלים.

יוצא מן האמור שהכלי אינו רק מכשיר חסר משמעות לעצמו שרק משמש להגבלה וגילוי של האור, אלא יש לו שורש ומהות משל עצמו. לשם דוגמה, המילים שאנו חושבים בהן אינן רק כלי עזר לבטא את הרעיונות, אלא הן חלק מהותי של התהוות הרעיון. ללא המילים המתאימות לא רק שאין הרעיון יכול לבטא את עצמו, הוא לא ייווצר כלל.[13] יש לדבר משמעות מרחיקת לכת, זה אומר שלכלים (כמו מילים ומושגי מחשבה) יש שורש בעצמות הנפש מעבר למה שאנו יכולים להבין ולהרגיש באור הפנימי שבכוחות הנפש. ואכן, אם שמים לב, ניתן לראות מפעם לפעם כאשר נבנים בנפש מבני מחשבה, כיצד כלי המחשבה - המילים, המושגים, האותיות כשלעצמן - ממנפות את הרעיונות למעלה מהמחשבה הראשונית קודם שנוסחה במילים.

מהבעש"ט מקובל העיקרון שבתפילה קודם חושבים ואחר כך אומרים. גם בתפילה שלא מתפללים באופן של 'עבודה', חשוב לשמור על הכלל שקודם חושבים על הפסוק או הברכה שהולכים לומר ואחר כך אומרים בפה. הרעיון הוא להפריד בין הכלי לבין האור, לתת לכל אחד מקום בפני עצמו, קודם לאור - למשמעות הדברים, ואחר כך לכלי - למילה. הדבר מדגיש שהכלי אינו בטל לאור, אלא הוא מהות לעצמה שיש בה הכוח לא רק לגלות את האור אלא גם להעלות אותו מעבר למה שהיה כשלעצמו.

12 וכעין המבואר בספירות (ראו בפרק 'הספירות') שגם כלי הספירה כשלעצמו יש בו אור (שם) ונוסף לזה ישנו אור הספירה שמתלבש בכלי.

13 מעין רעיון זה נמצא בספר '1984' מאת ג'ורג' אורוול. מסופר שם כיצד מונעים מאנשים לחשוב מחשבות מסוימות כשמייצרים שפה שאין בה את המילים המשמשות למחשבות אלה.

אור הממלא כל עלמין ואור הסובב כל עלמין

מציאות הכלים מעצבת הגדרה משוכללת יותר לשני מיני האור שנזכרו לעיל: אור הסובב כל עלמין ואור הממלא כל עלמין. כלומר, האור שנכנס לתוך הכלי ומתגלה בו, והאור שמקיף את הכלי מעבר לו.

האור המתגלה בכלים של העולם, הוא האור הממלא כל עלמין. הוא האימננטי, ההתגלות הפנימית שנמצאת בכל עולם כפי שהוא ובכל פרט שבו כפי שהוא. הוא נשמת המציאות שמחיה ומהווה את הדברים בהתגלותה בהם. לעומתו האור הסובב כל עלמין הוא הטרנסצנדנטי שמעבר למציאות, הנסתר תמיד, שקיים בהיקף של כל עולם וכל פרט שבו, כמעטפת וכרקע שמאפשרים את קיומו.

אין זה אומר שהאור הסובב נמצא רק בהיקף שסביב ואינו נמצא בפנים.[14] תפיסה כזו נובעת מתפיסה גשמית שלנו המתבטאת למשל בציור האור המקיף כעיגול המפריד בין מה שנמצא מחוץ לעיגול ובין מה שנמצא בתוך העיגול. אך בהבנה רוחנית של המושג, האור הסובב נמצא בכל מקום, ואיננו מוגבל בשום כלי וגבול. ויחד עם זה, כשם שיש אור מקיף כללי הסובב כל עלמין שמקיף את הכול, כך יש גם אור מקיף פרטי לכל פרט, שמקיף את צורת הפרט המדויקת כרקע הנושא אותו בצורתו בכל רגע. כמו האבן הנושאת את האותיות החקוקות בה, כי אם לא תהיה האבן לא תהיינה האותיות. שני אורות אלה, משלימים ומקיימים זה את זה; הממלא מתקיים בתוך הסובב, והסובב מתקיים בהיות הממלא שהוא סובב אותו.

בעבודת ה׳ מתבטאים שני מיני אור אלו בשתי תנועות הנפש - הרצוא והשוב. הרצוא היא תנועת הריצה והיציאה של האור הממלא את הנפש - בהכרתה והרגשתה - החוצה מן הכלי, הגוף והעולם, המגבילים אותה. והשוב היא תנועת השיבה אל עולמנו, אל תוך הנפש הבהמית והגוף.

14 ראו תניא פרק מח.

כשאדם מתבונן ומתפלל ומגלה וחש את האור האלוקי האין סופי – הוא משתוקק לצאת מן הכלים המגבילים ולהידבק בשורשו של האור שמעבר להם. אך כשהוא חווה את אור הסובב כל עלמין שמעבר להגדרה – שהגדול והקטן, המעלה והמטה שווים לפניו – כבר אין הוא רוצה לצאת ולרוץ למקום אחר. הוא שב אל אותם המקומות ונותן ערך לכל אחד, ובכך הוא שומר את ההגדרות ומחבר להן את האורות.

כפי שהקב"ה קיים בעולמותיו בשני מיני האור, הממלא כל דבר והסובב כל דבר, כך אנו חיים ומחיים את עולמנו בשני מיני העבודה: הרצוא והשוב, האהבה והיראה, חיי היום יום ומסירות הנפש.

פרק שישה עשר
העולמות הקדומים

לאורכו של הקו מתחילים להתגלות העולמות. ככל שיורד הקו ומתרחק מנקודת השקתו באור האין סוף מתרבים הצמצומים והמסכים, נעלם יותר האור והגבולות נעשים ברורים יותר. ואולם אין זו ירידה מכנית של שקיעה ופיחות, אלא מימוש של רצון אלוקי קדום, שלב אחר שלב.

אדם קדמון

רצון ראשוני זה נקרא בספרי הסוד 'אדם קדמון'. הוא הרצון האחד שעלה תחילה במהות האין סוף הכולל את כל הרצונות, כמו הרצון לרצות את כל הרצונות שיבואו אחריו.[1]

'אדם' הוא מונח כולל למבנה מאורגן המיוסד על קומת הגוף והנפש של האדם האנושי. לכל גוף חברתי ולכל רעיון ותנועה בנפש ובעולם יש אותה תבנית יסוד של מעין 'אדם' - ראש הוגה, לב מרגיש ומתייחס

1 בלשון הזוהר (חלק ב פח,ב) הוא נקרא "רעווא דרעוין" (רצון הרצונות). לשייכותו לאדם קדמון ראו לקוטי תורה ויקרא כא,א.

וכלים לעשות. 'קדמון' הוא הקודם לכול, ו'אדם קדמון' הוא לפיכך המבנה הקדום ביותר, הכולל את כל המבנים והעולמות שהיו ושיהיו.

רצון קדום זה מתפשט לאורך ה'קו' כולו. כל העולמות מתחילים בנקודה מסוימת ומסתיימים בנקודה אחרת, ורק 'אדם קדמון' הוא ה'עולם' שכולל הכול; שמתחיל במקום הכי גבוה ומתפשט למקום הכי נמוך. ביטוי לכך היא האמרה הקבלית ש"רגלי אדם קדמון מסתיימים בסוף העשייה".[2]

> מסופר[3] שאחר ראש השנה שאל אדמו"ר הזקן את בנו (הוא האדמו"ר האמצעי), 'במה התפללת היום?', ואמר לו בנו שהתפלל עם מילות התפילה "וכל קומה לפניך תשתחווה".[4] בכוונת הדברים מוסבר שהתפלל עם ההתבוננות של ביטול קומת אדם קדמון. שכן קומת אדם קדמון כוללת את סדר ההשתלשלות כולו, מאור אין סוף ועד תחתית עולם העשייה, ובתפילת ראש השנה שעניינה התחדשות כל הבריאה מתחילה ועד סוף, ראויה להיות אצל המתפלל התבטלות מוחלטת כזו בכל קומת הבריאה שהיא קומת אדם קדמון. שאל אדמו"ר האמצעי את אביו: 'במה התפללתם?', וענה לו אדמו"ר הזקן: 'אני התפללתי עם הסטענדר!'. והכוונה, שגם הוא התפלל עם הביטול לכל הקומה של אדם קדמון – אבל מלמטה, מהסטענדר הגשמי שהוא מחזיק בידיו.[5]

עקודים נקודים וברודים

בספרי הסוד מדובר על שלושה עולמות היוצאים מהתבנית הראשונית של

2 עץ חיים היכל א"ק שער א ענף ב–ג ובמקומות נוספים; דרך מצוותיך מצוות האמנת אלוקות עמ' 359 ובמקומות רבים בחסידות.

3 איגרות קודש אדמו"ר הריי"ץ חלק א עמ' תצה (מובא בכמה מקומות בשיחות הרבי מליובאוויטש).

4 מתוך תפילת 'נשמת'.

5 ראו שיחת ערב ראש השנה תשכ"ג, 'תורת מנחם' חלק לד, עמ' 325 והלאה.

׳אדם קדמון׳. אין אלו עולמות גשמיים כמו העולם הזה שלנו, ואפילו לא עולמות רוחניים כמו עולמות אצילות בריאה, יצירה, עשייה.[6] אלה הם עולמות שנמצאים עדיין מחוץ לזמן ולמקום והם כעין שלבים ראשוניים במימוש הרצון העליון היוצאים אל הפועל מהכוח של אדם קדמון.

שמותיהם של שלושת עולמות אלה לקוחים מהמסופר בספר בראשית אודות הצאן שעבד בו יעקב אצל לבן: ״ויהי בעת יחם הצאן ואשא עיני וארא בחלום והנה העתדים העלים על הצאן עֲקֻדים נְקֻדים וּבְרֻדים״.[7] ככל סיפורי התורה יש לכתוב זה ממד של סוד. הסוד בפסוקים אלה מספר סיפור פנימי שבו האנשים והמקומות ובעלי החיים הנזכרים מסמלים ישויות והתרחשויות רוחניות קדומות מן הראשית ומלפני הראשית. כך הצאן ה׳עקודים׳ ה׳נקודים׳ וה׳ברודים׳ מכוונים לאותם עולמות קדומים.[8]

מהות כל עולם היא הרכבה של אורות בכלים. אין עולם ואין מציאות אלא בצירוף של שני אלה יחד. אבל הצירוף הזה אינו מובן מאליו, שכן אורות וכלים הם כמעט שני הפכים הסותרים זה את זה. לכן האתגר הגדול בראשית התהוות העולמות היה עצם היתכנותו של הצירוף הזה, ושהאורות והכלים יצליחו להתקיים יחד בלי להרוס זה את זה. מילויו של אתגר זה הוא עניינם של שלושת העולמות עקודים נקודים וברודים. השלב הראשון הוא עצם יציאת האורות מהאין סוף, והוא עולם העקודים. השלב שני הוא גילוי של כל אור בכלי לעצמו, והוא עולם הנקודים. והשלב השלישי הוא גילוי האורות והכלים כולם יחד, והוא עולם הברודים.

6 העולמות הנאצלים והנבראים שבאים לאחר ה׳עולמות הקדומים׳. על עולם האצילות ידובר בפרק הבא, ועל העולמות בריאה, יצירה, עשייה דובר בספר ׳שלושה עשר עלי השושנה׳ בפרק הראשון.

7 בראשית לא,י.

8 ראו עץ חיים שער העקודים בתחילתו. וביאור שלושת עולמות אלה בחסידות תורת חיים נה,ב והלאה באריכות, ועוד.

עולם העקודים

עקודים פירושו קשורים, כנוסים יחד.[9] וזו מהות עולם העקודים - רבים שעקודים יחד בכלי אחד ובביטוי אחד. הריבוי הוא של אורות - הם עשרת הגילויים האלוקיים, והאחד הוא הכלי - שאין לכל אור כלי וביטוי משל עצמו אלא כלי אחד מגלה את כולם יחד. אומנם בתוככי ההתגלות הזו קיימת כבר חלוקה כלשהי לעשר מהויות, אבל הן אינן מגיעות עדיין לגדריהן המיוחדים ואינן פועלות כל אחת בדרך משלה. גם בתוך האדם יש מדרגות שאינן מגיעות לשלב של הגדרה חדה וברורה. במצב כזה יכול להיבנות יחס כולל, אך האורות השונים אינם מתפרטים לדרכי ביטוי מוגדרות, כגון אהבה, יראה וכיוצא בהן. להבדיל, יש בכך דמיון מסוים ליצורים מדרגת התפתחות ראשונית יותר, כמו בעלי חיים. המידות אצלם אינן מוגדרות ומובחנות לעצמן אלא מהוות מעין חטיבה כללית של רצייה. אצל פרה למשל אי אפשר למצוא את כל פרטי מידות הנפש האנושית, על סוגיהן ודרגותיהן השונות, אלא רק דחף כללי מאוד. עולם העקודים הוא אפוא העולם הראשון שיוצא מהרצון הנעלם שבאדם קדמון, שהרי האורות כבר נפרדים במידת מה מאור אין סוף ומובחנים כעולם לעצמו, אך הם עדיין אינם מובחנים לעצמם בכלים משלהם כבעולמות הנאצלים והנבראים.

עוד משלים מובאים לעולם העקודים בספרים ישנים: עשרת האורות העקודים וגנוזים בכלי אחד הם כשלהבת הקשורה בגחלת,[10] או כאש שבתוך אבן הצור. האש שבאבן אינה אש בגלוי ובפועל אלא בהעלם ובכוח בלבד, ולכן אין המים (חסד) מכבים את האש שבאבן הצור (גבורה), והניגודים יכולים לשכון יחד.[11] עוד משל, מופשט יותר, הוא כמו שתי תפיסות עולם שבהיותן במצבן הראשוני בשכל לא מודגש החילוק ביניהן

9 כמו "בית עקד הרועים" (מלכים ב י, יב) שמתורגם: "בית כניסא", וברש"י שם: "עקד, לשון קשר, מקום אסיפת הרועים".

10 המשל במקורו מספר יצירה א,ז.

11 ראו לקוטי תורה ויקרא כו,ג. וראו מאמרים מלוקטים חלק ג עמ' שכא ושם הערה 49.

ואין מניעה שהן יהיו ביחד - באותה התבטאות, באותה תנועה חברתית־רוחנית - אבל כאשר ההבנות השונות מתלבשות בצורות ביטוי ובמסקנות מעשיות אזי ניכר החילוק ביניהן והן אינן יכולות להיות יחד.[12]

עולם כזה של אחדות בכלי אחד נשאר כאוצר גנוז של כל האור והכוח, שלעולם אינו מגיע למימוש ולעולם אינו מתכלה. אכן, זה איננו ממש עולם - אין בו ממדים, אין בו כלים ואין בו אותיות שמדברות ומספרות סיפור - אך ממנו יישאבו הכוחות לכל העולמות הבאים, לכל הנשמות שיעבדו, יפלו ויקומו, עד עת קץ.

ביטוי לעולם העקודים ישנו גם בעומק הנפש האלוקית, בנקודת העונג הפנימי שבה, שיהיה לה בצאת כוחותיה אל הפועל. זכרון מציאותה של נקודה זו בנפש הוא מקור של כוח עצום שיכול להרים את האדם מכל מקום.

מקום זה בנפש הוא מעין 'נקרת הצור' שנחבא שם משה בעבור ה' על פניו, ומשם המשיך את שלוש עשרה מידות הרחמים. ממקום זה יכול גם להגיע בעל התשובה שכבתה אצלו האש הפנימית ולחדש אותה כמו מאבן הצור.[13]

עולם הנקודים – עולם התוהו

העולם שיצא אחר העקודים היה עולם הנקודים הנקרא גם עולם התוהו. עולם זה היה כאמור השלב הבא בתהליך הרכבת האורות בכלים, כשבו קיבל כל אור כלי משלו. ואולם הכלים היו מוחלטים כל כך שביטאו את אותו האור בלבד, כהוויה נקודתית לעצמה, בעלת אופן ביטוי אחד שלא יכול היה לסבול ביטוי אחר יחד אתו. עולם כזה לא יכול היה להתקיים ונשבר בעצם יציאתו לפועל. במובן זה, עולם הנקודים לא היה מציאות של עולם כמו עולמנו, הוא מעולם לא התקיים כעולם בפועל, שכן כל

12 ראו המשך תער"ב חלק ראשון עמ' ל והלאה.

13 ראו לקוטי תורה ויקרא כו,ג; שערי אורה סימן יז.

מהותו היא שבירתו. להתמוטטות ושבירה זו קוראים בקבלה 'שבירת הכלים' או 'מיתת המלכים'.[14]

האירוע של השבירה הינו אחד הנושאים המרכזיים בעולמה של הקבלה. אפשר לומר שהוא אירוע היסוד של עולמנו, כזה שמהווה את התשתית הקיימת גם עתה לכל מה שקורה בעולמנו. על בסיס זה, של סיפור השבירה ותיקונה, מוסברים עניינים רבים בקבלה, הן במבנה העולמות ותכליתם והן בעבודת ה' הפרטית של כל אדם.

מאז השבירה מציאותו של עולם זה היא מציאות של תוהו, ועל שום כך נקרא עולם זה 'עולם התוהו'. תוהו זה נרמז בתחילת ספר בראשית - "והארץ היתה תהו ובהו".[15] תוהו שקדם לעולם שלנו כמו כאוס קדום שהכול נמצא בו אבל בחוסר סדר, ללא משמעות וכיוון נראים. כזו היא מציאות התוהו ביחס לעולמנו.

אירוע זה נרמז בתורה בקטע תמוה בספר בראשית המדבר על "המלכים אשר מלכו בארץ אדום לפני מְלָך מלך לבני ישראל".[16] מסופר שם על שמונה מלכים בסך הכול, ועל שבעה מהם לא מסופר שום דבר מלבד שהם מלכו ומתו. דומה שעצם המלוכה המיתה אותם, ומכאן הכינוי לאירוע זה - 'מיתת המלכים'. עוד מסופר שם, שהמלכים הללו מלכו ומתו "לפני מְלָך מלך לבני ישראל", דהיינו לפני 'עולם התיקון' שבו בני ישראל הם המלכים.[17]

מלכי אדום הללו מסמלים את שבע הספירות־המידות שבהן חלה השבירה. הספירות הן הכלים לאור ולכוח האלוקי, וכשהם יצאו מן הכוח אל הפועל זוהי היציאה שלהם למלוך.[18] אלא שכאן התעוררה בעיה. מהות המלכות היא שלטון ללא מְצָרים, וכשהמלכים יצאו למלוך היה כל אחד למלך ללא הגבלות - מלך החסד בלי גבול, מלך הגבורה עד הסוף

14

15 בראשית א,ב.

16 ראו בראשית לו,לא-לט.

17 על עולם התיקון ראו בפרק הבא.

18 כי המלכות היא דיבור, וכשם שהדיבור שלנו מוציא את המחשבה אל הפועל מחוץ לנפש, כך המלכות היא יציאת העולמות שבכוח אל הפועל (וראו לעיל בפרק 'המלכות').

בלי פשרות וכן הלאה. מציאות כזו יוצרת סתירה מובנית, לא מתפשרת, בין הכוחות שיוצאות למלוך. מה קורה לכוח שאי אפשר לעצור אותו כשהוא נפגש במעצור שאי אפשר לעבור אותו? במצב כזה הפיצוץ, השבירה מכל הצדדים, נעשים מחויב המציאות.

הכינוי 'נקודים' ניתן לעולם זה היות שהכוחות (המלכים) המתגלים בו הם בגדר של נקודה ולא מרחב. יש בזה מעלה עצומה, בכך שהמהות העצמית מתגלה בריכוז מקסימלי, בלי שום הגבלה עד לאין סוף, אבל יש בכך גם חיסרון. לנקודה אין צדדים, אין אפורים, אין מרחב של אפשרויות אלא להיות או לא להיות בלבד. וכיוון שאי אפשר לכוחות אלו להיות במציאות שלא באופן האידיאלי השלם - הם נשברים. האופן היחיד שבו יכול עולם להתקיים הוא בשיתוף הכלים זה עם זה. באופן שאומנם מגביל כל אחד בפני עצמו אבל נותן מקום גם לאחר להתקיים יחד אתו. שיתוף אינו יכול להתקיים בין נקודות שעומדות כל אחת לעצמה. שיתוף יכול להיות רק כאשר כל אחד מהצדדים יכול למצוא בעצמו משהו מהאחר. ובנקודות, שאין בהן אלא הוא עצמו בלי גבול - אין כל זה יכול להתקיים.

אורות מרובים וכלים מועטים

המושג 'שבירת הכלים' מתייחס אל מושגי היסוד של אורות וכלים. קיומם וחיותם של כל הדברים בעולם, וכן קיומו וחיותו של העולם בכללו, תלוי בצירוף נכון של אורות וכלים וביכולת שלהם להתקיים יחד, וכשזה אינו קורה העולם נשבר. הביטוי בספרי הקבלה לכשל כזה הוא: "אורות מרובים וכלים מועטים".[19] וכמתואר בספרים, הוא היה הגורם לשבירה ולמיתת מלכי התוהו. משל לזה המובא בחסידות הוא של מילים ואותיות.[20] כאשר האותיות מסודרות בתוך המילה והמילים

19 ראו עץ חיים שער הכללים פרק א; שם שער התיקון פרק ה ועוד, ובמקומות רבים בחסידות.

20 ראו תורה אור כז,ג; לקוטי תורה במדבר פב,ג; אתהלך לאזניא עה; קטו; רנו; מאמרי אדמו"ר הזקן תקס"ח א עמ' תקסג ועוד במקומות רבים.

מסודרות בתוך המשפט הן מגלות משמעות וכיוון. אך אם המשמעות היא גבוהה מכדי שהשומע יבין אותה, המשפטים יתפרקו לעיניו למילים ולאותיות מפוזרות וחסרות משמעות. זוהי שבירת הכלים.

מעין שבירת הכלים הקוסמית, יכולה להיות גם בנפש האדם. כשהתורה מתארת את מות נדב ואביהוא בני אהרן שמתו "בקרבתם לפני ה'", ובפירוש אור החיים על התורה מבואר שהם מתו בשל הקרבה הזו.[21] הוא מסביר שנדב ואביהוא התעלו למצב של חוויה והתגלות כזו שכלי נפשם לא יכלו יותר לשאת אותה, ואז הם מתו. ידוע שאנשים רגישים במיוחד יכולים להזדהות עם הדברים שהם מדברים או כותבים עליהם ולעבור באותה שעה מעין אותה חוויה ממש. רבי חיים בן עטר היה בוודאי בדרגה זו, ובכותבו דברים אלה, משתנה סגנונו ואפשר לראות שהוא בעצמו נמצא בכתיבתו קרוב לאותו מצב נפש, ושהוא יוצא מהאיזון בין האורות לכלים בנפשו: המשפטים נעשים לא מסודרים, הוא חוזר על מילה אחת שוב ושוב בצורות שונות, כמנסה לומר משהו שאין לו מילים בשיח הרגיל בין בני אדם.

כעין זה מסופר בתלמוד על ארבעה שנכנסו לפרדס.[22] אחד הציץ ומת, אחד הציץ ונפגע (יצא מדעתו), אחד קיצץ בנטיעות (התפקר) ורק רבי עקיבא יצא בשלום. כולם נכנסו למקום רוחני של התגלויות מעבר לכל מה שהכירו ויכלו לשער בדעתם, ולכן התפרקו הכלים שלהם: אישיותם, השקפת עולמם וחיות גופם. רק רבי עקיבא יצא בשלום, וזאת משום שהשכיל להכין את כלי נפשו קודם שנכנס, ולבנותם מחדש כשיצא מהפרדס. על חסידים ראשונים מסופר בגמרא שהיו שוהים שעה לפני התפילה ושעה אחריה.[23] חסידים ראשונים, שהיו עומדים בתפילה בתחושה ממשית של עמידה מול הקודש, ידעו לאיזו חוויה קיצונית הם נכנסים ולכן היו צריכים שעה להכין את עצמם. לא כדי להרגיש את האור, אלא בעיקר כדי להכין את הכלים לקראת זה. והיו צריכים

21 ויקרא טז,א ובאור החיים שם. וראו גם בספרי חסידות כגון תולדות יעקב יוסף ומאור עיניים על פסוקים אלה.

22 חגיגה יד,ב והלאה.

23 ברכות לב,ב.

עוד שעה אחרי התפילה כדי לצאת בשלום ולהחזיר את הכלים למצב שיתאימו לאורות היום יום.

אין צורך להגיע למצבים קיצוניים ולאנשים מיוחדים, והדברים קורים מדי פעם כמעט בכל אדם. אדם מגיע לקצה יכולתו לשאת רגשות ומתחים עד שאינו יכול להמשיך במהלך חייו. משהו נשבר בתוכו, משמעות וטעם שהיו לכל מאורעות חייו באותה תקופה נעלמו והם נראים לו עתה כאוסף מקרים חסרי פשר, חסרי חיים ונשמה. רואים זאת גם ביחסים בין אישיים. קורה שעומס הרגשות של האחד הוא מעבר למוכנותו של השני, כמו עודף רצון טוב וגילויי אהבה ונתינה מצד אחד שאינם יכולים להתקבל יותר בצד השני. הם היו מלאי רגש וקסם מצד אחד אבל חסרי משמעות ומעיקים מהצד השני. זו לא יציאה גמורה מהכלים, זה לא מצב בלתי פתיר, אבל כאן ועכשיו זה לא עובד יותר. התרחשויות כאלו בחיינו הן ביטוי לחדירת התופעה הכוללת של שבירת הכלים אל מציאות היום יום.

מקור הרע

גם אם זו אינה התכלית, המציאות היא ששבירת הכלים של עולם התוהו היא מקור להסתר, לחוסר שלמות ואף לרע שיש בעולמנו.

שבירת הכלים גורמת לנפילתם של הכוחות האלוקיים ולפירודם זה מזה. הפירוד מן האלוקי הוא אומנם למראית העין בלבד, שהרי גם המסתיר הוא כוח אלוקי, אבל גם מראית העין יכולה להביא בפועל להשפעה של רע. ההכרה בקיום השורש האלוקי, המודעות למציאות של אחרים לידינו גורמת למידה של התבטלות ומחויבות כלפיהם. לעומת זאת, כשאדם פועל בזמן מסוים בלי להתחשב בזמן אחר, במקום אחר או באדם אחר - מה יהיה בשנה הבאה, מה יהיה עם אנשים אחרים - הוא יגיע להישגים, אבל גם לשבר. ומכאן מתחיל הרע: העיוות והעוול בין אדם לרעהו; ואף באדם כלפי עצמו, כאשר מעשיו וכוחות נפש שבו אינם מתחשבים בצדדי נפש אחרים שיש בו.

בעברית יש מילים רבות שמבטאות רע - חטא, פשע, עבירה, עוון,

עמל - ובכולם יש משמעות של עיוות וסטייה. החטא הוא החטאה, הפשע הוא פסיעה הצידה, העוון הוא עיוות, העמל הוא עבודה ללא תכלית. התפיסה היא שדברים ופעולות הופכים לרע כאשר הם מאבדים את המקום ואת הכיוון שלהם, וזה מה שקורה בעולם התוהו.

מכאן נובע המושג של 'קליפה' המצוי הרבה בספרות הסוד בהקשר של רע. כמו הקליפה של הפרי הגשמי כך הקליפה הרוחנית היא בשורשה הכלי שמכיל ושומר את התוכן של האור. אך כאשר הכלי מתעבה יותר מדי ומסתיר את האור לגמרי, או כאשר הוא נשבר ואינו מכיל או מבטא עוד את התוכן שהיה בו - הוא מאבד את המשמעות שלו והופך לקליפה רעה. כך שבירת הכלים, שגרמה לפיזור האור והמשמעות שהיו בכלים ולאיבוד הקשר בינם ובין חלקי הכלים, יצרה את מציאות הרע בקליפות ובעולם שלנו בכלל.

עבודת ה' שיש בהקשר לתוהו ולשבירה - מלבד התיקון שעליו ידובר בפרק הבא - היא בהסתכלות שלנו על הדברים. במקרה של שבירה ונפילה של אדם פרטי, גם אם אינו יכול לשנות את המציאות הוא יכול לשנות את ההסתכלות שלו עליה באופן שתשנה את השפעתה עליו. למשל, כשאדם רואה את הטוב בכל מה שקורה, ורואה בזה את ההשגחה האלוקית - זה ימתיק את השפעת המציאות הגשמית עליו ואפילו יהפוך אותה לטובה ממש. השינוי בהסתכלות הוא בחירה של האדם, שמתאפשרת דווקא במציאות שבורה, כאשר אין דבר שמאיר ומשפיע ומכוון אותו. דווקא אז הוא יכול להוציא את כוח הבחירה הגנוז בו אל הפועל.

השבר שבשבירה

לעומת תהליכים שנבנים זה מתוך זה, עולם התוהו הוא תהליך מתפרץ, משברי, שכתוצאה ממנו נוצר מקום לעולם חדש (הוא עולם התיקון). העולם החדש איננו המשך של קודמו, אלא פוסל אותו ומתחיל מהתחלה. עם זאת, העולם החדש איננו לגמרי חדש כי הוא בנוי על יסודות עולם

התוהו. יש בו רוח חדשה של צניעות ושיתוף ואחריות כוללת, אבל אין בו חומרים חדשים מלבד אלה שהוריש לו קודמו, עולם התוהו; חומרים של שברי מילים ומושגים שצריך העולם החדש לצרפם בצורה חדשה באופן משמעותי ובר קיום. המשבר של שבירת הכלים דומה ללידה שבאה בין העיבור והילדות. הלידה שוברת את מה שהיה, היא משבר, אולי המשמעותי ביותר בחייו של האדם - אך דווקא בו מתחילים החיים.

בין המקובלים היו שנזהרו מעצם הדיבור על עולם התוהו והשבירה. שכן, במיוחד אצל אלה המודעים למשמעות הדברים, בעצם הדיבור חוזר מקצת הדבר וקורה. ואולם בדרך כלל סברו המקובלים שכדי להתקדם מהוויית השבירה לתיקון חייבים לעסוק גם בעולם התוהו (כמובן רק במידה ההכרחית לצורך התיקון), כי בסופו של דבר ממנו ייבנה התיקון ולא מחומרים אחרים.

עולם התוהו נשבר אבל לא עזב אותנו. הוא איתנו כמו חוויה מטלטלת שעברנו ולא סידרנו. לחשוב ולדבר על זה יכול להיות קשה אבל לא כמו אז. עוברים זאת שוב, אבל לא בטוטליות של המציאות הגשמית הממשית, אלא בדרגה רוחנית כלשהי, קלה יותר, שאינה שוקעת בדברים, שמשאירה לנו מרחב לחשוב אחרת, לכוון באופן שונה את החוויה, את משמעותה ואת מסקנותיה.

השבירה עדיין מאיימת עלינו, אבל יחד עם זה מהווים אורותיה הגדולים, המתנוצצים מתוך סדקי השברים, את משאת הנפש החבויה של בני האדם אל המיוחד והגדול יותר מהם. אפשר לומר שהעוצמה והקסם שיש בניצוצות האלה, עם הסכנה שבהם, היא זו שמניעה את כל הדברים הגדולים, האחרים, היוצאים מהרגיל, בעולם שלנו.

פרק שבעה עשר

עולם התיקון

הברודים

העולמות הקודמים - העקודים והנקודים - היו שלבים מוקדמים, שלא נשלמו, של בריאת עולם שהאור האלוקי מתגלה בכלים. והנה בא העולם השלישי, עולם הברודים הנקרא גם 'עולם התיקון', שמהותו ועבודתו הן להשלים תכלית זו של גילוי אור אין סוף בכלים. המסקנה של שבירת עולם התוהו היא שאי אפשר לגלות אורות גדולים כל כך אלא באמצעות שיתוף בין הכלים השונים. את השיתוף והשילוב הזה מבטא הכינוי 'ברודים'. פשרה המדויק של המילה איננו ברור בפשט הכתובים, ואולם נראה שמדובר בשילוב בין צבעים שונים, וזהו אכן עניינו של עולם זה - השילוב בין כלי הספירות השונות.[1] אך בעיקר נקרא עולם זה עולם התיקון מפני שמהותו היא התיקון של עולם התוהו.

1 ראו באריכות עניינו של עולם הברודים בלקוטי שיחות חלק לה (בראשית פ' ויצא עמ' 131 והלאה.

עולם התיקון

לעומת השבירה שהייתה בפעם אחת, התיקון לוקח הרבה זמן. תינוק יכול לשבור ברגע אחד מכשיר שגדולי החכמים בנו אותו, אבל לתקן אותו דרושים חכמים גדולים וזמן ותהליך מורכב. וכך התיקון בעולם התיקון הוא תהליך מורכב ומתמשך.

עולם התיקון איננו עולם מתוקן אלא עולם שמתקן ופותר בעיות. על בריאת העולם הזה נאמר: "אשר ברא אלקים לעשות",[2] ואמרו חכמים שכל מה שנברא בששת ימי בראשית צריך עשייה ותיקון.[3] וכבר הוסבר בפרק הקודם שעולם התוהו שנשבר, הקודם לעולם התיקון, הוא התשתית שעליה נבנה עולם התיקון שלנו שענייננו לסדר ולתקן את שברי התוהו. זהו עולם שנמצא כל הזמן בתהליך תיקון, ושאינו יכול להיות מתוקן עד הסוף, כי ככל שייפתרו בעיות יישארו תמיד בעיות שניתנות לפתרון רק ביום הבא ובדרגה הבאה. וכאשר יגיע העולם הזה להשלמת כל התיקון הוא לא יהיה עוד 'עולם התיקון' אלא 'העולם הבא'.

לאדם בעולם התיקון יש תפקיד מרכזי, כי בהיותו היצור הדינמי היחיד שמשתנה ומשנה דברים בעולם הזה, הוא הליבה של עולם התיקון. כל השאר - הדומם והצומח והחי, החומרי והרוחני - אינם אלא הרקע והמקום לפעולתו ועבודתו של האדם.[4] עיקרו של האדם הוא נפשו האלוקית, וסביבה לבושים של נפש בהמית וגוף ועולם שלם של דומם צומח וחי, שאותם הוא מעלה ומתקן בתנועות נפשו.

כל עבודה מתחילה בכך שאדם מזיז את עצמו ומזיז דברים מהמקום שבו הם היו אתמול. כי איך שהוא מרגיש ורואה דברים תחילה, אם הוא איננו משנה זאת זהו עדיין עולם התוהו. אבל כשאדם זז ומזיז דברים ממקומם כדי לתקנם הוא כבר יוצא לדרך. עוד רבה הדרך להשלמת התיקון, אבל באותו רגע הוא כבר הפך את עולם התוהו לעולם התיקון.

2 בראשית ב,ג.

3 ראו בראשית רבה יא,ו.

4 לכן ראש השנה שבו מציינים את תחילתו של העולם הזה (הוא עולם התיקון) הוא היום השישי לבריאה שבו נברא האדם ולא היום הראשון לבריאה.

סדר

את עבודת התיקון אפשר לראות כעשיית סדר. השבירה הייתה שבירה של הסדר, והתיקון הוא לפיכך עבודה של סידור. עולם התיקון דומה לבניין שהתמוטט ואבניו נערמות בכל מקום לבלי הכר אם האבנים הן של החצר או החדר, אם הן שייכות לרצפה או לתקרה. עבודת התיקון היא לסדר את האבנים מחדש, למצוא מקום לכל אבן ביחס לאבנים אחרות, לגלות קשר בין האבנים, ליצור מהן מבנה אחד שיש לו משמעות ותכלית. הרעיון של התיקון איננו דווקא לבנות מחדש את המבנה שהיה קודם לכן, אלא לסדר את האבנים במבנה שיהיה משמעותי ושימושי עבורנו בעולם הנוכחי. כשבונים בית, התכלית אינה הבית כשלעצמו, אלא הבית המתאים למי שיתגורר בו. ובנמשל, לבנות את עולמנו הגשמי והרוחני באופן שכל פרט שבו ישמש את הגילוי האלוקי שעובר דרכו - באמונה, בהבנה, בהרגשה ובמעשים שלנו.

בדימוי המובא בספרי חסידות מתוארת השבירה כשבירת המילים והמשפטים של הדיבור האלוקי לאותיות מעורבבות שאינן יכולות לבטא את התוכן האלוקי.[5] מעתה עבודת התיקון שלנו היא לסדר את האותיות במילים שבוראות ומקיימות את עולמנו אבל אינן שוכחות שהן דיבור אלוקי, ואינן שוכחות להיות מובנות ומאירות לנו, בני האדם. כי המשמעות של כל זה היא רק אם אנחנו נראה בצירופי האותיות שנרכיב לא רק את מה שנברא בהן אלא גם את האלוקי שבורא בהן.

את כוחו של הסדר אפשר לראות גם בעולם הזה. כוח צבאי מאורגן בסדר טוב, אפילו קטן ודל באמצעים, יגבר על כוח שאינו מאורגן, אפילו אם הוא גדול ומצויד ממנו פי כמה. סוד התיקון הוא אפוא הסדר שקושר יחד פרטים הנפרדים זה מזה, ומגלה בכך משמעות שאינה מצויה בפרטים כשלעצמם.

כיצד יודע האדם לסדר ולתקן את הדברים? הוא יודע בעיקר

5 ראו לקוטי תורה במדבר פב,ג; אתהלך לאזניא עמ' קטו; מאמרי אדמו"ר הזקן תקס"ב, עמ' פה; מאמרים מלוקטים חלק ב, עמ' שמז.

משום שהסדר נמצא בתוכו. האדם מתקן את המציאות לא רק מכוח הדינמיות שבו אלא גם מעצם תבנית נשמתו ואפילו גופו. לכן, כבר בעצם התייצבותו של האדם בעולם, כשהוא נוכח ונוגע בדברים - אוכל, לובש ומשתמש - מסתדר העולם שסביבו על פי הסדר שבו.

ואולם הדברים אינם פשוטים ואינם קלים, כיוון שהאדם עצמו מורכב מתוהו ומתיקון יחד - נפש אלוקית מתוקנת מול נפש בהמית וגוף שאינם מתוקנים ושייכים עדיין לתוהו.[6] עצם תודעת האני שלו כבר מכילה מרכיבים של תוהו ומצבים של שבירה הדורשים תיקון וסידור. משום כך, אין די בעצם היותו, והוא נדרש לעבודה קשה של בירור ותיקון שמתחילה בתוך עצמו - תיקון הנפש הבהמית והגוף על ידי הנפש האלוקית. כדי לעמוד בעבודת בירור זו, שנעשית בתוך עצמו, הוא צריך לפנות להדרכה מחוץ לו, אל תבנית אדם גבוהה יותר. תבנית טהורה של תיקון שאין בה תערובת של תוהו וקליפה. תבנית זו היא בעיקרה תבנית הספירות שבעולם האצילות הנקראת גם היא 'אדם'.

אכן, אין די בתבנית זו בהיותה תבנית של מעלה, בלתי מושגת לאדם שלמטה. על הפער הזה מגשרת התורה, הנקראת גם היא 'אדם',[7] והיא מחברת בין העליונים לתחתונים,[8] בין האצילות של מעלה לאדם של מטה. כפי שהקב"ה הסתכל בתורה וברא את העולם, כך אנו לומדים ומקיימים את התורה, ובכך אנו מתקנים ומסדרים את עצמנו ואת העולם שלנו בתבניתו של עולם האצילות.

6 סימן לדבר, חשבון האותיות 'בהמה' הוא כמספר השם האלוקי ב"ן, המציין את האלוקות שבשבירה, ו'אדם' בחשבון האותיות הוא כשם מ"ה, השם האלוקי המתקן.

7 כמו שכתוב: "זאת התורה אדם" (במדבר יט,יד), כשם שבתבנית אדם רמ"ח אברים ושס"ה גידים כך בתורה רמ"ח מצוות עשה ושס"ה מצוות לא תעשה. וראו זוהר חלק ב קיז,ב; חלק כט,ב ועוד ובמקומות רבים בחסידות.

8 על פי המדרש: "משל למלך שגזר ואמר בני רומי לא ירדו לסוריא ובני סוריא לא יעלו לרומי, כך כשברא הקב"ה את העולם גזר ואמר השמים שמים לה' והארץ נתן לבני אדם. כשביקש ליתן התורה ביטל הגזירה ואמר התחתונים יעלו לעליונים והעליונים ירדו לתחתונים" (תנחומא וארא טו; שמות רבה יב,ג). ומבואר במקומות רבים בחסידות.

עולם האצילות

לכל דבר שבור ומקולקל יש למעלה שורש מתוקן. שורש עליון שקיים בשלמותו למעלה ומשמש דוגמה ואפשרות להיות כך למטה. ואכן, למעלה ופנימה לכל העולמות הנבראים, הבלתי מסודרים והבלתי מתוקנים, ישנו עולם מתוקן ושלם שאין בו כלל הסתר ועיוות, שכל כולו מאיר ומגלה אור אלוקי. עולם זה נקרא 'עולם האצילות'.

על הכינוי 'אצילות' נאמרו כמה הסברים: מצד הנבראים הוא מכונה כך משום שהוא סמוך אצל הקב"ה ובטל אליו עד שנחשב לגביהם כאלוקות בעצמו. ומצד הבורא הוא מכונה כך משום שהוא רק האצלה והארה כלשהי מן האלוקי.[9] כלל הדברים, עולם האצילות עם היותו האצלה בלבד מן האלוקי הוא איננו נפרד ממנו אלא הוא בטל לחלוטין לאלוקי.[10] לעומת זאת, בעולמות הנבראים - עולם הבריאה, עולם היצירה ועולם העשייה - יש תמיד מידה של ישות עצמית נפרדת מהאלוקי.[11]

כאן יש להבחין בין עשר הספירות שיש בכל עולם, גם בעולמות הנבראים, ובין העולם עצמו המקבל מהן ומלביש אותן. בעשר הספירות עצמן, הנמשכות מעשר הספירות של האצילות, הביטול הוא מוחלט, אבל מצד העולם שמלביש את הספירות ישנו הבדל. ככל שהעולם הוא נמוך יותר וחומרו גס יותר הלבוש אינו שקוף ובטל לאור האלוקי שבספירה, וכשם שהוא מגלה אותה הוא גם מסתיר אותה. עד שבעולם העשייה הגשמי, הלבוש מסתיר את האלוקות שבספירות לגמרי. מה שאין כן בעולם האצילות שיש בו אחדות שלמה בין האור והכלי,[12]

9 כמו שנאמר לגבי משה והזקנים: "ויאצל מן הרוח אשר עליו ויתן על שבעים איש הזקנים" (במדבר יא,כה). הזקנים לא קיבלו מן הרוח כפי שהיא במשה אלא רק האצלה ממנה.

10 במקומות רבים בחסידות, כגון ספר המאמרים תרנ"ח עמ' יח; שם תרנ"ט עמ' כט; ספר המאמרים תש"י עמ' 112; תש"ג עמ' 131 ועוד.

11 אומנם מידת ההסתר האלוקי משתנה ביניהם: בעולם הבריאה רובו גילוי ומיעוטו הסתר אלוקי, בעולם היצירה חציו גלוי חציו הסתר ובעולם העשייה רובו עד כולו הסתר.

12 וכלשון הזוהר (תיקוני זוהר בהקדמה ב,ב) שבעולם האצילות "איהו וחיהוי חד איהו וגרמוי חד" (הוא והחיות־האור אחד והוא והכלי אחד).

כשם שבספירות הגילוי הוא מוחלט בלי הסתר כלל כך הוא בעולמות האצילות. כי גם בעולם האצילות ישנו כעין עולם של אצילות שמקבל מספירות האצילות עצמן. עולם שיש בו נשמות ומלאכים של אצילות שמקבלים בשקיפות גמורה בלי הסתר כלל את הארת האצילות בכלים שלהם. נשמות מיוחדות אלו נקראות 'נשמות דאצילות'.[13] אכן לנפש אלוקית של כל יהודי יש שורש באצילות, אבל אותן נשמות של אצילות נשארות באצילותן גם כשהן יורדות לעולמות הנבראים. בכך יוצא עולם האצילות עצמו מן הכוח אל הפועל, שאינו רק הארה אלוקית אלא גם מציאות שמקבלת ומבטאת את הארת האצילות. מציאות עולם זה מהווה השראה לכל העולמות הנבראים שגם בהם יכולה להיות מציאות כזו של ביטול שלם לאלוקות. מציאות של תיקון, של עולם וכלים שמגלים אלוקות ולא מסתירים כלל.

עולם האצילות אינו זהה לעולם התיקון. עולם התיקון הוא מושג רחב שכולל את כל תהליך התיקון שנעשה בעולם האצילות ובעולמות הנבראים - עולם הבריאה, עולם היצירה ועולם העשייה - שבהם עיקר עבודת התיקון והבירור. במכלול של עולם התיקון, עולם האצילות הוא החלק המתוקן כבר, הדגם שעל פיו מסתדרים ומיתקנים העולמות הנבראים שאינם מתוקנים עדיין.

משל הדבר לצדיק גמור שכל עבודתו ומציאותו בעולם הזה אינה אלא עבור האחרים בלבד. הצדיק הזה, משום שהוא צדיק, איננו יכול להגיע בפועל אל כל האנשים והמקומות שאינם מתוקנים, אבל הוא משמש השראה עבורם. הוא רק נמצא ואנשים רואים איך צריך להיות; ואפילו אינם רואים אלא רק מקבלים סוג של השראה מעצם הימצאו. נוצרת אווירה אחרת בנוכחותו שבה אפשריים דברים שקודם לא עלו כלל על הדעת. כך בנמשל, עולם האצילות הוא השראה לעולמות, הוא התבנית שמסתכלים עליה ומסתדרים לפיה. זאת ועוד, תכלית התיקון אינה רק להביא את הכול למעלת עולם האצילות אלא לדרגה שהיא

13 דוגמה לכך הן נשמות האבות שהיו מרכבה למידות של האצילות הגם שחיו בגוף בעולם הזה. יש גם מסורות המייחסות נשמה כזו גם לרשב"י ועוד, ואף בדורותינו מספרים כך על הצדיקים הגדולים כמו הבעש"ט ואדמו"ר הזקן שהיו נשמות דאצילות.

למעלה ממנה - דרגה שבה הכלים המתוקנים יכילו ויגלו גם את האורות הגדולים של התוהו, שלמעלה מהאצילות.

סדר התפילה כולו בנוי בתבנית העולמות. חלק הקורבנות כנגד עולם העשייה, פסוקי דזמרה כנגד עולם היצירה, ברכות קריאת שמע וקריאת שמע כנגד עולם הבריאה, ותפילת עמידה היא כנגד עולם האצילות. כמו בעולם האצילות שבו הכלים מאוחדים בשלמות עם האור שבהם ובמהות האלוקית המתגלה בהם, כך בתפילת העמידה עומד האדם ברגליים ישרות, כמו המלאך שהוא שליח גמור, ובביטול כל ישותו ועניניו האישיים.[14] בזה מובנות המילים שאומרים קודם תפילת העמידה - "ה' שפתי תפתח ופי יגיד תהלתך"; כלומר, מעתה המילים שאומר כבר אינם שלי והעניינים שאתפלל עליהם אינם פרטיים שלי. המילים הם שלך והעניינים הם שלך ואני רק הפה שאומר אותם. וכך גם בעולם האצילות אין בו כלום מלבד גילוי אלוקות, והאורות והכלים אומרים בו דבר אחד.

אורות מועטים וכלים מרובים

עולם התוהו נשבר כפי שתואר בפרק הקודם משום שהיו בו "אורות מרובים וכלים מעטים". בעולם התיקון נהפכות ההגדרות: "אורות מועטים וכלים מרובים".[15]

אורות מועטים הם אורות מצומצמים וחלקיים, וכלים מרובים הם ריבוי של כלים שונים זה מזה שמוסיפים הסתר וצמצום. לכאורה יש כאן ויתור. במקום האורות הגדולים המסעירים פורצי הגבולות, הגילוי שבעולם התיקון הוא מוקטן ומוחלש, כעין נסיגה מהאור העצום שפרץ בתוהו.

זה נכון ולא נכון. אורות מרובים הם מעלתו של עולם התוהו

14 כמאמר חז"ל "אין עמידה אלא שתיקה" (סוטה לט,א) ושתיקה היא ביטול. ראו ליקוטי תורה במדבר כ,ג; כב,ג ובמקומות רבים.

15 ראו עץ חיים שער י הוא שער התיקון פרק ה ועוד, ובמקומות רבים בספרי חסידות.

שקדם לתיקון לא רק בזמן אלא גם במעלה. אבל האורות הללו לא התגלו מעולם בכלים ומעולם לא התקיימו במציאות. לעומתם האורות המועטים שבתיקון הם אכן הקטנה של האור, אבל זהו אור שמתגלה בכלים ומתקיים במציאות. זו אכן ירידה אבל צורך עלייה, ירידה ונסיגה מדרך גדולה שלא צלחה אל דרך של ענווה ושפלות תחילה. כך היא דרך התיקון במיעוט וביטול לפי הצורך ולפי המידה של הכלי; שלא לשבור אותו, אך גם באחריות והתחשבות כלפי הכלים האחרים שלא לרמוס ולא להפריע ולהיות בהתאמה ובשיתוף של כולם יחד. כך מעט מעט נבנים ומתקיימים המבנים הרבים של התיקון, שומרים קשר עם כולם ובונים יחד מערכת אחת שתוכל בסופו של דבר להכיל גם את האורות המרובים.

כאמור, עולם התיקון הוא בתהליך של תיקון, ונכון לעכשיו איננו רואים את השלמתה של העבודה. אך ללא ספק סיום העבודה בוא יבוא. אורות התיקון המועטים שרואים כעת אינם מחליפים את אורות התוהו אלא יורשים אותם,[16] מוסיפים אותם אל תוכם עוד ועוד, עד שלבסוף יתגלה לעינינו שהאורות המתגלים בתיקון כוללים גם את אורות התוהו ואף אורות גבוהים יותר. שהרי בתיקון בצירופם יחד יגלו אור רב ועצום יותר לאין ערוך משהיה בכל אחד מהם לבדו קודם השבירה.

תוהו ותיקון בעבודת ה' הם השכלה ועבודה: השכלה היא תוהו - אורות מרובים וכלים מועטים, ועבודה היא תיקון - כלים מרובים ואורות מועטים.

השכלה ועבודה הן מושגים בהוויה החסידית. בהשכלה, הלימוד של תורת חסידות הוא לימוד תיאורטי כדי להבין ולדעת את המושגים והמהלכים של תורת החסידות. בעבודה לימוד החסידות נועד מתחילה כדי להתפלל בו וכדי לתקן ולשנות את טבע מידותיו והנהגותיו.

16 וכמבואר בכמה מקומות שיעקב שהוא התיקון יורש את עשו שהוא התוהו (ראו מאמרים וקונטרסים חלק ב שסב,ב).

השכלה היא תוהו כי היא אורות מרובים של הבנות עמוקות ורחבות, אבל כלי היישום של האורות הללו – בתפילה, במידות הנפש ובהנהגת האדם בעולם המעשה – הם מועטים ביחס לאורות המרובים. עבודה היא תיקון כי בהגדרתה אין האורות אלא לפי הכלים – לפי היכולת של הנפש להתפעל מהם ולבטא את ההתפעלות במעשה בפועל.

התכללות הכלים (הספירות)

מהו הסוד של כלים מרובים שמאפשר להם להתקיים עם האור בתוכם?

השוני המהותי בין הכלים־הספירות של עולם האצילות ובין אלו של עולם התוהו הוא בקשרים ביניהם. בעולם התוהו מופיעה כל ספירה בפני עצמה בלי קשר לספירות האחרות. לעומת זאת, בעולם התיקון מופיעות הספירות תמיד יחד, בתוך מרחב משותף שבו הן חייבות להתייחס אחת לשנייה. באופן גרפי אפשר לתאר את הדבר כהבדל שבין שני קווים לשלושה.[17] בין שניים אין קשר, כל אחד הוא קו בפני עצמו. לעומת זאת כאשר יש שלישי ביניהם שיש בו מזה ומזה, הם יכולים להתקשר זה בזה ואף להתחבר בהוויה משותפת אחת. המציאות של קו משותף טובעת בכל אחת מהספירות משהו מכל הספירות האחרות. בחסד יש מהגבורה והתפארת ובגבורה יש מהחסד והתפארת. בגבורה שיש בחסד מתייחס החסד לגבורה, ובחסד שבגבורה מתייחסת הגבורה לחסד. יכולת ההתקשרות הזו יורדת מהספירות של עולם האצילות אל הספירות שבכל עולם ולכל פרטי העולמות הנבראים; לעולם הטבעי, לכל חברה של אנשים ולכל אדם בעצמו. היכולת לבנות מערכת מתוקשרת ומאורגנת בתוך עצמה היא סוד הקיום וההצלחה בכל עולם התיקון.

להתקשרות זו קוראים גם 'התכללות', שכן היא כוללת את כל הפרטים במבנה אחד. התכללות זו שונה מהאופן שבו היו האורות בעולם

17 ראו תורה אור כד,ד שבתוהו יש שני קווים של ספירות, ואילו בתיקון יש שלושה קווים: ימין, שמאל ואמצע.

העקודים הקדום. בעולם העקודים אורות כל הספירות היו עקודים בכלי אחד. אבל כלי אחד אינו מגלה דבר; הוא כמו צליל אחד או כמו אות אחת שאין בהם שום אמירה אם אינם מצטרפים לצליל אחר ולאות אחרת. לעומת זאת בעולם התיקון יש כלים נפרדים לכל אחד מאורות הספירות ומה שמקשר ביניהם הוא התכללות הכלים אלו באלו. הכלי במהותו הוא מוגבל ואין שום כלי פרטי שיכול להכיל אין סוף אלוקי. ואולם בתהליך התיקון של מיעוט האור והרחבת הכלים, של התקשרות ושיתוף הכלים זה עם זה והתכללותם יחד - נוצרת מערכת אחת שיש בה גם שונות וגם אחדות. מערכת שמכילה ומגלה אורות מוגבלים אומנם, אבל את כולם יחד, ובכך היא מבטאת, גם אם בזעיר אנפין - את המהות האלוקית בכללה ובשלמותה.

העבודה האישית של האדם בהתכללות המידות היא במיעוט עצמו והחשבת הזולת.

העלאת הניצוצות

לעבודת התיקון יש כמה פנים. צד אחד של התיקון הוא לגרום לכך שלא תהיה עוד שבירה של הכלים, ודבר זה נעשה על ידי התכללות המידות זו עם זו. צד נוסף הוא תיקון השבירה שהייתה, והוא נעשה על ידי בירור והעלאה של ניצוצות אור הקדושה שנפרדו ונפלו אל הקליפות.

הניצוצות הם הגילויים האלוקיים שבאורות התוהו, שהתפזרו בתוך שברי כלים חסרי משמעות. על דרך משל המובא בחסידות, השבירה היא כמו ספר שהתפזרו אותיותיו.[18] באותיות מפוזרות אלו צפונים שברי המשמעות שהייתה למילים ולמשפטים בספר. שברי משמעות אלו הם הנקראים ניצוצות, והבירור שלהם מתוך התערובת וסידורם באופן שתאיר בהם המשמעות היא העבודה של בירור הניצוצות.

18 ראו לקוטי תורה במדבר פב,ג; ספר המאמרים אתהלך לאזניא עמ' קטו; שם תקס"ב עמ' פה ועוד.

הניצוצות הללו משולים לאדם שחולה בשיכחון (אמנזיה), ושכח מי הוא ולאן הוא הולך. המחלה איננה פוגעת בכישורים שהיו לו אבל מה שנפגע הוא הכיוון. ניצוצות אבודים אלה, נמצאים בכל מקום בעולמנו, פונים לטוב ולרע ולכל כיוון, כי הם אינם יודעים מי הם ולאן הם צריכים ללכת. מסך השכחה של הניצוצות, חוסר הסדר וערבוב התחומים של טוב ורע, חשוב ולא חשוב, הופך אותם למה שמכונה 'קליפות'. רואים רק את הקליפה, שורה סתמית של אותיות או אבנים, ואין רואים את המשמעות שהייתה לבניין השלם.

מאז השבירה מפוזרים הניצוצות היכן שנפלו. כל אחד מהניצוצות מונח לבדו היכן שנפל כי אינו יודע לאן הוא שייך, איננו זוכר איזו שפה הוא מדבר, ואיך להתקשר אל ניצוצי האותיות האחרות ומשמעותן. כשלעצמו הוא אינו יכול לעשות דבר מלבד לחכות, עוד שנה ועוד אלף שנה, שמשהו יקרה, שמישהו יעבור שם וידבר איתו ויספר לו.

מי שהולך ועובר בכל המקומות הללו הוא האדם. כשהאדם בעצמו מתוקן, הוא לא צריך לעשות שום דבר אחר.[19] רק לחיות את חייו השלמים, והניצוצות יישאבו אליו ויעלו דרכו למקומם. אדם כזה אינו צריך להילחם עם הקליפה שמסתירה את הניצוצות, כי היא אינה מסתירה עבורו. האמת המוחשית שלו היא שאין עוד מציאות מלבד האלוקי.

העבודה והמלחמה

רוב הנשמות בעולמנו אינן במצב שלמות זו, הן בעצמן ניצוצות אלוקיים שנפלו בין הקליפות. אדם כזה איננו יכול להעלות את הניצוצות שבעולמות בעצם עוברו בם, שכן האור האלוקי שבנשמתו נסתר אפילו ממנו. והניצוצות האלוקיים שבעולם לא מזהים בו את האור והתבנית האלוקית שהם מחפשים.

19 ראו תורה אור כג,ד ד"ה "אם לא תדעי לך היפה בנשים" שמחלק בין נשמות של אצילות שמקבלות את 'יופי התואר' של הספירות שבאצילות, ובין הנשמות שבעולמות הנבראים (בריאה, יצירה, עשייה) שאין נראית בהם בגלוי התבנית האלוקית של הספירות כמו באצילות.

מה תכליתו של אדם כזה שאינו צדיק, שנשמתו נמצאת כל כך נמוך? התשובה היא שרק הוא יכול להגיע אל הניצוצות שנמצאים כל כך נמוך. הצדיק מאיר ומשפיע היכן שהוא נוכח, למעלה במקום שרואים קדושה, ולא למטה. וכפי שלא ניתן לעזור לאדם ששקוע בבוץ בלי להגיע אליו ולמשכו משם, בלי לדבר אליו בשפה שהוא מבין, בלי להבין את הרגשות והתסכולים שהוא מרגיש, כך אל הניצוצות הללו השקועים למטה כל כך אי אפשר להגיע בלי להיות שם.

לניצוצות שלמטה יש חשיבות מיוחדת. שבירת הכלים יצרה כעין היפוך בין המעלה והמטה, כך שהניצוצות הנמצאים למטה הם אלו העליונים יותר. בספרי חסידות מובא משל לזה, כאשר חומת אבנים נופלת האבנים הגבוהות נופלות רחוק והאבנים הנמוכות נשארות קרוב.[20] וכך דווקא במקום הרחוק והנמוך ביותר נפלו הניצוצות הקדושים והעליונים יותר. תופעה מעין זו קיימת גם בעולם המוכר לנו, שבשעת משבר דווקא המבנים הגבוהים והמשוכללים יותר נופלים קשה ונמוך יותר. לשם דוגמה, המשבר הכלכלי החמור באמריקה בשנת 1929 לא היה יכול להתרחש בשנת 0 לספירה, משום שהכלכלה לא הייתה אז מספיק משוכללת כדי שתוכל להישבר כל כך עמוק. רק מבנה גבוה מאוד של מערכות כלכליות הבנויות זו על גבי זו יכול היה ליפול ולהשפיע בהיקף גדול כל כך. משמעות הדבר שעיקר עבודת העלאת הניצוצות היא דווקא למטה, והיא מוטלת בעיקר על האדם שנמצא למטה; לא הצדיק אלא הבינוני ובעל התשובה.

בירור והעלאה של הניצוצות הם 'עבודה'. עבודה היא עיבוד של המציאות, של האדם ושל החברה, שיהיו מזוככים ומתאימים לקבל את תבניות הקדושה.[21] ויש בה גם משמעות של התגברות על קשיים שמופיעים תמיד היכן שרוצים לשנות הרגל וטבע של מציאות.[22] יש עבודה בדרך של שלום, של התבוננות חזקה ושכנוע, ויש עבודה בדרך של מלחמה. כאשר אי אפשר לשכנע ואין עם מי לדבר - יוצאים למלחמה!

20 ראו תורה אור צז,ב.

21 ראו תורה אור עו,א.

22 ראו תניא פרק טו על מושג העבודה.

מניין באים הכוחות לאדם הפשוט, הרגיל, לצאת למלחמה הקשה הזו שמוטלת דווקא עליו? הכלל הראשון הוא שכל אדם צריך לעשות מה שהוא יכול כעת, לא לחכות להשראה וקבלת כוחות מלמעלה, אלא לקום ולעשות כל מה שבידיו לעשות. וכשאך יוצאים לעבודה ולמלחמה זו מגלים עוד ועוד אפשרויות וכוחות חדשים, עוד ועוד טעם ומשמעות למעשים שעושים. עצם העבודה משנה את המציאות של האדם וסביבתו, ומה שהיה בלתי אפשרי הופך לאפשרי מתוך העבודה. היכולת לצאת למלחמה, לקום ולעשות גם בניגוד לטבע ולסביבה, מקורו עמוק בנפש, היכן שלא אהבה ולא יראה ואף לא הבנה פועלים, אלא זהו כוח של רצון פשוט הנובע מעצם הנפש. כוח פנימי זה אינו מתמודד מול השכל והרגש של הנפש הטבעית הבהמית, אלא פונה ישירות אל לבושי הנפש - המחשבה, הדיבור והמעשה - ושם הוא עורך את המלחמה. בכוח המעשה התחתון היכן שנעוץ כוח הרצון העליון, הוא מגיע אל ניצוצות הקדושה שלמטה ומעלה אותם בעשייה של מצווה ובמסירות נפש שמעבר מהשכל.

הבירורים

חטא עץ הדעת הכניס את העולם לסיבוך נוסף ביחסי הטוב והרע. אם קודם החטא הטוב והרע היו קיימים בעולם בנפרד, מאז החטא (חטא עץ הדעת והמשכו בכל חטאי בני האדם) הטוב והרע מעורבבים בעולם שלנו.[23]

בספרים מדובר על שני שלבים של בירור.[24] השלב הראשון הוא על ידי המלכות היורדת למטה לעולמות הנבראים.[25] שלב זה נעשה על ידי האנשים שאינם צדיקים גמורים, החיילים הרגליים שיורדים אל המקום

23 ראו תורה אור ה,יג.

24 ראו דרך מצוותיך מצוות איסור עבודת כהן בעל מום עמ׳ לא,ב והלאה בשם ספר הגלגולים ובמקומות רבים בחסידות.

25 הוא הנקרא בירור שם ב״ן, המברר את הרע שבעולמות התחתונים.

שנפלו בו הניצוצות כדי להוציאם משם.[26] הבירור במלחמה זו מתחיל בעצם הכרזת המלחמה, כאשר קוראים לאויב אויב ולאוהב אוהב. כך מתחדדות ההגדרות והצדדים מתבדלים זה מזה, וככל שהם מתבדלים יותר הרע והקליפה נחלשים ומתכלים. הרעיון הוא שמכיוון שהרע מקבל את חיותו מן הקדושה (כי אין לו חיים משל עצמו), כאשר הוא ייבדל מן הקדושה הוא יחדל להתקיים.[27] ישנה אמרה בתלמוד "לא עכברא גנב אלא חורא גנב", לא העכבר גנב אלא החור גנב.[28] התופעה של גנבות מתקיימת לא רק משום שיש גנבים אלא בעיקר משום שיש מי שקונה את הגנבות בעולם התחתון וסוחר בהן חזרה אל העולם הנורמטיבי. אם לא היה מעבר בין העולמות, אם הגנבות היו נשארות כולן אצל הגנב, התופעה בעיקרה הייתה מתבטלת. זה בדיוק מה שעושה עבודת הבירורים, מנתקת את הקשר בין התחומים, וממילא הרע כלה.

השלב השני של הבירור הוא אחר שהקדושה נפרדת מן הרע הגמור שבעולמות הנבראים. ומבואר שבירור זה נעשה על ידי המלכות שיורדת לעולמות הנבראים ומעלה משם את ניצוצי הקדושה בבחינת העלאת מים נוקבין לאצילות, ושם מתבררים בירור שני ומתעלים עוד על ידי המים הדכורים של החוכמה,[29] וכלשון הזוהר "בחכמה אתברירו".[30] למעשה הדבר נעשה על ידי האדם בלימוד התורה וקיום התורה ש"מחכמה נפקא" (שמחוכמה היא יוצאת). כגון, כאשר לומדים את ההלכה ויודעים כיצד יש לנהוג - מסדרים בכך את חלקי העולם על פי החוכמה האלוקית, ובכך מתברר הטוב עוד ועוד מכל נגיעות הרע.

הבנה פנימית יותר קשורה למהות החוכמה עצמה. כמו שבעולם

26 ראו בעש"ט על התורה וישלח אות ה.

27 הוא הרעיון המובע בספרי הקבלה בכתוב "עת אשר שלט האדם באדם לרע לו" (קהלת ח,ט). כלומר: כאשר שולט האדם של הקליפה באדם של הקדושה - יהיה זה לרע לו, לקליפה.

28 גיטין מה,א; קידושין נו,ב ועוד.

29 ראו דרך מצוותיך שם. ועל מושגים אלה ראו בפרק 'מלכות' סעיף 'הנוקבא'

30 זוהר חלק ב רנד,ב; עץ חיים שער יח שער רפ"ח ניצוצין פרק ח; איגרת הקודש כח ובמקומות רבים.

האצילות אין כלל ישות נפרדת מאלוקות כך גם בחוכמה.[31] ומשום שאין בחוכמה כשלעצמה שום נגיעה של ישות, הרי שכל הבא אל החוכמה מופשט בכך מישותו ומכל מגע עם הקליפה והרע. זהו בירור הניצוצות שנעשה על ידי החוכמה והתורה ש"מחכמה נפקא".

את בירור הנפש שלו עושה האדם בעיקר בעבודה התפילה. בעומדו בתפילה מחויב האדם לתת דעתו שלו לאלוקי. וככל שהוא מעמיק בתפילתו מתברר אצלו יותר ויותר היוקר והעונג שבקדושה, לעומת דחייתו ומאיסתו מכל מה שמרחיק אותו מהקדושה. התפילה ב'עבודה' היא אפוא היוצרת את ההבדלה המוחשית בנפש בין הקדושה לקליפה.

יתרון האור מן החושך

כפי שהוסבר, יתרון האור הוא דווקא בגילוי האור בניצוצות שנפלו רחוק. יתרון זה הוא מעבר לכל האור המוכר, וכשהוא יתגלה יהיה הסבר והצדקה לכל השבר והירידה והעמל שבדרך.

עולם האצילות הוא המציאות של עולם מתוקן, והקדושה המתגלה בו היא האור שבספירות - אור החוכמה והבינה, אור החסד והגבורה וכן הלאה. ואולם לקדושה העולה מחשכת העולמות התחתונים על ידי עבודת האדם יש תכלית מעבר לכך. האור האלוקי שבספירות האצילות הוא האור שבכלי הספירות הנקרא 'ממלא כל עלמין',[32] ואילו תכלית האור העולה מהחושך היא לגלות את האור האלוקי בעצמו כפי שהוא מעבר לכלי הספירות הנקרא 'סובב כל עלמין'. לתכלית זו מגיעים דווקא דרך העבודה של תיקון עולם התוהו השבור, בבירור והעלאה של אורות התוהו הגדולים מהכלים, אל גילויים למעלה גם מהגילוי שבכלי הספירות.

יתרה מזו, בהשלמת התיקון יגלו הכלים של התיקון לא רק את

31 כידוע השייכות של הספירות לעולמות: המלכות בעולם העשייה, זעיר אנפין בעולם היצירה, בינה בעולם הבריאה והחוכמה בעולם האצילות.

32 על מושגים אלה ראו לעיל בפרק 'אורות וכלים'.

האורות שבהם, כמו באצילות, ולא רק את האורות הגדולים יותר של התוהו שלא יכלו הכלים להכילם, אלא אף את האור שמעבר לתוהו ולתיקון יחד, הוא אור עולם העקודים.[33] כפי שהוסבר בפרק הקודם, בעולם העקודים מאיר האור האלוקי בכלי אחד, כפי שהוא באחדות גמורה המבטאת את אור אין סוף עצמו המאוחד באחד האלוקי עצמו. אך בהשלמת עולם התיקון יהיה גילוי זה בכלים הרבים והשונים שבעולם הזה ממש ובכל שכל נברא ממש.

33 ראו תורה אור י,ב ד"ה ויאמר ה' הן עם אחד וכו'; הנחות הר"פ עמ' צט.

לוח ספרים

אור האמת הרב דוב בער ממעזריטש (המגיד ממעזריטש); מהדורת מכון 'נחלת צבי', בני ברק תשפ"ד

אור תורה הרב דוב בער ממעזריטש (המגיד ממעזריטש); מהדורת הרב יעקב עמנואל שוחט, הוצאת קה"ת

איגרת הקודש הרב שניאור זלמן מלאדי (אדמו"ר הזקן); החלק השלישי מספר התניא

ארבע מאות שקל כסף הרב חיים ויטאל; מכתבי האר"י ז"ל, ובו ביאור השתלשלות העולמות והפרצופים בחוכמת הקבלה

אתהלך לאזניא הרב שניאור זלמן מלאדי (אדמו"ר הזקן); קובץ ממאמריו משנות ראשית נשיאותו

באתי לגני הרב מנחם מענדל שניאורסאהן (הרבי מליובאוויטש); קובץ מאמרים על המאמר 'באתי לגני' של הרב יוסף יצחק שניאורסאהן (אדמו"ר הריי"ץ)

בחיי על התורה רבנו בחיי בן אשר (מקובל מהמאה ה־13-14)

ביאור תניא הרב עדין אבן־ישראל (שטיינזלץ)

דרך מצוותיך הרב מנחם מענדל שניאורסאהן (אדמו"ר הצמח צדק); ביאור כמה מצוות בדרך הקבלה והחסידות; מהדורת תשנ"א

הלקח והליבוב הרב אלכסנדר סנדר יודסין; ביאור לתניא

הנחות הר"פ הרב שניאור זלמן מלאדי (אדמו"ר הזקן); קובץ ממאמריו משנות ראשית נשיאותו

יהל אור הרב מנחם מענדל שניאורסאהן (אדמו"ר הצמח צדק); פירוש לתהלים בדרך החסידות

כתונת פסים הרב יעקב יוסף הכהן מפולנאה (מתלמידי הבעש"ט)

כתר שם טוב קובץ תורות מרבי ישראל בעל שם טוב

לקוטי שיחות הרב מנחם מענדל שניאורסאהן (הרבי מליובאוויטש)

ליקוטי תורה הרב שניאור זלמן מלאדי (אדמו"ר הזקן)

מאור עיניים הרב מנחם נחום טוורסקי מצ'רנוביל (מתלמידי המגיד ממעזריטש)

מאמרי אדמו"ר האמצעי הרב דב בער (אדמו"ר האמצעי); סדרת מאמריו שהעלו לדפוס לאחרונה מתוך כתבי יד

מאמרי אדמו"ר הזקן הרב שניאור זלמן מלאדי (אדמו"ר הזקן); סדרת מאמריו שהעלו לדפוס לאחרונה מתוך כתבי יד

מאמרים וקונטרסים הרב יוסף יצחק שניאורסאהן (אדמו"ר הריי"ץ)

מאמרים מלוקטים הרב מנחם מענדל שניאורסאהן (הרבי מליובאוויטש)

מגיד דבריו ליעקב הרב דוב בער ממעזריטש (המגיד ממעזריטש); מהדורת הרב יעקב עמנואל שוחט, הוצאת קה"ת

מקדש מלך הרב שלום בוזגלו; פירוש על הזוהר מהמאה ה־18

סידור עם דא"ח הרב שניאור זלמן (אדמו"ר הזקן); נלקט ונערך בעיקר על ידי אדמו"ר האמצעי

סידור האר"י ז"ל הרב שבתי מראשקוב (מתלמידי הבעש"ט)

ספר הלקוטים הרב מנחם מענדל שניאורסאהן (אדמו"ר הצמח צדק); ליקוט נושאים בסדר אלף בית מתוך רוב מאמרי החסידות שלו

ספר המאמרים ליקוטי מאמרים מאת אדמו"רי חב"ד שיצאו בסדרות נפרדות לכל אדמו"ר, ומסודרים בדרך כלל בסדר השנים

ספר השיחות הרב יוסף יצחק שניאורסאהן (אדמו״ר הריי״ץ)

ספר יצירה ספר קבלה קדום

עבודת הקדש רבי מאיר ן׳ גבאי

עטרה לראש צדיק הרב יעקב צבי בן יהושע אשר מפוריסוב

עמק המלך הרב נפתלי הירץ בכרך (תלמידו של הרב ישראל סרוג, מתלמידי האר״י ז״ל)

עניינה של תורת החסידות הרב מנחם מענדל שניאורסאהן (הרבי מליובאוויטש); נדפס בסוף ספר הערכים חב״ד כרך א וגם כקונטרס בפני עצמו

עץ חיים מכתבי האר״י ז״ל

פירוש לתניא המשפיע הרב שלמה חיים קסלמן

פרי עץ חיים מכתבי האר״י ז״ל שחיבר הרב חיים ויטל

צוואת הריב״ש ליקוט תורות מהרב ישראל בעל שם טוב והרב דב בער ממעזריטש

קהלת יעקב הרב יעקב צבי יאליש (מתלמידי החוזה מלובלין); מפתח ערכים לחוכמת הקבלה משובץ בתורות הבעש״ט ותלמידיו

קונטרס העבודה הרב שלום דובער (אדמו״ר הרש״ב)

קונטרס לימוד החסידות הרב יוסף יצחק שניאורסאהן (אדמו״ר הריי״ץ)

שיעורים בספר התניא הרב יוסף וינברג

של״ה הרב ישעיהו הלוי הורוויץ

שער היחוד הרב דב בער מליובאוויטש (אדמו״ר האמצעי)

שער היחוד והאמונה הרב שניאור זלמן מלאדי (אדמו״ר הזקן); החלק השני מספר התניא

שער הכוונות מכתבי האר״י ז״ל

שער התפילה הרב דב בער מליובאוויטש (אדמו"ר האמצעי); נדפס בספר שערי תשובה הוצאת קה"ת תשמ"ד

שערי אורה הרב יוסף ג'קטילה (מקובל מהמאה ה־13), מבוא לקבלה על סדר הספירות

שערי אורה הרב דב בער מליובאוויטש (אדמו"ר האמצעי)

תולדות יעקב יוסף הרב יעקב יוסף מפולנא (תלמיד הבעש"ט)

תורה אור הרב שניאור זלמן מלאדי (אדמו"ר הזקן); אוסף מאמרים על חומש בראשית ושמות

תורת חיים הרב דב בער מליובאוויטש (אדמו"ר האמצעי); אוסף מאמרים על חומש בראשית ושמות

תורת מנחם הרב מנחם מענדל שניאורסאהן (הרבי מליובאוויטש); סדרת ליקוט כל דברי תורתו של הרבי מתורגמים לעברית על סדר השנים

תורת שלום הרב שלום דובער שניאורסאהן (אדמו"ר הרש"ב); שיחות הרש"ב, מהדורה מתורגמת לעברית תשע"ד

תורת שמואל הרב שמואל שניאורסאהן (אדמו"ר מהר"ש); סדרת מאמריו על סדר השנים

מפתח נושאים